CAB • FEDERICA DI MEO

ONEIRA

1

BLUTMUTTER

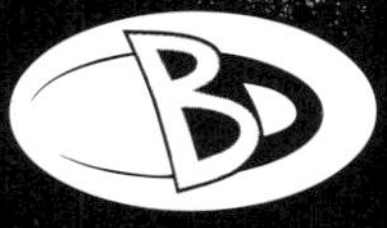

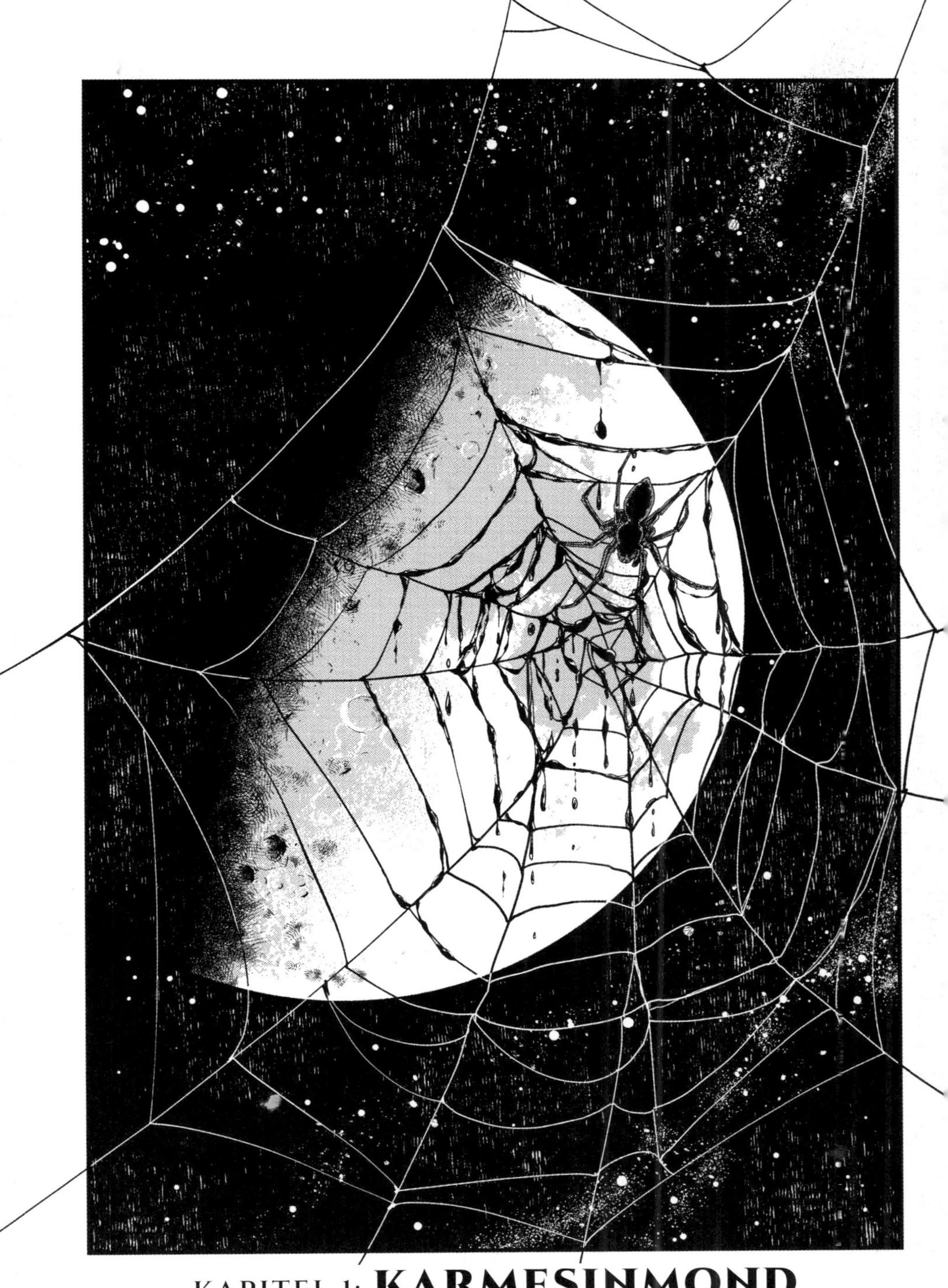

KAPITEL 1: KARMESINMOND

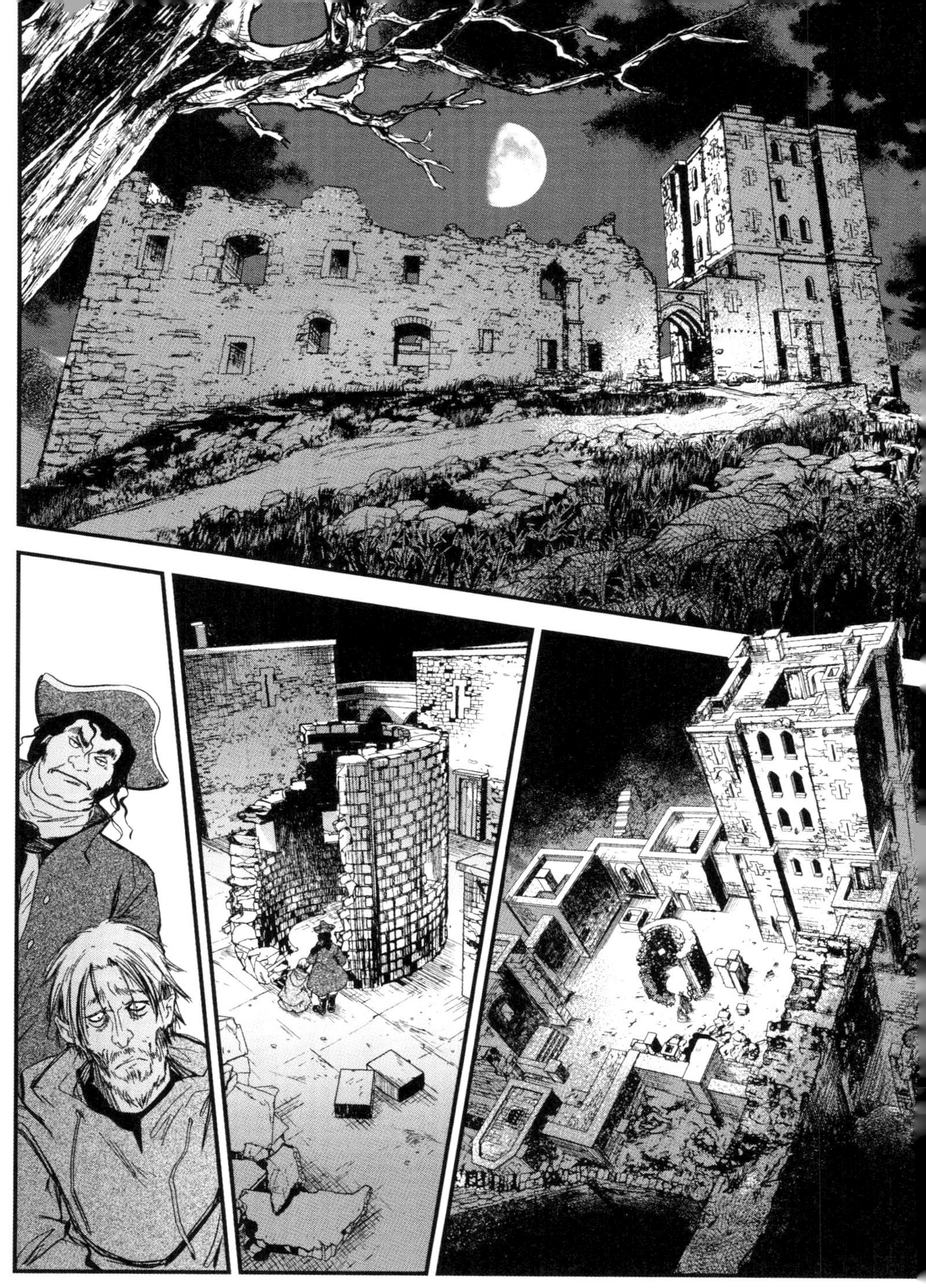

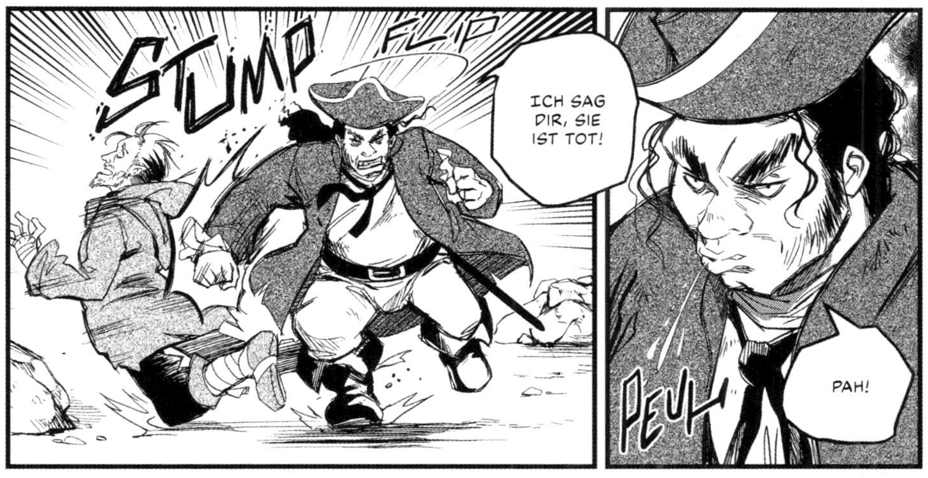
STUMP
FLIP
ICH SAG DIR, SIE IST TOT!
PEUH
PAH!

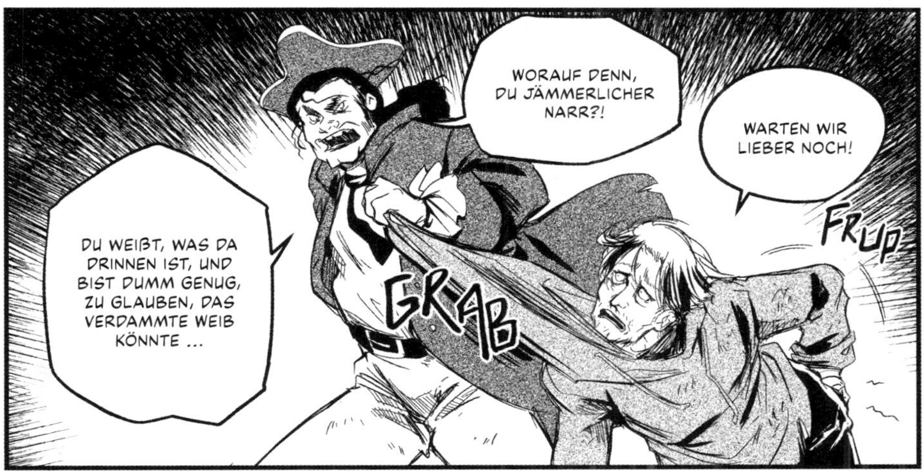
WORAUF DENN, DU JÄMMERLICHER NARR?!
WARTEN WIR LIEBER NOCH!
FRUP
DU WEIẞT, WAS DA DRINNEN IST, UND BIST DUMM GENUG, ZU GLAUBEN, DAS VERDAMMTE WEIB KÖNNTE …
GRAB

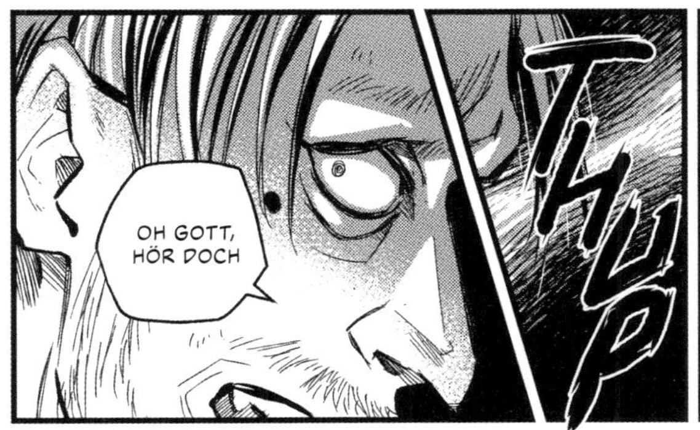
OH GOTT, HÖR DOCH
THUMP

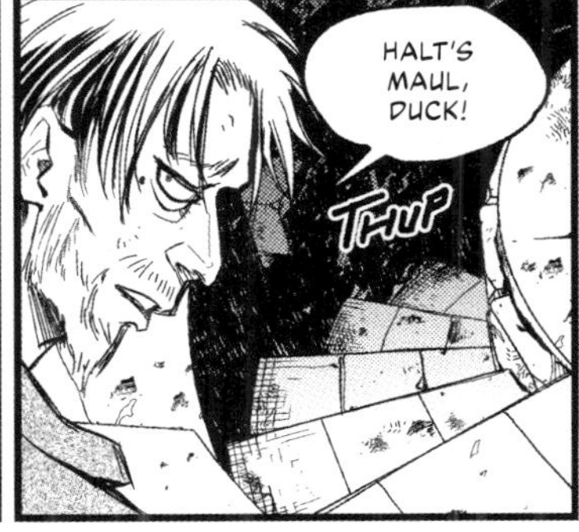
HALT'S MAUL, DUCK!
THUP

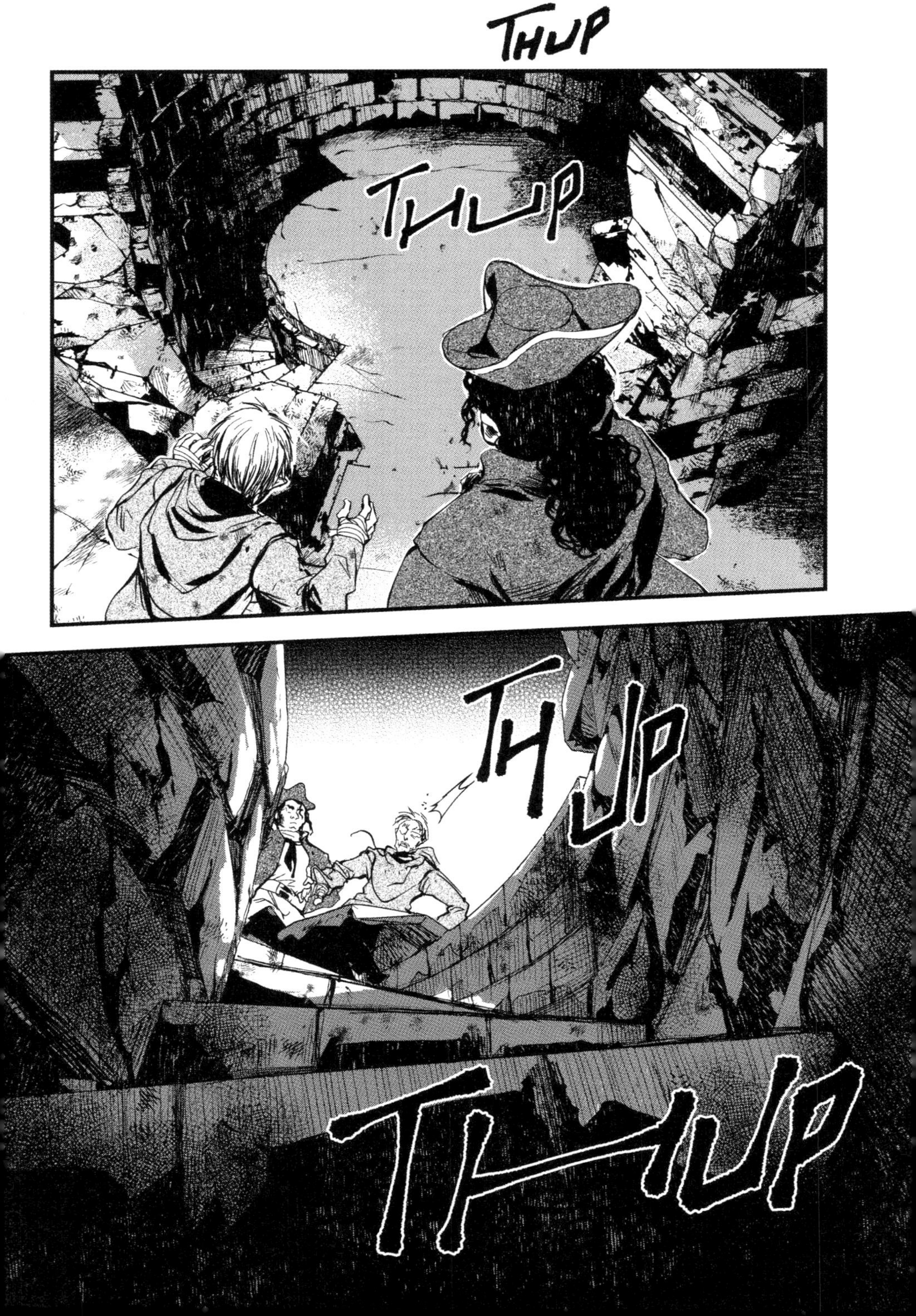

THUP
THUP
THUP
THUP

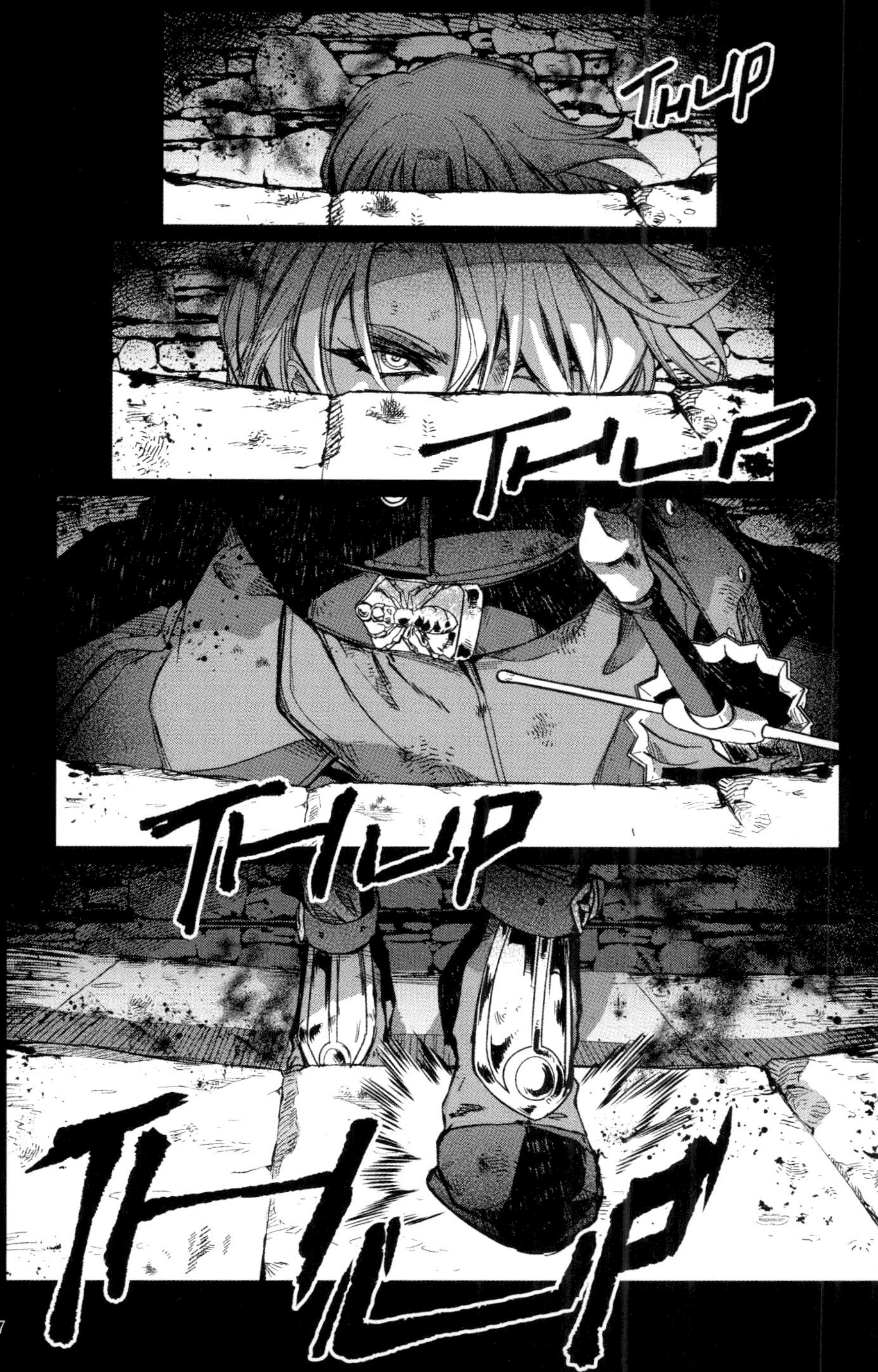
THUP
THUP
THUP
THUP

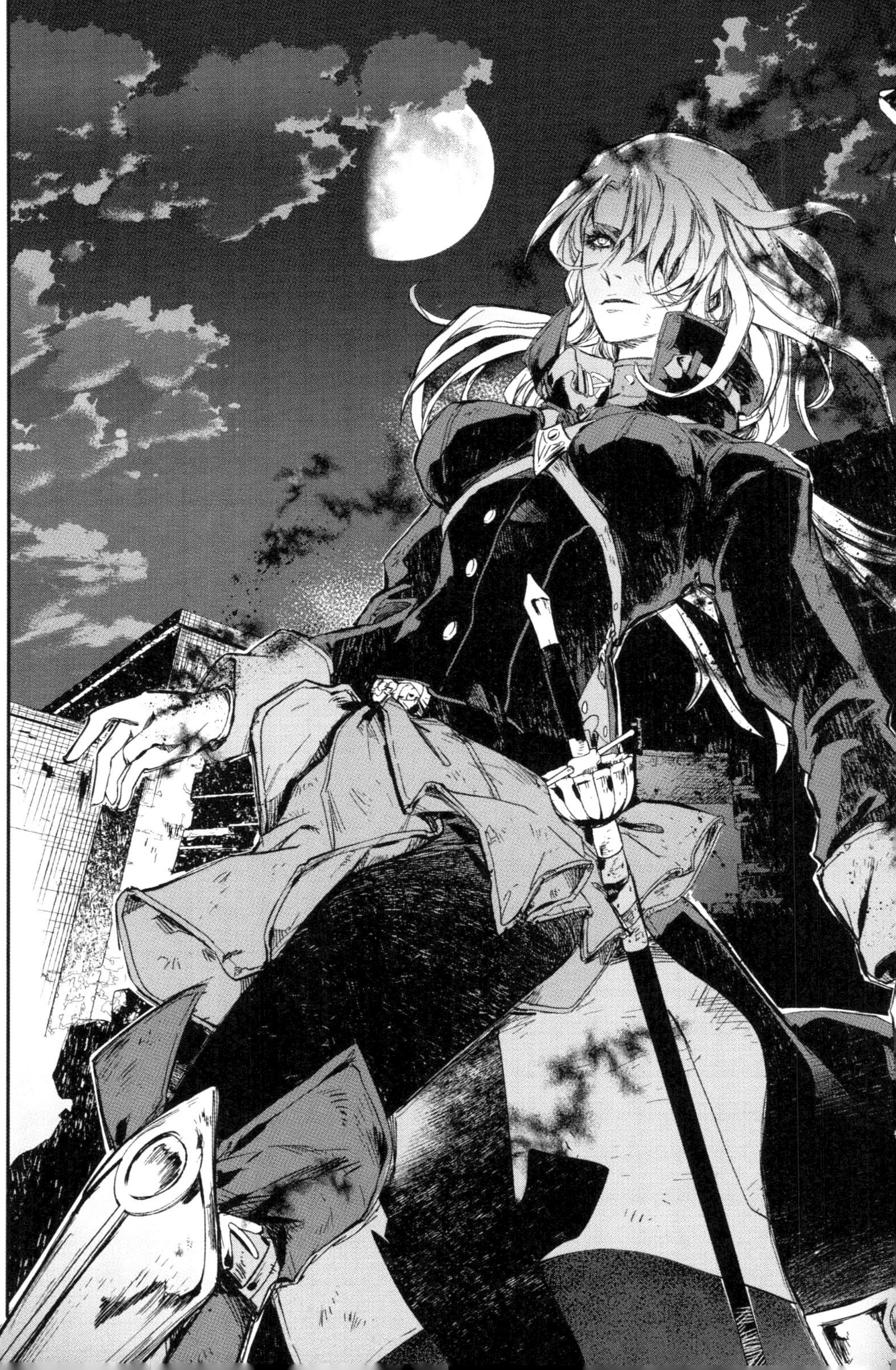

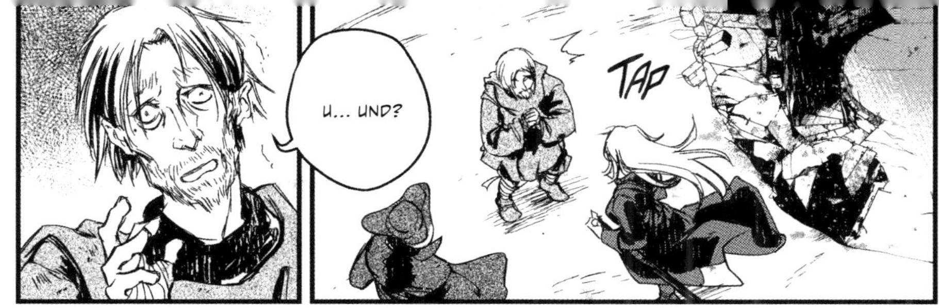
TAP
U… UND?

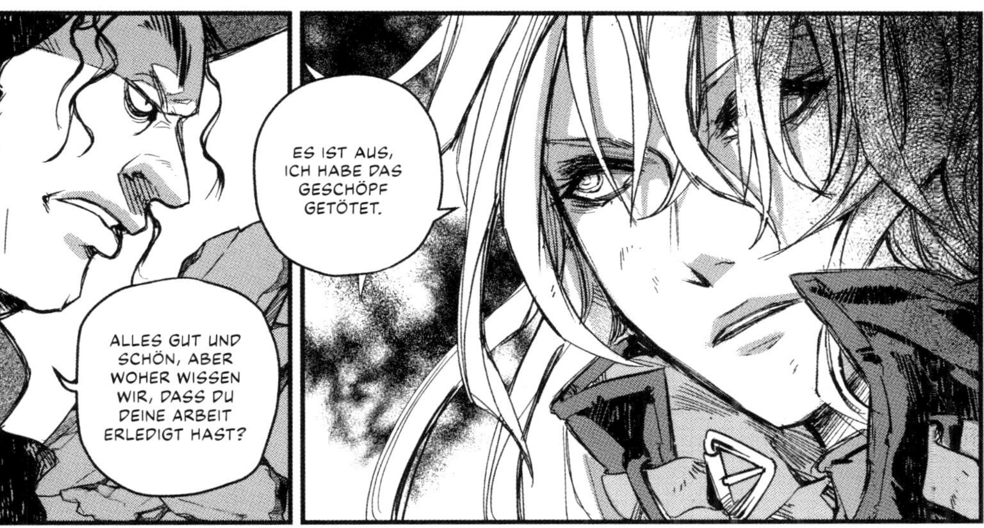
ES IST AUS, ICH HABE DAS GESCHÖPF GETÖTET.
ALLES GUT UND SCHÖN, ABER WOHER WISSEN WIR, DASS DU DEINE ARBEIT ERLEDIGT HAST?

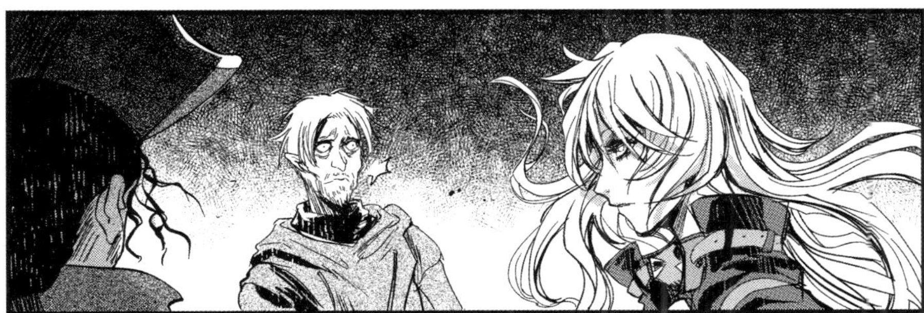

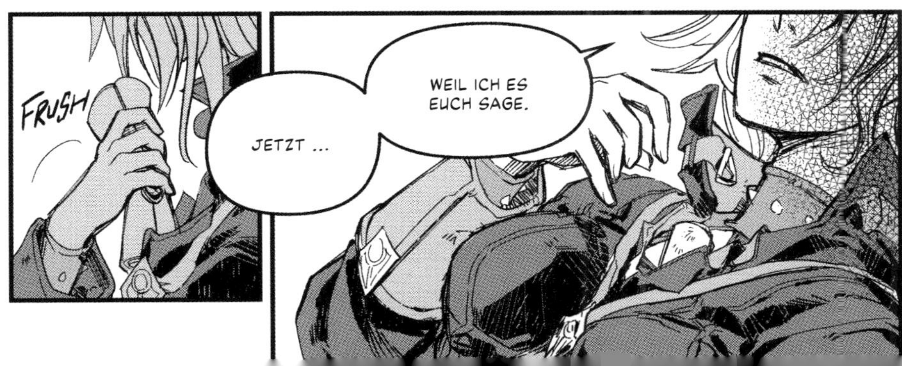
WEIL ICH ES EUCH SAGE.
JETZT …
FRUSH

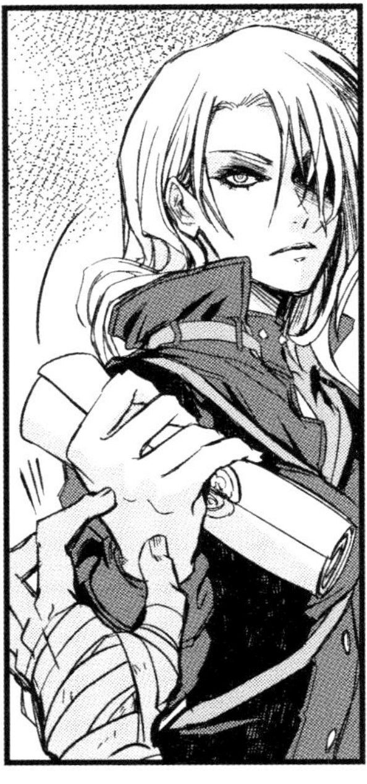
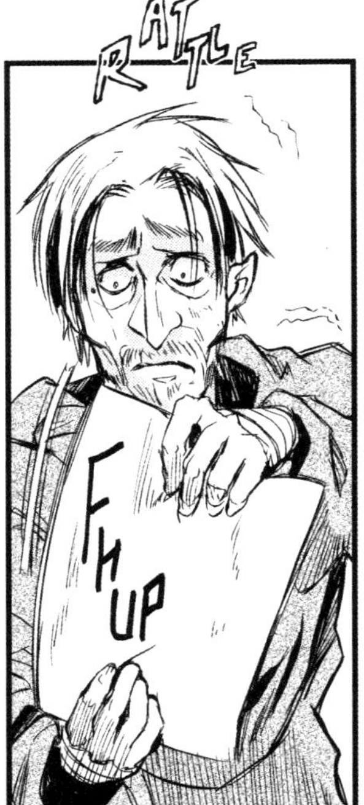
RATTLE
FHUP
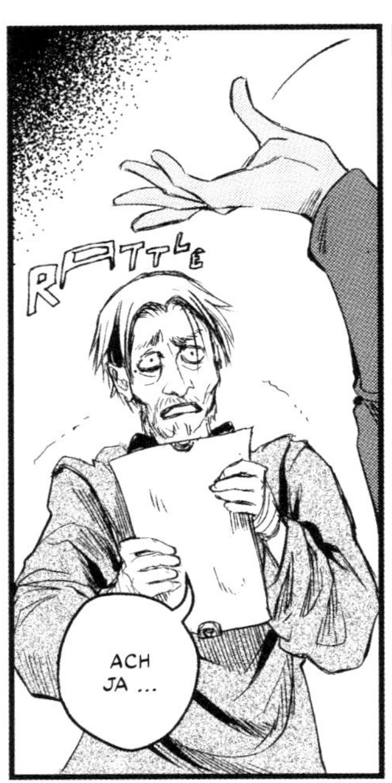
RATTLE
ACH JA …
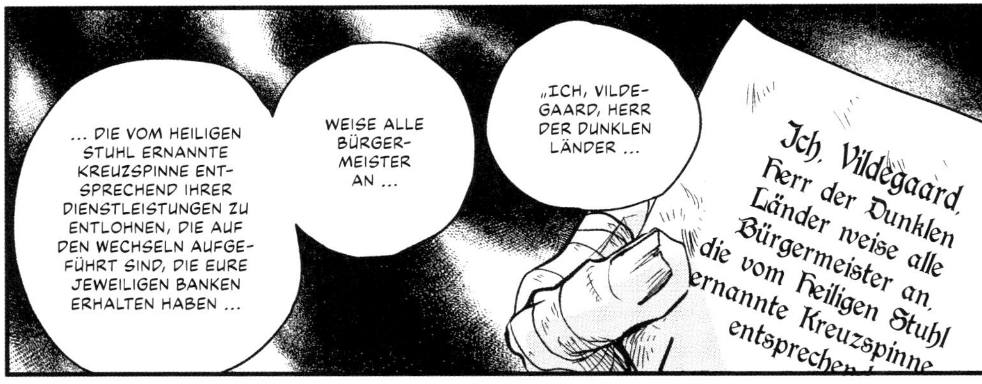
„ICH, VILDEGAARD, HERR DER DUNKLEN LÄNDER …
WEISE ALLE BÜRGERMEISTER AN …
… DIE VOM HEILIGEN STUHL ERNANNTE KREUZSPINNE ENTSPRECHEND IHRER DIENSTLEISTUNGEN ZU ENTLOHNEN, DIE AUF DEN WECHSELN AUFGEFÜHRT SIND, DIE EURE JEWEILIGEN BANKEN ERHALTEN HABEN …
Ich, Vildegaard, Herr der Dunklen Länder weise alle Bürgermeister an, die vom Heiligen Stuhl ernannte Kreuzspinne entsprechen
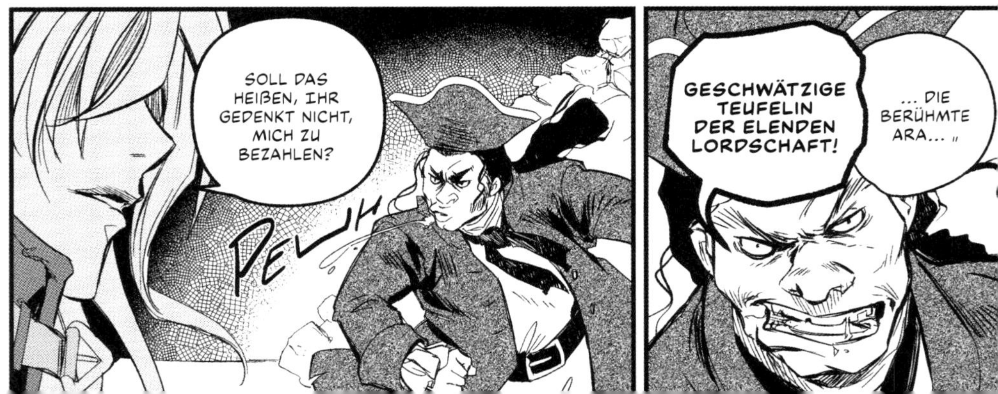
… DIE BERÜHMTE ARA … “
GESCHWÄTZIGE TEUFELIN DER ELENDEN LORDSCHAFT!
SOLL DAS HEIẞEN, IHR GEDENKT NICHT, MICH ZU BEZAHLEN?
PEUH

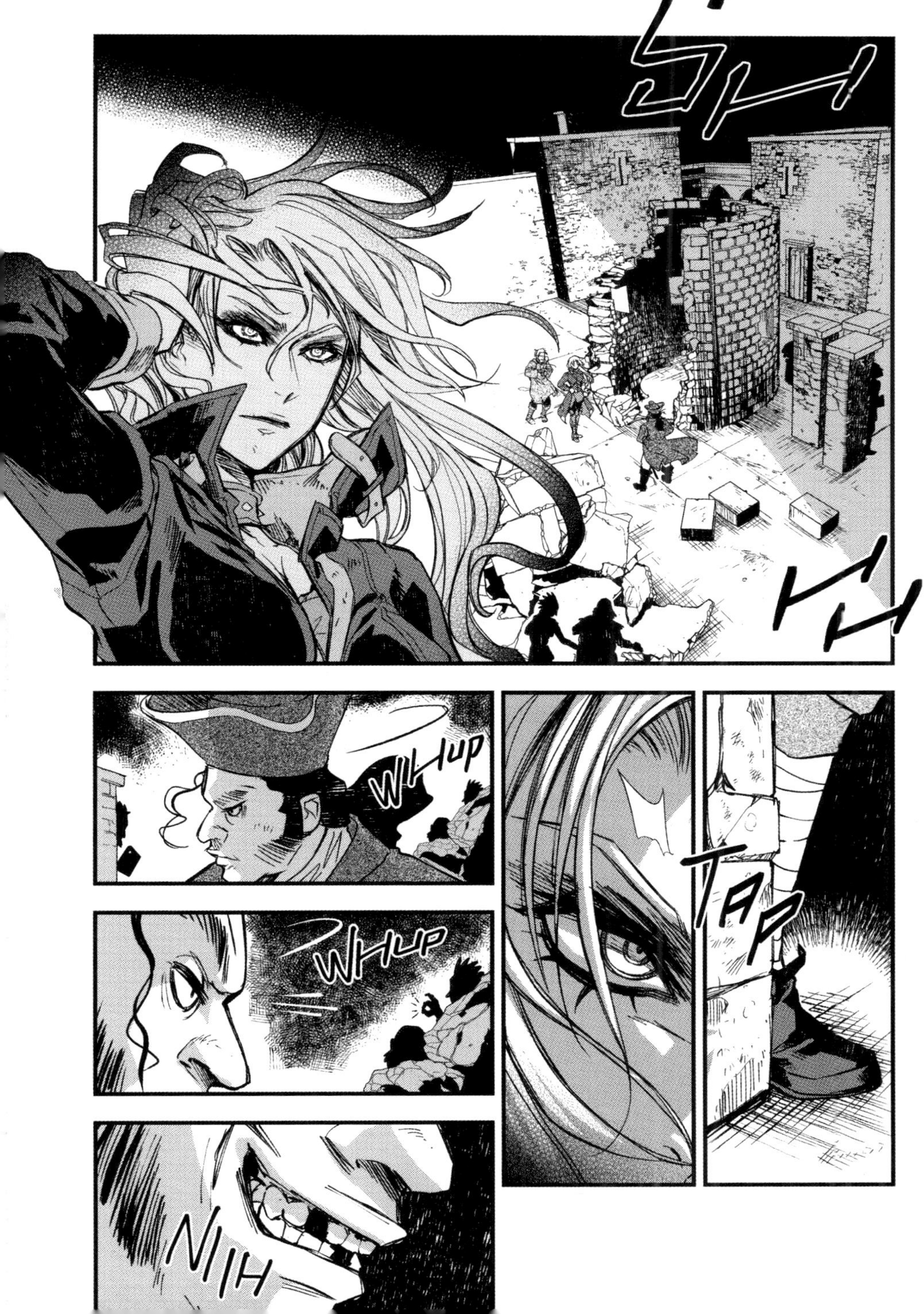

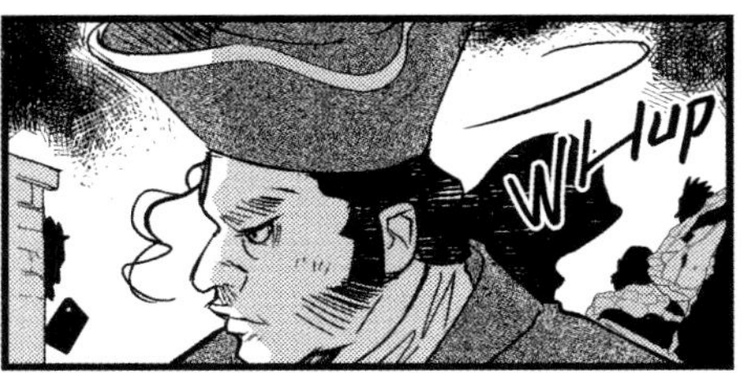
WHUP

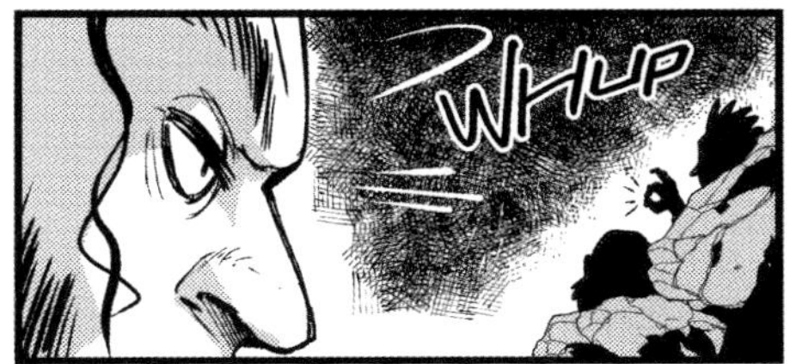
WHUP

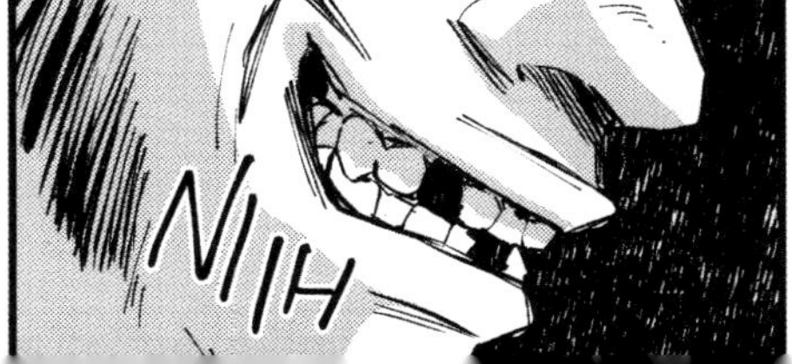
NIIH

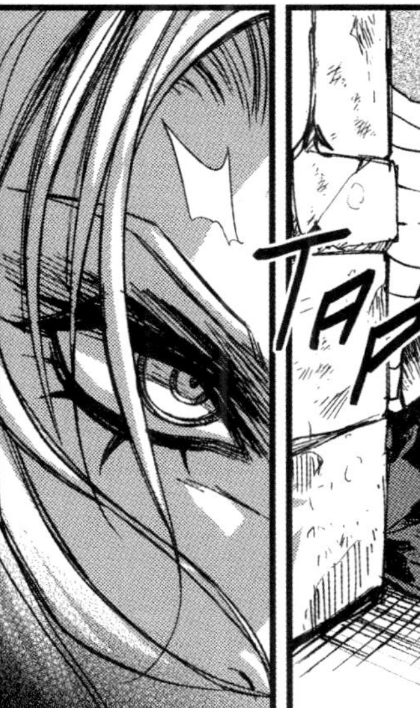
TAP

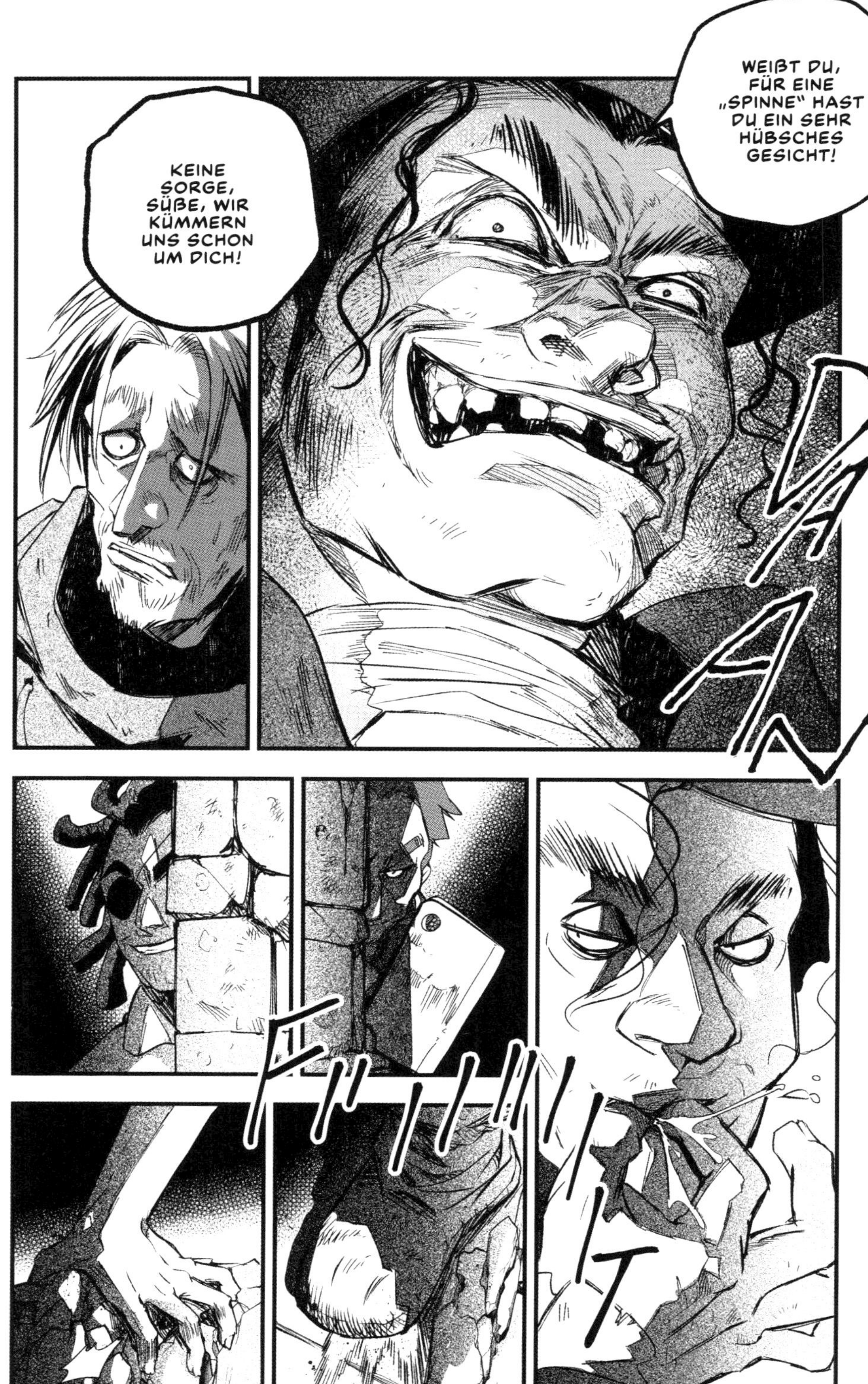
Weißt du, für eine „Spinne“ hast du ein sehr hübsches Gesicht!
Keine Sorge, Süße, wir kümmern uns schon um dich!
DAAN

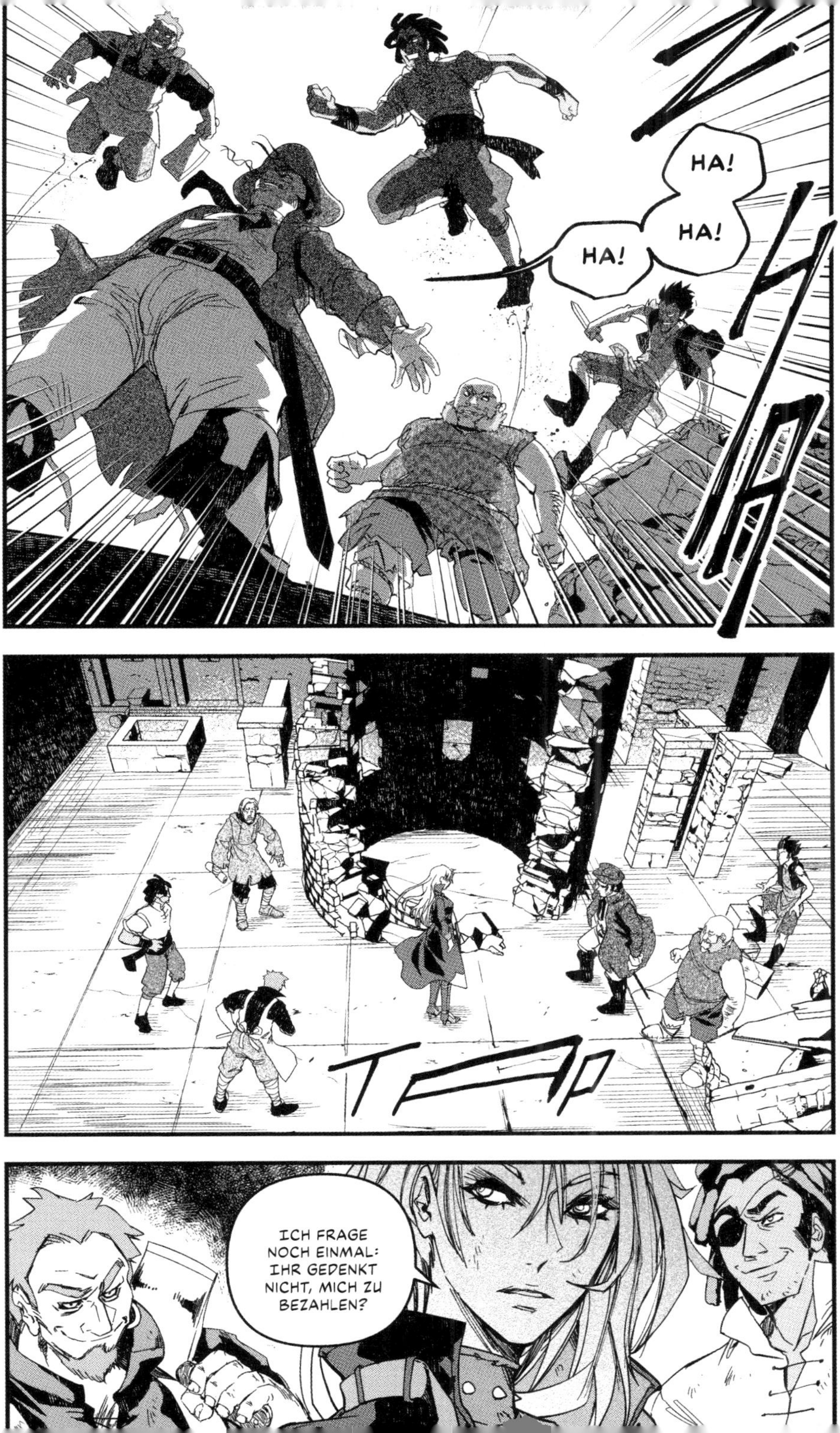

HA!
HA!
HA!

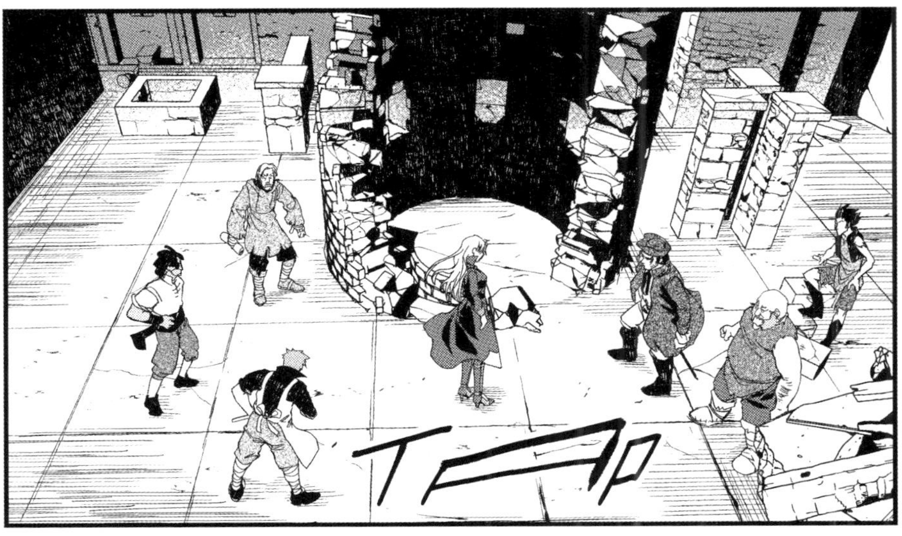
TAP

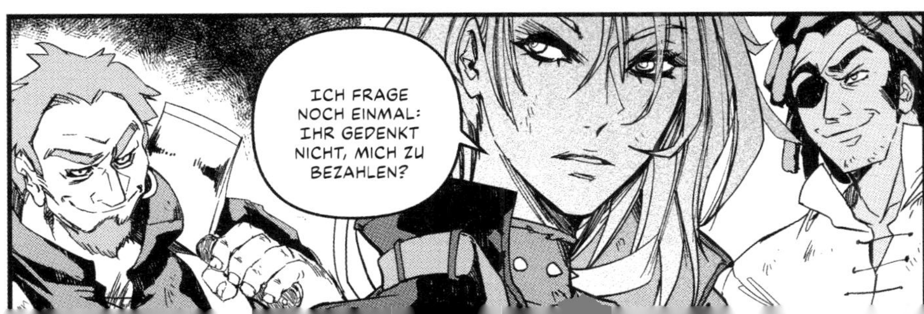
ICH FRAGE NOCH EINMAL: IHR GEDENKT NICHT, MICH ZU BEZAHLEN?

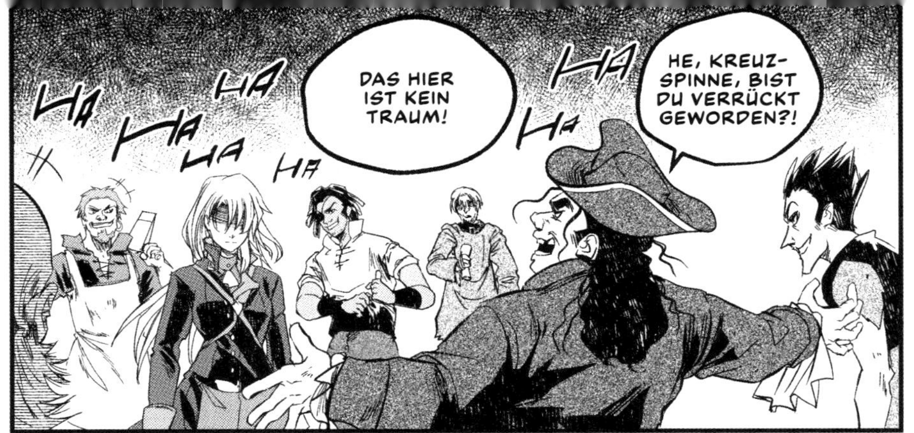

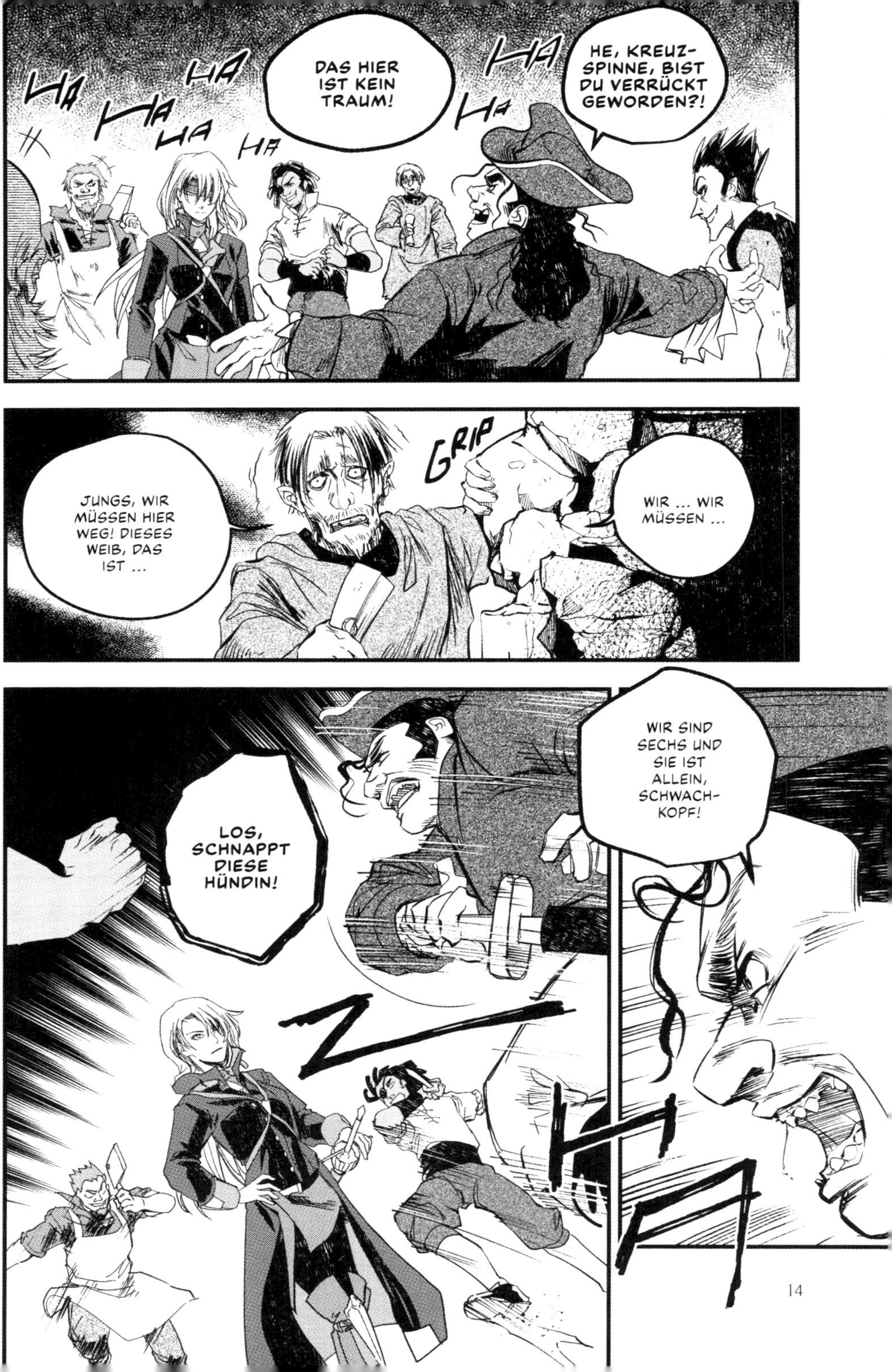

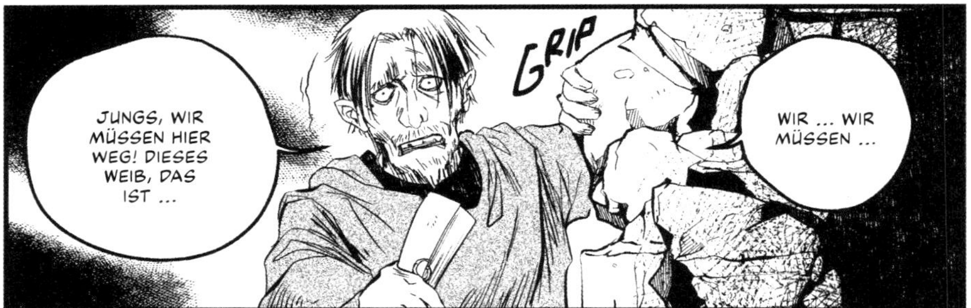

WIR SIND SECHS UND SIE IST ALLEIN, SCHWACH-KOPF!

LOS, SCHNAPPT DIESE HÜNDIN!

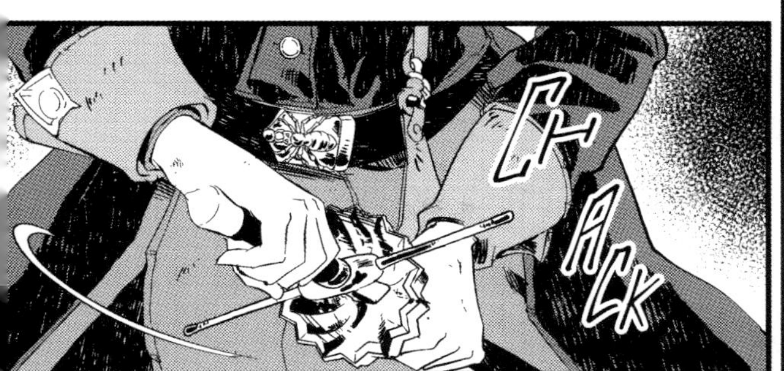
CHACK

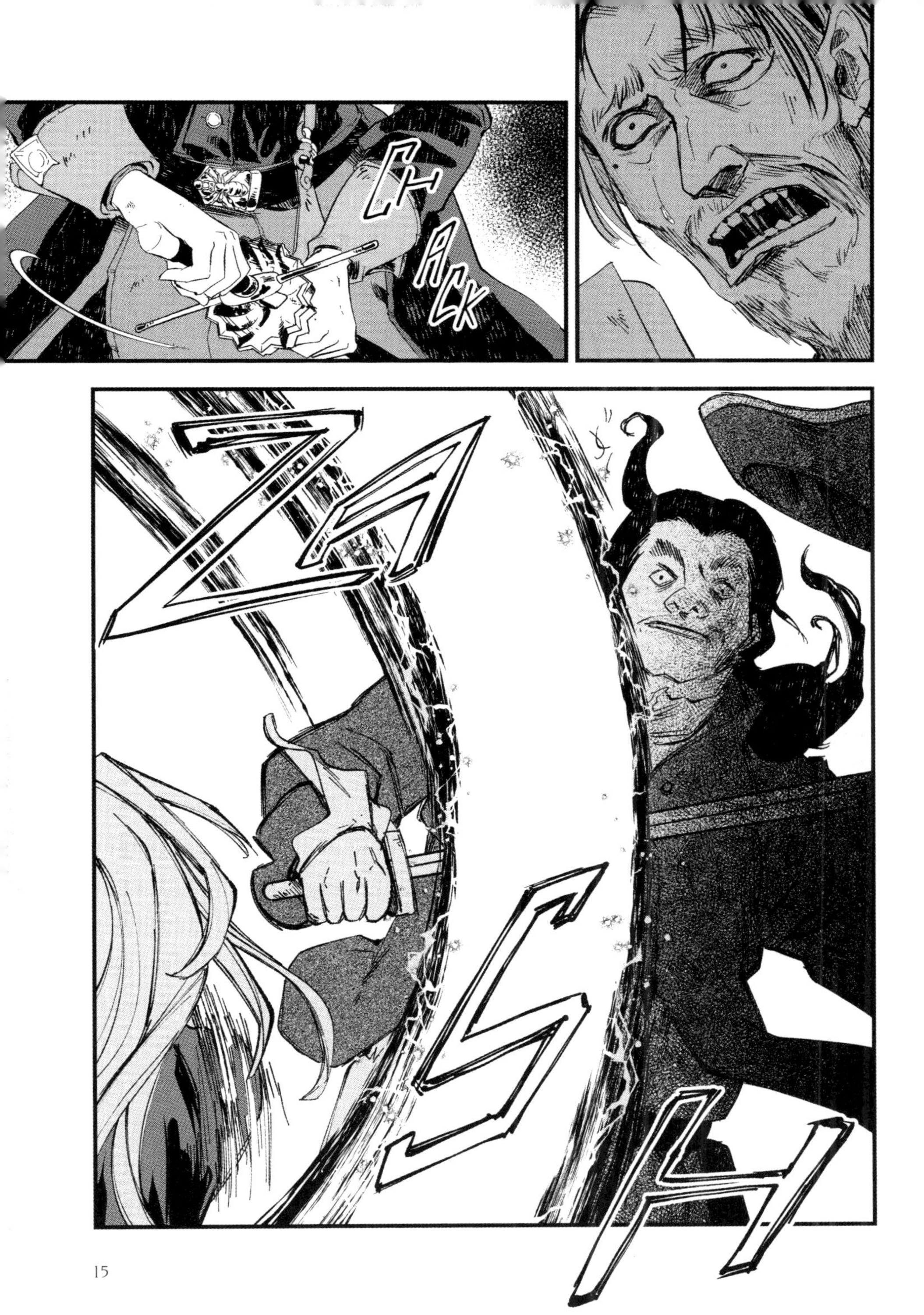

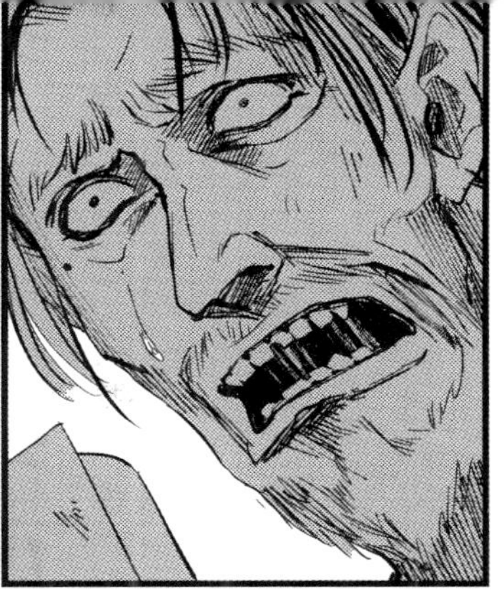

ZASH

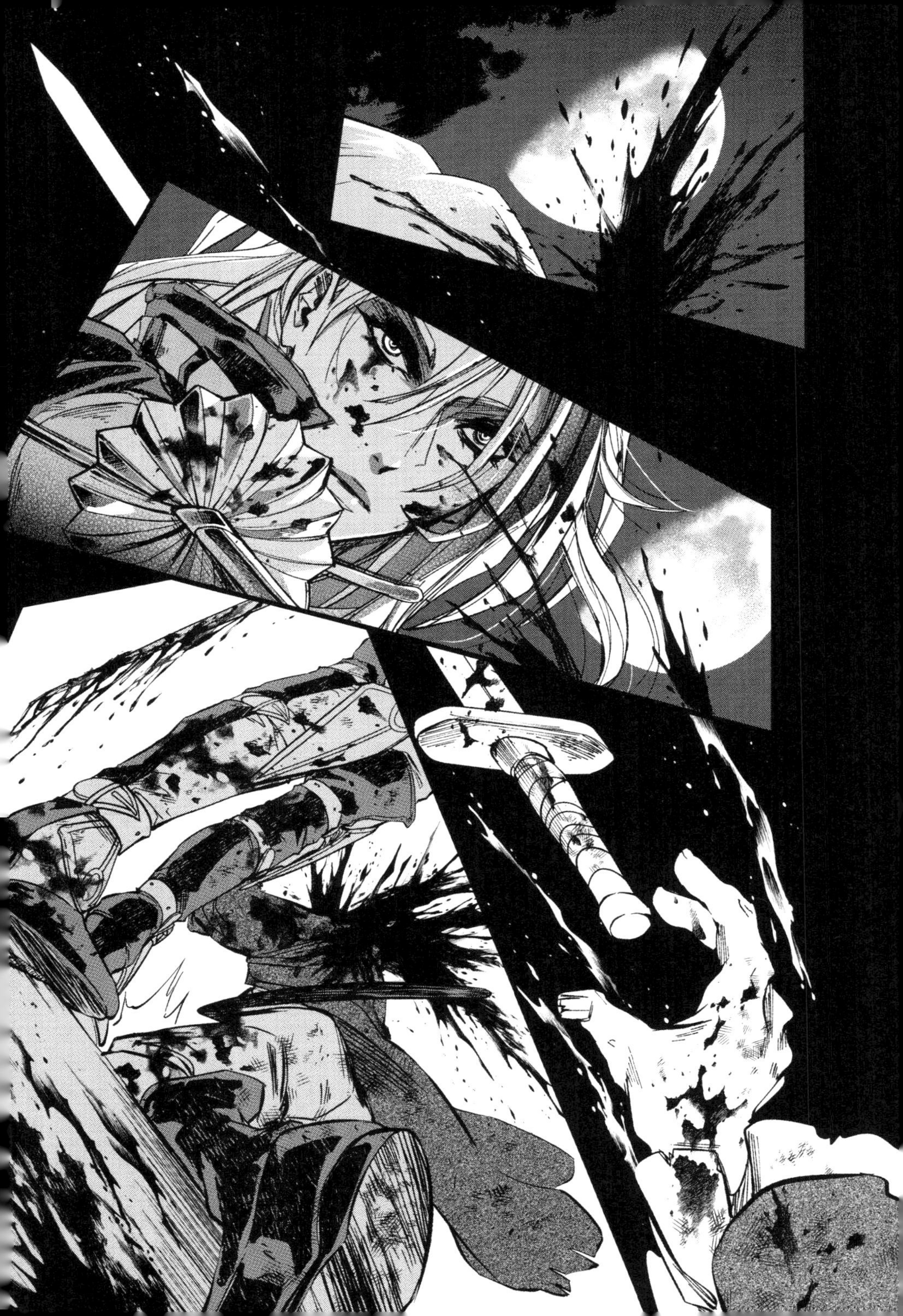

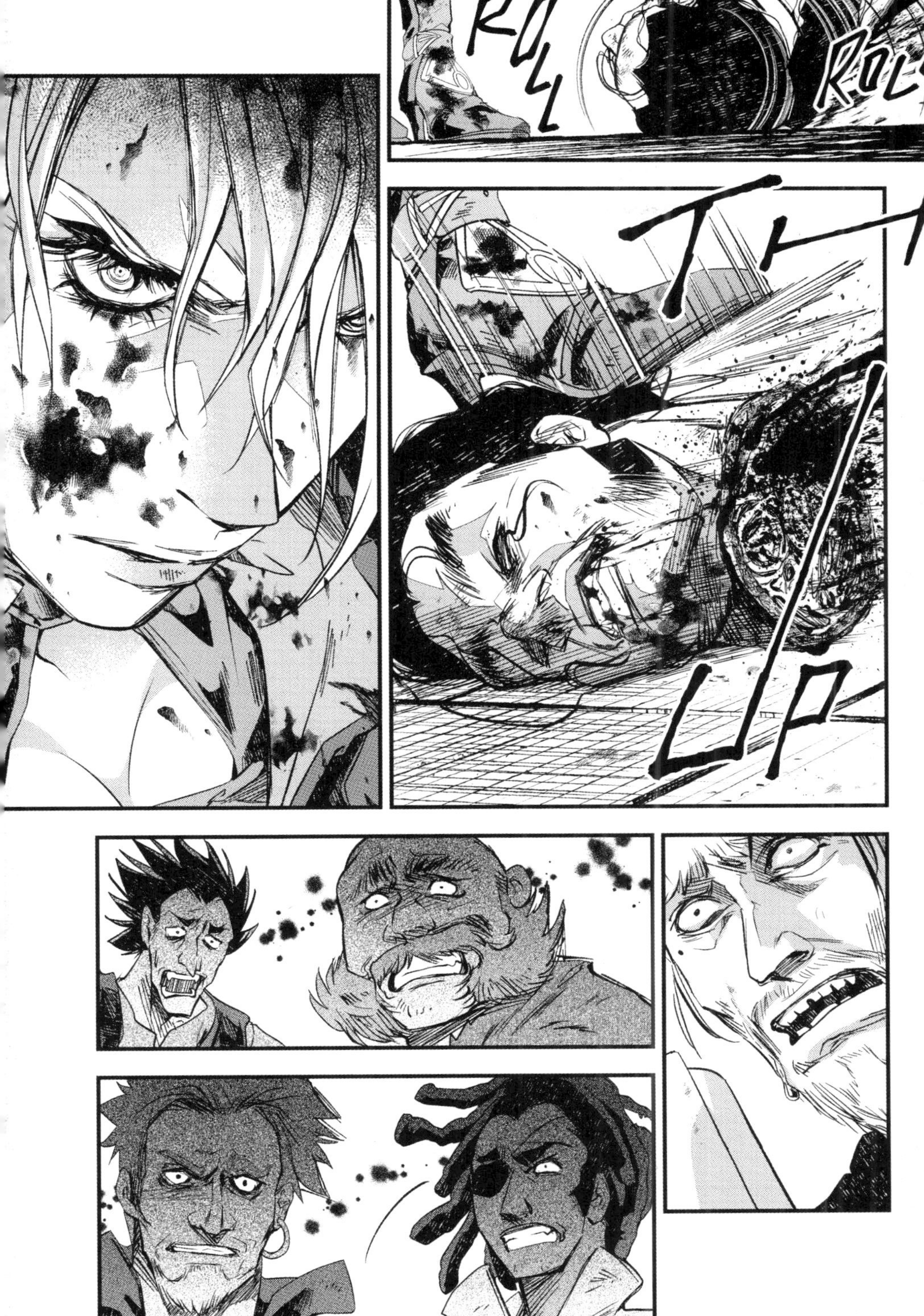
ROLL
ROL
THUD

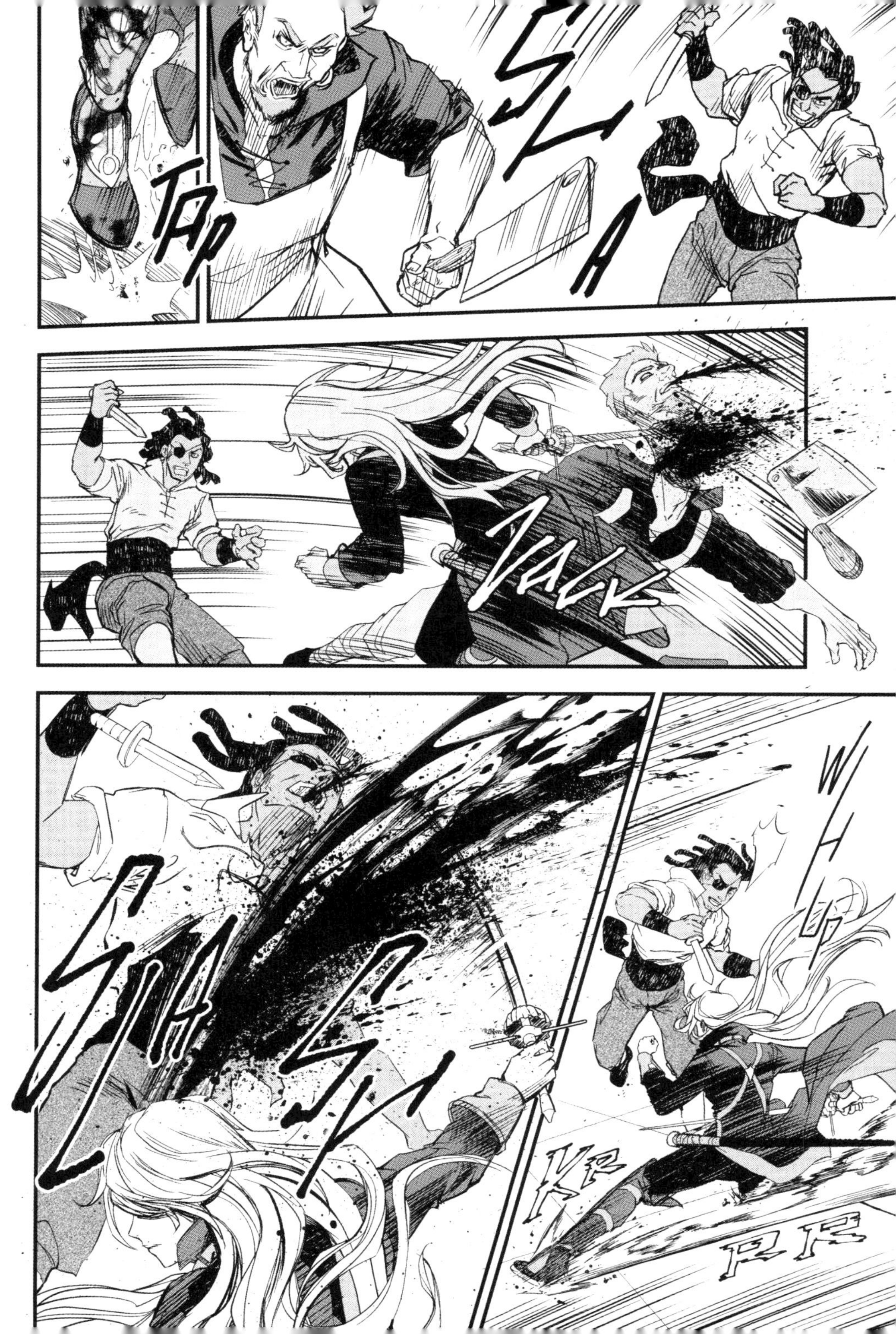
TAP

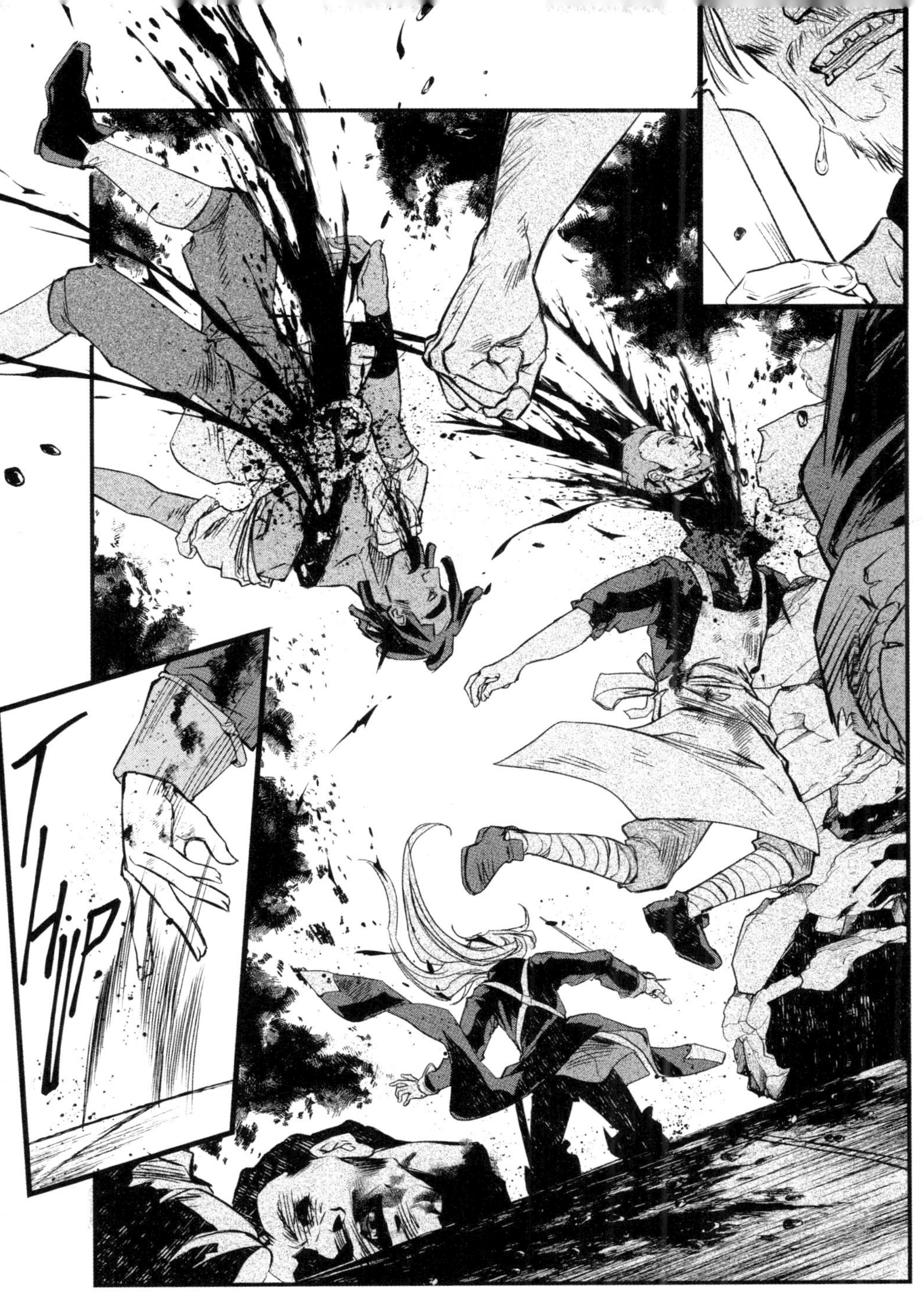
THHIP

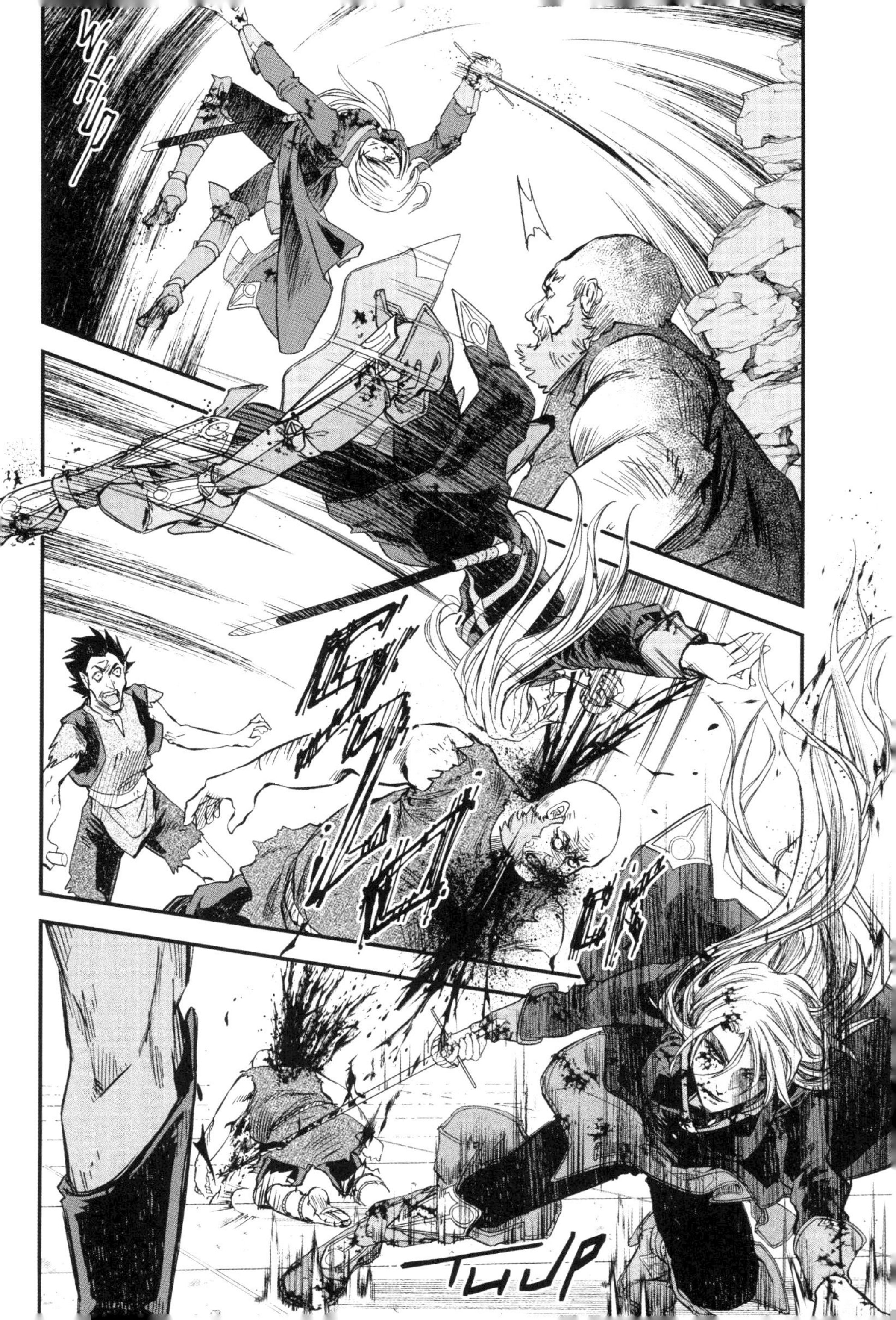
WHIP
THUD

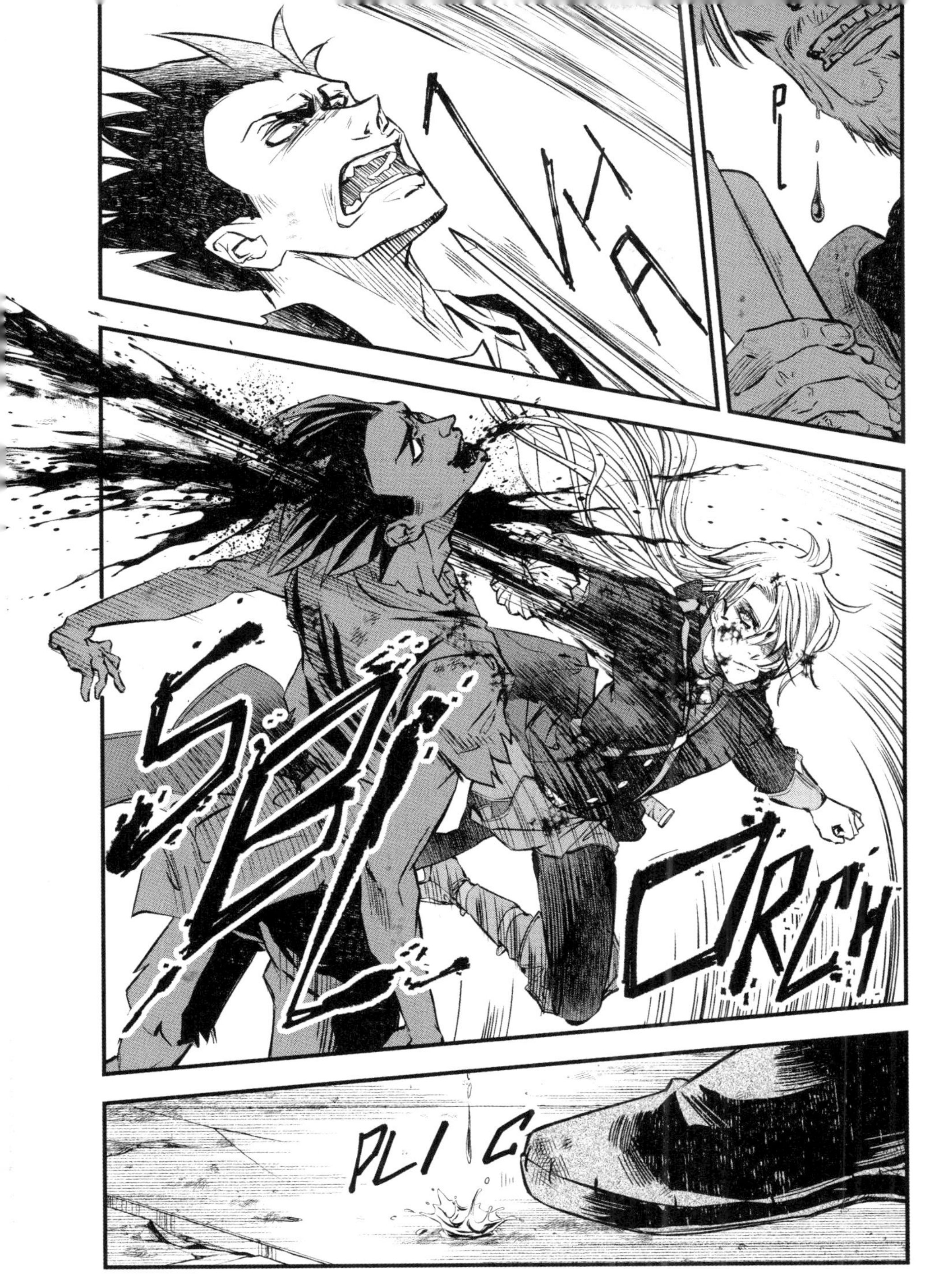
PL
CRCH
PLIC

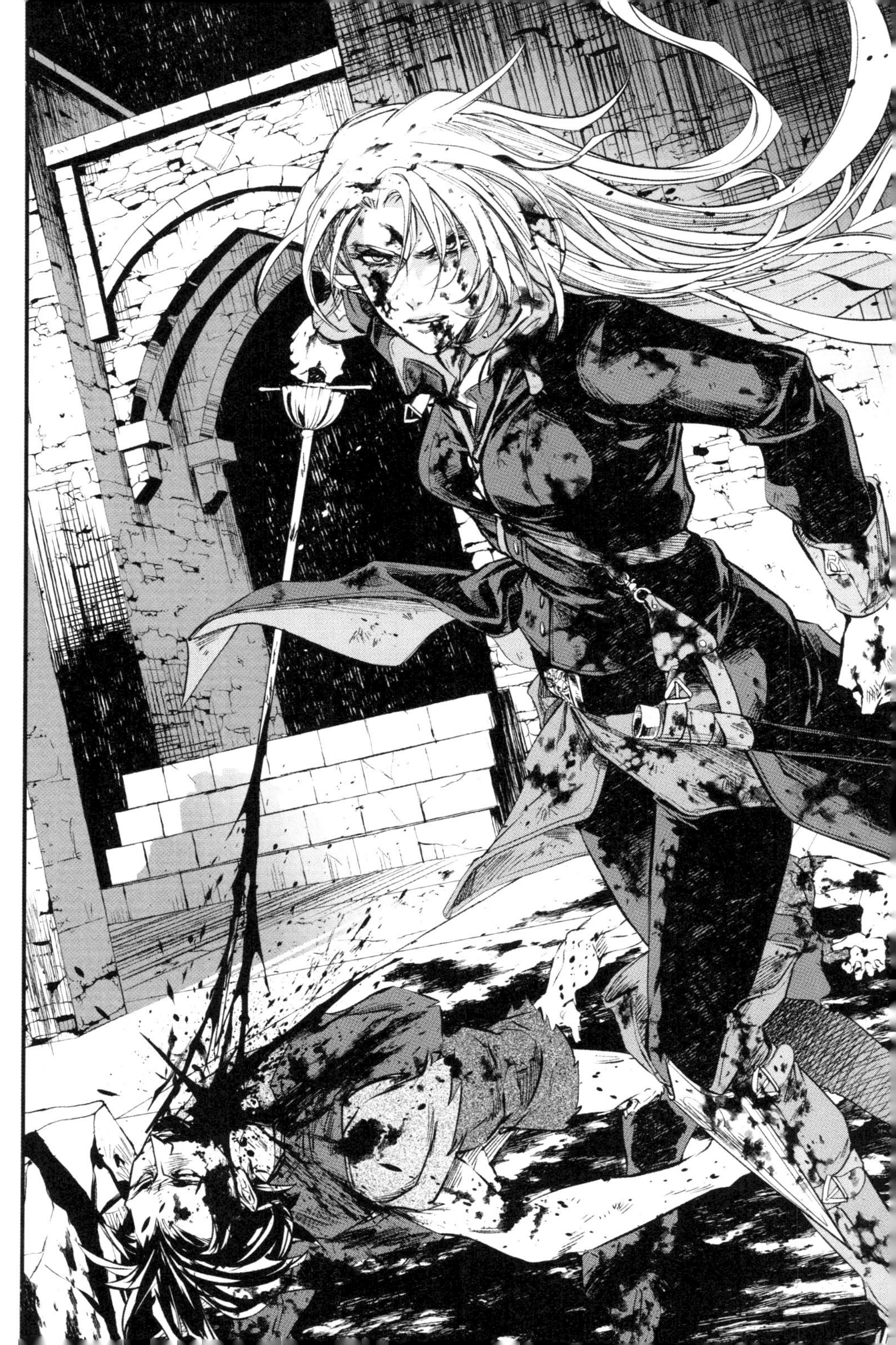

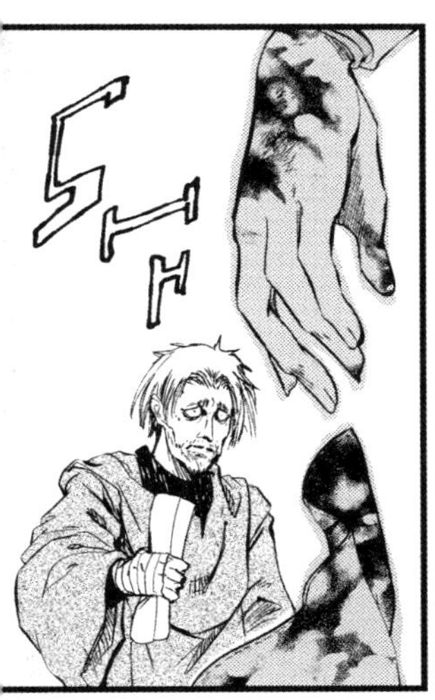
SHH

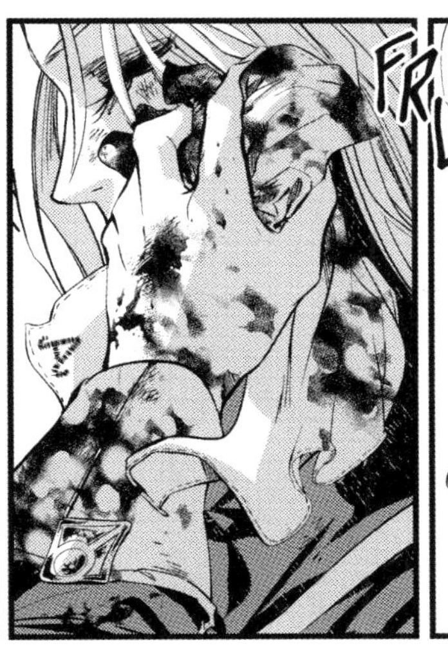

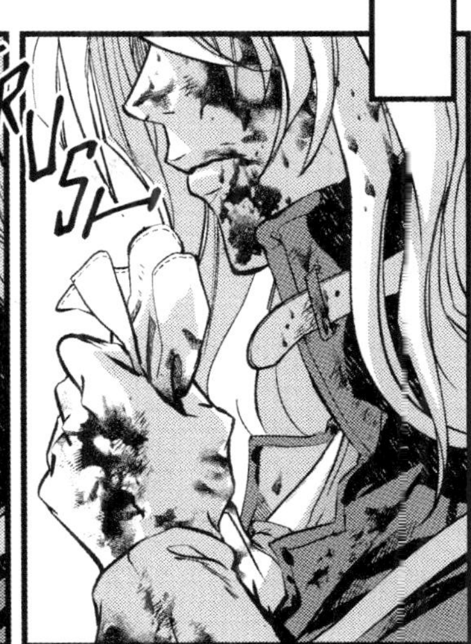
FRUSH

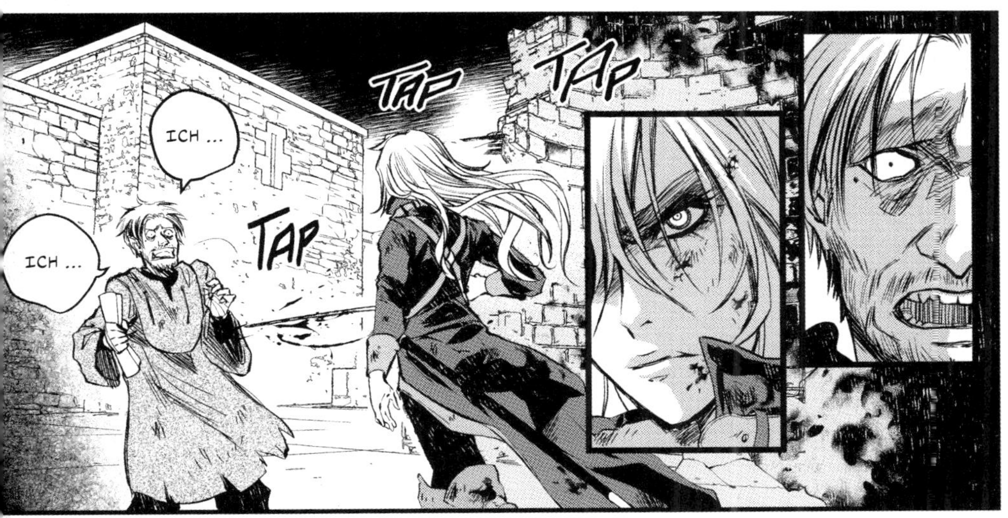
TAP
TAP
TAP
ICH ...
ICH ...

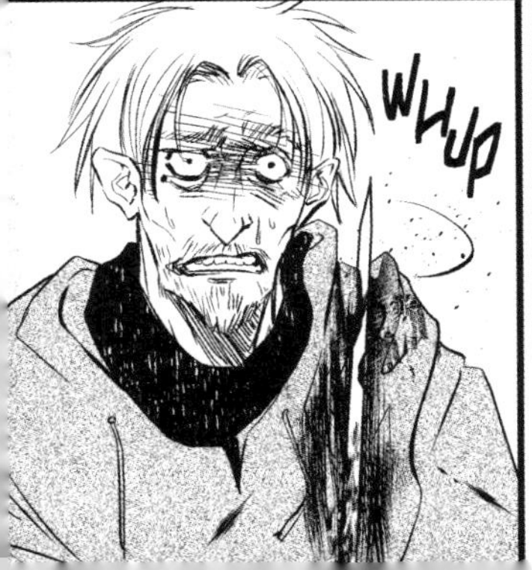
WHUP

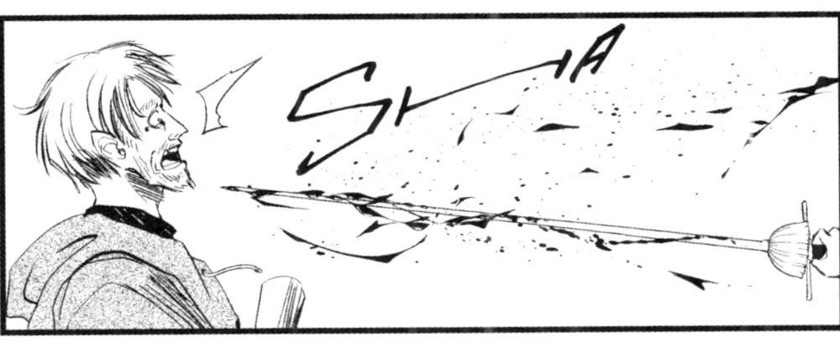
SHA

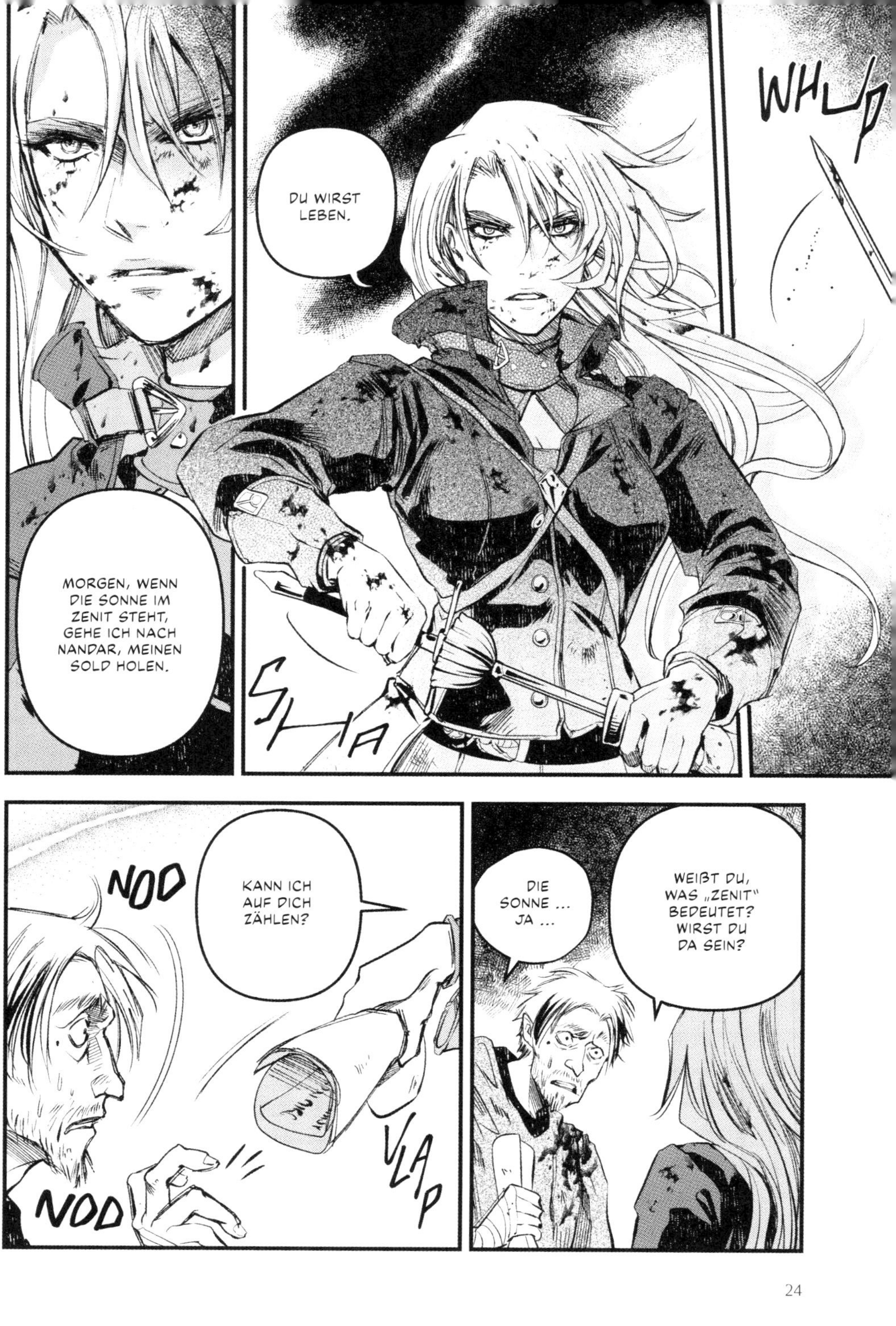

WHUP

DU WIRST LEBEN.

SHA

MORGEN, WENN DIE SONNE IM ZENIT STEHT, GEHE ICH NACH NANDAR, MEINEN SOLD HOLEN.

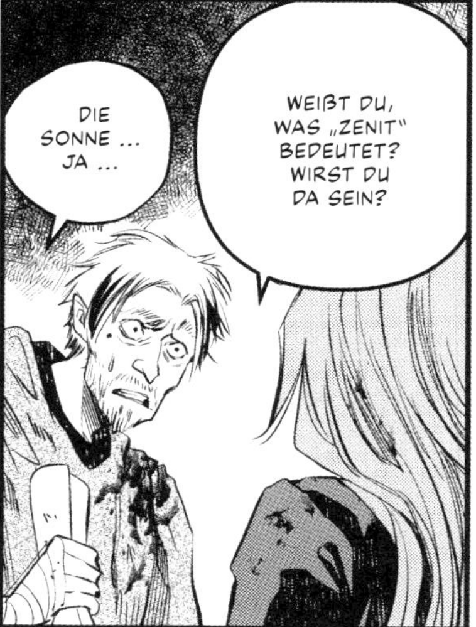

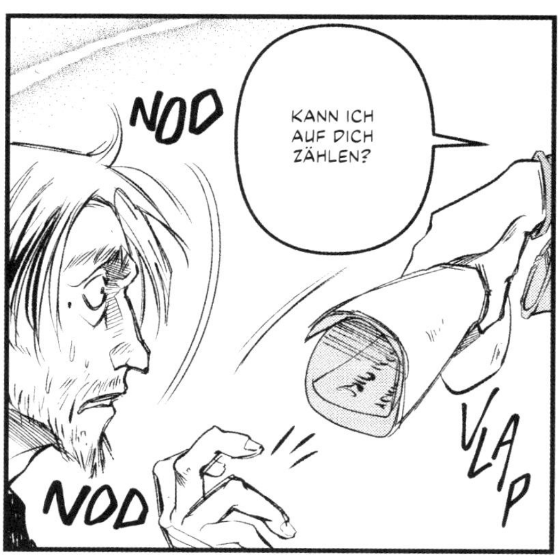

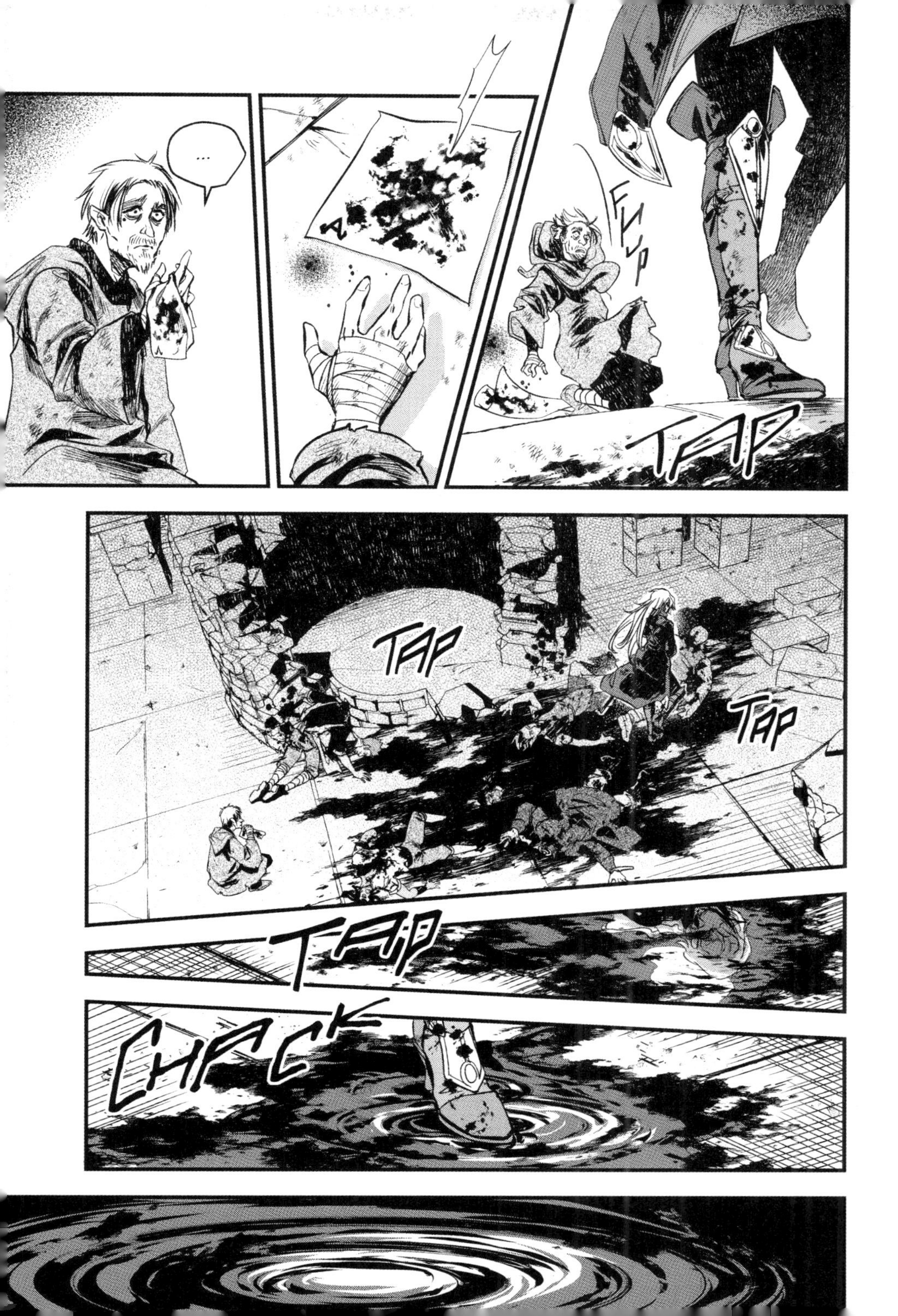

...
FWUP
TAP
TAP
TAP
TAP
CHACK

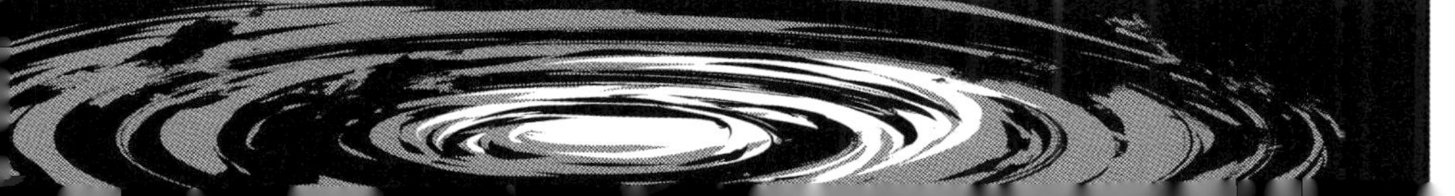

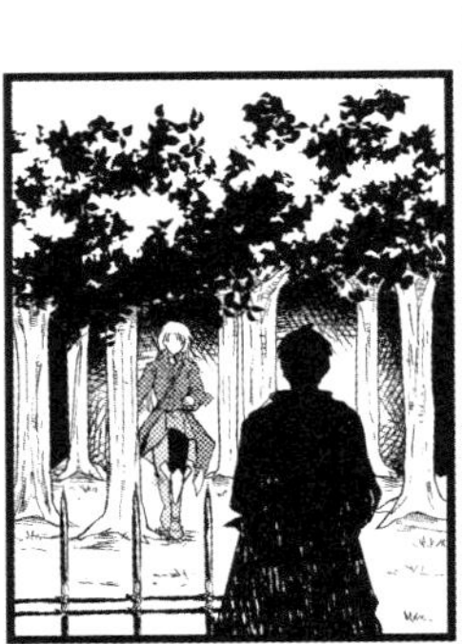

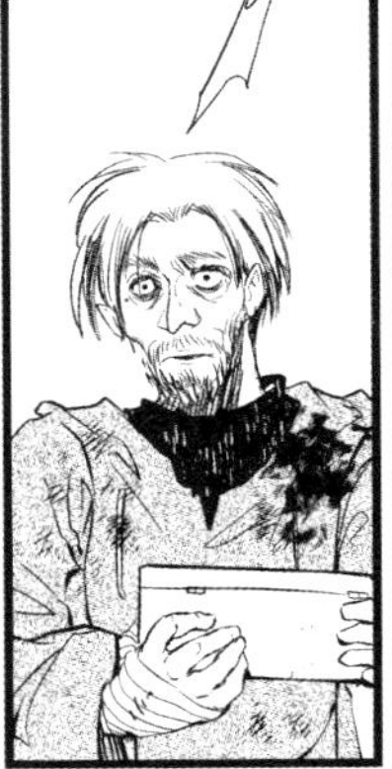

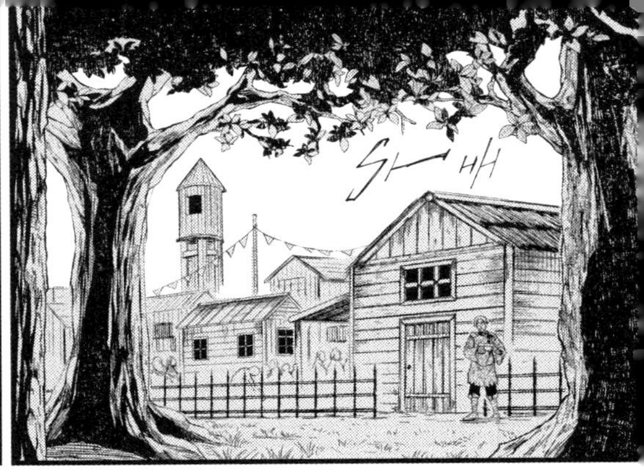

SHHH

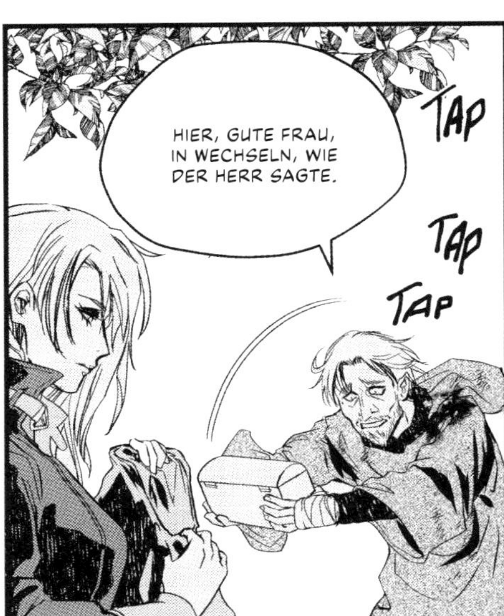

TAP
HIER, GUTE FRAU, IN WECHSELN, WIE DER HERR SAGTE.
TAP
TAP

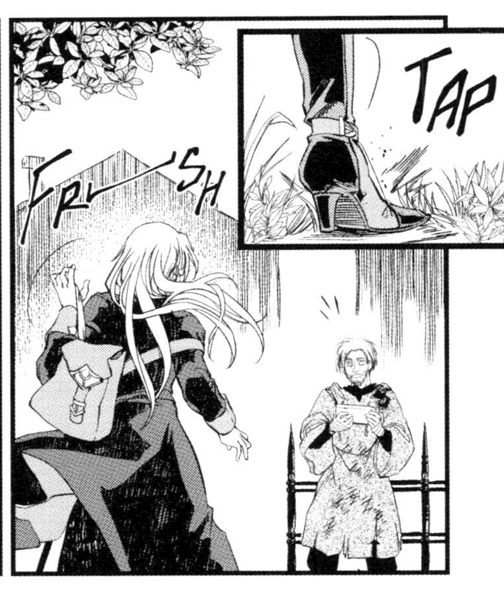

FRUSH
TAP

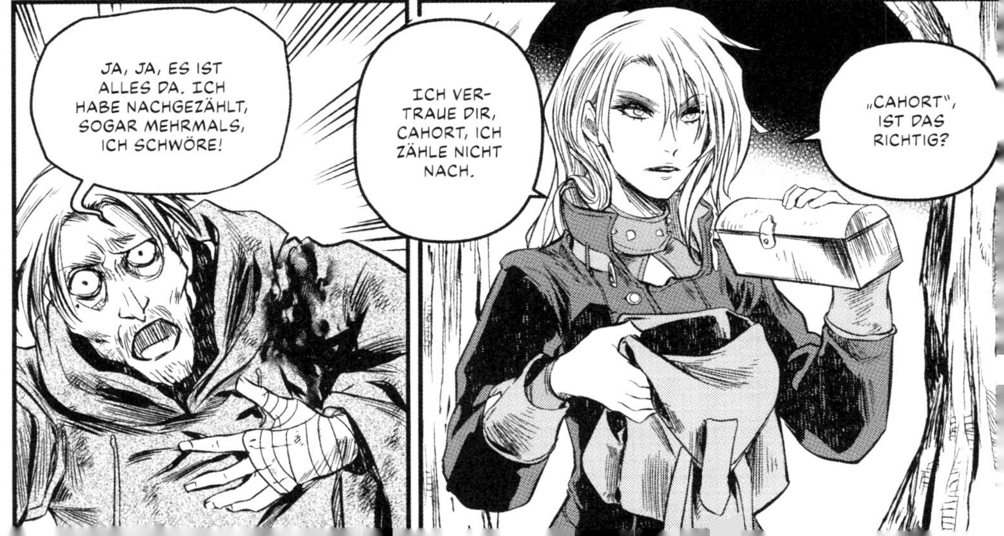

„CAHORT", IST DAS RICHTIG?
ICH VERTRAUE DIR, CAHORT, ICH ZÄHLE NICHT NACH.
JA, JA, ES IST ALLES DA. ICH HABE NACHGEZÄHLT, SOGAR MEHRMALS, ICH SCHWÖRE!

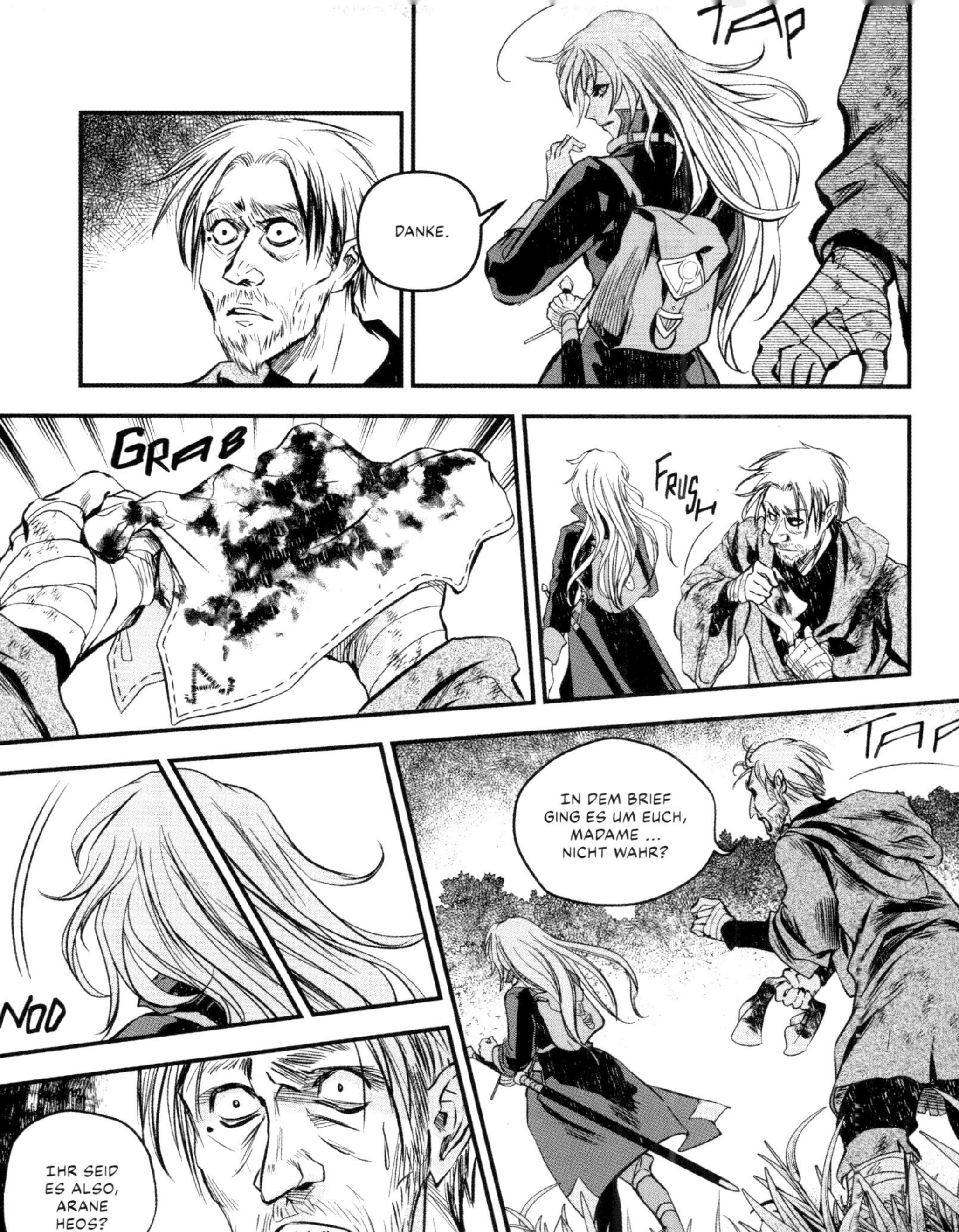
TAP
DANKE.
GRAB
FRUSH
TAP
IN DEM BRIEF GING ES UM EUCH, MADAME ... NICHT WAHR?
NOD
IHR SEID ES ALSO, ARANE HEOS?

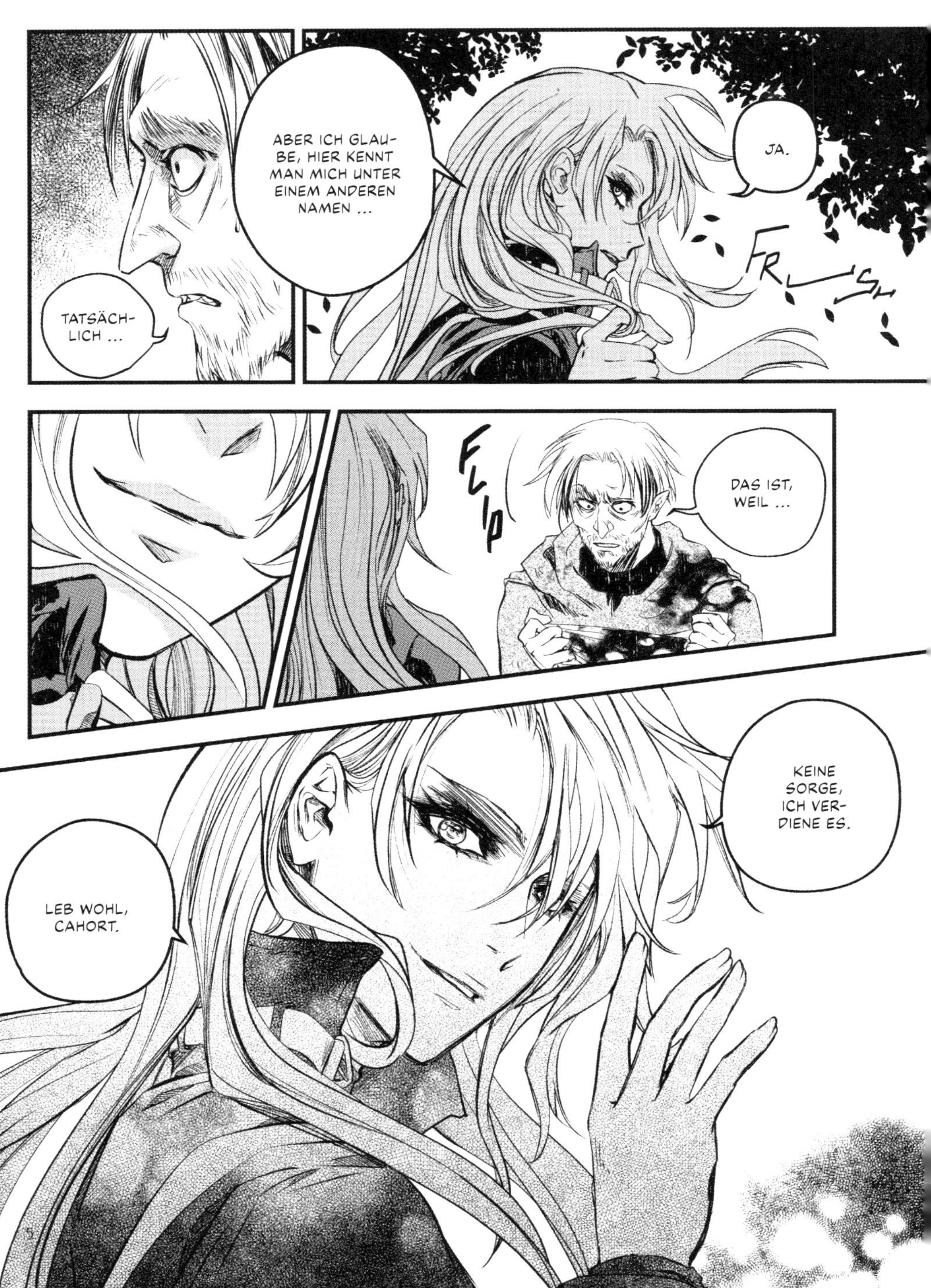
JA.
FRUSH
ABER ICH GLAUBE, HIER KENNT MAN MICH UNTER EINEM ANDEREN NAMEN …
TATSÄCHLICH …
FLIP
DAS IST, WEIL …
KEINE SORGE, ICH VERDIENE ES.
LEB WOHL, CAHORT.

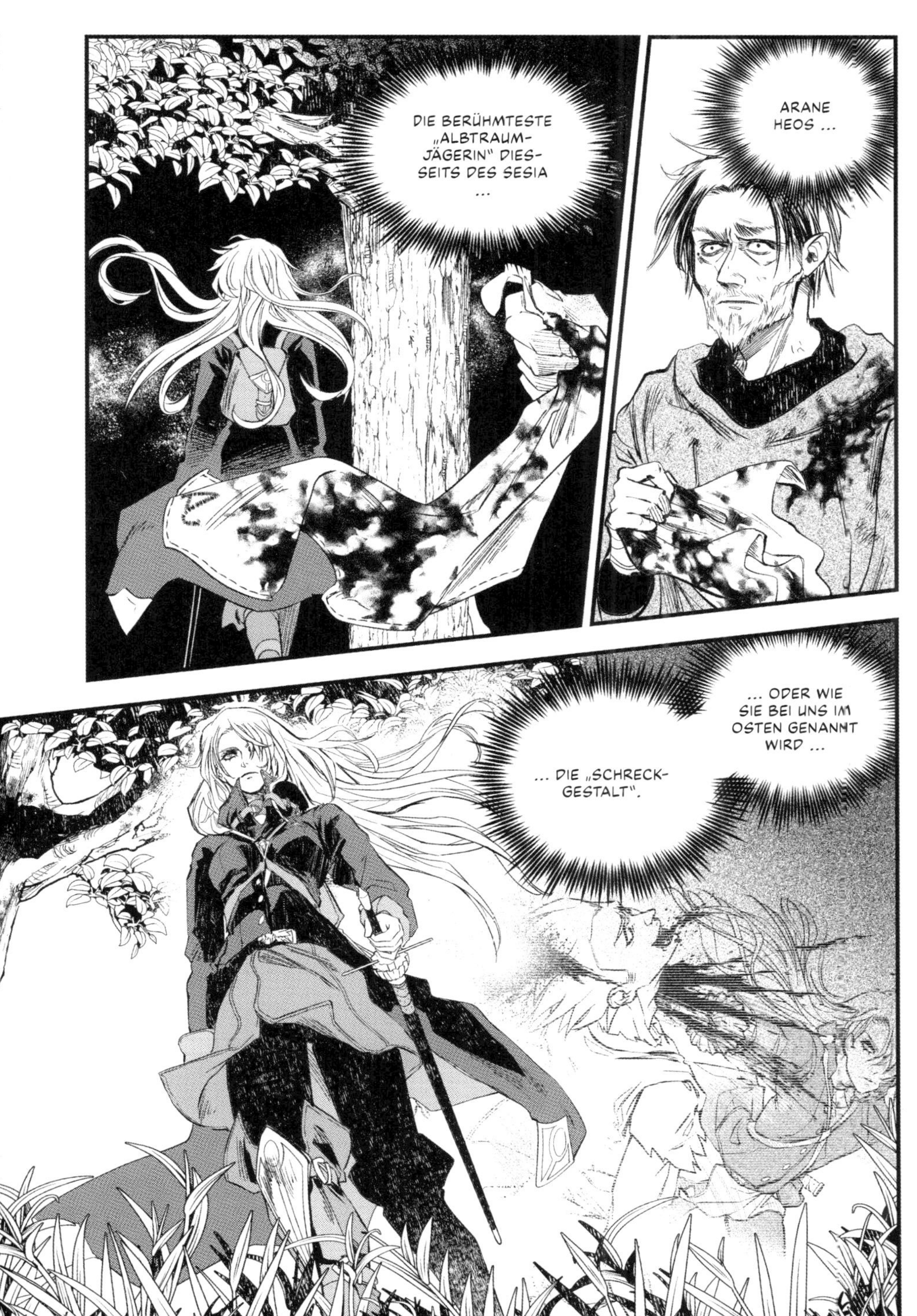
ARANE HEOS ...
DIE BERÜHMTESTE „ALBTRAUM-JÄGERIN" DIESSEITS DES SESIA ...
... ODER WIE SIE BEI UNS IM OSTEN GENANNT WIRD ...
... DIE „SCHRECK-GESTALT".

KAPITEL 2: BEZAHLUNG

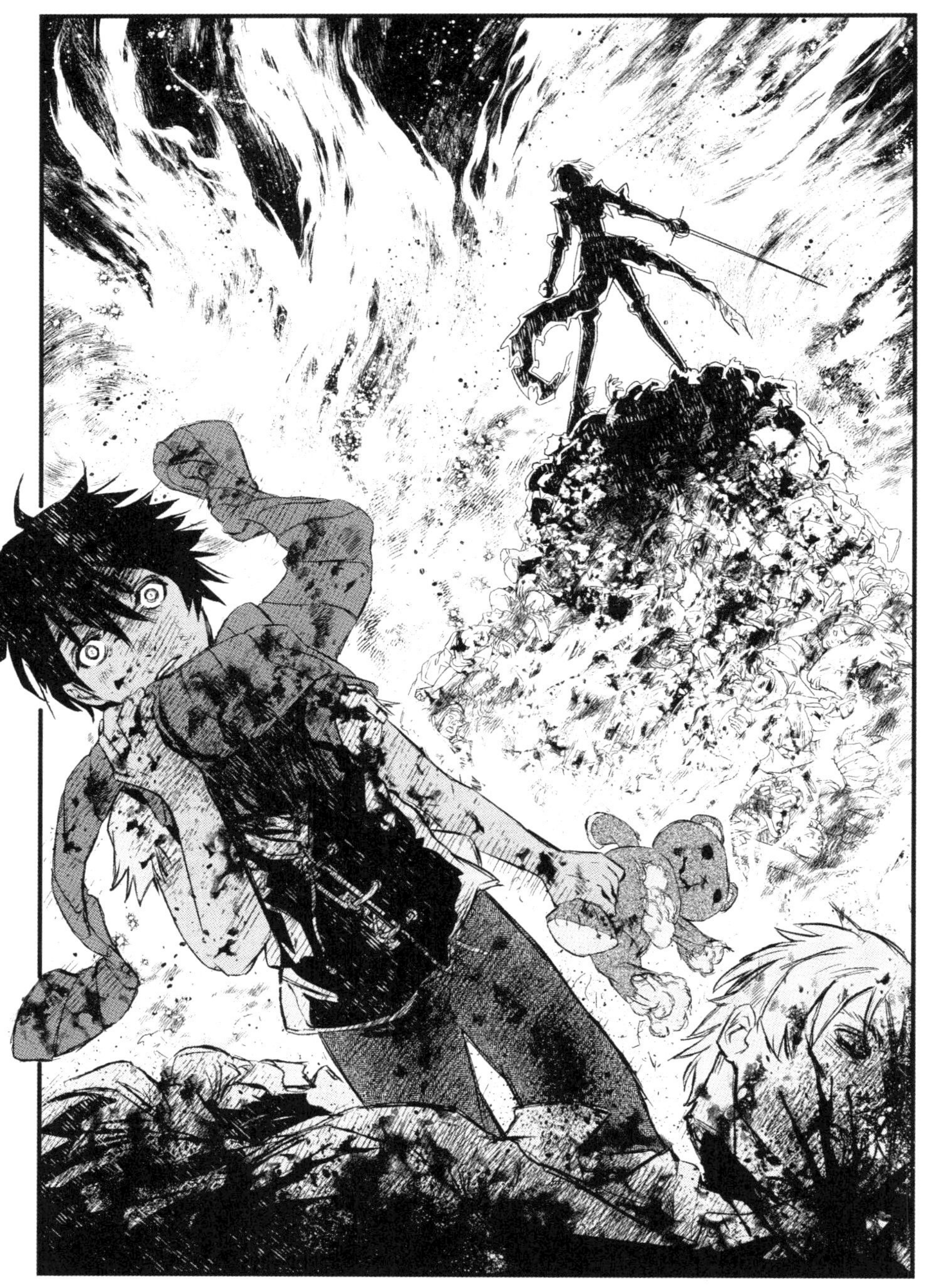

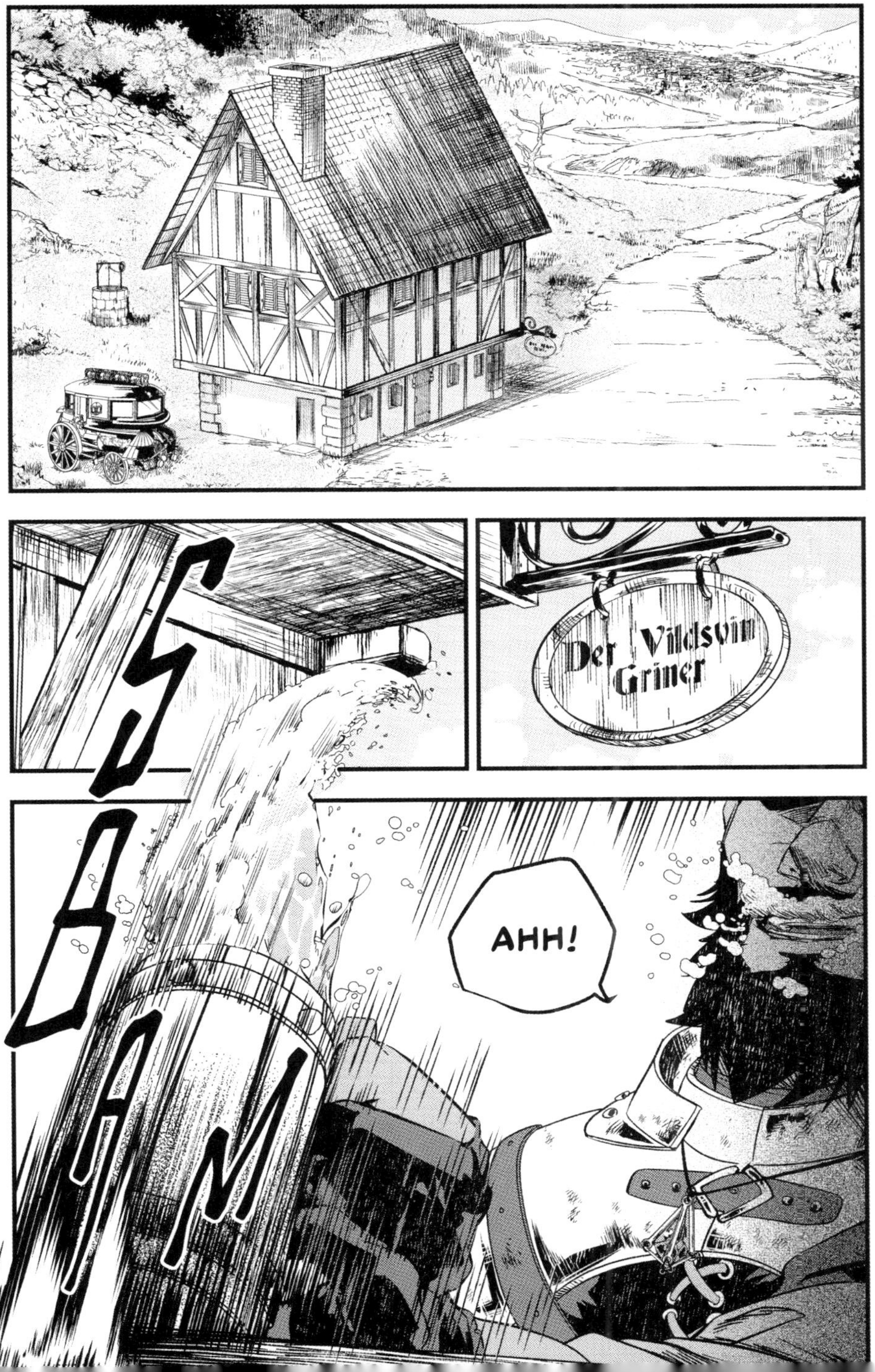

Der Vildsvin Griner
AHH!

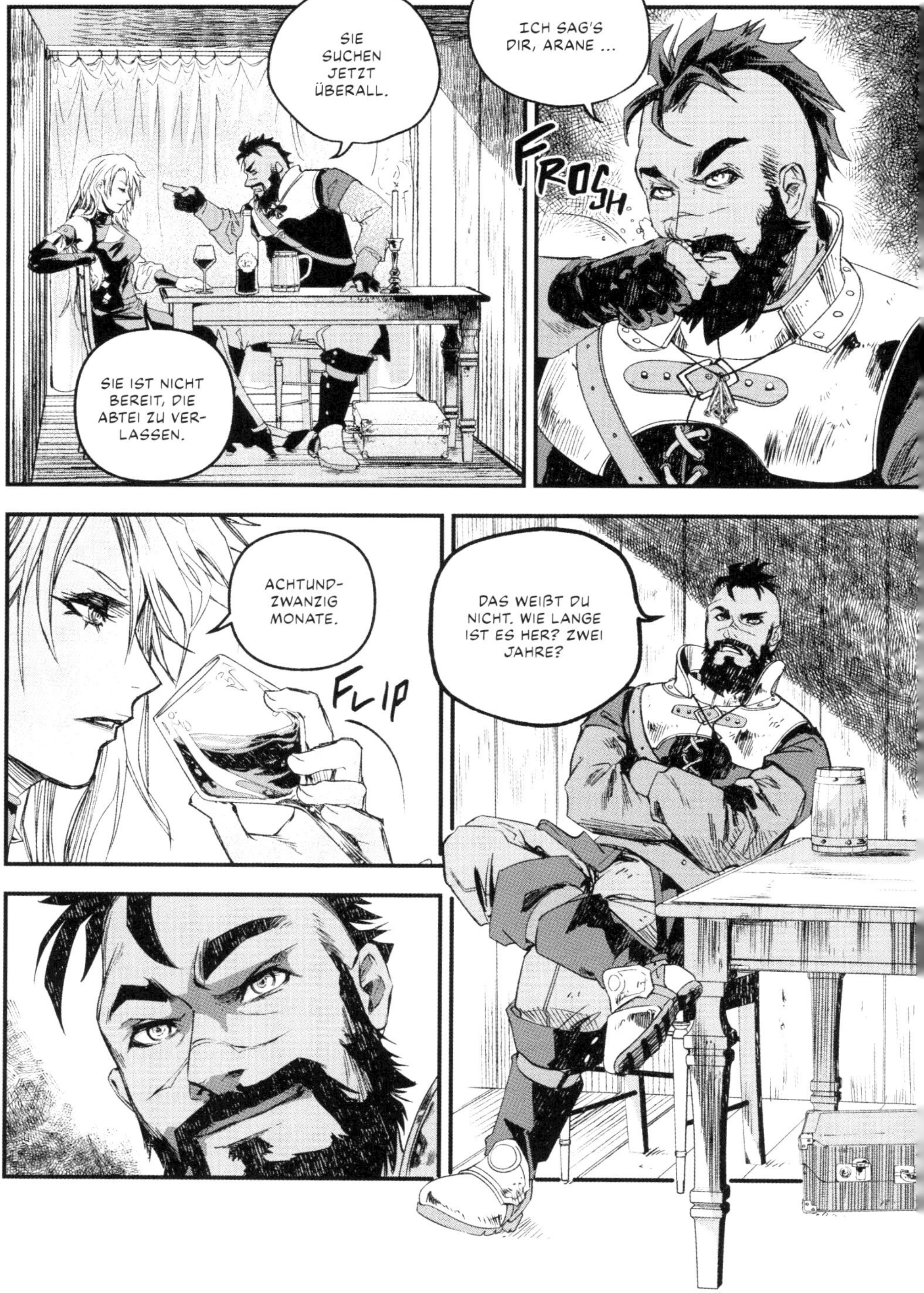

SIE SUCHEN JETZT ÜBERALL.

SIE IST NICHT BEREIT, DIE ABTEI ZU VERLASSEN.

ICH SAG'S DIR, ARANE ...

FROSH

DAS WEIßT DU NICHT. WIE LANGE IST ES HER? ZWEI JAHRE?

ACHTUNDZWANZIG MONATE.

FLIP

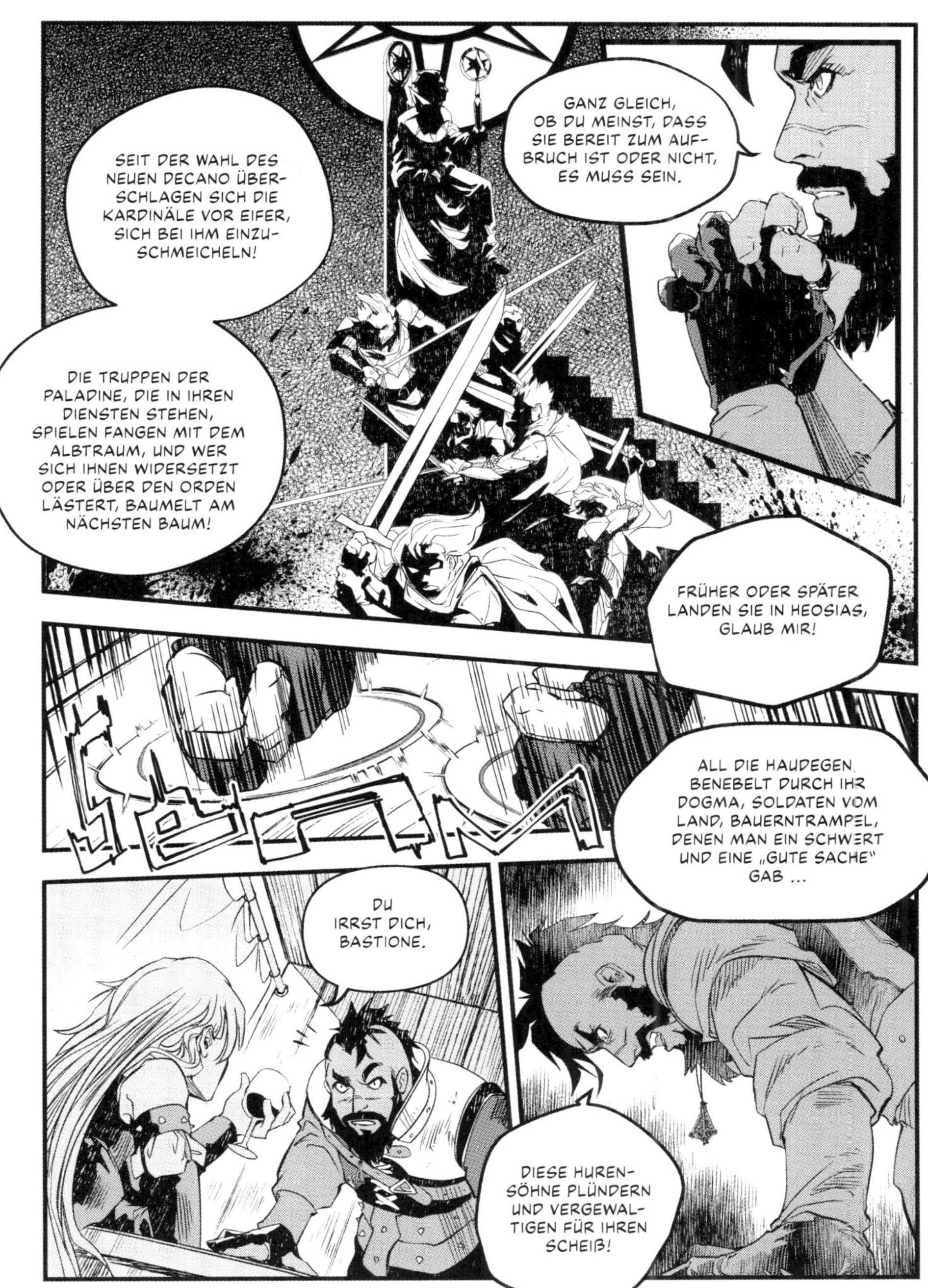

SEIT DER WAHL DES NEUEN DECANO ÜBERSCHLAGEN SICH DIE KARDINÄLE VOR EIFER, SICH BEI IHM EINZUSCHMEICHELN!
DIE TRUPPEN DER PALADINE, DIE IN IHREN DIENSTEN STEHEN, SPIELEN FANGEN MIT DEM ALBTRAUM, UND WER SICH IHNEN WIDERSETZT ODER ÜBER DEN ORDEN LÄSTERT, BAUMELT AM NÄCHSTEN BAUM!
GANZ GLEICH, OB DU MEINST, DASS SIE BEREIT ZUM AUFBRUCH IST ODER NICHT, ES MUSS SEIN.
FRÜHER ODER SPÄTER LANDEN SIE IN HEOSIAS, GLAUB MIR!
ALL DIE HAUDEGEN, BENEBELT DURCH IHR DOGMA, SOLDATEN VOM LAND, BAUERNTRAMPEL, DENEN MAN EIN SCHWERT UND EINE „GUTE SACHE“ GAB …
DU IRRST DICH, BASTIONE.
DIESE HURENSÖHNE PLÜNDERN UND VERGEWALTIGEN FÜR IHREN SCHEIß!

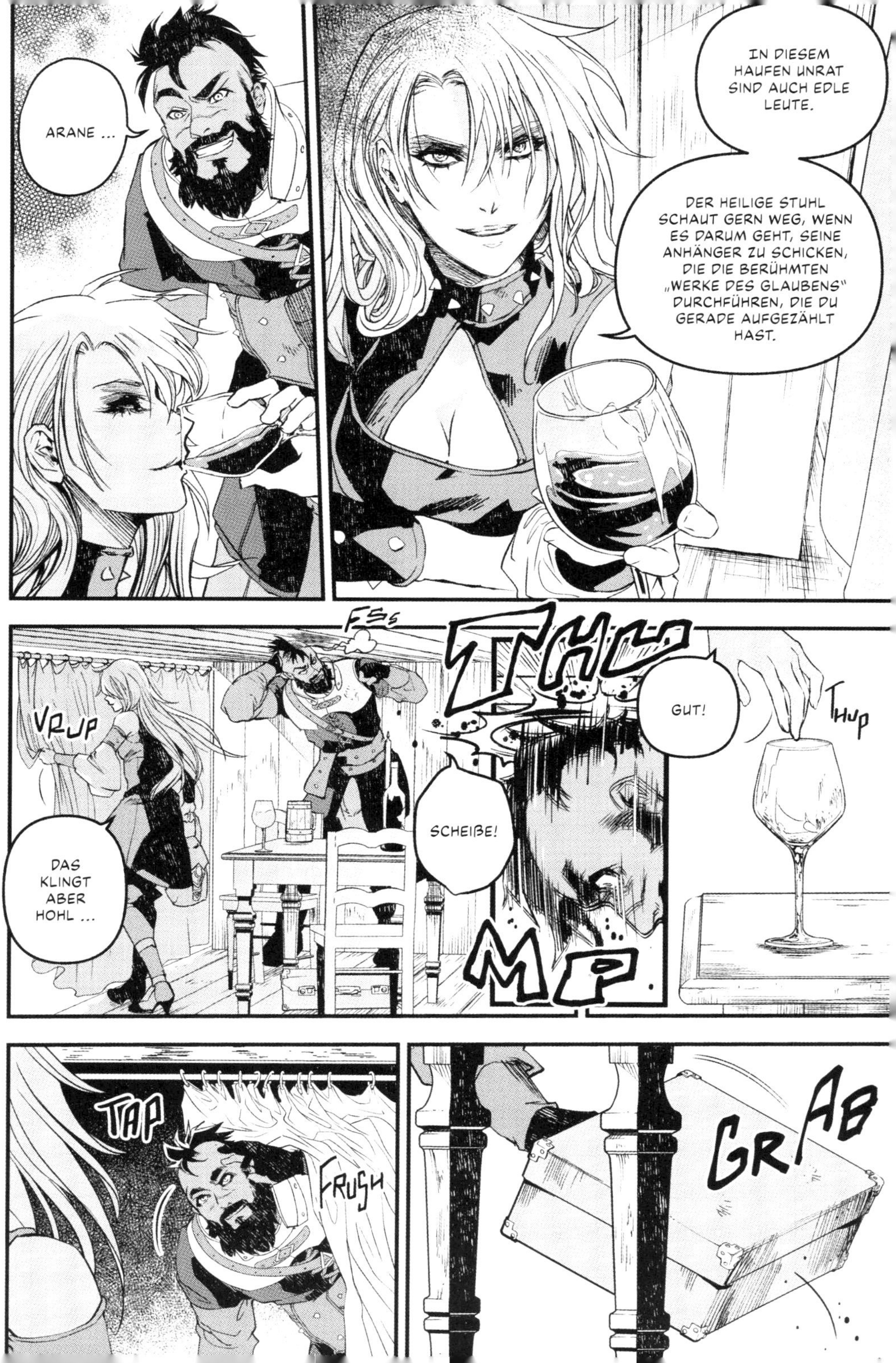

ARANE ...

IN DIESEM HAUFEN UNRAT SIND AUCH EDLE LEUTE.

DER HEILIGE STUHL SCHAUT GERN WEG, WENN ES DARUM GEHT, SEINE ANHÄNGER ZU SCHICKEN, DIE DIE BERÜHMTEN „WERKE DES GLAUBENS“ DURCHFÜHREN, DIE DU GERADE AUFGEZÄHLT HAST.

FSs

VRUP

DAS KLINGT ABER HOHL ...

THUMP

SCHEIßE!

GUT!

THUP

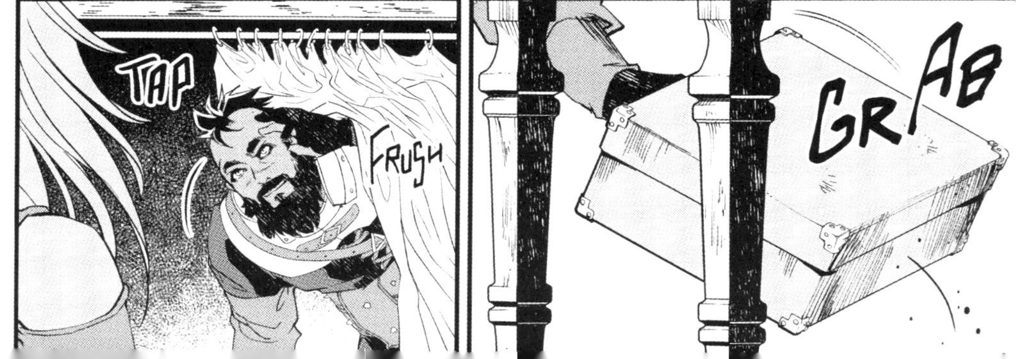

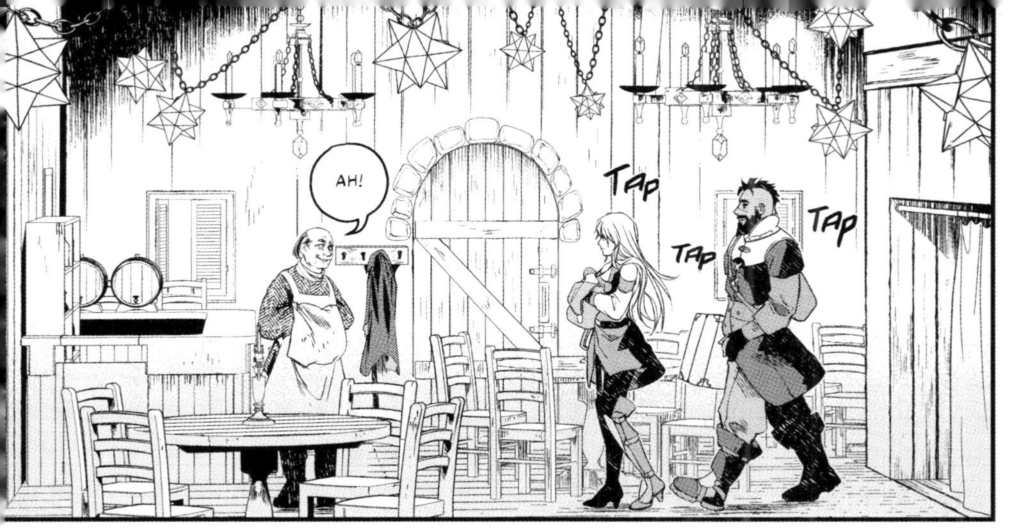
AH!
TAP
TAP
TAP

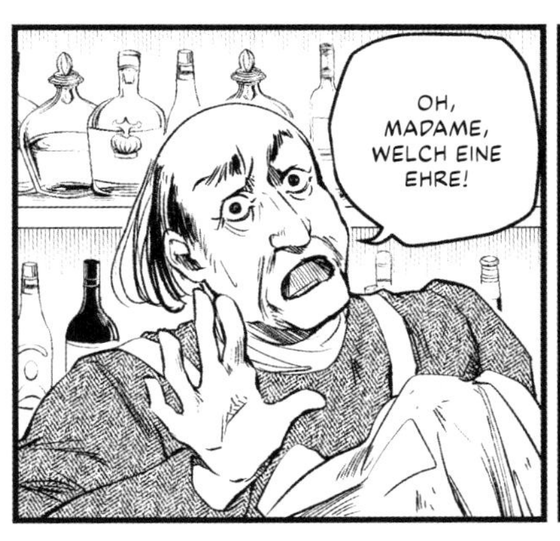
OH, MADAME, WELCH EINE EHRE!

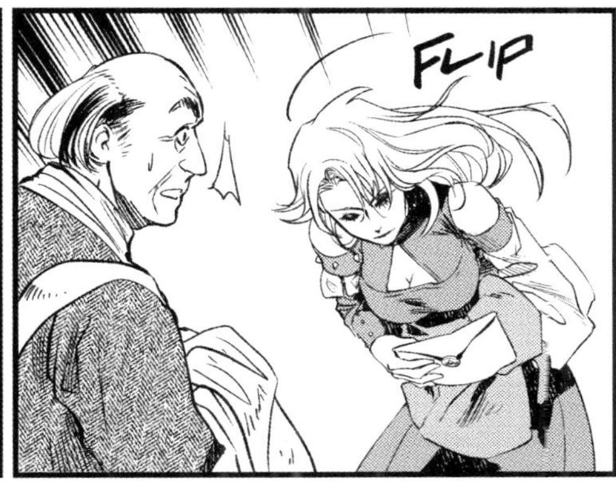
FLIP

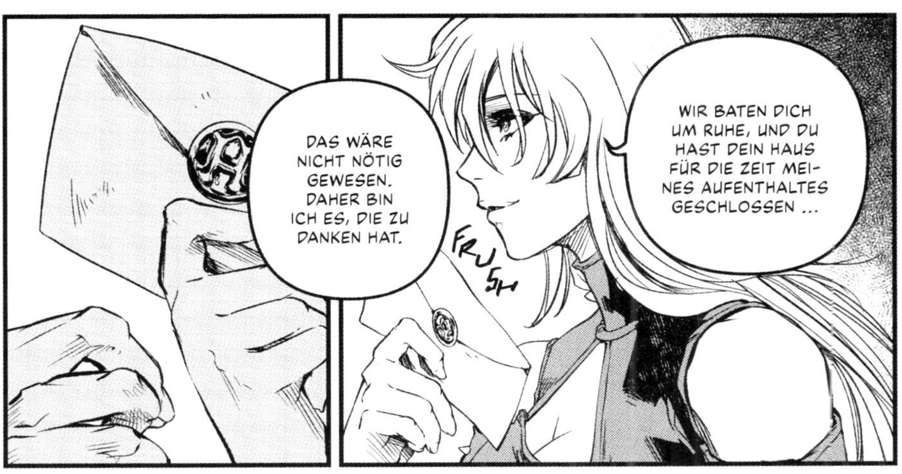
WIR BATEN DICH UM RUHE, UND DU HAST DEIN HAUS FÜR DIE ZEIT MEI-NES AUFENTHALTES GESCHLOSSEN ...
FRUSH
DAS WÄRE NICHT NÖTIG GEWESEN. DAHER BIN ICH ES, DIE ZU DANKEN HAT.

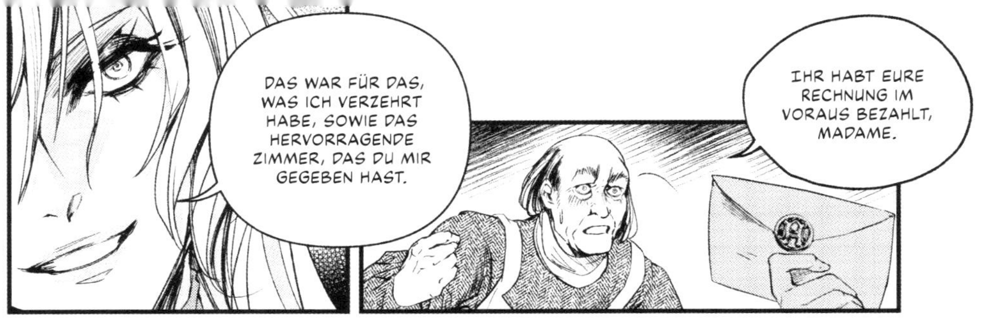

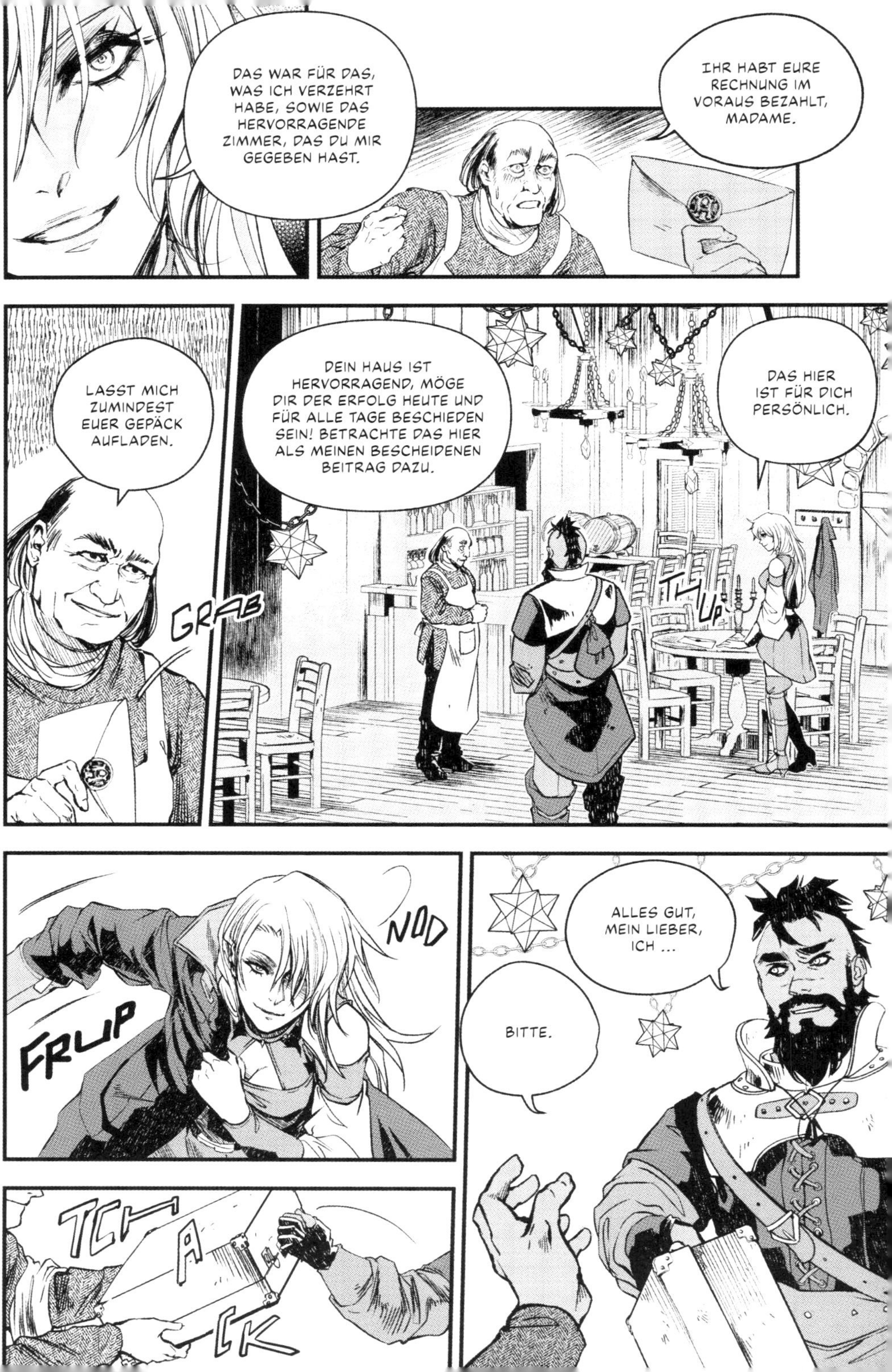

LASST MICH ZUMINDEST EUER GEPÄCK AUFLADEN.

GRAB

DEIN HAUS IST HERVORRAGEND, MÖGE DIR DER ERFOLG HEUTE UND FÜR ALLE TAGE BESCHIEDEN SEIN! BETRACHTE DAS HIER ALS MEINEN BESCHEIDENEN BEITRAG DAZU.

DAS HIER IST FÜR DICH PERSÖNLICH.

THUP

NOD

FRUP

ALLES GUT, MEIN LIEBER, ICH ...

BITTE.

TCHACK

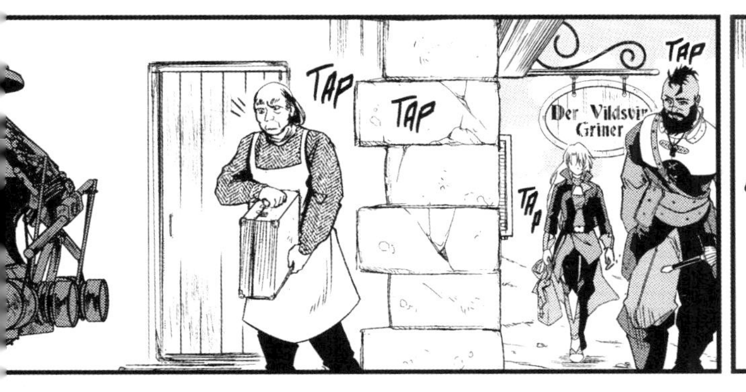
TAP
TAP
Der Vildsvin Griner
TAP
TAP
TAP
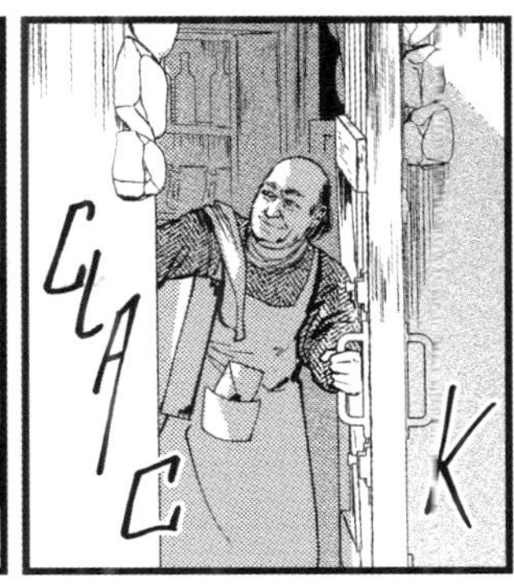
CLACK
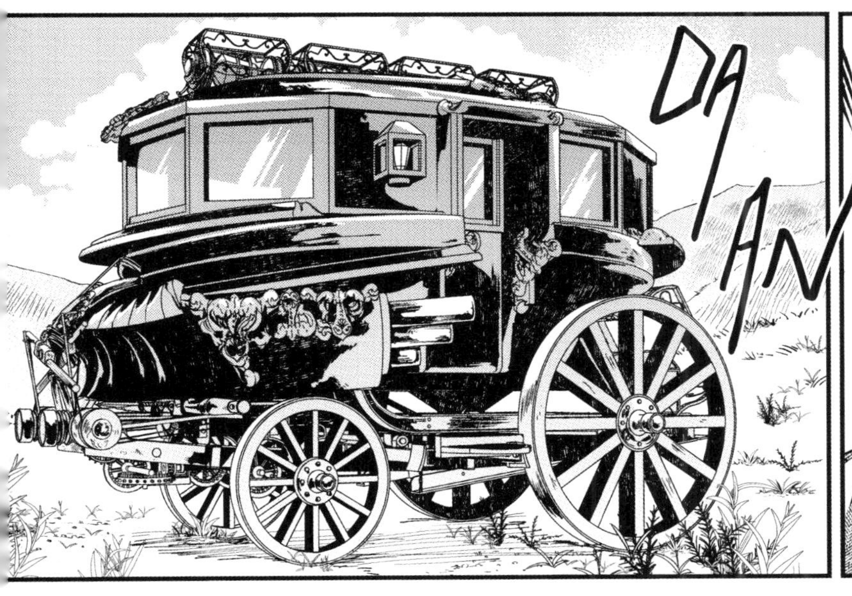
DAAN
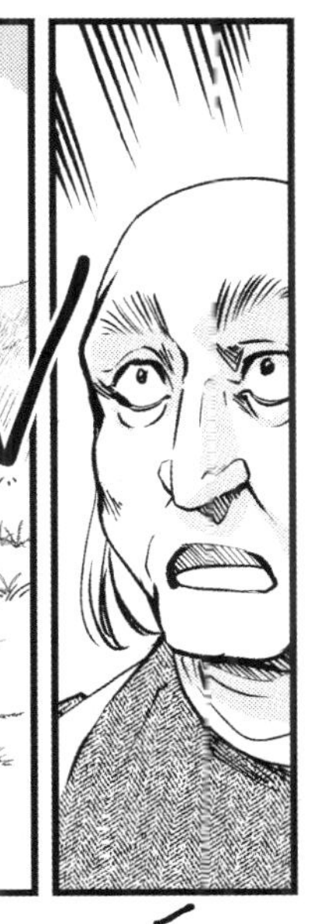
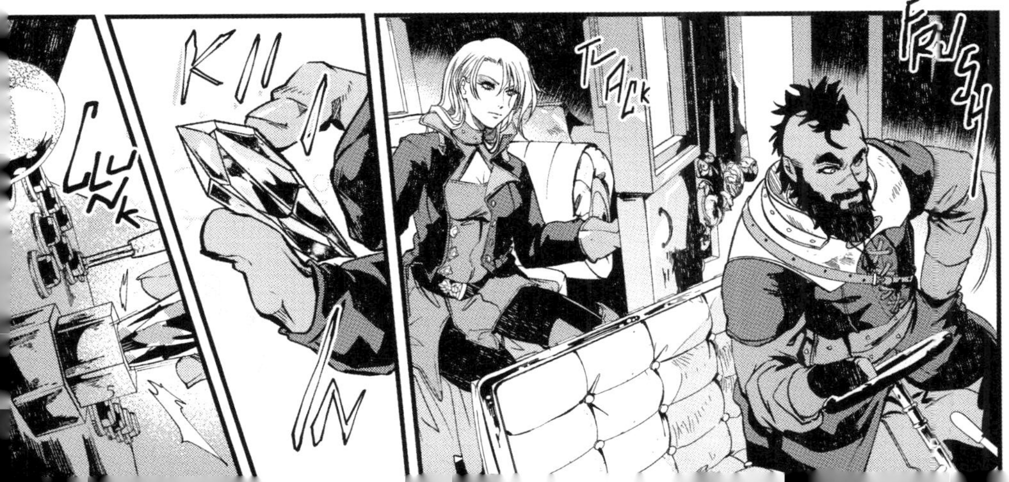
FRUSH
TACK
KIIN
CLUNK

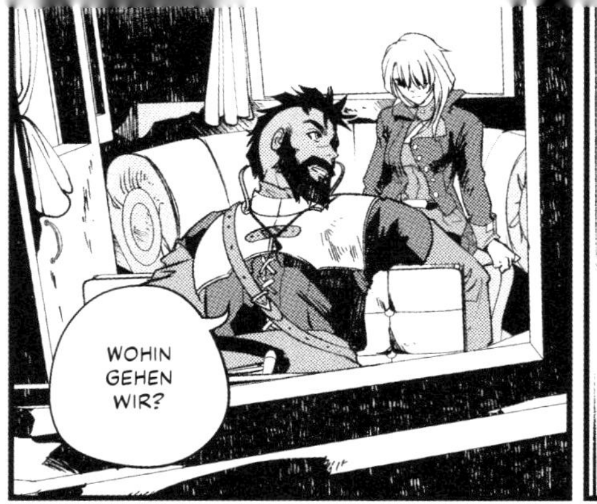

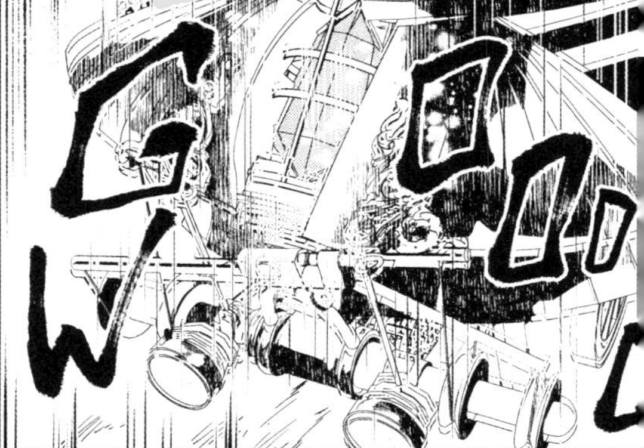

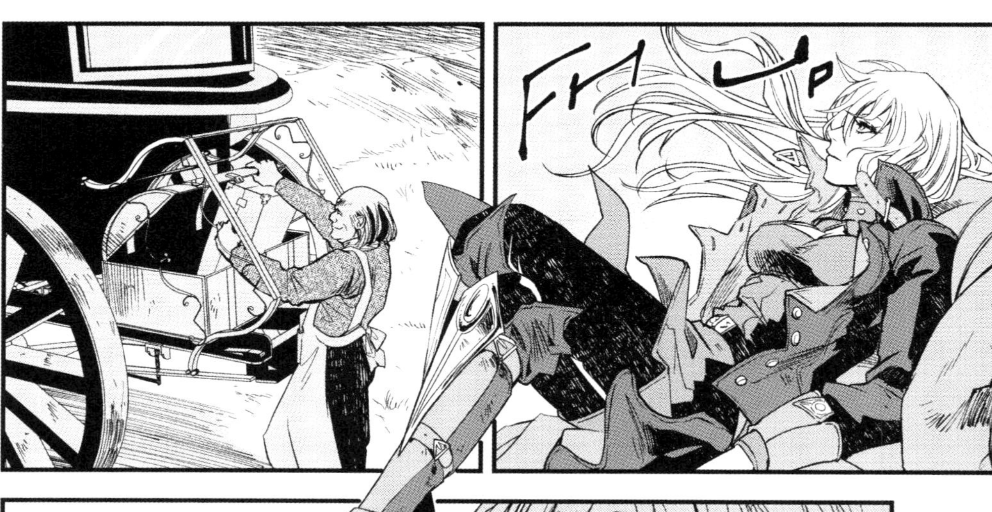

NACH HEOSIAS.

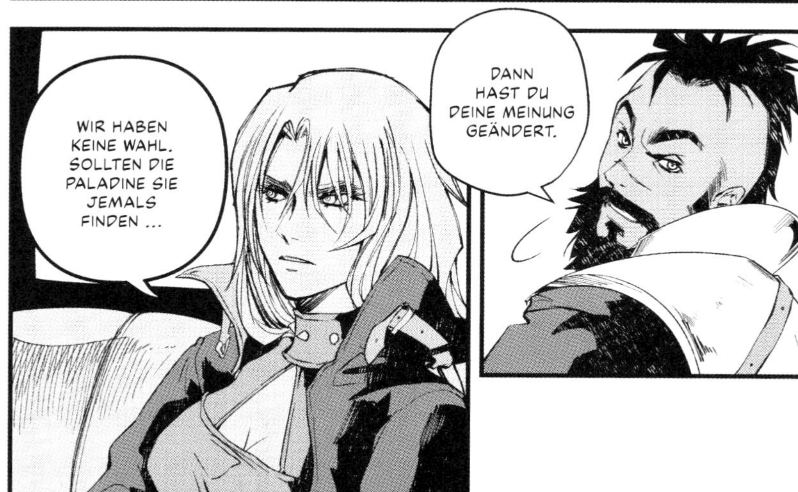

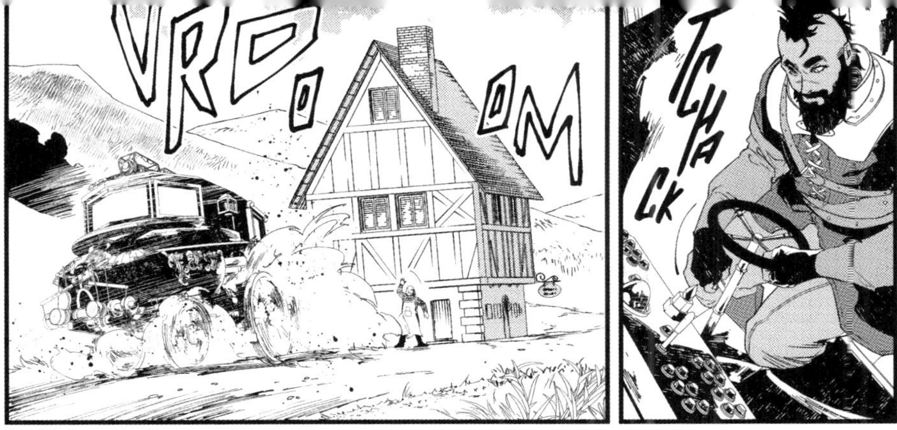
VROOOM
TCHACK
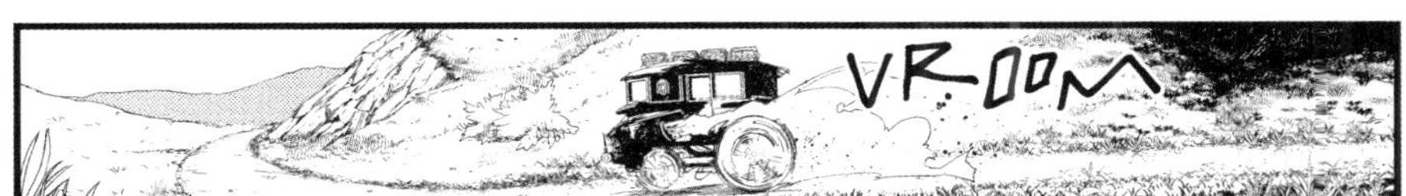
VROOM
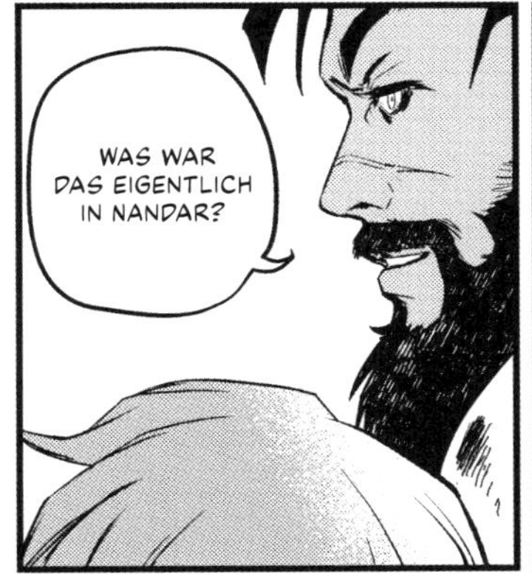
WAS WAR DAS EIGENTLICH IN NANDAR?
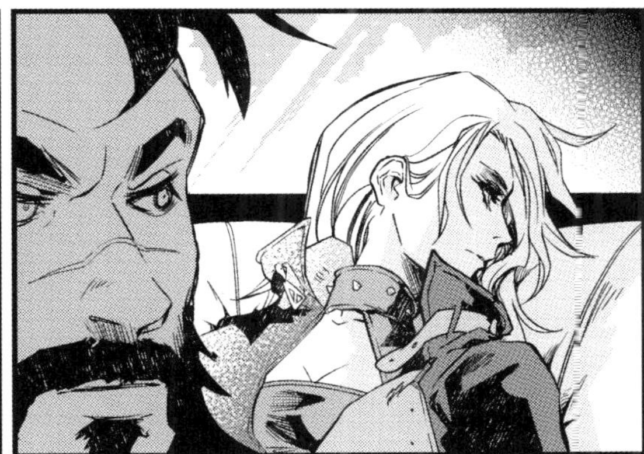
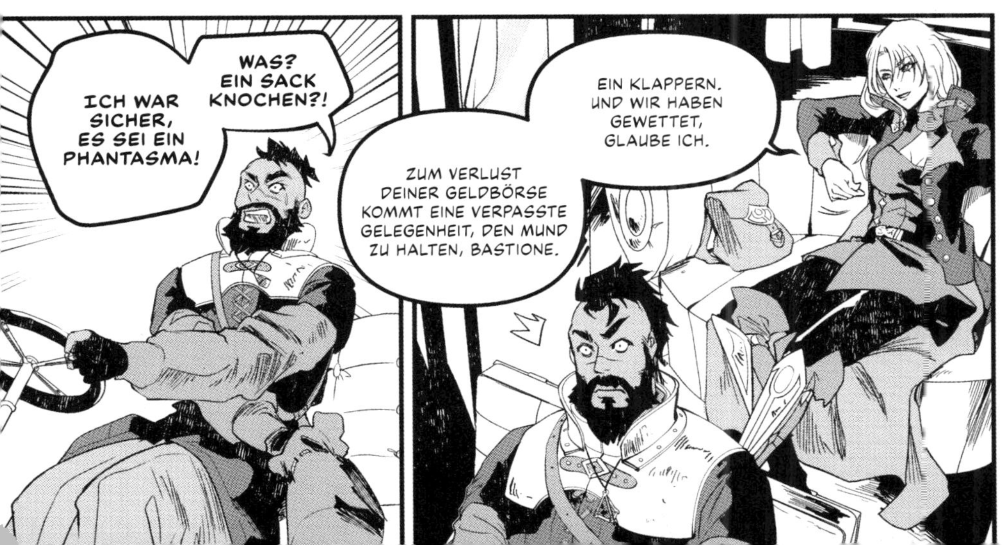
EIN KLAPPERN. UND WIR HABEN GEWETTET, GLAUBE ICH.
WAS? EIN SACK KNOCHEN?!
ICH WAR SICHER, ES SEI EIN PHANTASMA!
ZUM VERLUST DEINER GELDBÖRSE KOMMT EINE VERPASSTE GELEGENHEIT, DEN MUND ZU HALTEN, BASTIONE.

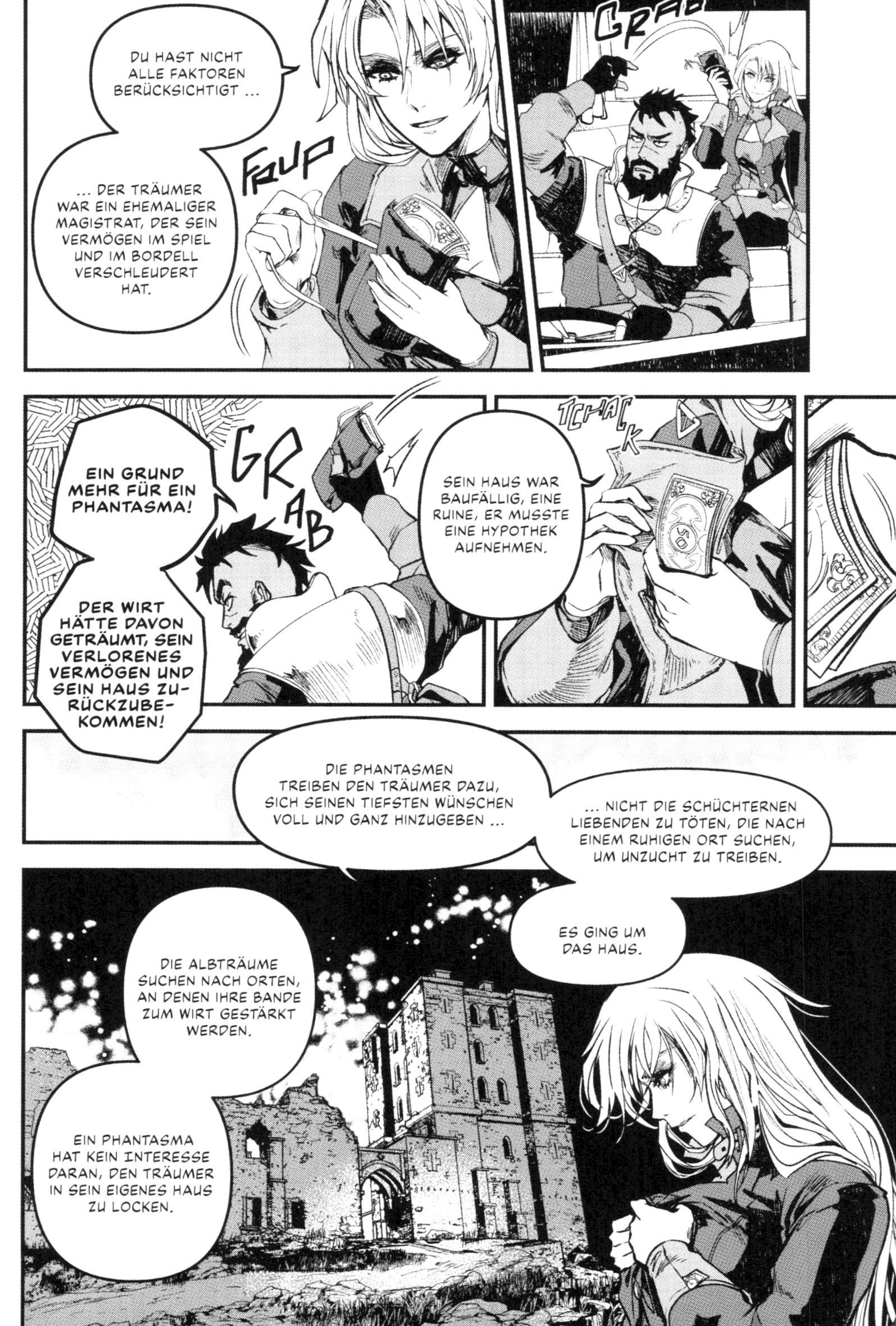
DU HAST NICHT ALLE FAKTOREN BERÜCKSICHTIGT …
FRUP
… DER TRÄUMER WAR EIN EHEMALIGER MAGISTRAT, DER SEIN VERMÖGEN IM SPIEL UND IM BORDELL VERSCHLEUDERT HAT.
GRAB
EIN GRUND MEHR FÜR EIN PHANTASMA!
DER WIRT HÄTTE DAVON GETRÄUMT, SEIN VERLORENES VERMÖGEN UND SEIN HAUS ZURÜCKZUBEKOMMEN!
GRAB
TCHACK
SEIN HAUS WAR BAUFÄLLIG, EINE RUINE, ER MUSSTE EINE HYPOTHEK AUFNEHMEN.
DIE PHANTASMEN TREIBEN DEN TRÄUMER DAZU, SICH SEINEN TIEFSTEN WÜNSCHEN VOLL UND GANZ HINZUGEBEN …
… NICHT DIE SCHÜCHTERNEN LIEBENDEN ZU TÖTEN, DIE NACH EINEM RUHIGEN ORT SUCHEN, UM UNZUCHT ZU TREIBEN.
ES GING UM DAS HAUS.
DIE ALBTRÄUME SUCHEN NACH ORTEN, AN DENEN IHRE BANDE ZUM WIRT GESTÄRKT WERDEN.
EIN PHANTASMA HAT KEIN INTERESSE DARAN, DEN TRÄUMER IN SEIN EIGENES HAUS ZU LOCKEN.

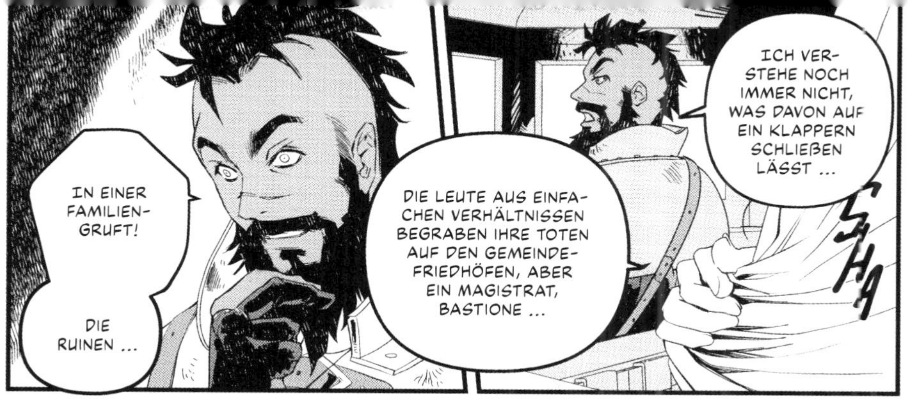
ICH VERSTEHE NOCH IMMER NICHT, WAS DAVON AUF EIN KLAPPERN SCHLIEßEN LÄSST ...
SHA
DIE LEUTE AUS EINFACHEN VERHÄLTNISSEN BEGRABEN IHRE TOTEN AUF DEN GEMEINDEFRIEDHÖFEN, ABER EIN MAGISTRAT, BASTIONE ...
IN EINER FAMILIENGRUFT!
DIE RUINEN ...

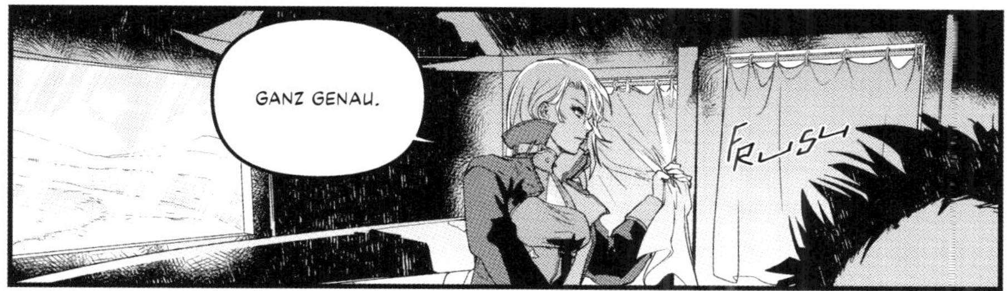
FRUSH
GANZ GENAU.

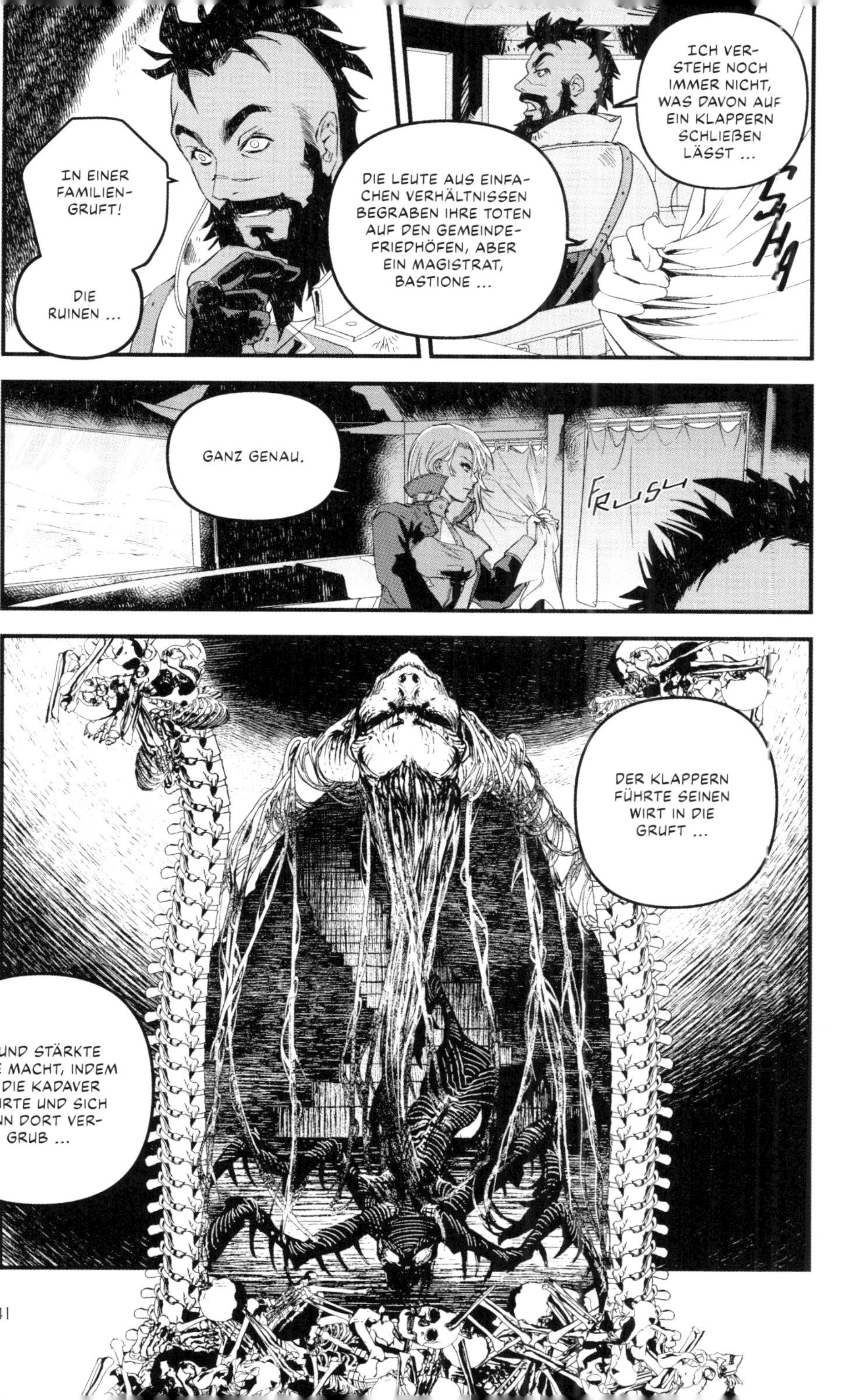

DER KLAPPERN FÜHRTE SEINEN WIRT IN DIE GRUFT ...
... UND STÄRKTE SEINE MACHT, INDEM ER DIE KADAVER MEHRTE UND SICH DANN DORT VERGRUB ...

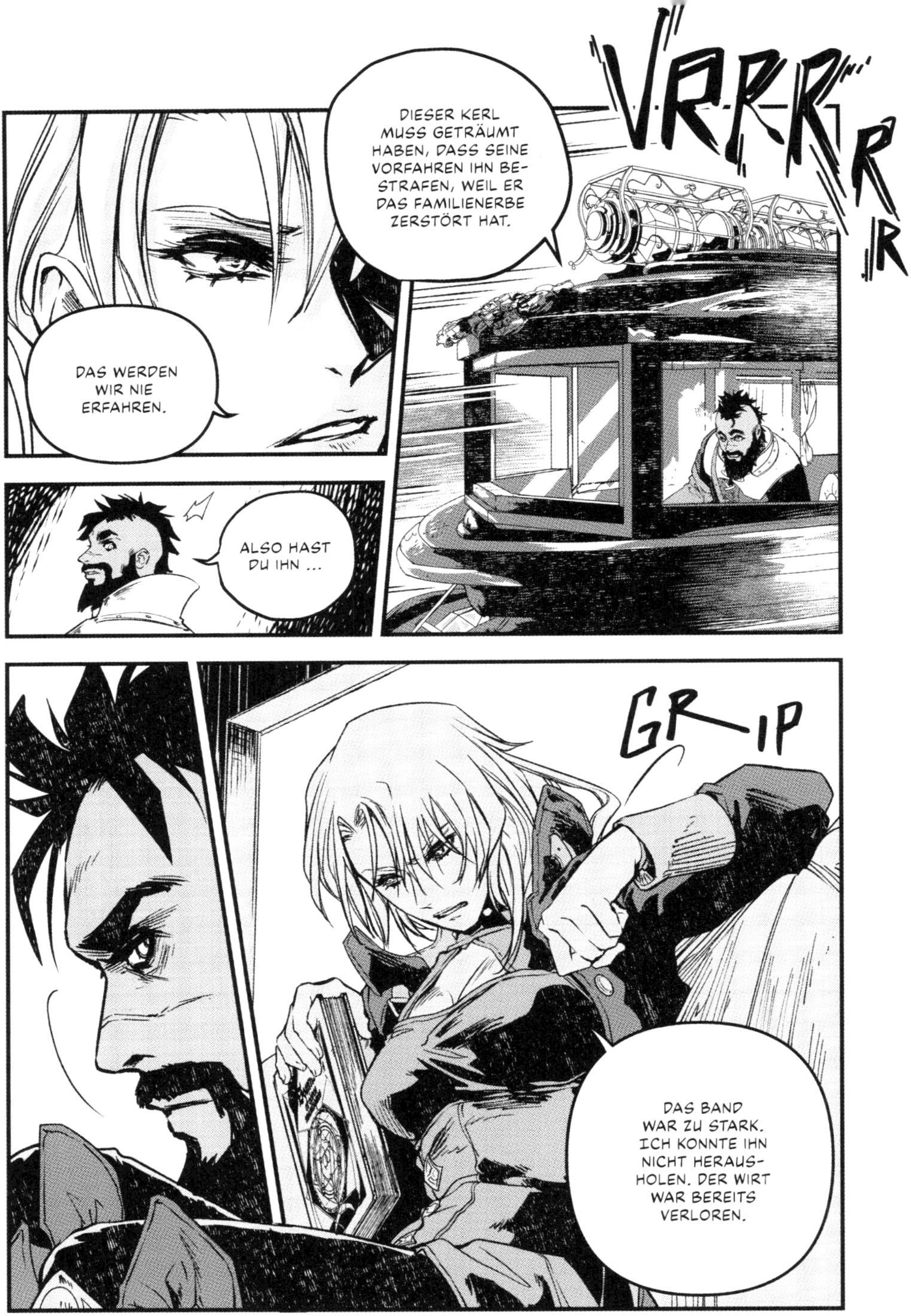

VRRRRR

DIESER KERL MUSS GETRÄUMT HABEN, DASS SEINE VORFAHREN IHN BESTRAFEN, WEIL ER DAS FAMILIENERBE ZERSTÖRT HAT.

DAS WERDEN WIR NIE ERFAHREN.

ALSO HAST DU IHN ...

GRIP

DAS BAND WAR ZU STARK. ICH KONNTE IHN NICHT HERAUSHOLEN. DER WIRT WAR BEREITS VERLOREN.

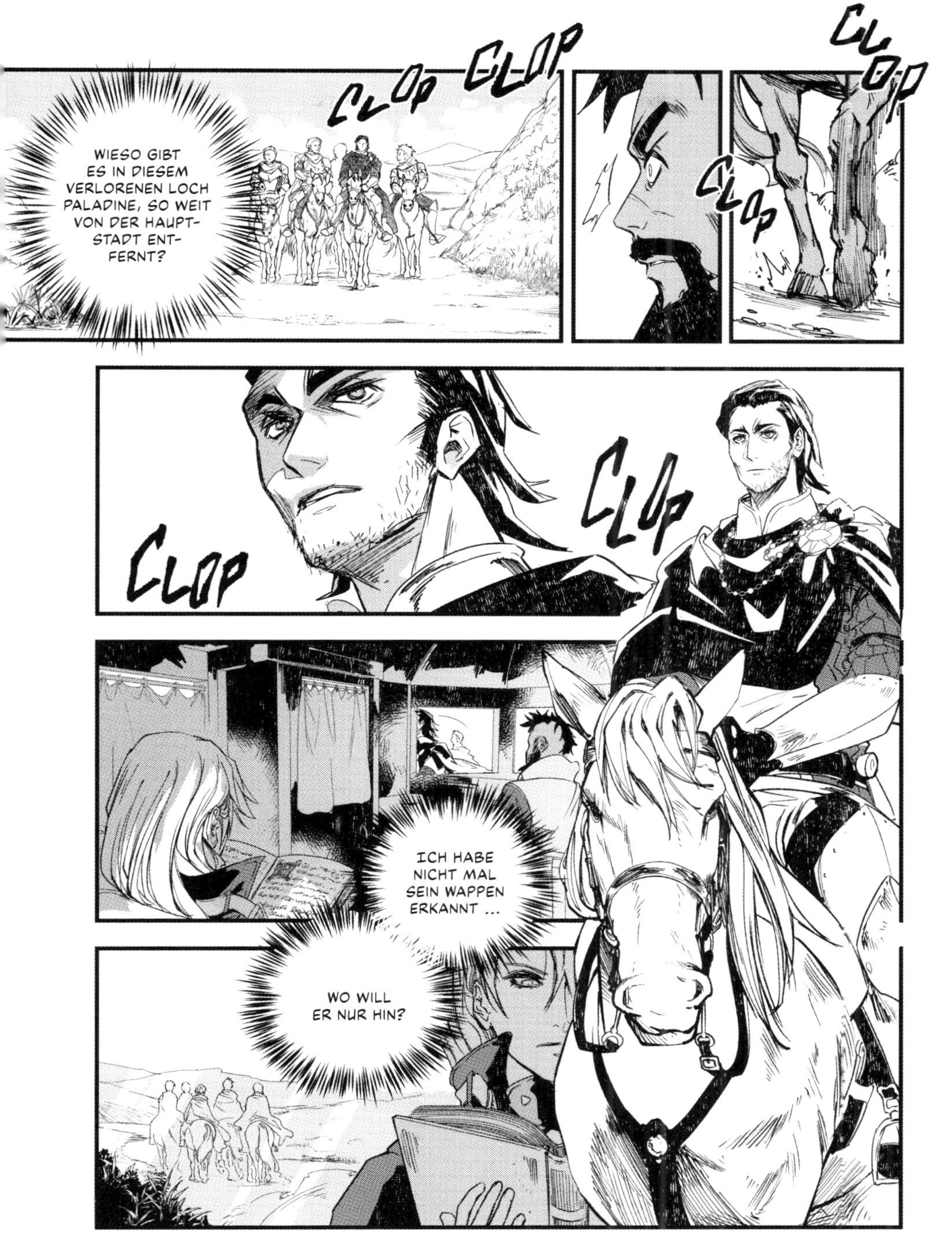

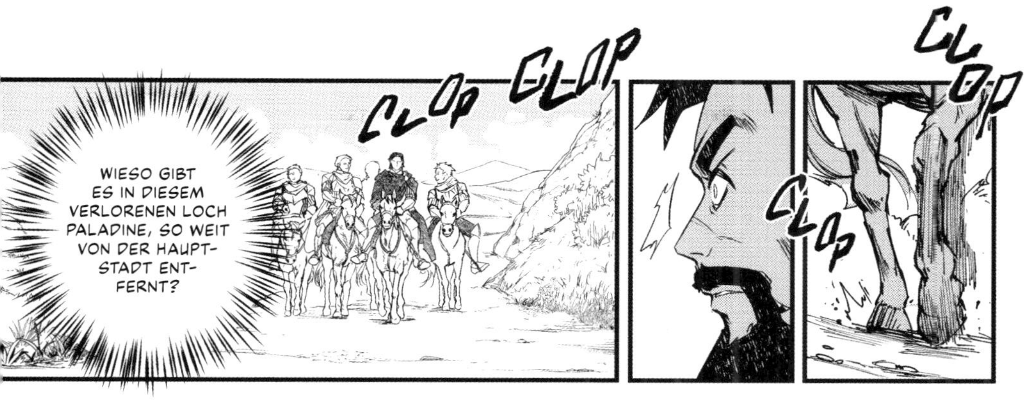
CLOP CLOP
WIESO GIBT ES IN DIESEM VERLORENEN LOCH PALADINE, SO WEIT VON DER HAUPT-STADT ENT-FERNT?
CLOP
CLOP

CLOP
CLOP
ICH HABE NICHT MAL SEIN WAPPEN ERKANNT ...
WO WILL ER NUR HIN?

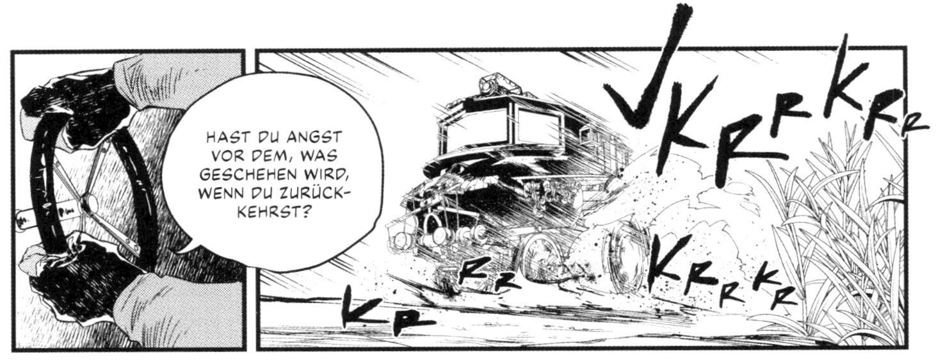
HAST DU ANGST VOR DEM, WAS GESCHEHEN WIRD, WENN DU ZURÜCK-KEHRST?
VKRRKRR
KRRRKR
KR
KRR

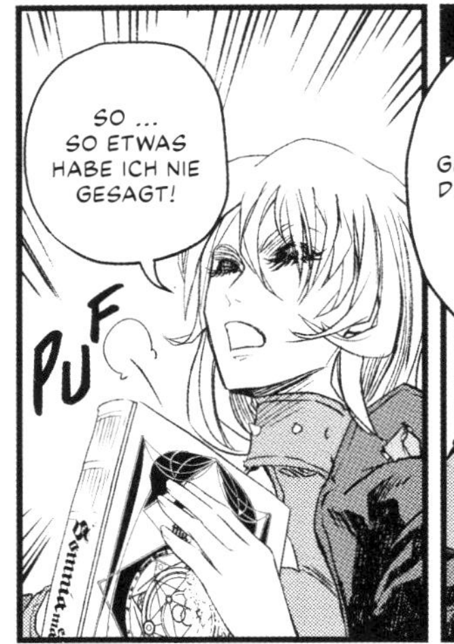
SO ... SO ETWAS HABE ICH NIE GESAGT!
PUF

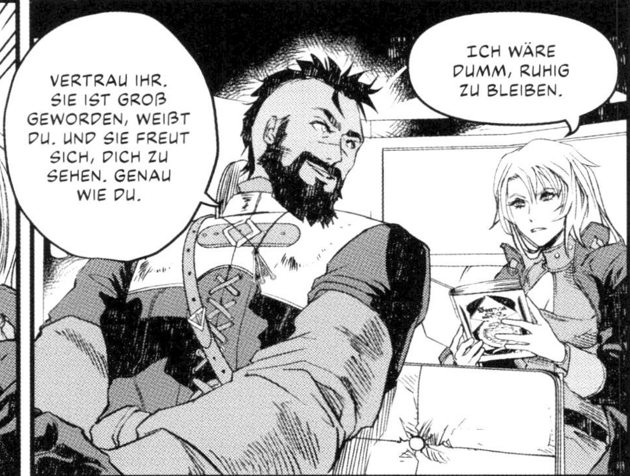
ICH WÄRE DUMM, RUHIG ZU BLEIBEN.
VERTRAU IHR. SIE IST GROß GEWORDEN, WEIßT DU. UND SIE FREUT SICH, DICH ZU SEHEN. GENAU WIE DU.

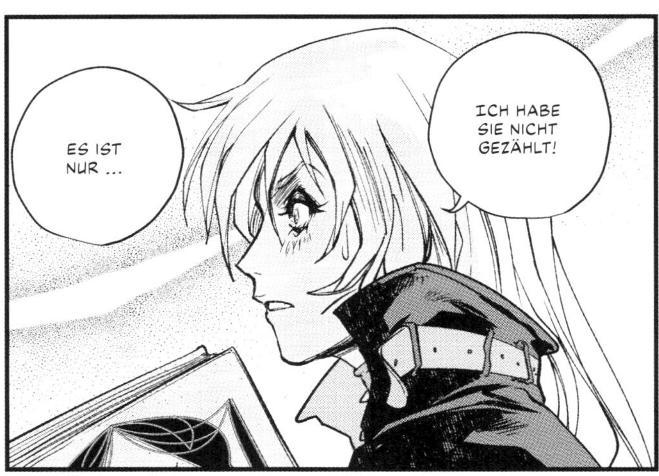
ICH HABE SIE NICHT GEZÄHLT!
ES IST NUR ...

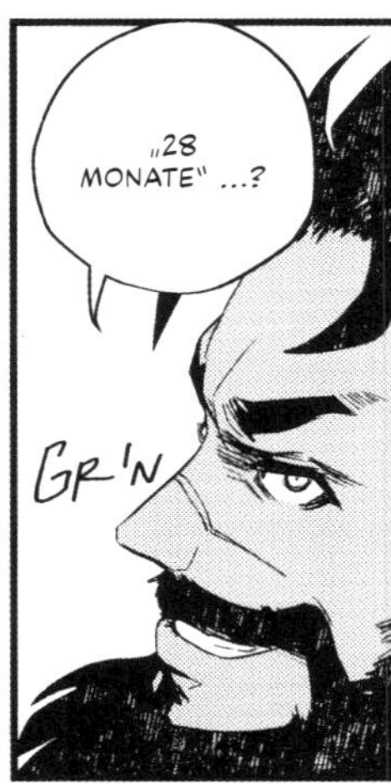
„28 MONATE" ...?
GR'N

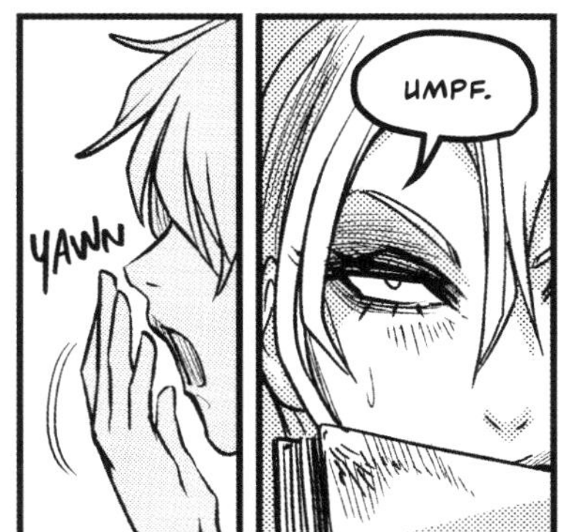
YAWN
UMPF.

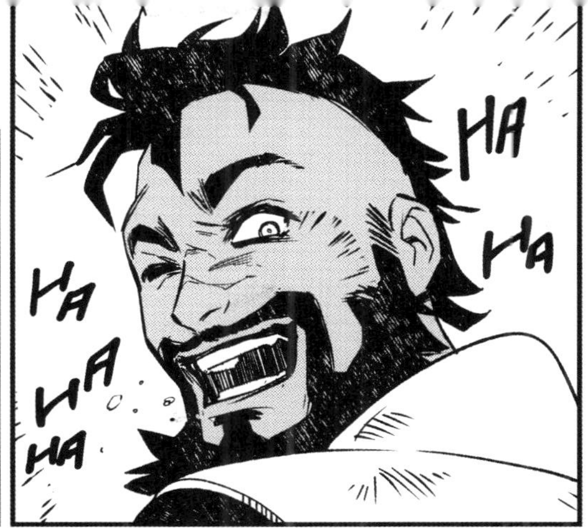
HA
HA
HA
HA
HA
HA

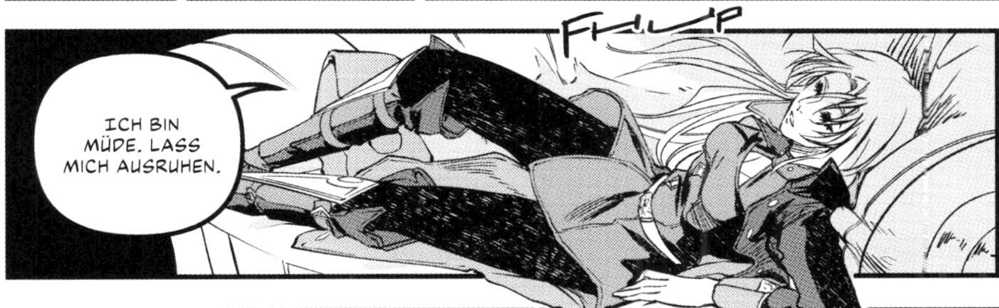
FHRUP
ICH BIN MÜDE. LASS MICH AUSRUHEN.

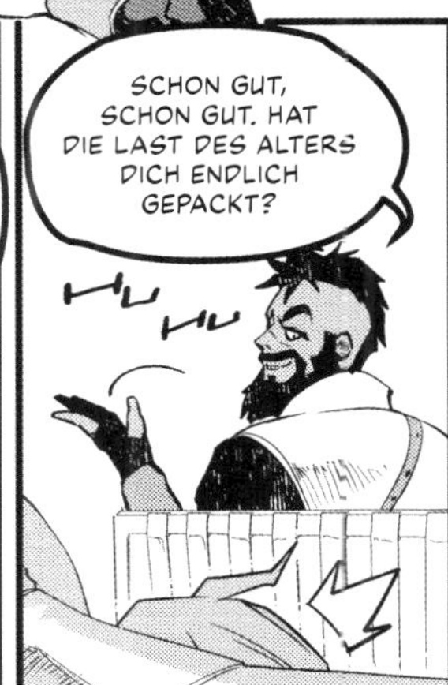
SCHON GUT, SCHON GUT. HAT DIE LAST DES ALTERS DICH ENDLICH GEPACKT?
HU HU

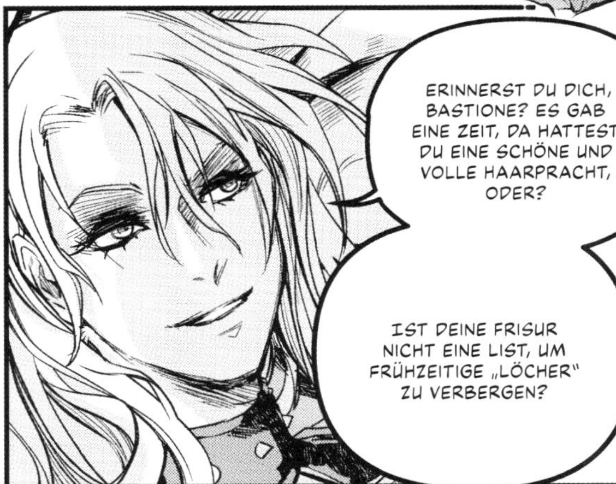
ERINNERST DU DICH, BASTIONE? ES GAB EINE ZEIT, DA HATTEST DU EINE SCHÖNE UND VOLLE HAARPRACHT, ODER?
IST DEINE FRISUR NICHT EINE LIST, UM FRÜHZEITIGE „LÖCHER" ZU VERBERGEN?

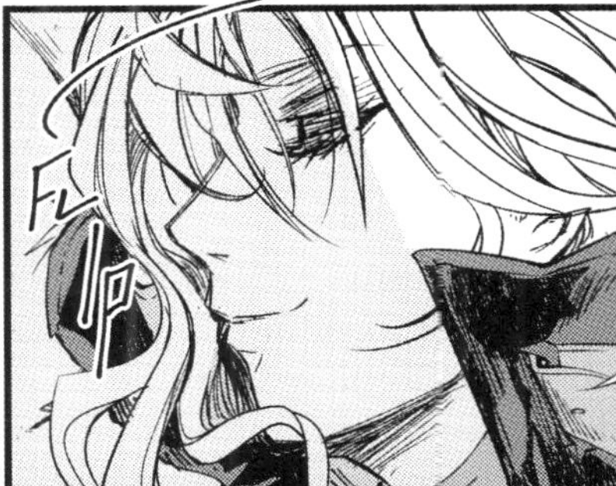
FLIP

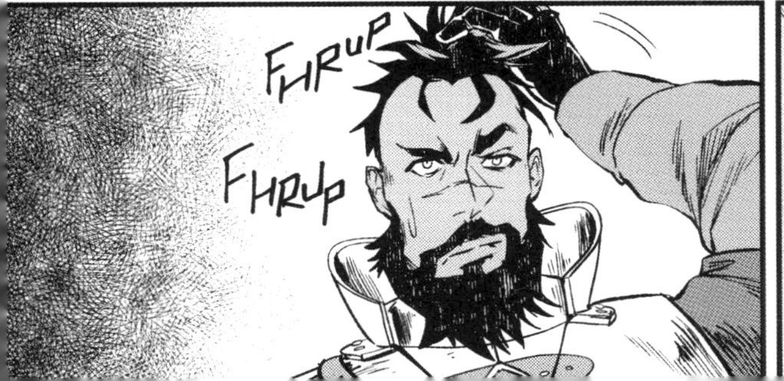
FHRUP
FHRUP

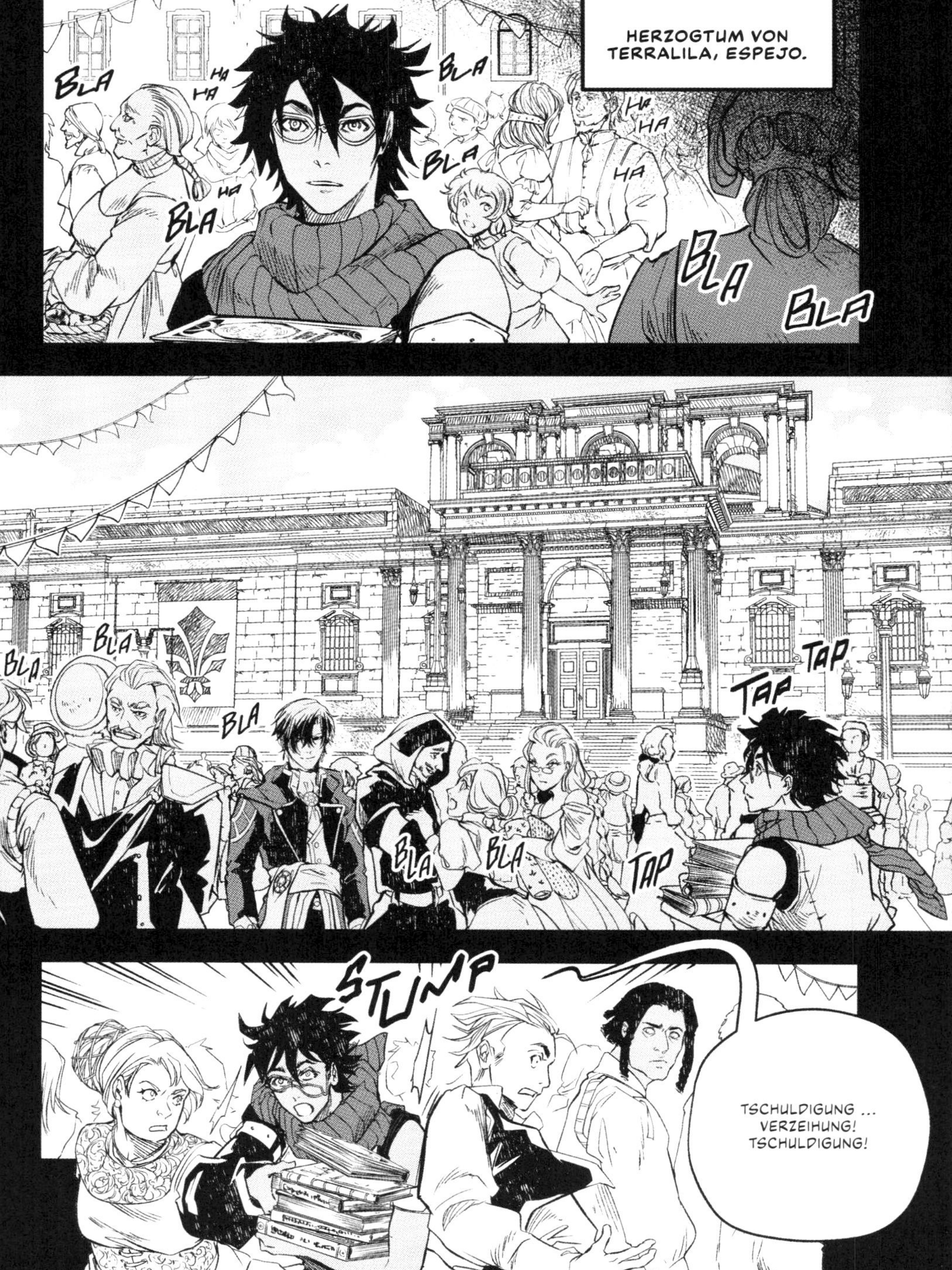
HERZOGTUM VON TERRALILA, ESPEJO.
BLA
HA HA
BLA
HA
BLA
BLA
HA HA
HA
BLA
BLA
BLA
BLA
BLA
TAP TAP
TAP
BLA
BLA
TAP
STUMP
TSCHULDIGUNG ... VERZEIHUNG! TSCHULDIGUNG!

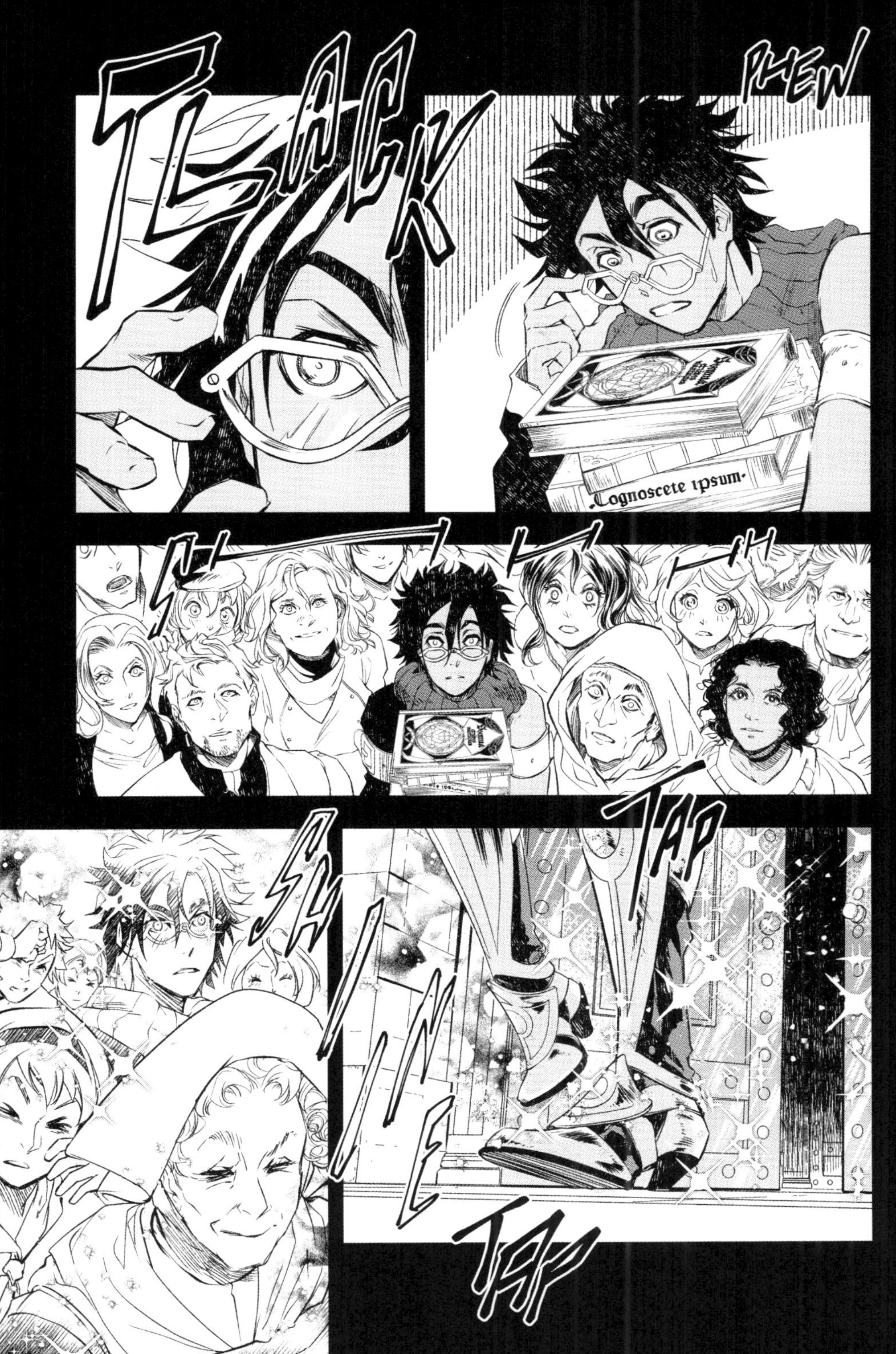
PHEW
TCLACK
Cognoscete ipsum
TAP
SHINE
TAP

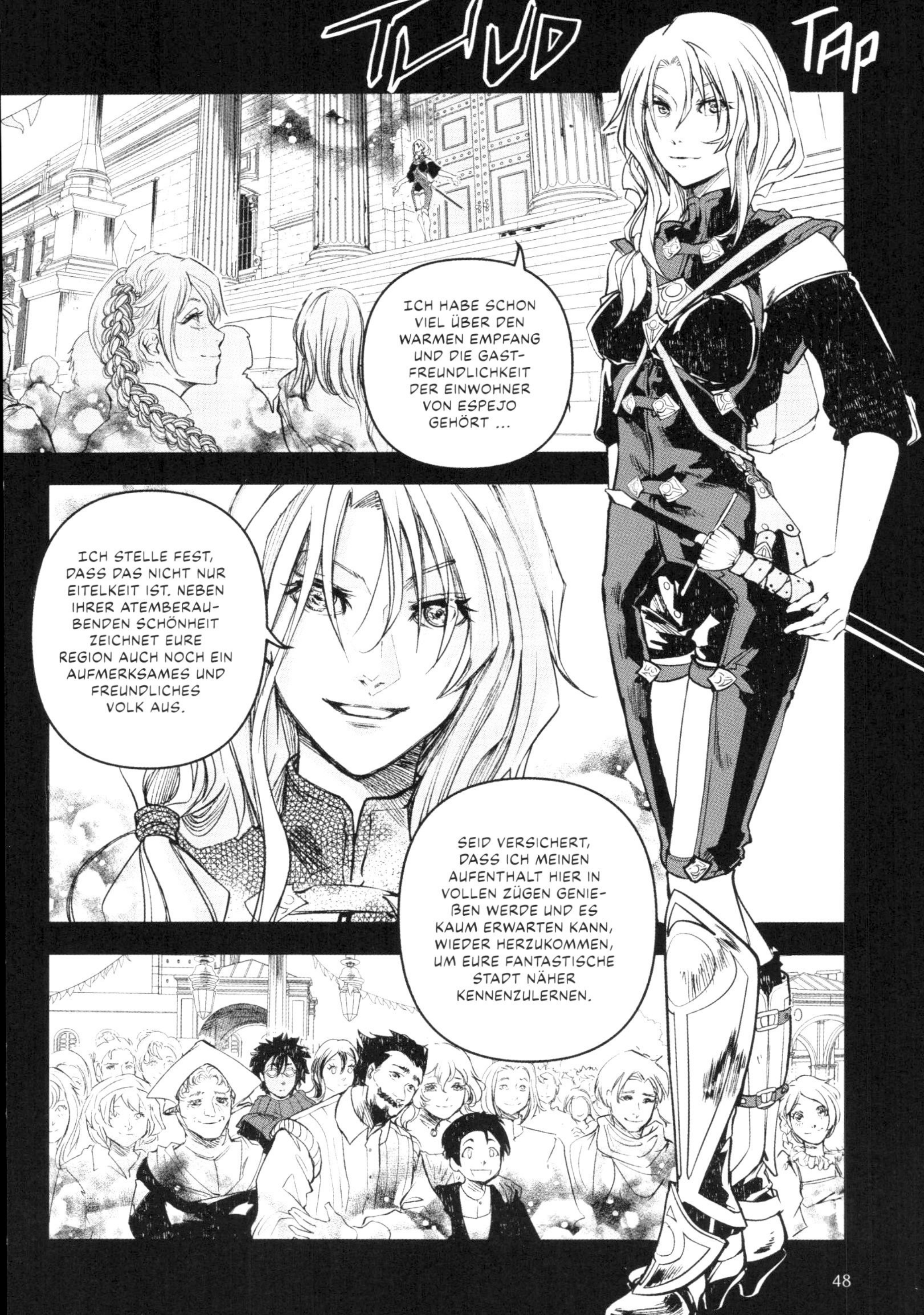
THUD
TAP
ICH HABE SCHON VIEL ÜBER DEN WARMEN EMPFANG UND DIE GASTFREUNDLICHKEIT DER EINWOHNER VON ESPEJO GEHÖRT …
ICH STELLE FEST, DASS DAS NICHT NUR EITELKEIT IST. NEBEN IHRER ATEMBERAUBENDEN SCHÖNHEIT ZEICHNET EURE REGION AUCH NOCH EIN AUFMERKSAMES UND FREUNDLICHES VOLK AUS.
SEID VERSICHERT, DASS ICH MEINEN AUFENTHALT HIER IN VOLLEN ZÜGEN GENIEẞEN WERDE UND ES KAUM ERWARTEN KANN, WIEDER HERZUKOMMEN, UM EURE FANTASTISCHE STADT NÄHER KENNENZULERNEN.

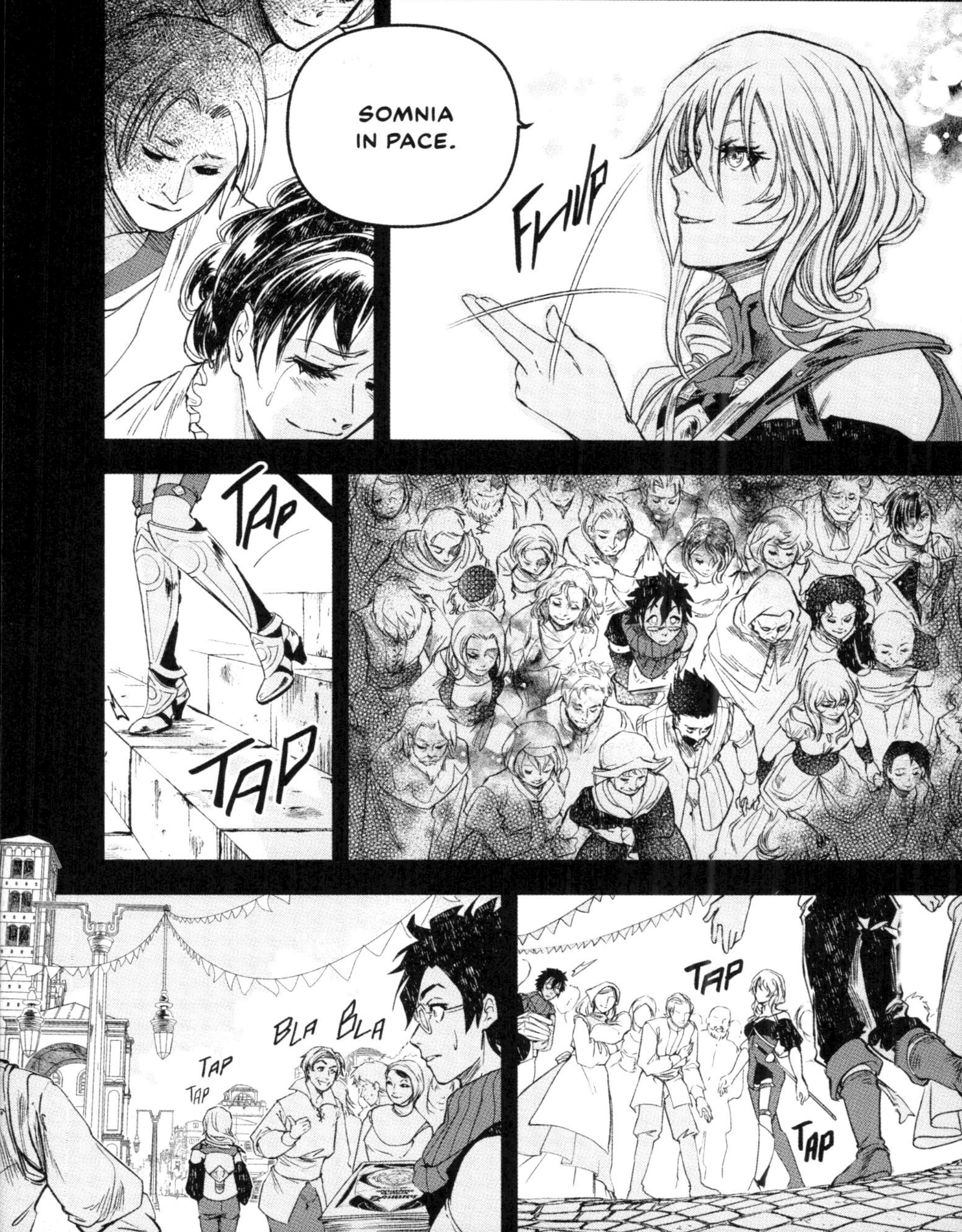
SOMNIA IN PACE.
FLUP
TAP
TAP
BLA BLA
TAP
TAP
TAP
TAP

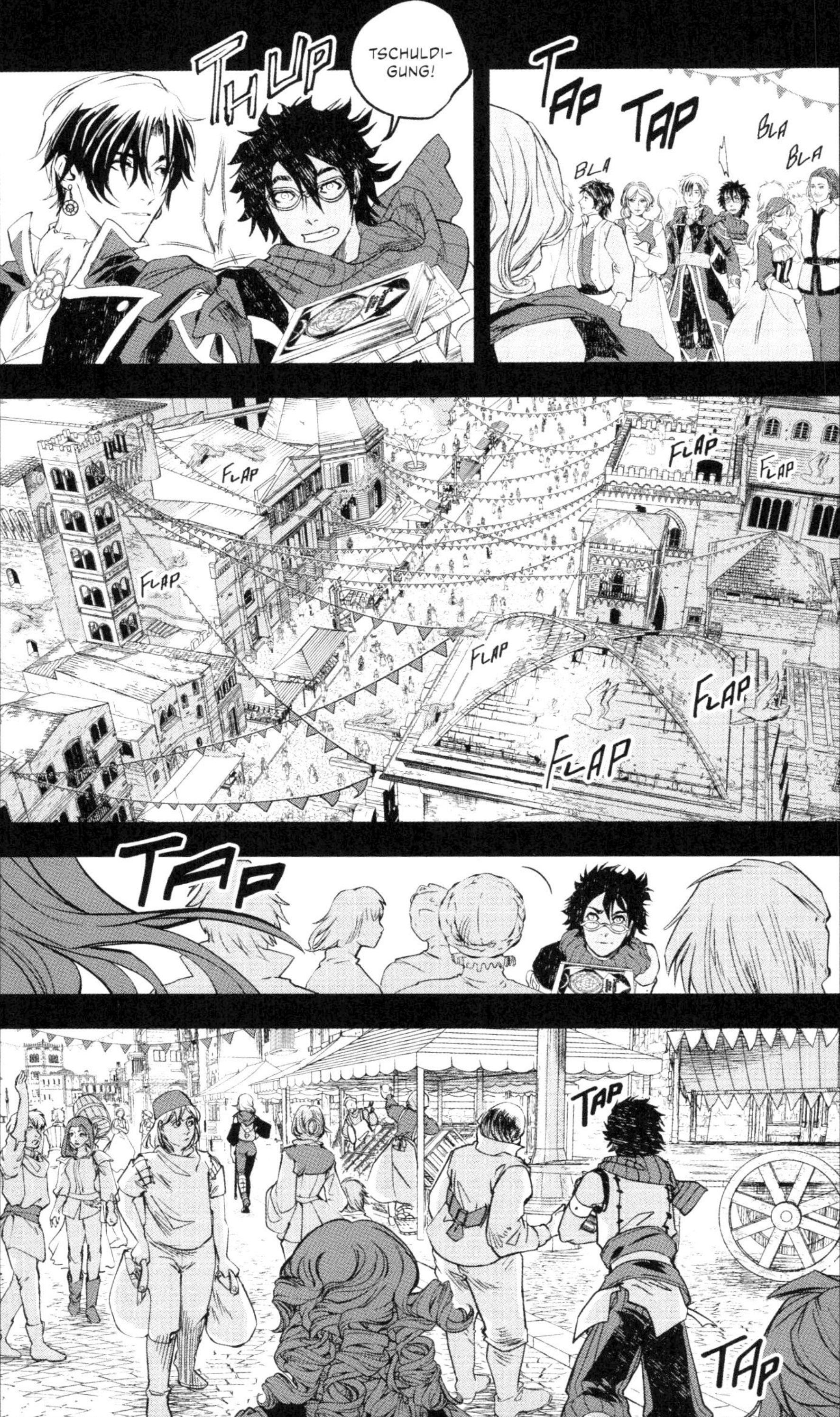
THUP
TSCHULDI-
GUNG!
TAP TAP
BLA
BLA
BLA
FLAP
FLAP
FLAP
FLAP
FLAP
FLAP
FLAP
TAP
TAP
TAP

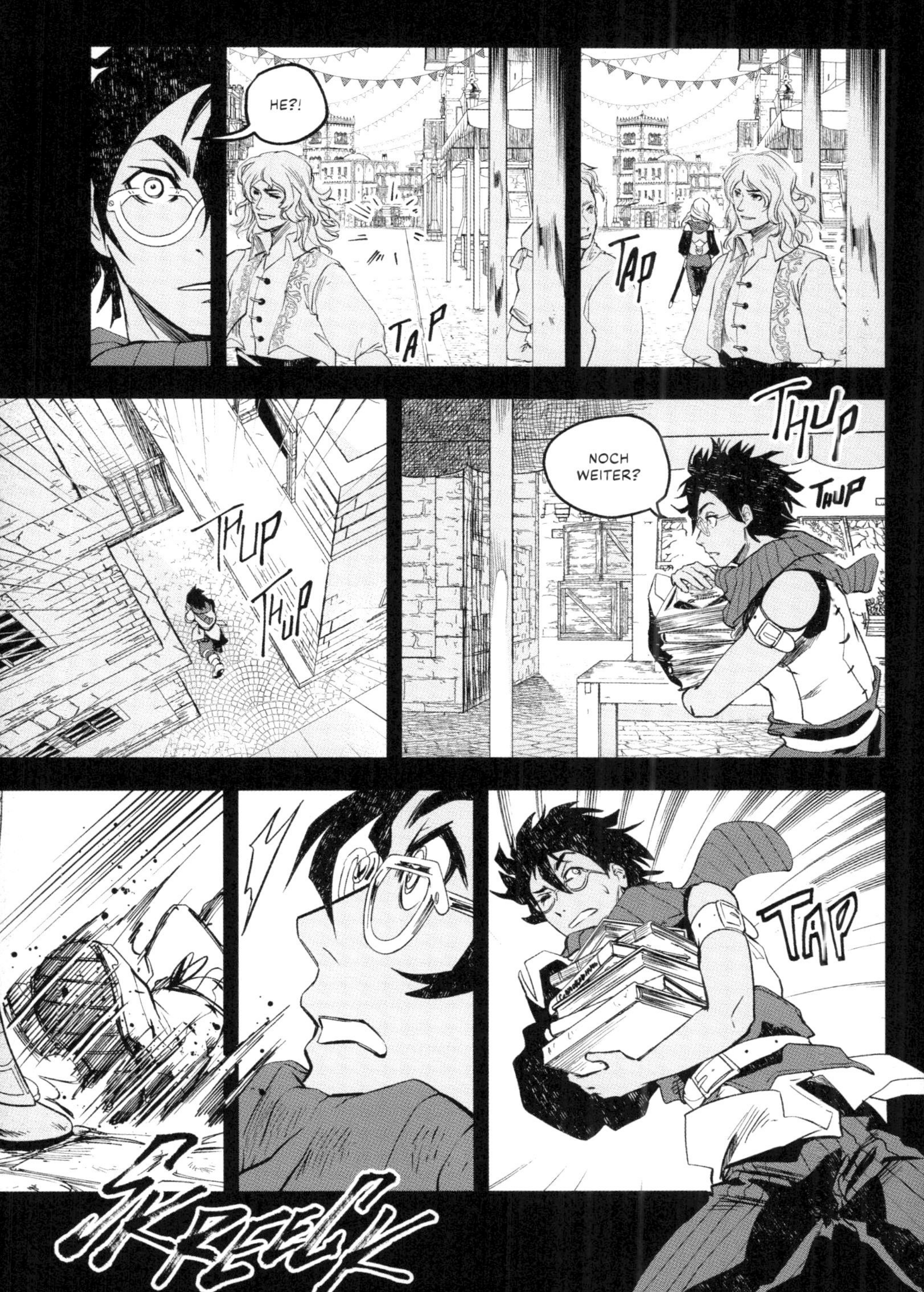
HE?!
TAP
TAP
THUP
THUP
NOCH WEITER?
THUP
THUP
TAP

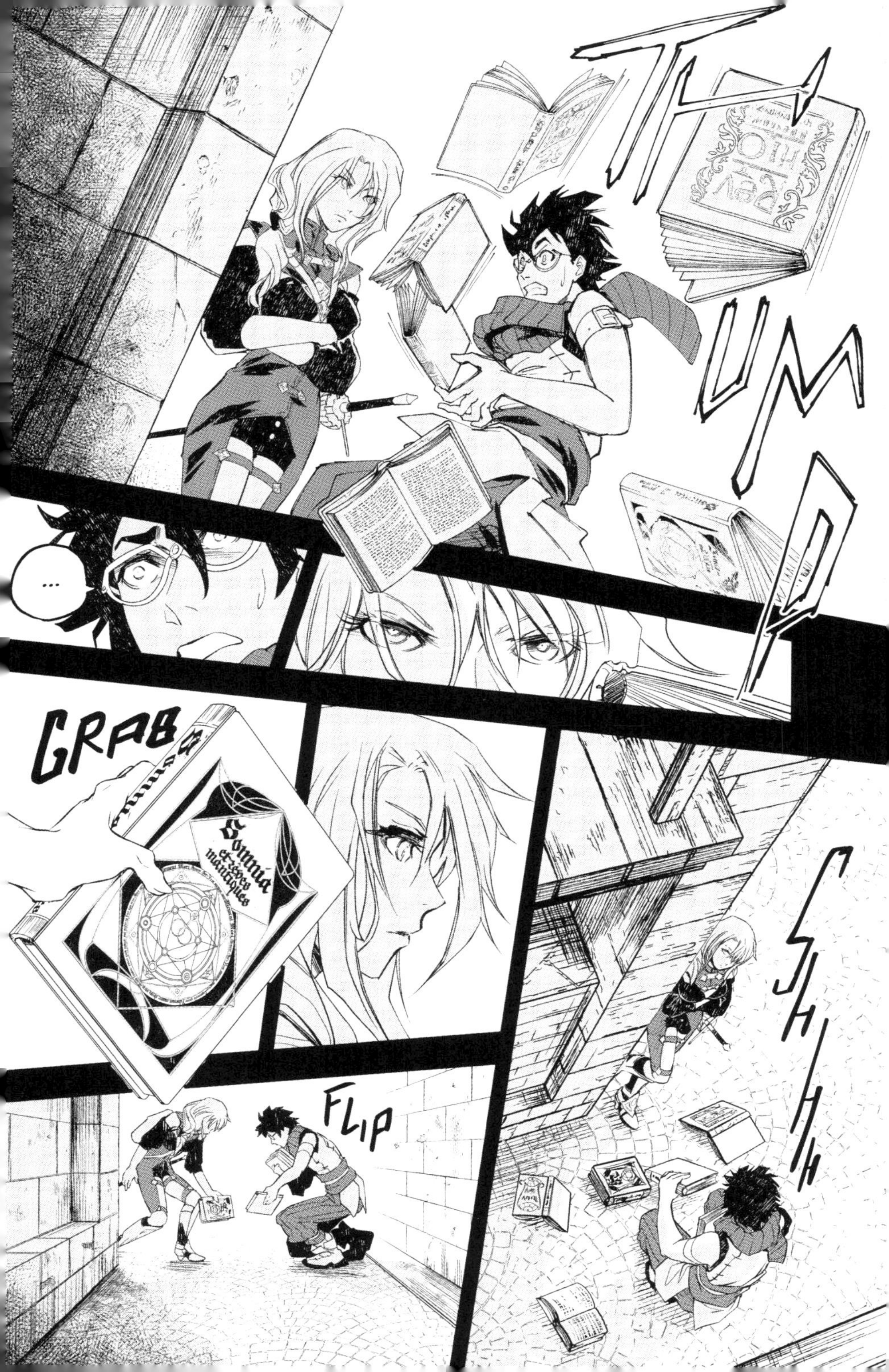
THUMP
...
GRAB
Somnia
et rêves
mantiques
SHHHH
FLIP

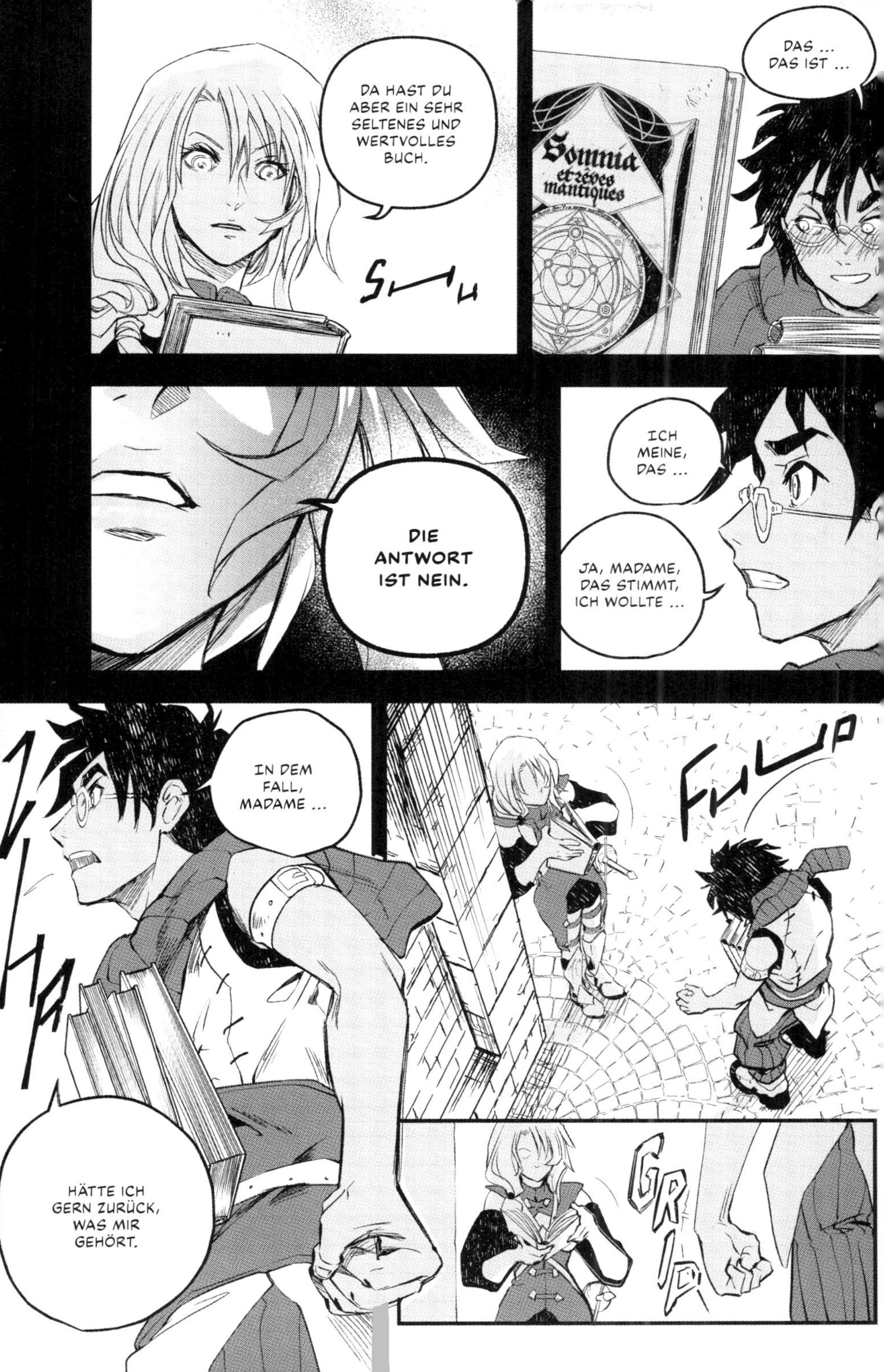
DA HAST DU ABER EIN SEHR SELTENES UND WERTVOLLES BUCH.
SHU
…
Somnia et rêves mantiques
DAS … DAS IST …
DIE ANTWORT IST NEIN.
ICH MEINE, DAS …
JA, MADAME, DAS STIMMT, ICH WOLLTE …
IN DEM FALL, MADAME …
HÄTTE ICH GERN ZURÜCK, WAS MIR GEHÖRT.
FHUP
GRIP

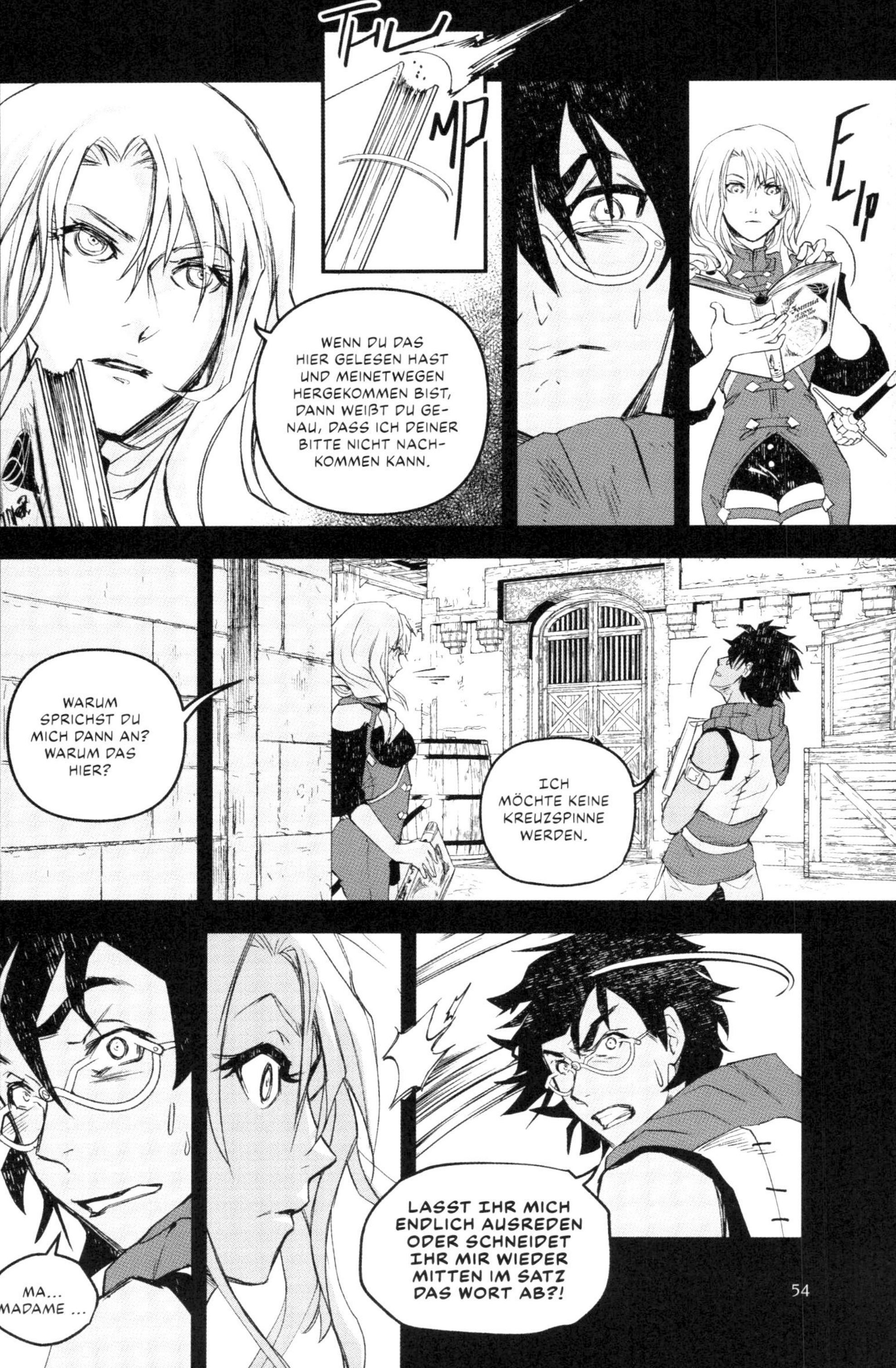
THUMP
FLIP
WENN DU DAS HIER GELESEN HAST UND MEINETWEGEN HERGEKOMMEN BIST, DANN WEIẞT DU GENAU, DASS ICH DEINER BITTE NICHT NACHKOMMEN KANN.
WARUM SPRICHST DU MICH DANN AN? WARUM DAS HIER?
ICH MÖCHTE KEINE KREUZSPINNE WERDEN.
LASST IHR MICH ENDLICH AUSREDEN ODER SCHNEIDET IHR MIR WIEDER MITTEN IM SATZ DAS WORT AB?!
MA... MADAME ...

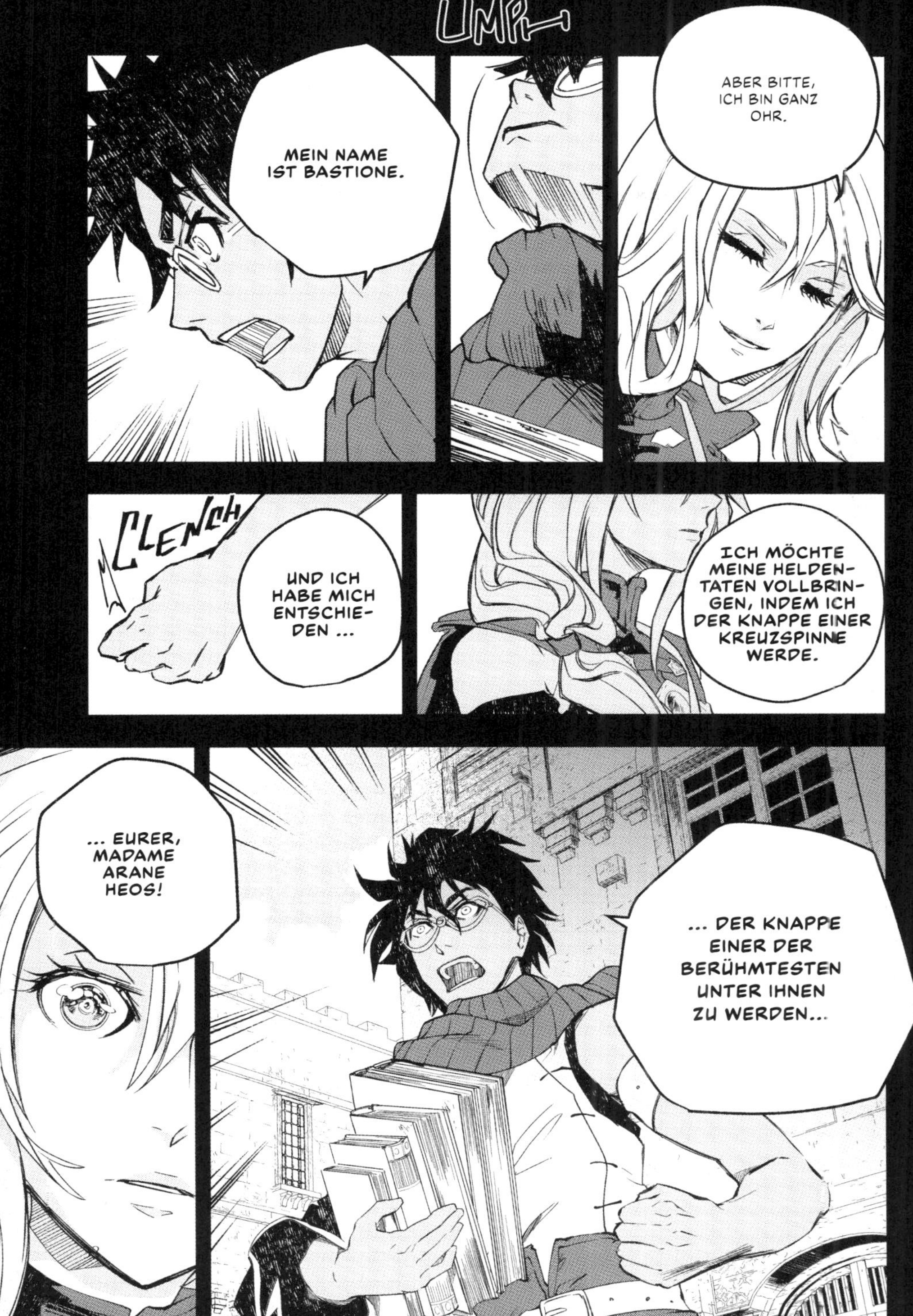
UMPF
ABER BITTE, ICH BIN GANZ OHR.
MEIN NAME IST BASTIONE.
ICH MÖCHTE MEINE HELDENTATEN VOLLBRINGEN, INDEM ICH DER KNAPPE EINER KREUZSPINNE WERDE.
UND ICH HABE MICH ENTSCHIEDEN ...
CLENCH
... DER KNAPPE EINER DER BERÜHMTESTEN UNTER IHNEN ZU WERDEN...
... EURER, MADAME ARANE HEOS!

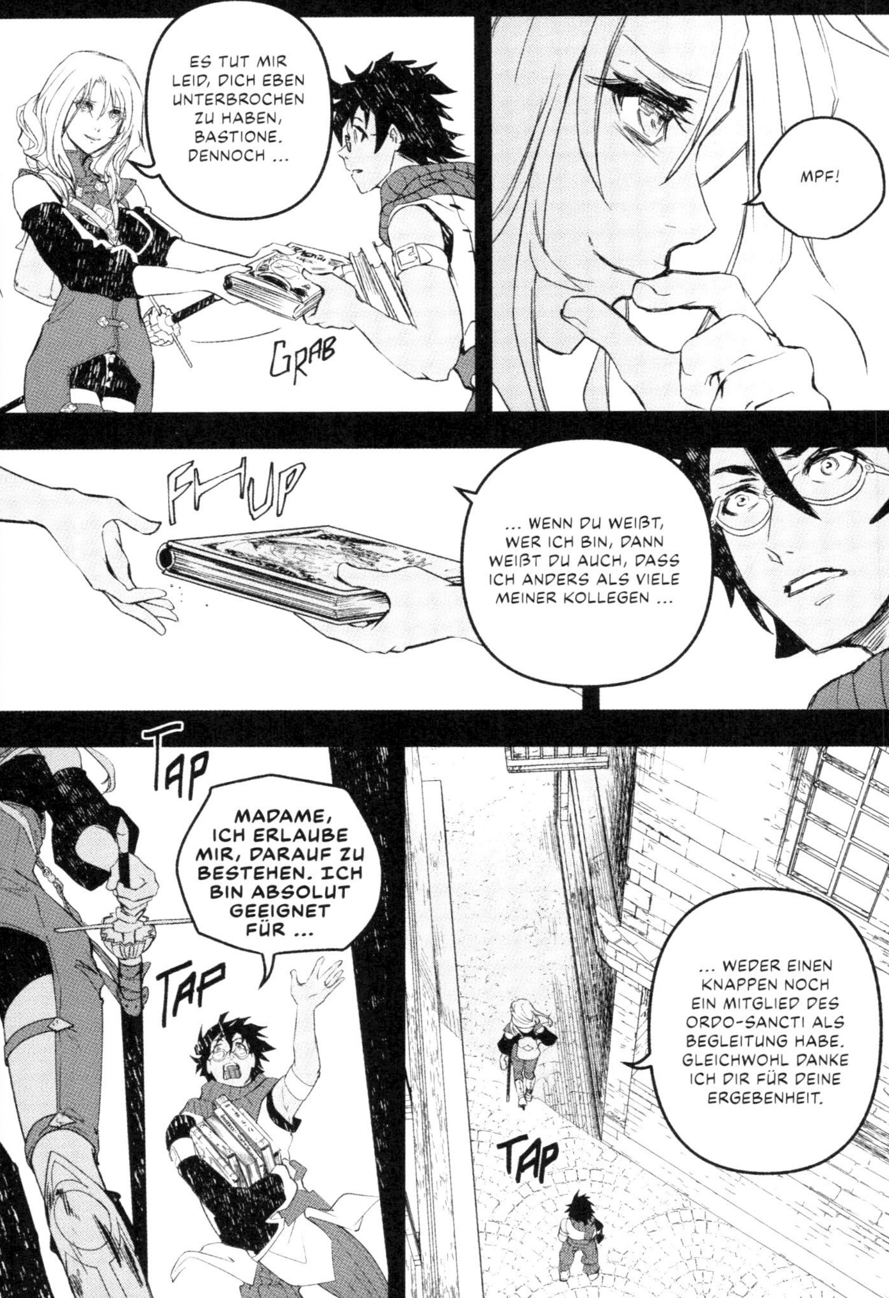
ES TUT MIR LEID, DICH EBEN UNTERBROCHEN ZU HABEN, BASTIONE. DENNOCH ...
GRAB
MPF!
FLUP
... WENN DU WEIẞT, WER ICH BIN, DANN WEIẞT DU AUCH, DASS ICH ANDERS ALS VIELE MEINER KOLLEGEN ...
TAP
MADAME, ICH ERLAUBE MIR, DARAUF ZU BESTEHEN. ICH BIN ABSOLUT GEEIGNET FÜR ...
TAP
... WEDER EINEN KNAPPEN NOCH EIN MITGLIED DES ORDO-SANCTI ALS BEGLEITUNG HABE. GLEICHWOHL DANKE ICH DIR FÜR DEINE ERGEBENHEIT.
TAP

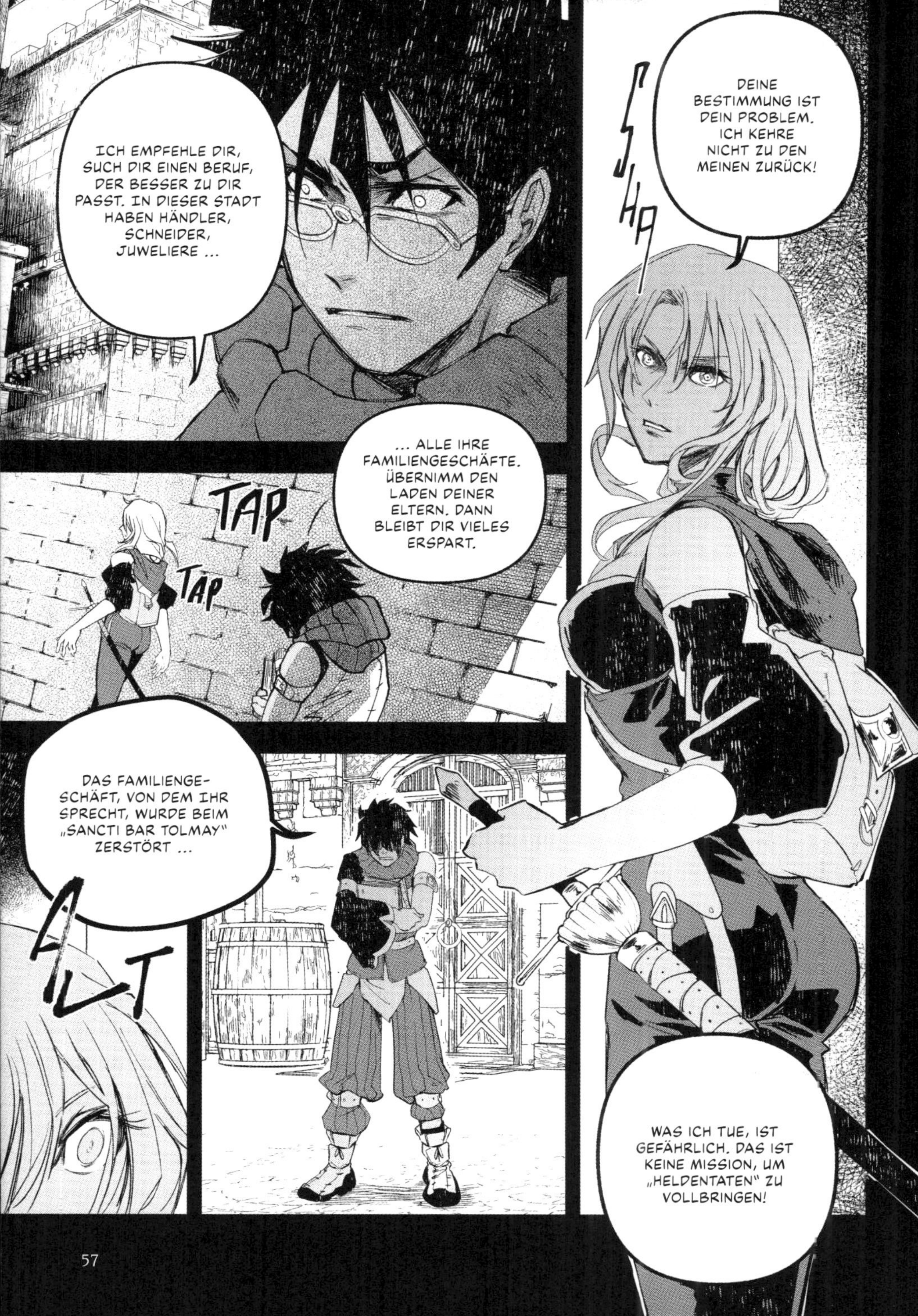
ICH EMPFEHLE DIR, SUCH DIR EINEN BERUF, DER BESSER ZU DIR PASST. IN DIESER STADT HABEN HÄNDLER, SCHNEIDER, JUWELIERE …
… ALLE IHRE FAMILIENGESCHÄFTE. ÜBERNIMM DEN LADEN DEINER ELTERN. DANN BLEIBT DIR VIELES ERSPART.
TAP
TAP
DAS FAMILIENGE-SCHÄFT, VON DEM IHR SPRECHT, WURDE BEIM „SANCTI BAR TOLMAY“ ZERSTÖRT …
WAS ICH TUE, IST GEFÄHRLICH. DAS IST KEINE MISSION, UM „HELDENTATEN“ ZU VOLLBRINGEN!
SHA
DEINE BESTIMMUNG IST DEIN PROBLEM. ICH KEHRE NICHT ZU DEN MEINEN ZURÜCK!

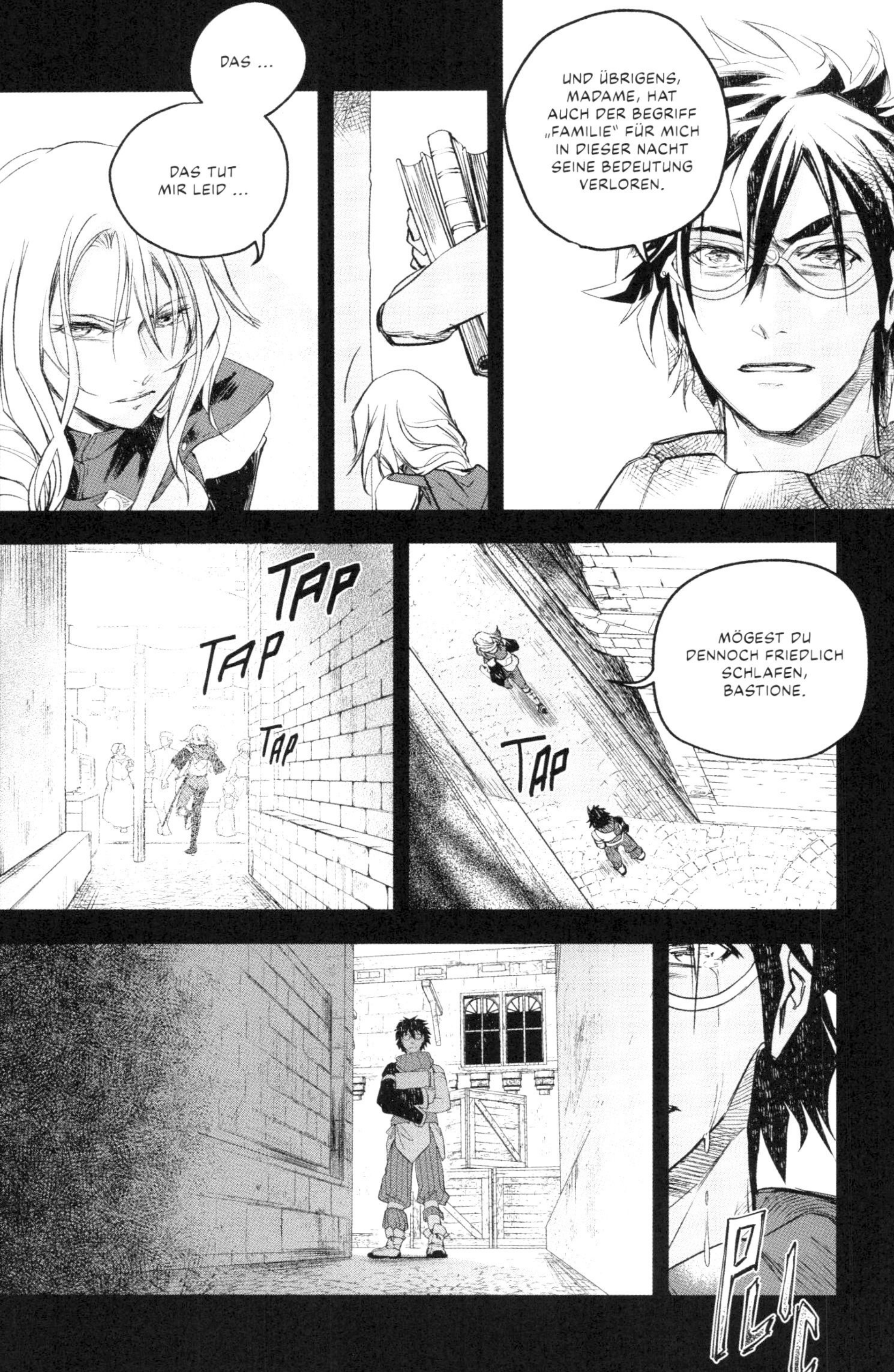
Das …
Das tut mir leid …
Und übrigens, Madame, hat auch der Begriff „Familie“ für mich in dieser Nacht seine Bedeutung verloren.
Tap
Tap
Tap
Mögest du dennoch friedlich schlafen, Bastione.
Tap
Plic

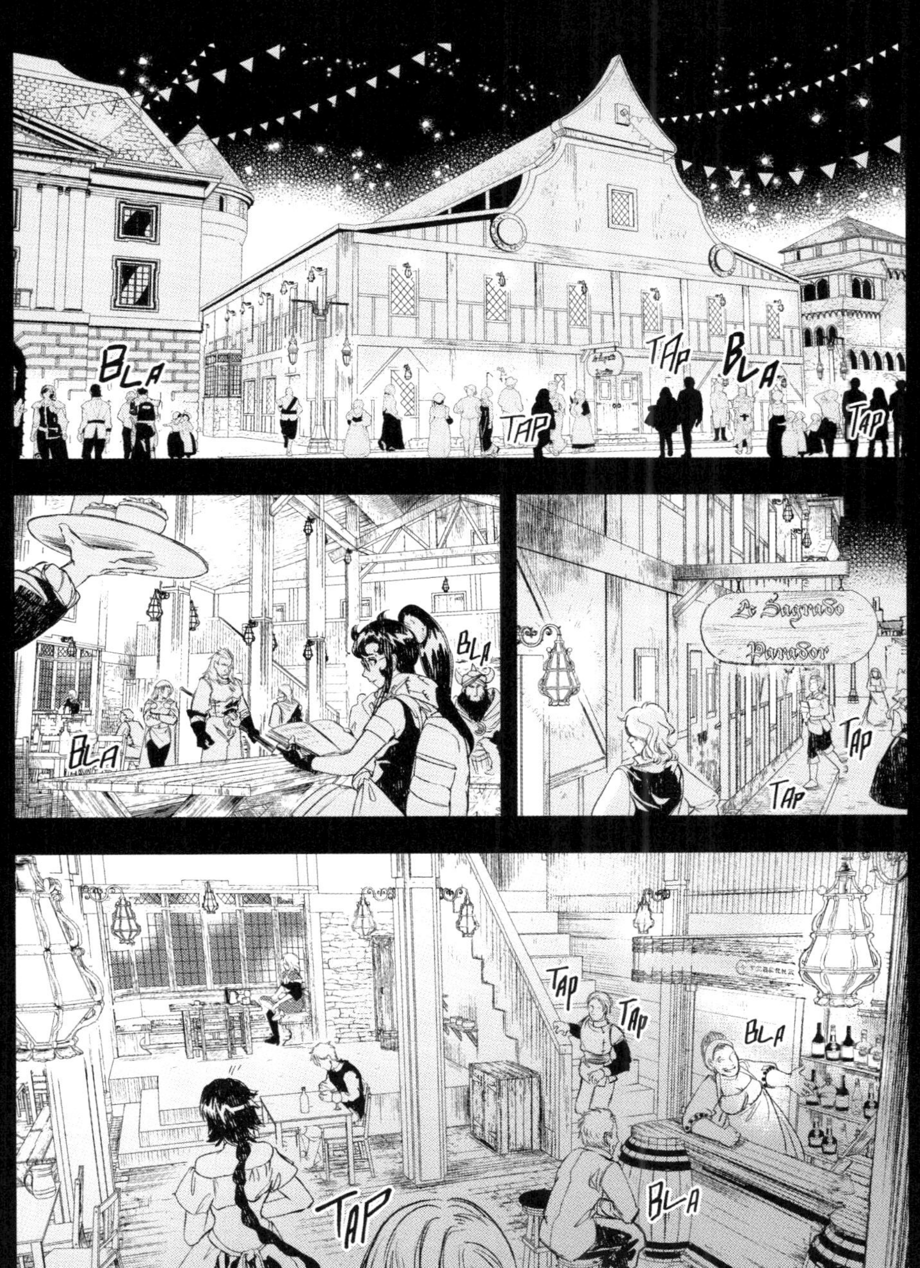

BLA
TAP
TAP
BLA
TAP
BLA
BLA
Le Sagrado Parador
TAP
TAP
TAP
TAP
BLA
TAP
BLA

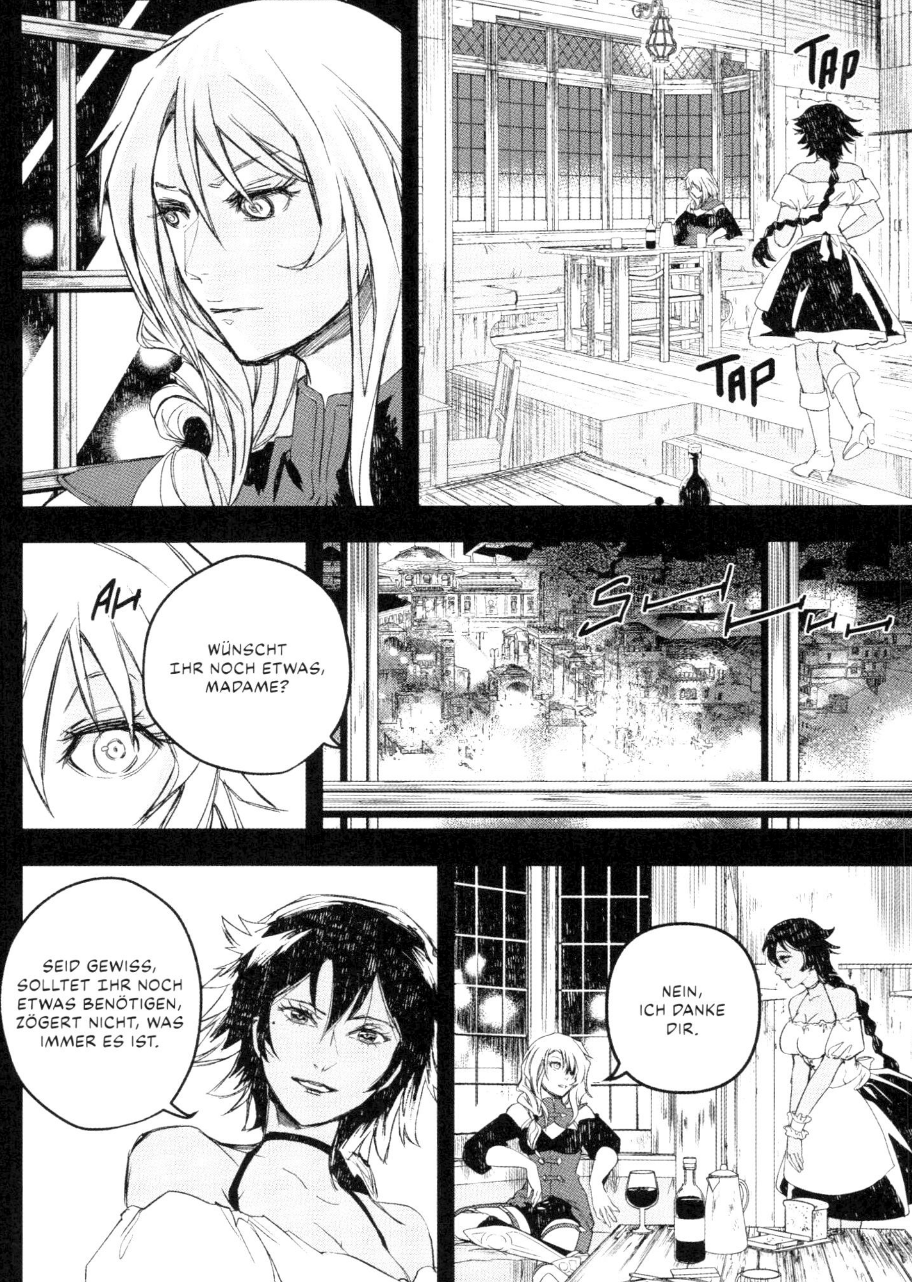
TAP
TAP
AH
WÜNSCHT IHR NOCH ETWAS, MADAME?
NEIN, ICH DANKE DIR.
SEID GEWISS, SOLLTET IHR NOCH ETWAS BENÖTIGEN, ZÖGERT NICHT, WAS IMMER ES IST.

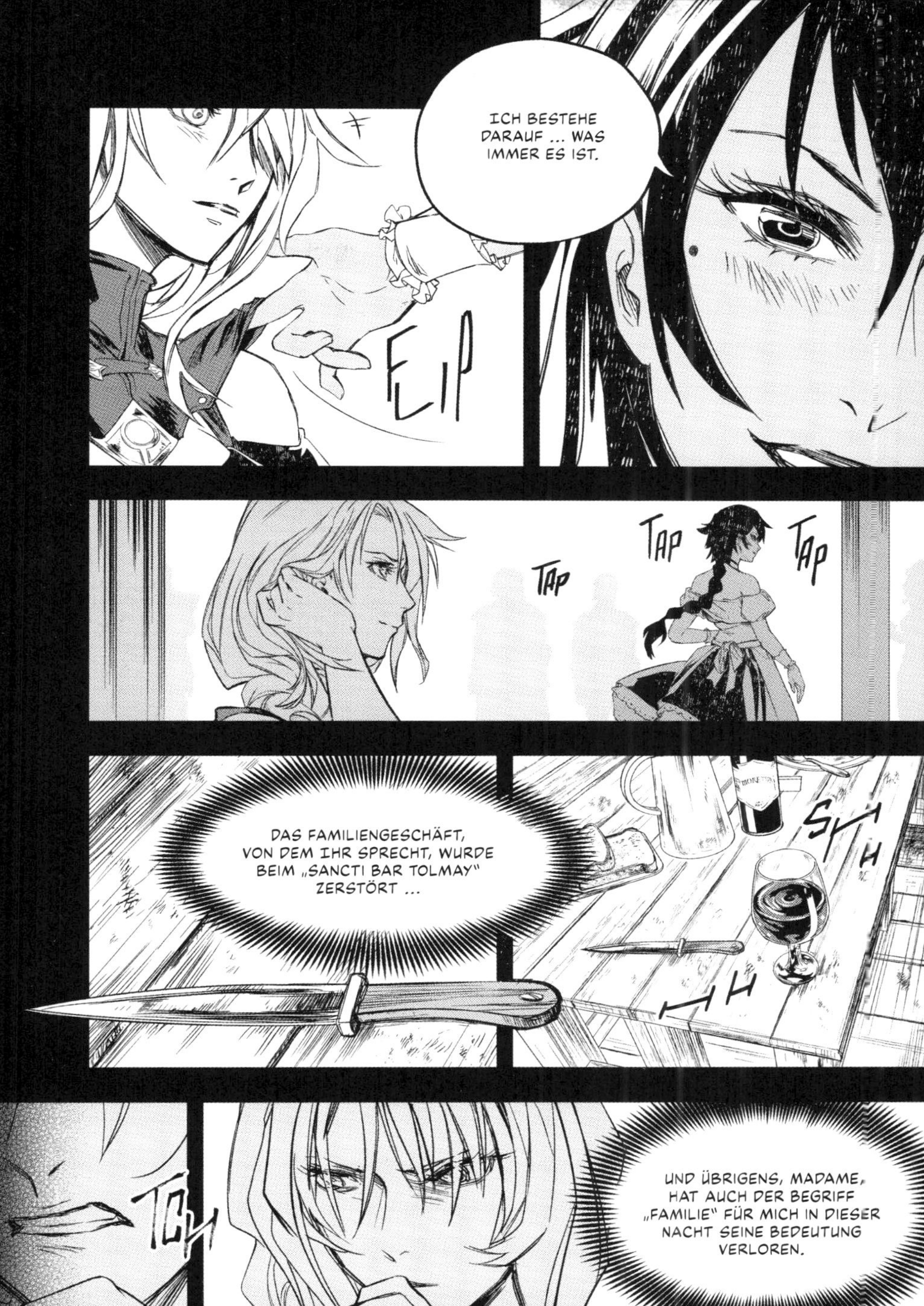
ICH BESTEHE DARAUF ... WAS IMMER ES IST.
FLIP
TAP
TAP
TAP
DAS FAMILIENGESCHÄFT, VON DEM IHR SPRECHT, WURDE BEIM „SANCTI BAR TOLMAY“ ZERSTÖRT ...
SHHH
UND ÜBRIGENS, MADAME, HAT AUCH DER BEGRIFF „FAMILIE“ FÜR MICH IN DIESER NACHT SEINE BEDEUTUNG VERLOREN.
TCH

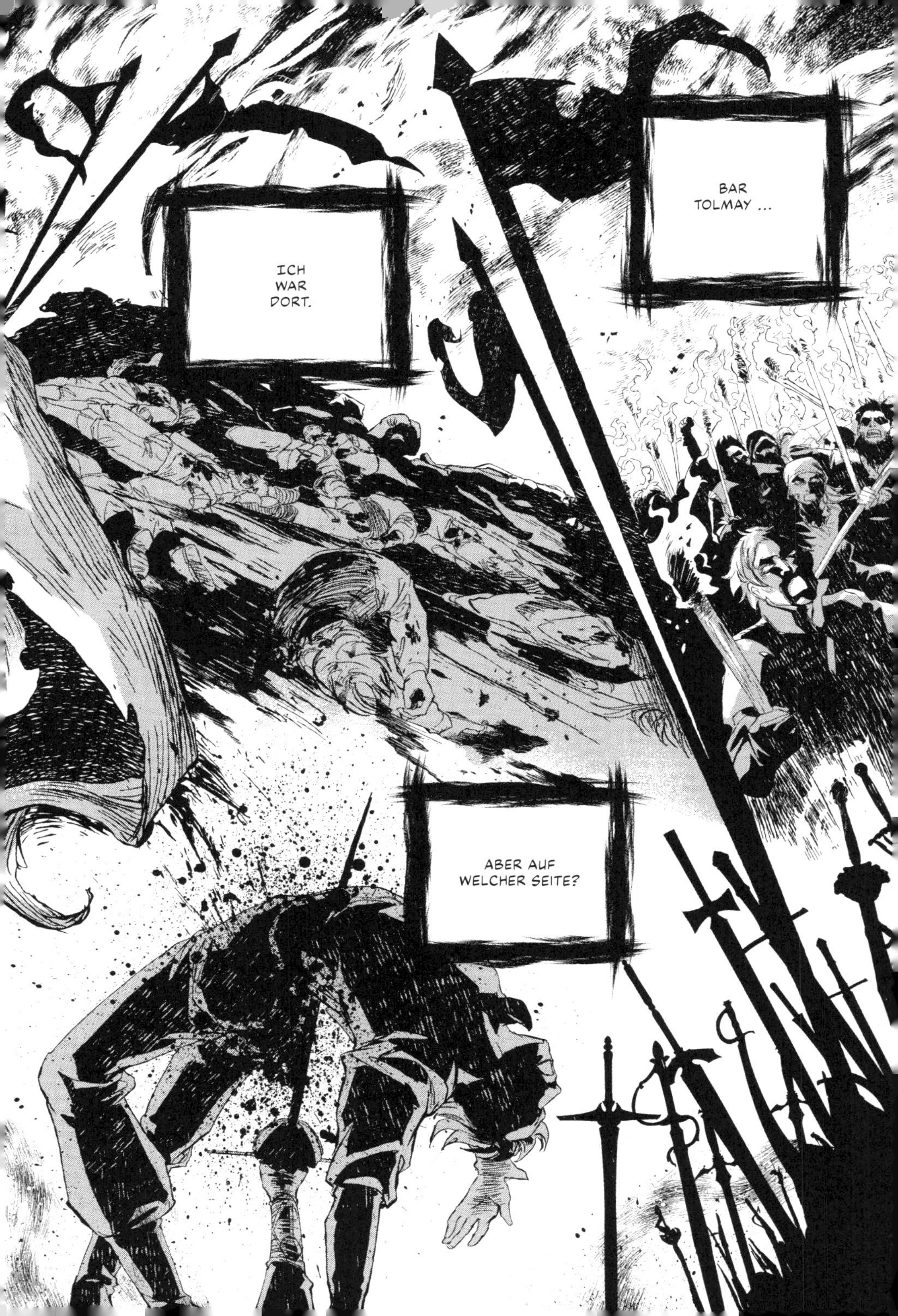
BAR TOLMAY ...
ICH WAR DORT.
ABER AUF WELCHER SEITE?

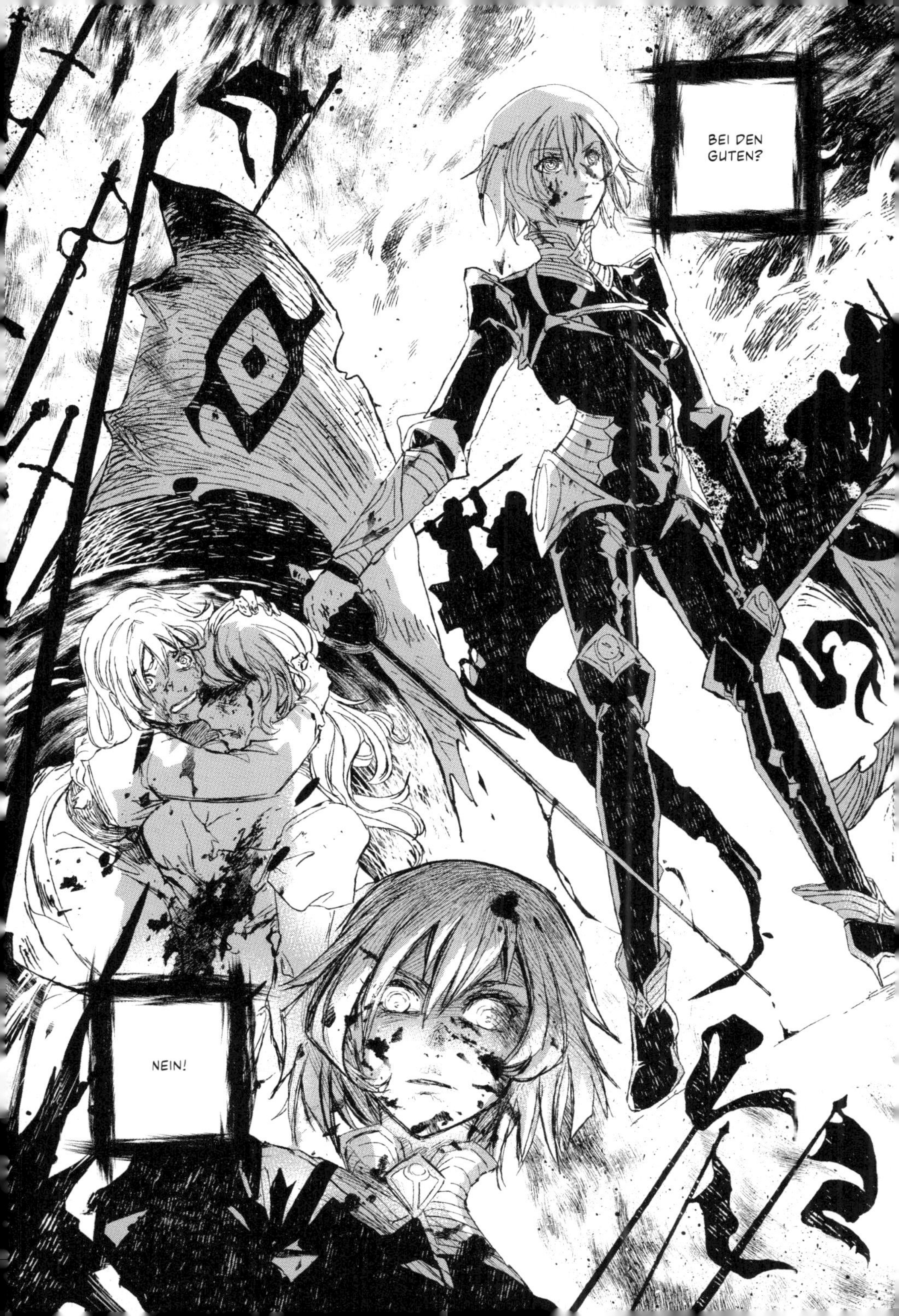
BEI DEN GUTEN?
NEIN!

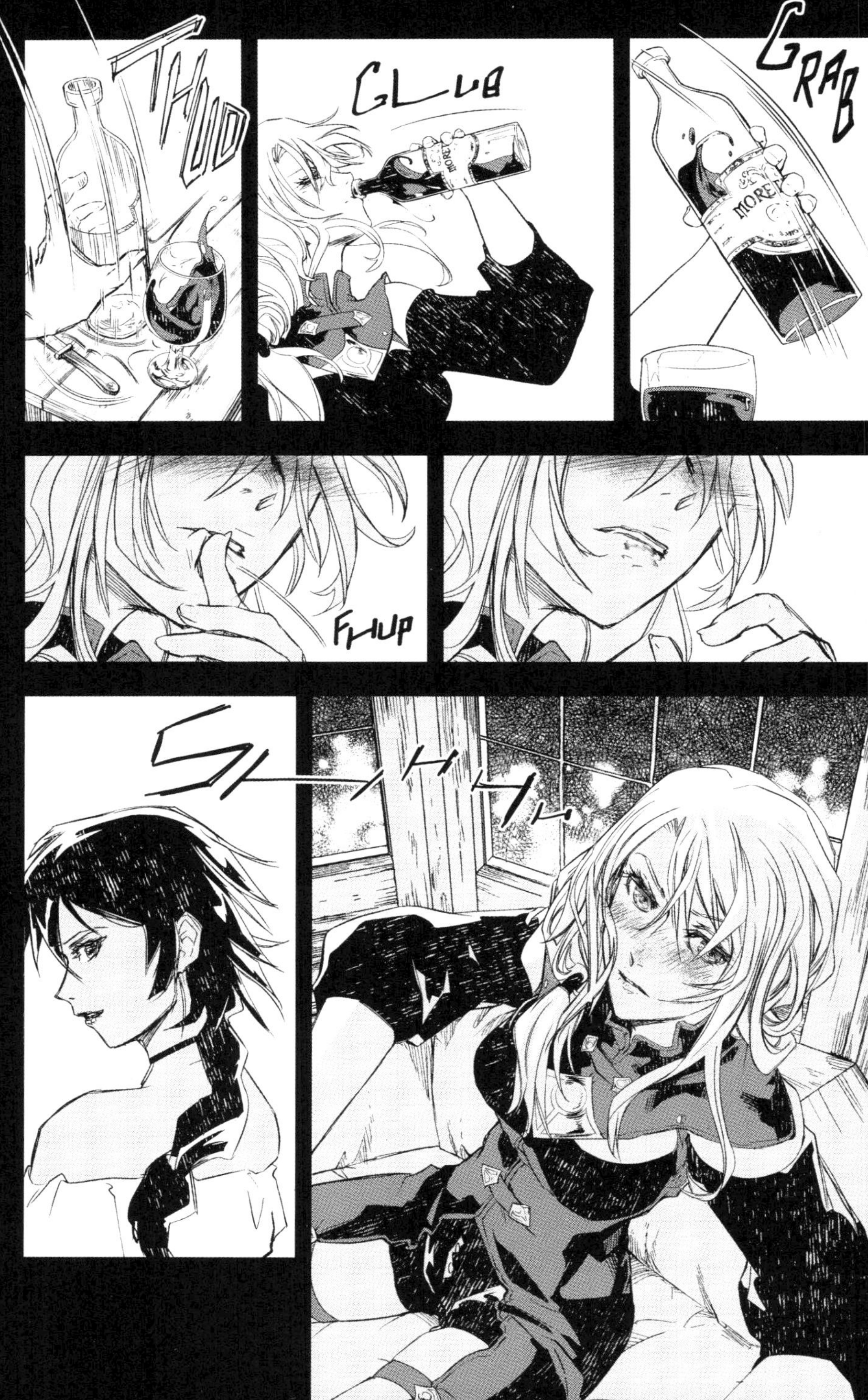
GRAB
MORET
GLUB
MORET
THUD
FHUP

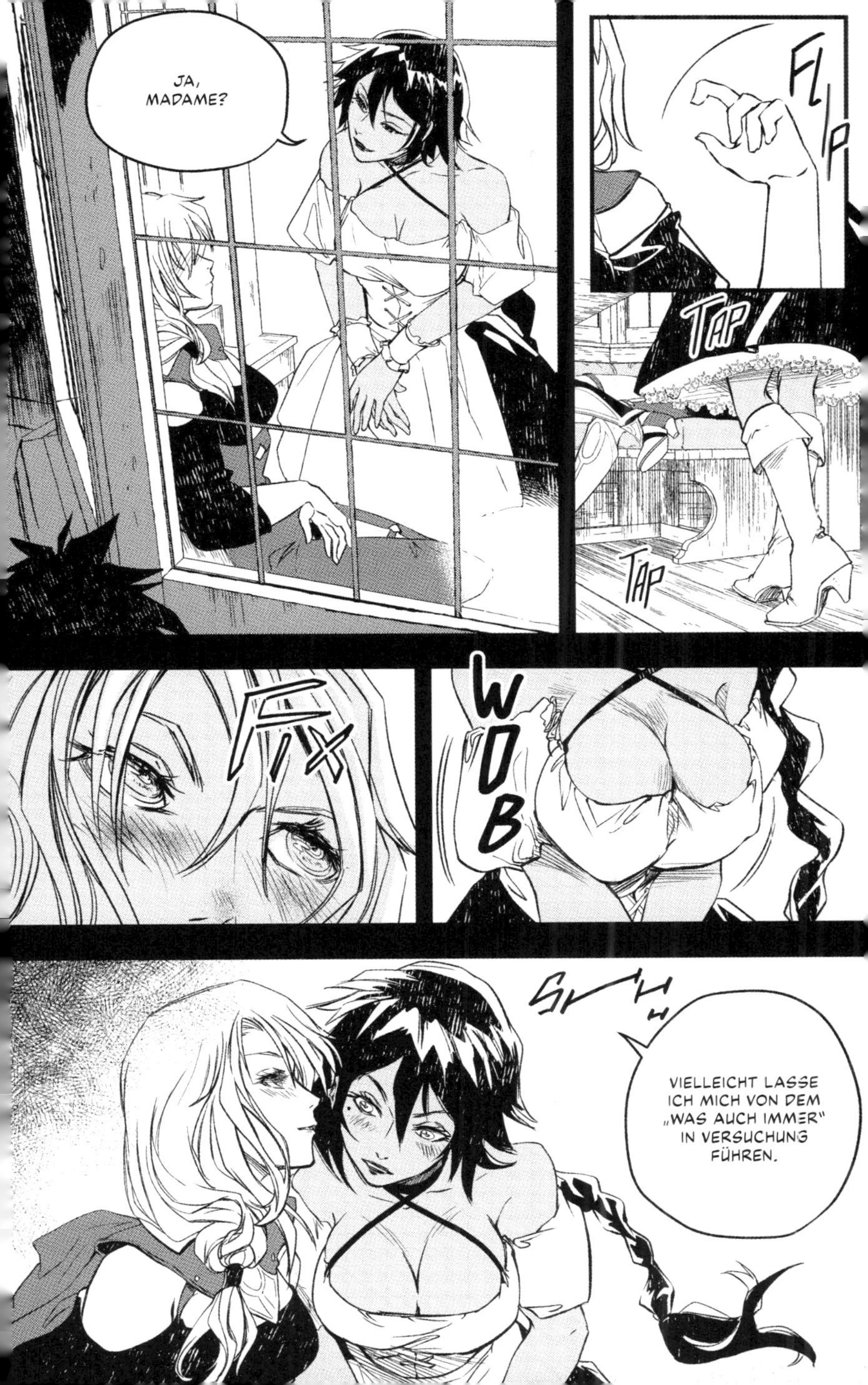
JA, MADAME?
FLIP
TAP!
TAP
FIX
WOB
SWUSH
VIELLEICHT LASSE ICH MICH VON DEM „WAS AUCH IMMER“ IN VERSUCHUNG FÜHREN.

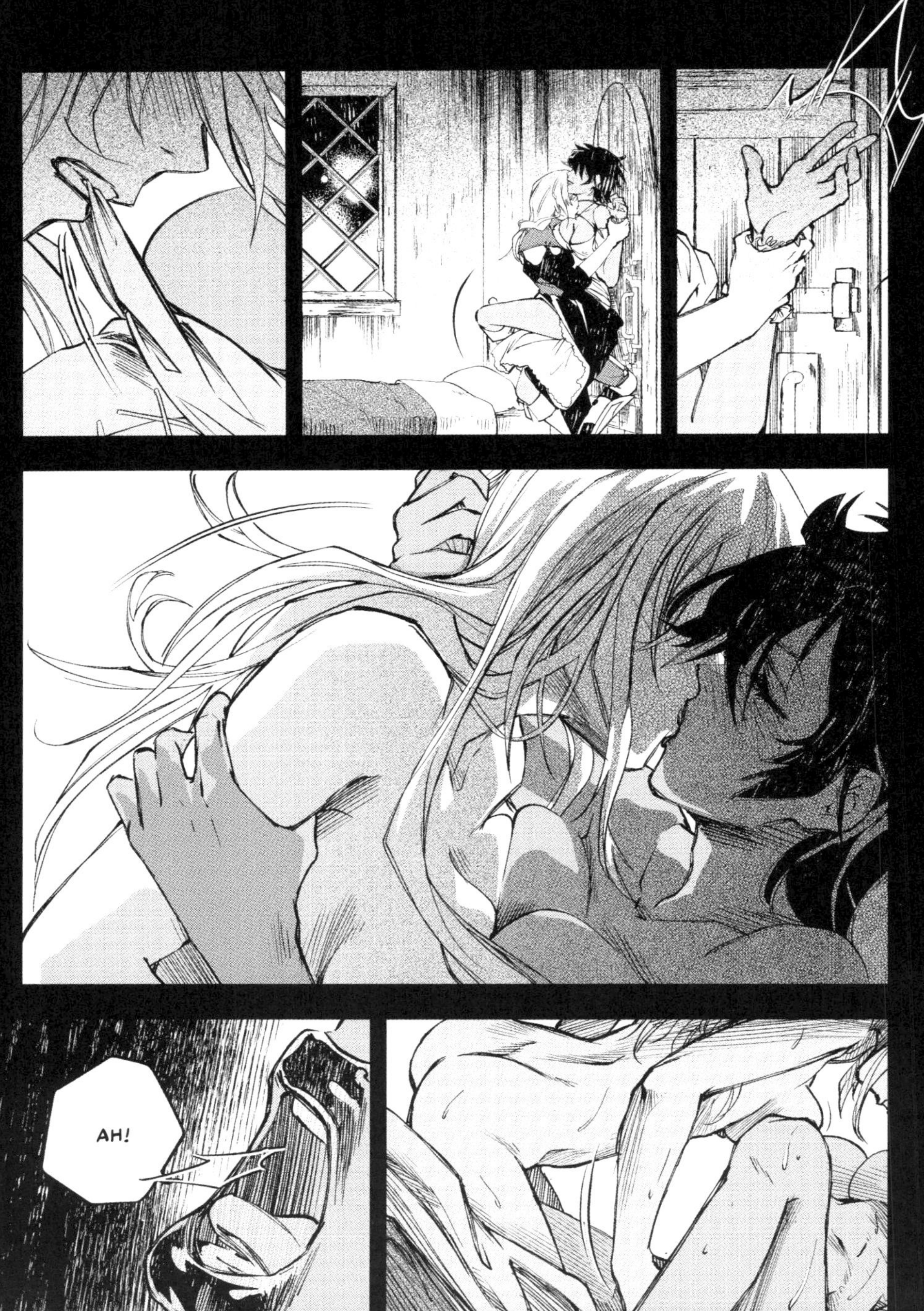
AH!

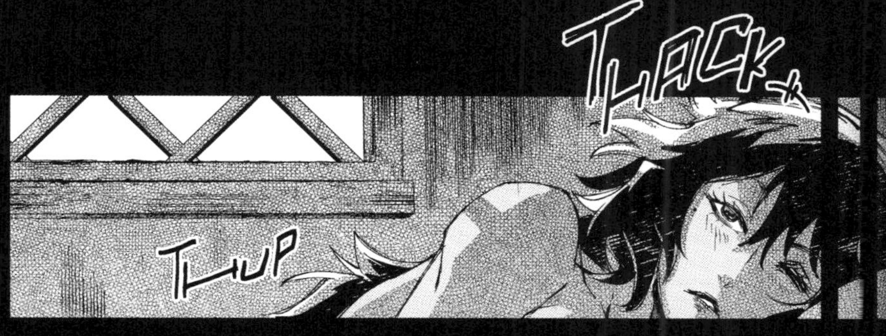

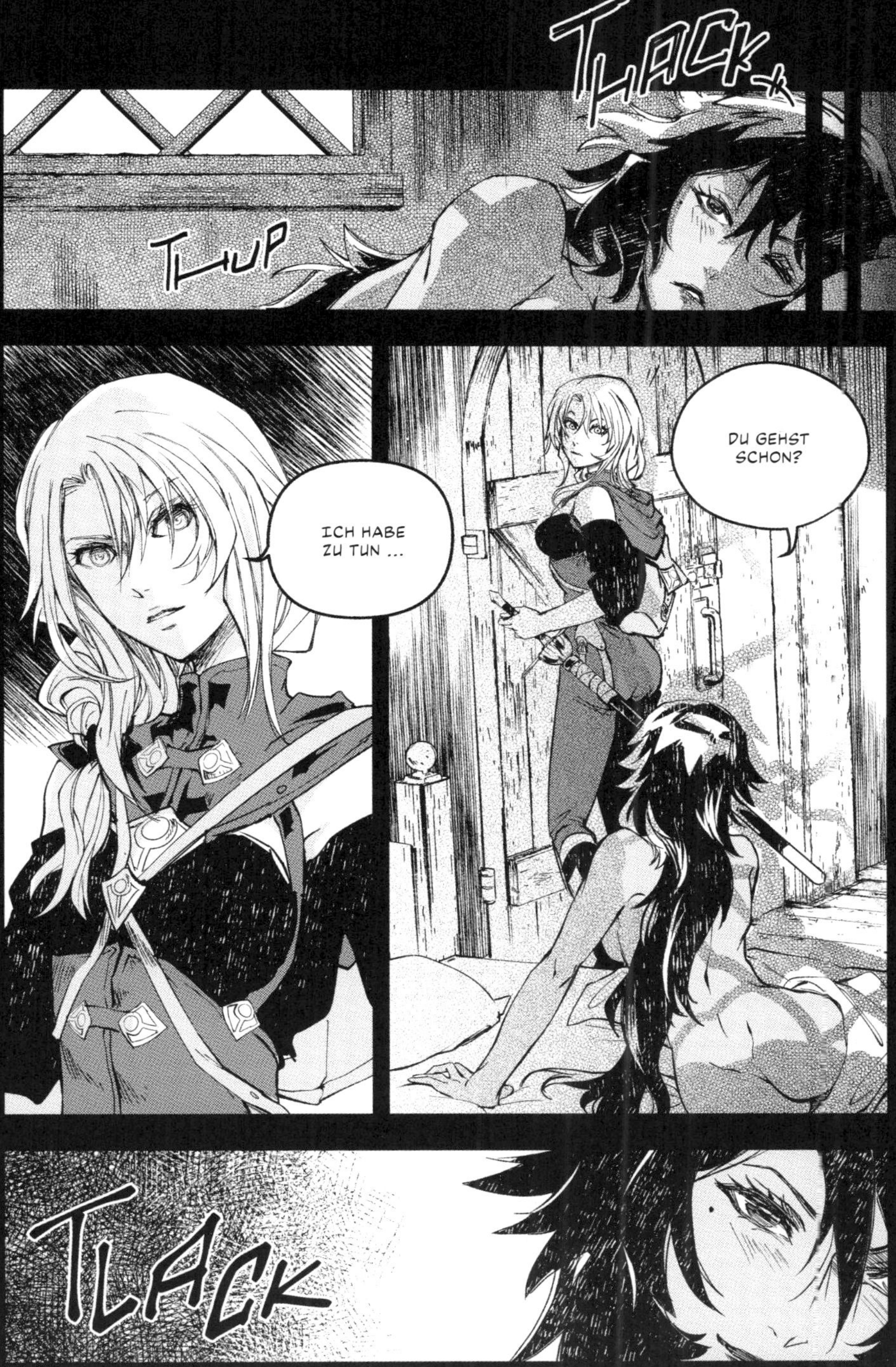

DU GEHST SCHON?

ICH HABE ZU TUN ...

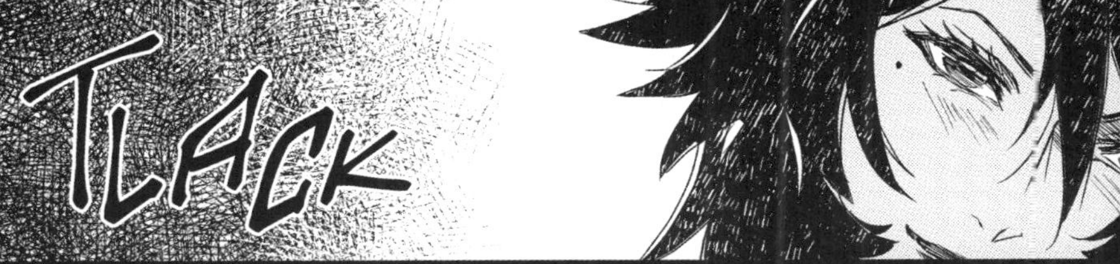

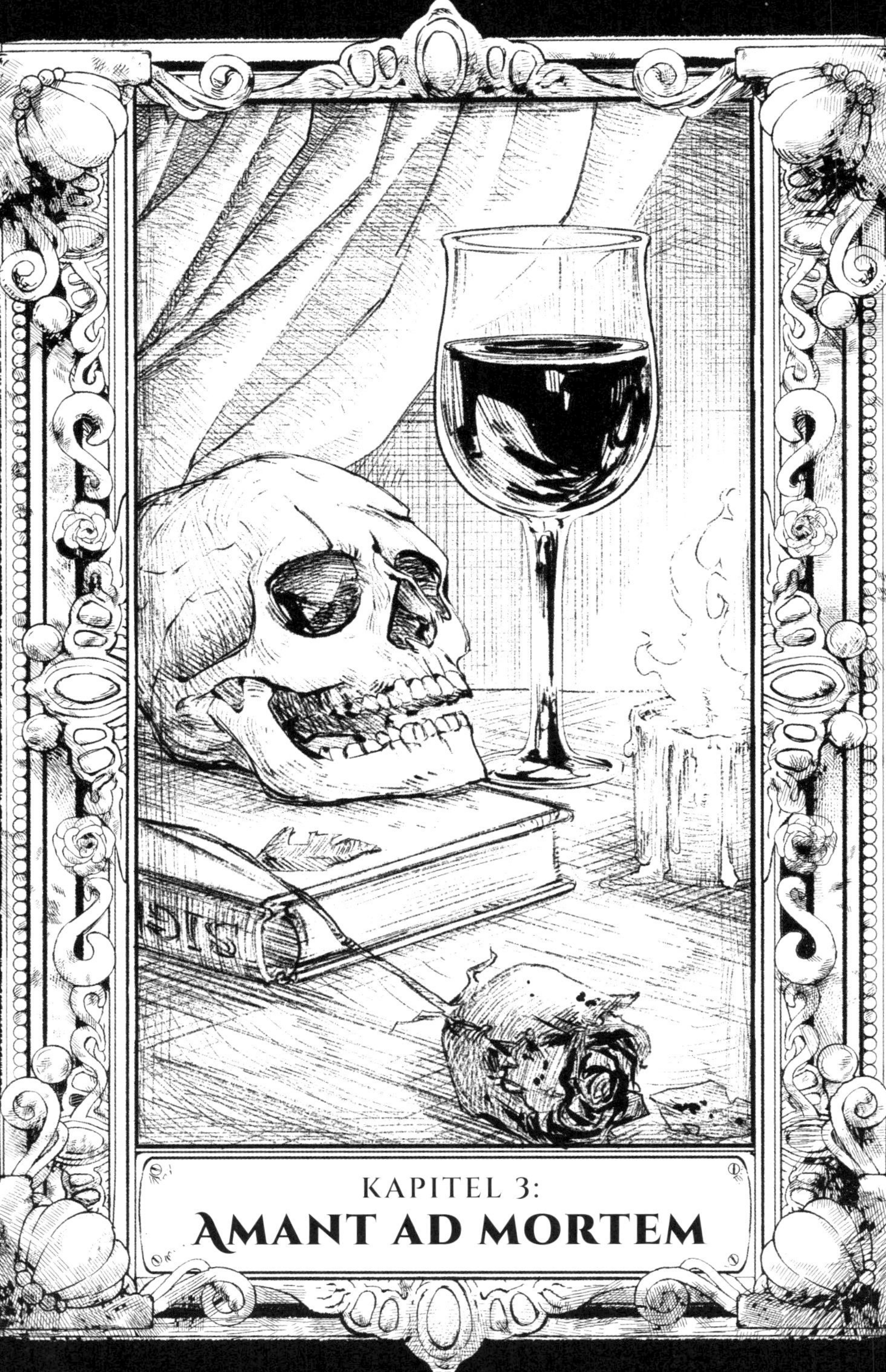
KAPITEL 3:
AMANT AD MORTEM

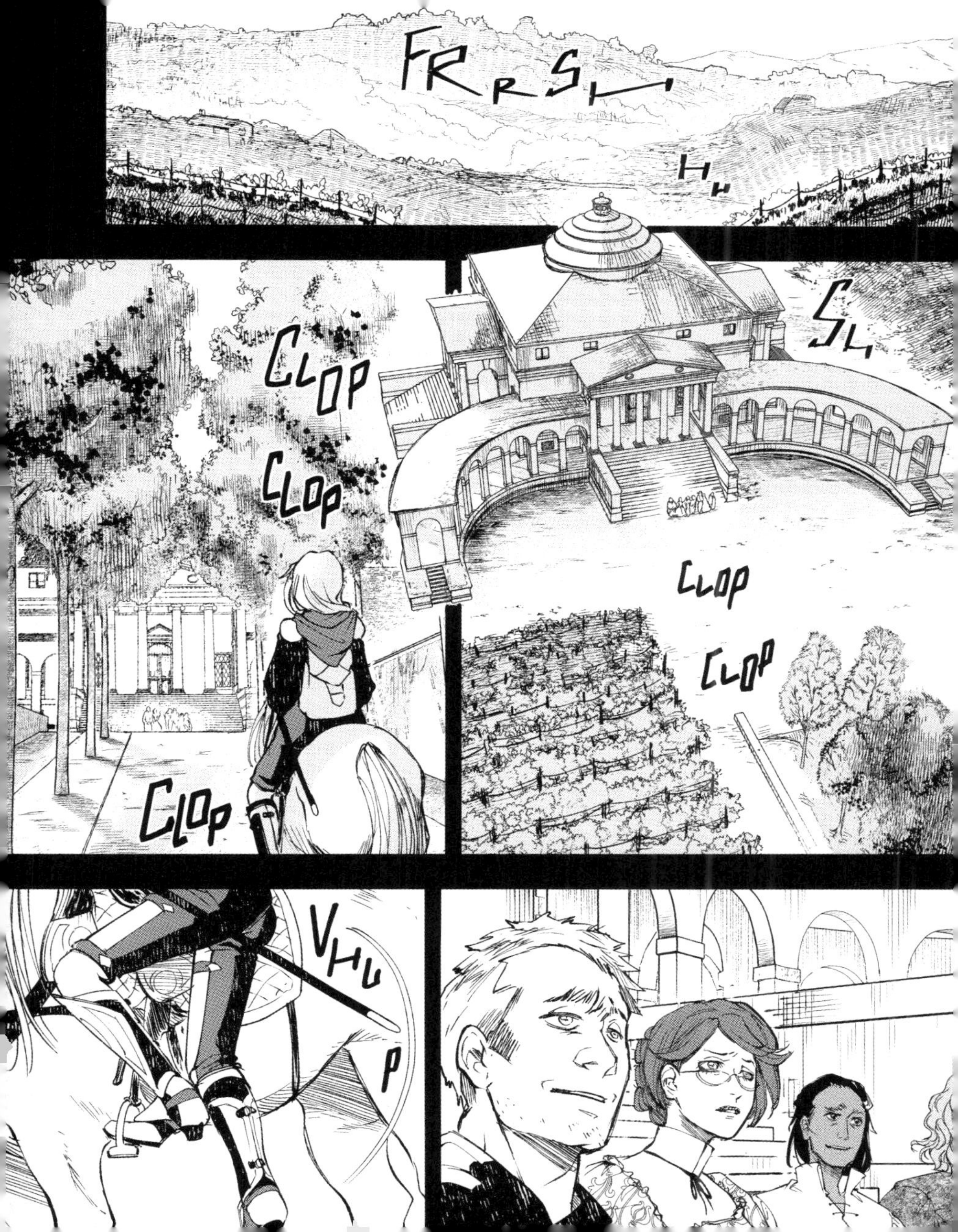
FRRSH
HH
CLOP
CLOP
CLOP
SH
CLOP
CLOP
VHUP

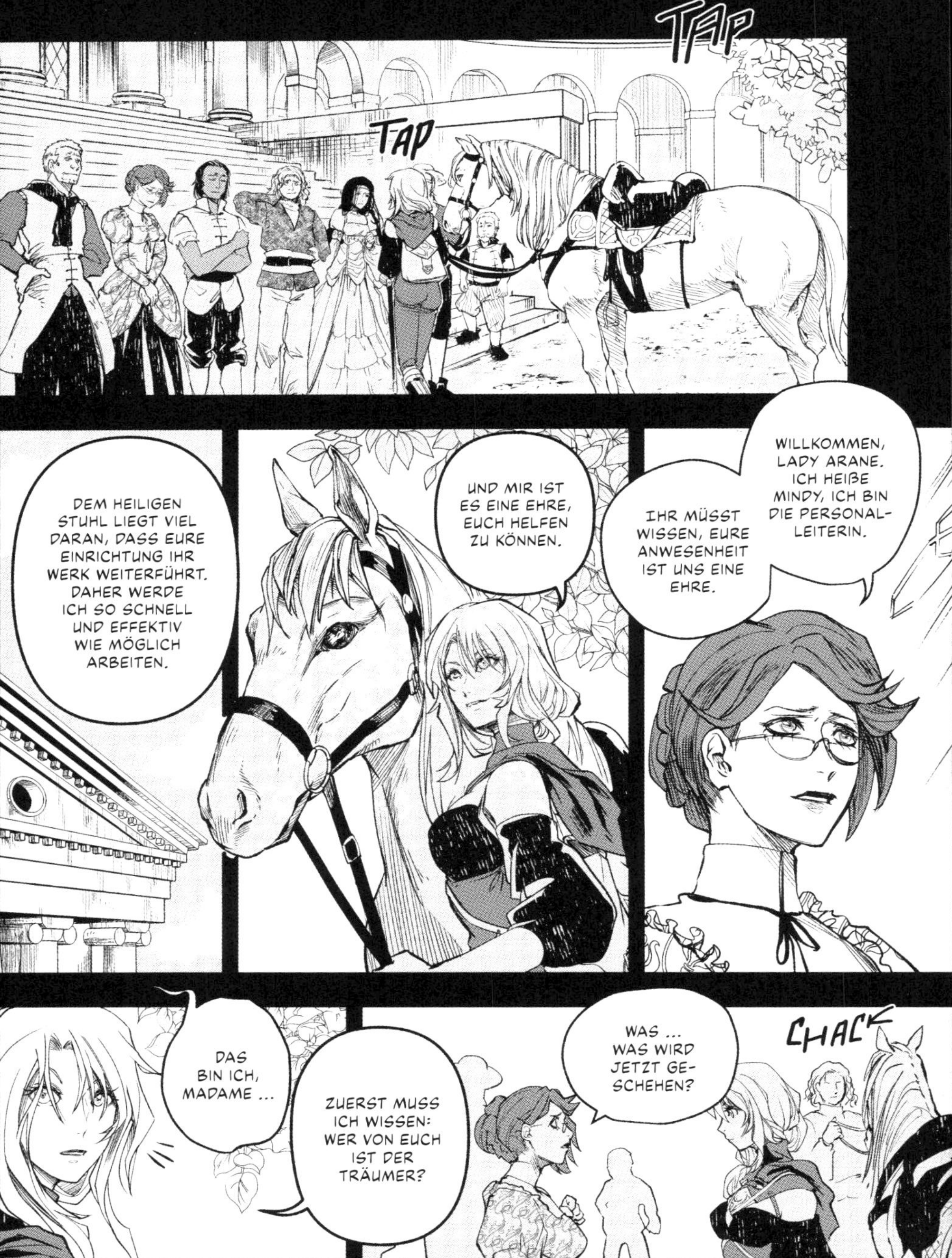
TAP
TAP
WILLKOMMEN, LADY ARANE. ICH HEIẞE MINDY, ICH BIN DIE PERSONAL-LEITERIN.
IHR MÜSST WISSEN, EURE ANWESENHEIT IST UNS EINE EHRE.
UND MIR IST ES EINE EHRE, EUCH HELFEN ZU KÖNNEN.
DEM HEILIGEN STUHL LIEGT VIEL DARAN, DASS EURE EINRICHTUNG IHR WERK WEITERFÜHRT. DAHER WERDE ICH SO SCHNELL UND EFFEKTIV WIE MÖGLICH ARBEITEN.
CHACK
WAS ... WAS WIRD JETZT GE-SCHEHEN?
ZUERST MUSS ICH WISSEN: WER VON EUCH IST DER TRÄUMER?
DAS BIN ICH, MADAME ...

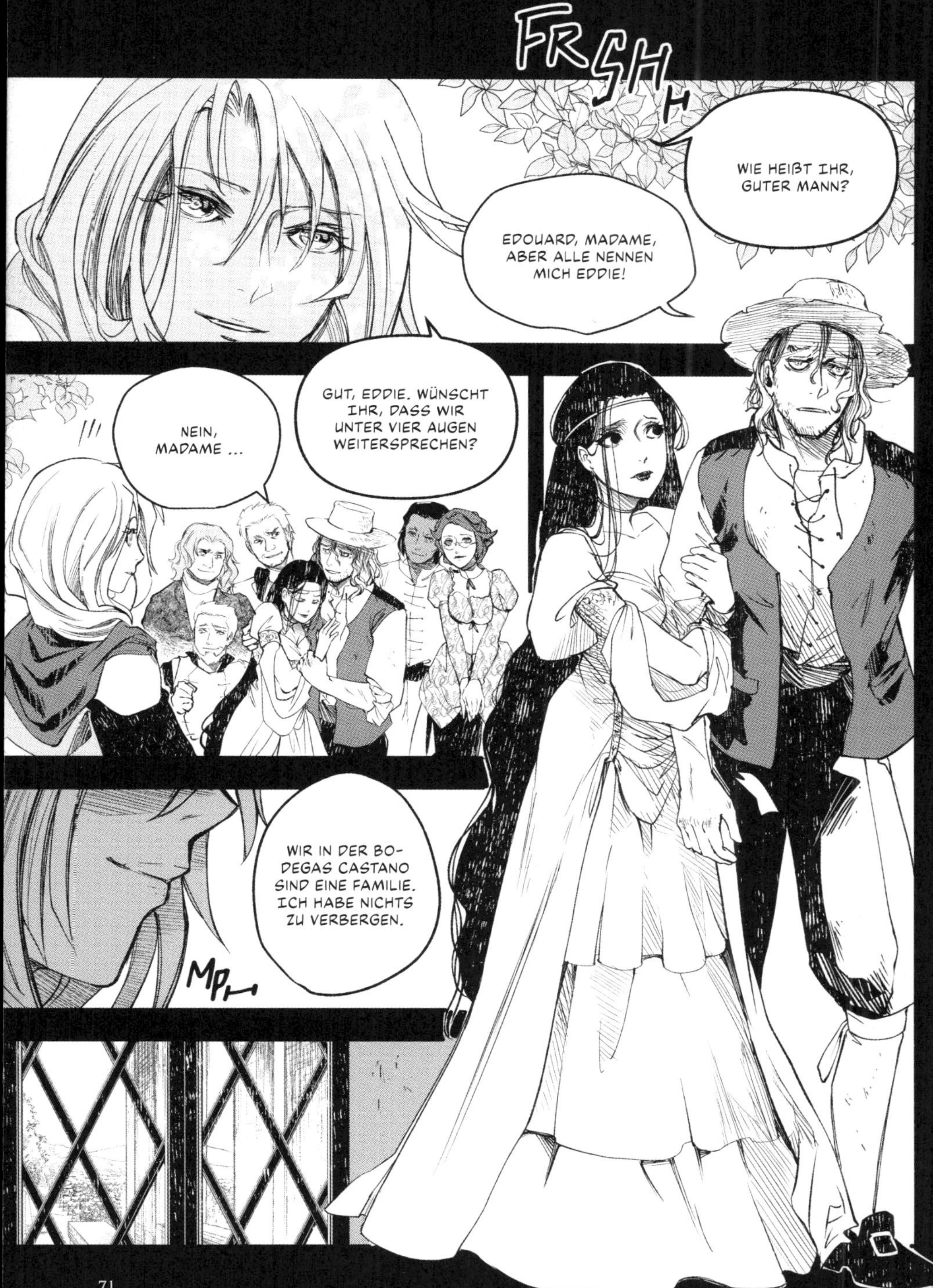
FRSHH
WIE HEIẞT IHR, GUTER MANN?
EDOUARD, MADAME, ABER ALLE NENNEN MICH EDDIE!
GUT, EDDIE. WÜNSCHT IHR, DASS WIR UNTER VIER AUGEN WEITERSPRECHEN?
NEIN, MADAME ...
WIR IN DER BO-DEGAS CASTANO SIND EINE FAMILIE. ICH HABE NICHTS ZU VERBERGEN.
MPH

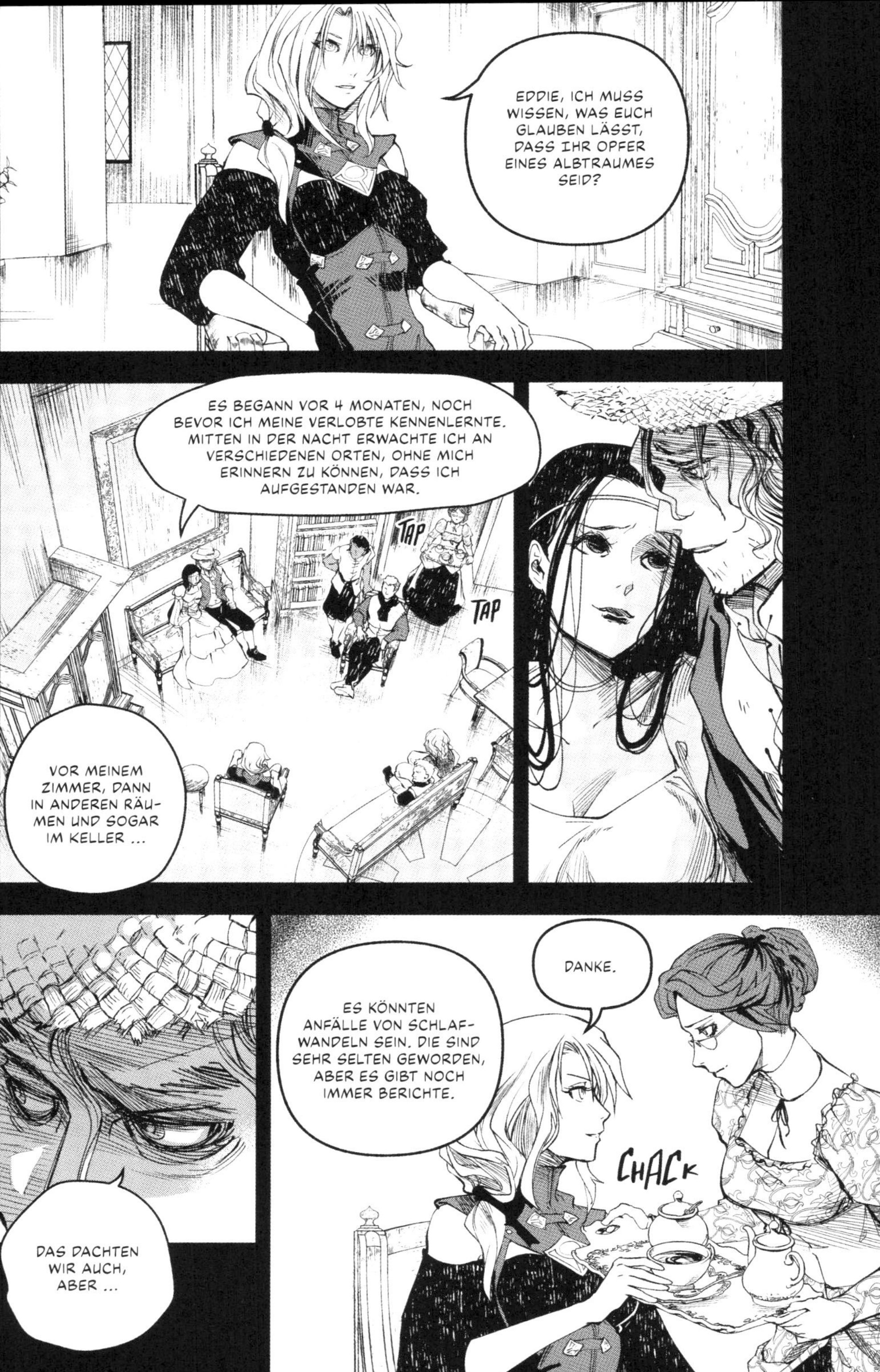

EDDIE, ICH MUSS WISSEN, WAS EUCH GLAUBEN LÄSST, DASS IHR OPFER EINES ALBTRAUMES SEID?
ES BEGANN VOR 4 MONATEN, NOCH BEVOR ICH MEINE VERLOBTE KENNENLERNTE. MITTEN IN DER NACHT ERWACHTE ICH AN VERSCHIEDENEN ORTEN, OHNE MICH ERINNERN ZU KÖNNEN, DASS ICH AUFGESTANDEN WAR.
TAP
TAP
VOR MEINEM ZIMMER, DANN IN ANDEREN RÄU-MEN UND SOGAR IM KELLER ...
DANKE.
ES KÖNNTEN ANFÄLLE VON SCHLAF-WANDELN SEIN. DIE SIND SEHR SELTEN GEWORDEN, ABER ES GIBT NOCH IMMER BERICHTE.
CHACK
DAS DACHTEN WIR AUCH, ABER ...

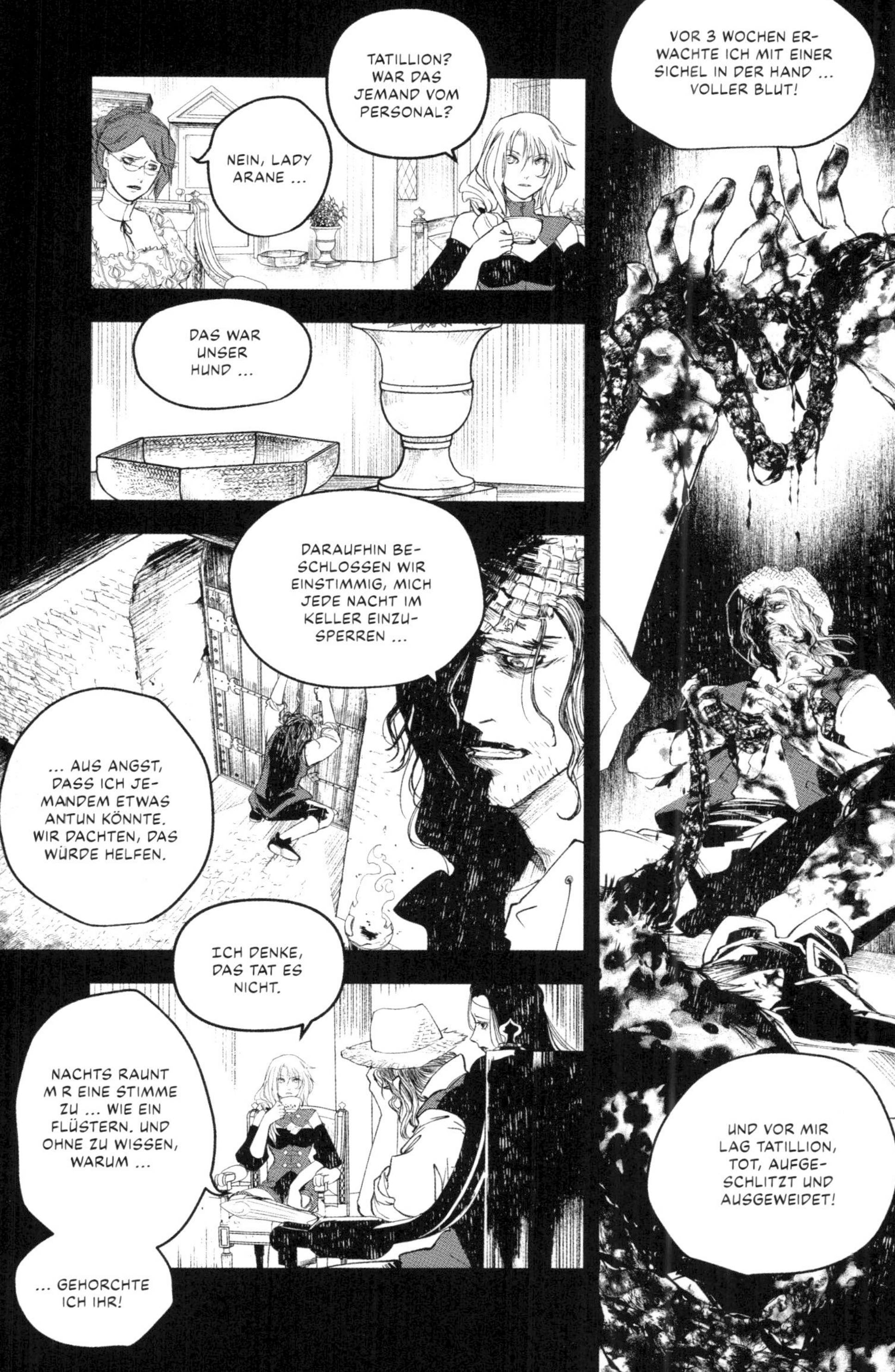
TATILLION? WAR DAS JEMAND VOM PERSONAL?
NEIN, LADY ARANE ...
DAS WAR UNSER HUND ...
VOR 3 WOCHEN ERWACHTE ICH MIT EINER SICHEL IN DER HAND ... VOLLER BLUT!
UND VOR MIR LAG TATILLION, TOT, AUFGESCHLITZT UND AUSGEWEIDET!
DARAUFHIN BESCHLOSSEN WIR EINSTIMMIG, MICH JEDE NACHT IM KELLER EINZUSPERREN ...
... AUS ANGST, DASS ICH JEMANDEM ETWAS ANTUN KÖNNTE. WIR DACHTEN, DAS WÜRDE HELFEN.
ICH DENKE, DAS TAT ES NICHT.
NACHTS RAUNT M R EINE STIMME ZU ... WIE EIN FLÜSTERN. UND OHNE ZU WISSEN, WARUM ...
... GEHORCHTE ICH IHR!

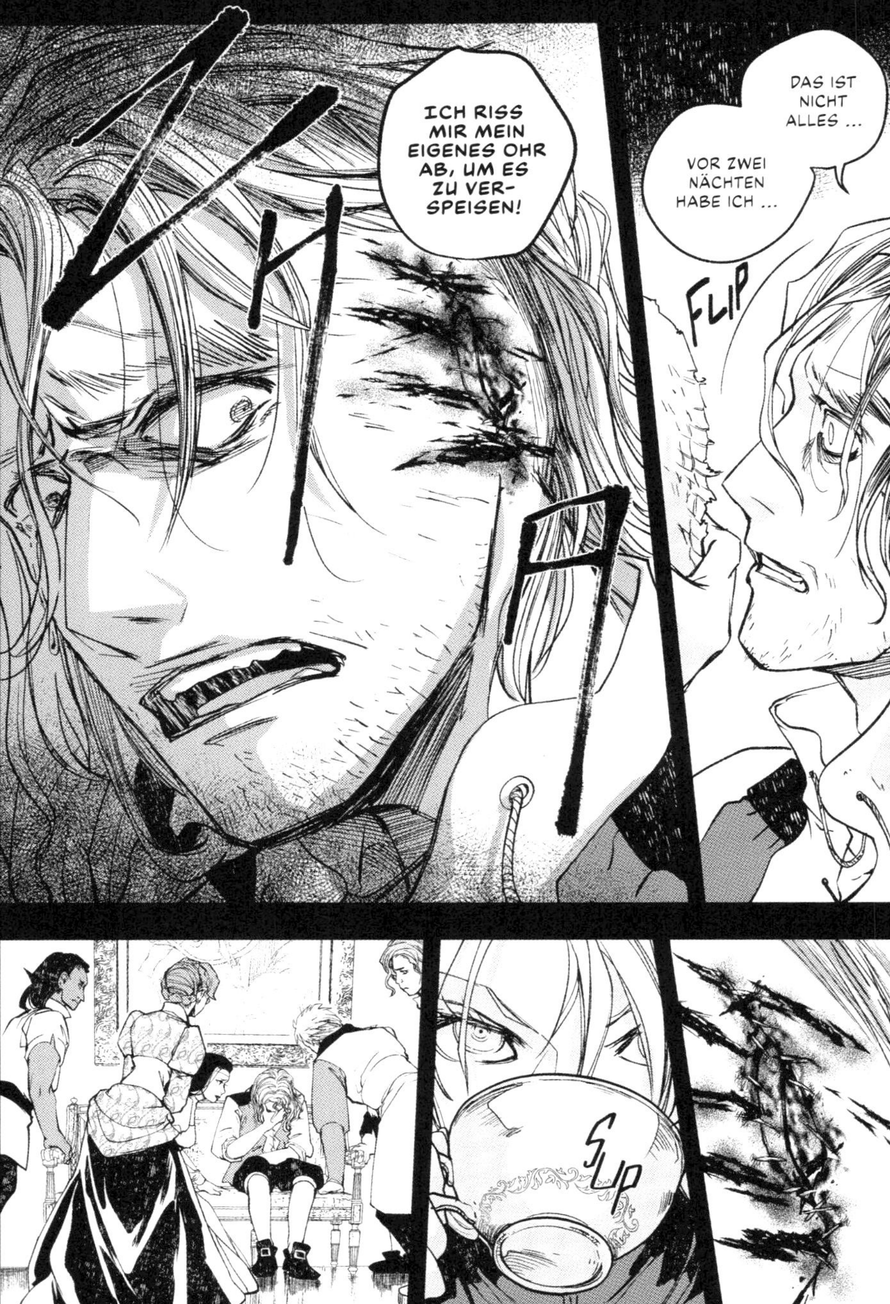
DAS IST NICHT ALLES ...
VOR ZWEI NÄCHTEN HABE ICH ...
FLIP
ICH RISS MIR MEIN EIGENES OHR AB, UM ES ZU VER-SPEISEN!
SLIP

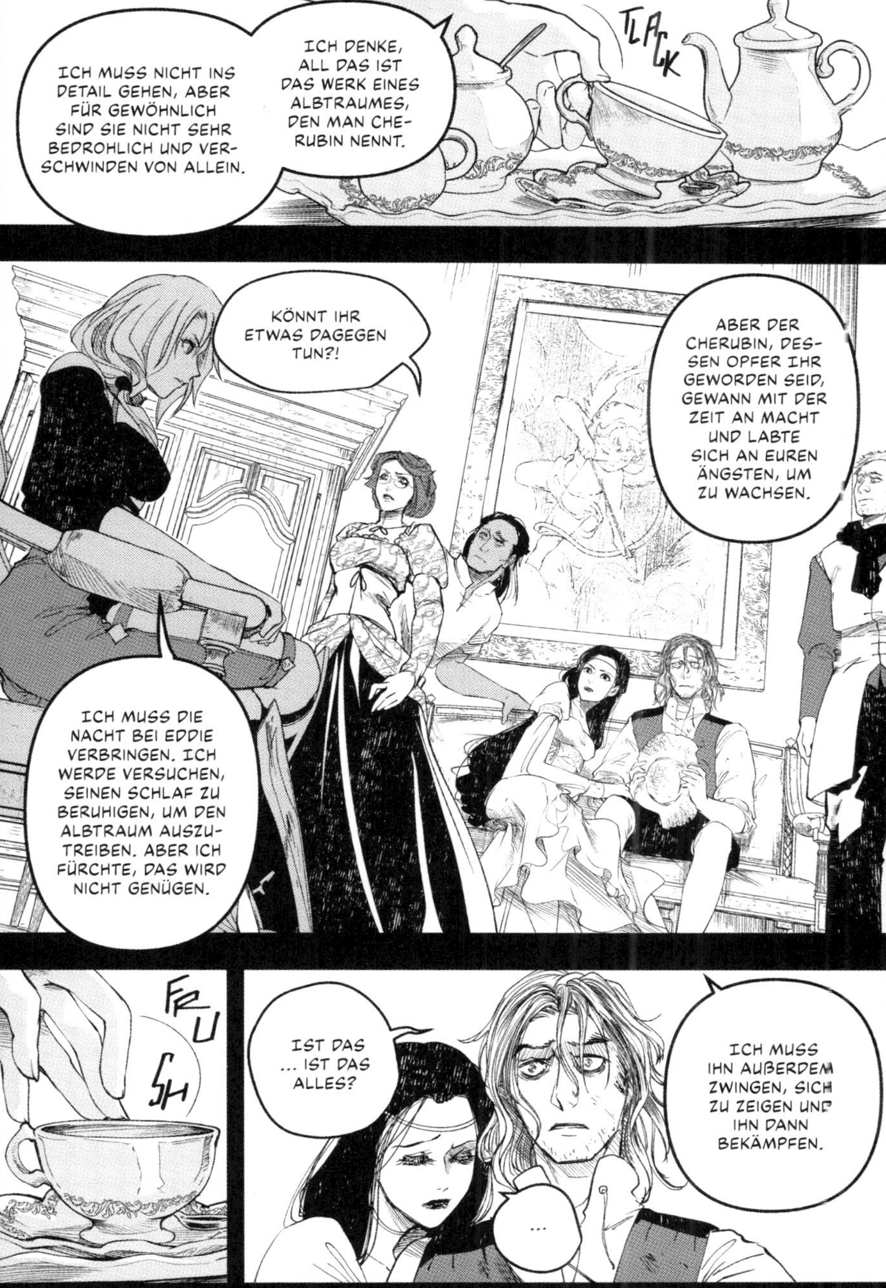
ICH MUSS NICHT INS DETAIL GEHEN, ABER FÜR GEWÖHNLICH SIND SIE NICHT SEHR BEDROHLICH UND VERSCHWINDEN VON ALLEIN.
ICH DENKE, ALL DAS IST DAS WERK EINES ALBTRAUMES, DEN MAN CHERUBIN NENNT.
TLACK
KÖNNT IHR ETWAS DAGEGEN TUN?!
ABER DER CHERUBIN, DESSEN OPFER IHR GEWORDEN SEID, GEWANN MIT DER ZEIT AN MACHT UND LABTE SICH AN EUREN ÄNGSTEN, UM ZU WACHSEN.
ICH MUSS DIE NACHT BEI EDDIE VERBRINGEN. ICH WERDE VERSUCHEN, SEINEN SCHLAF ZU BERUHIGEN, UM DEN ALBTRAUM AUSZUTREIBEN. ABER ICH FÜRCHTE, DAS WIRD NICHT GENÜGEN.
FRUSH
IST DAS ... IST DAS ALLES?
ICH MUSS IHN AUßERDEM ZWINGEN, SICH ZU ZEIGEN UND IHN DANN BEKÄMPFEN.
...

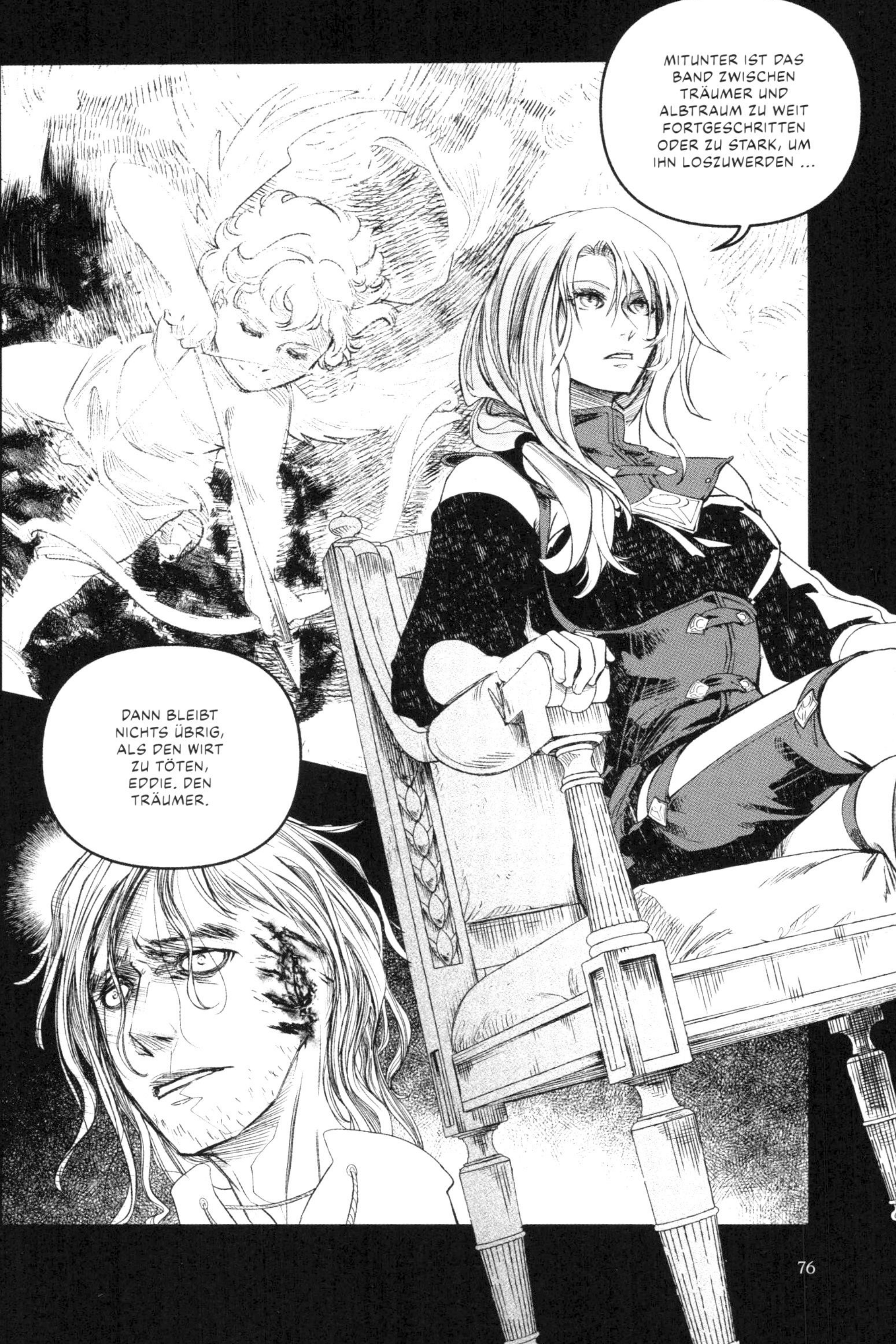
MITUNTER IST DAS BAND ZWISCHEN TRÄUMER UND ALBTRAUM ZU WEIT FORTGESCHRITTEN ODER ZU STARK, UM IHN LOSZUWERDEN ...
DANN BLEIBT NICHTS ÜBRIG, ALS DEN WIRT ZU TÖTEN, EDDIE. DEN TRÄUMER.

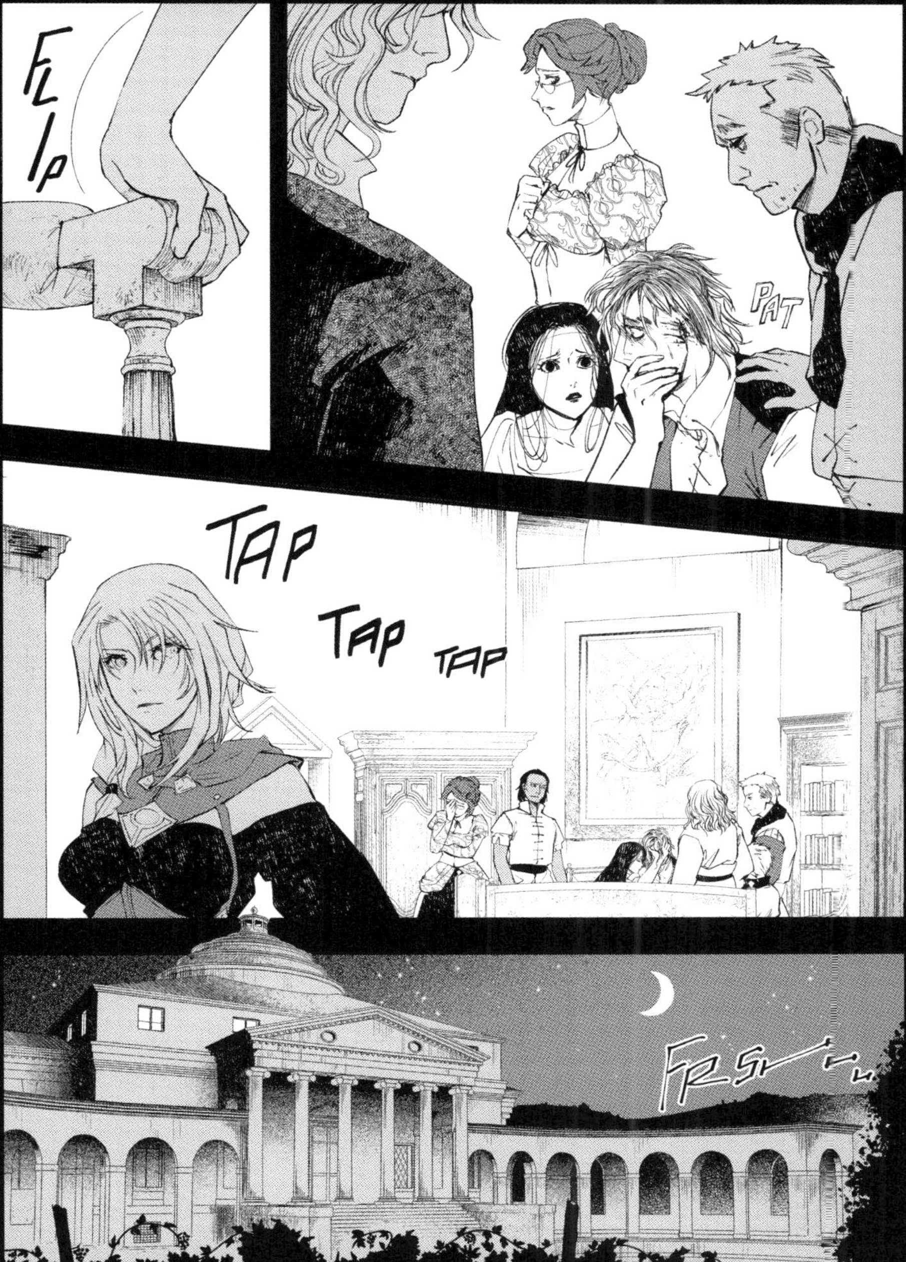

FLIP

PAT

TAP
TAP
TAP

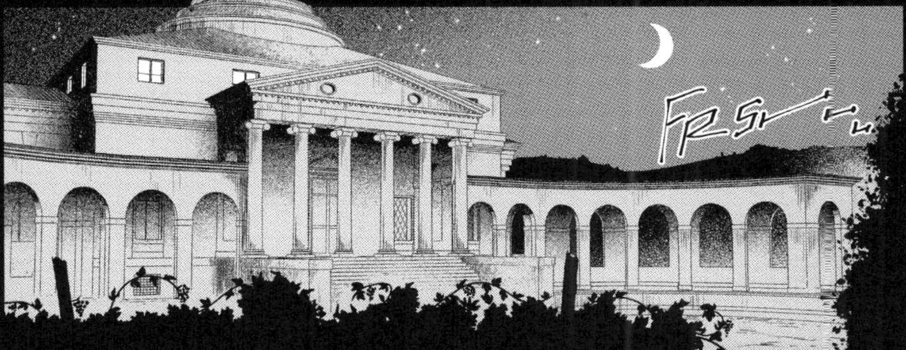

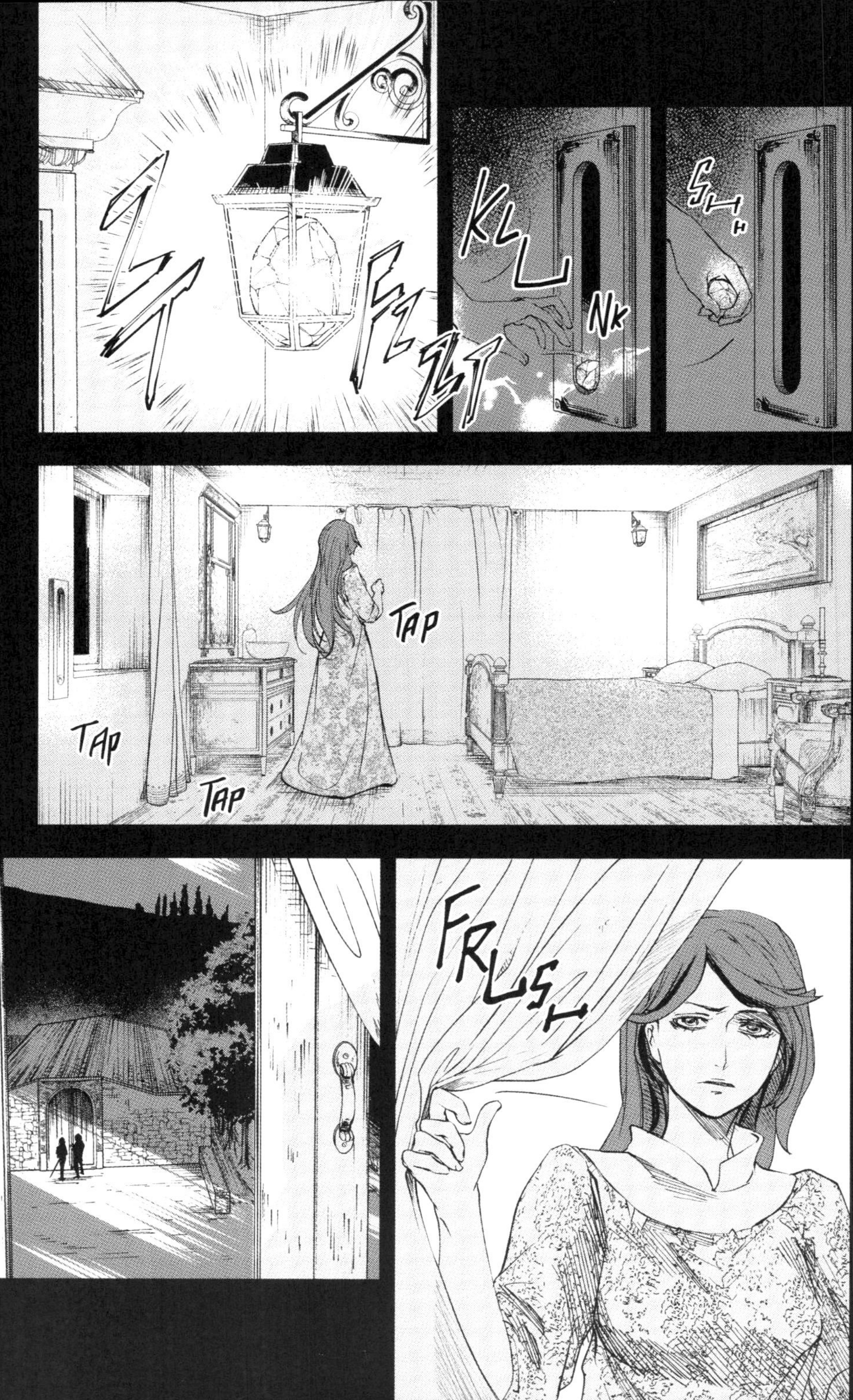

KLUNK
SHH
TAP
TAP
TAP
FRUSH

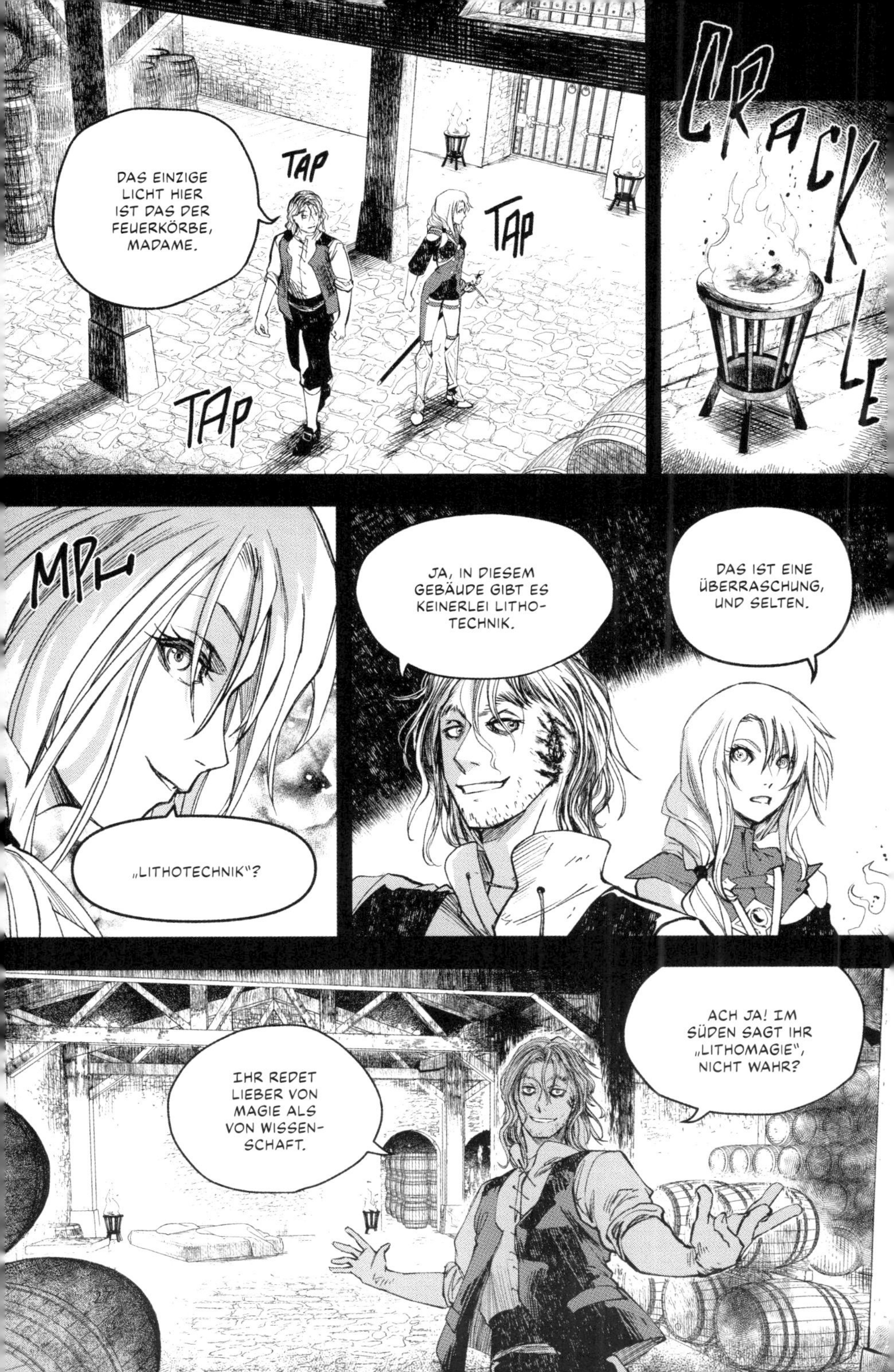
DAS EINZIGE LICHT HIER IST DAS DER FEUERKÖRBE, MADAME.
TAP
TAP
TAP
CRACKLE
MPH
„LITHOTECHNIK"?
JA, IN DIESEM GEBÄUDE GIBT ES KEINERLEI LITHO-TECHNIK.
DAS IST EINE ÜBERRASCHUNG, UND SELTEN.
ACH JA! IM SÜDEN SAGT IHR „LITHOMAGIE", NICHT WAHR?
IHR REDET LIEBER VON MAGIE ALS VON WISSEN-SCHAFT.

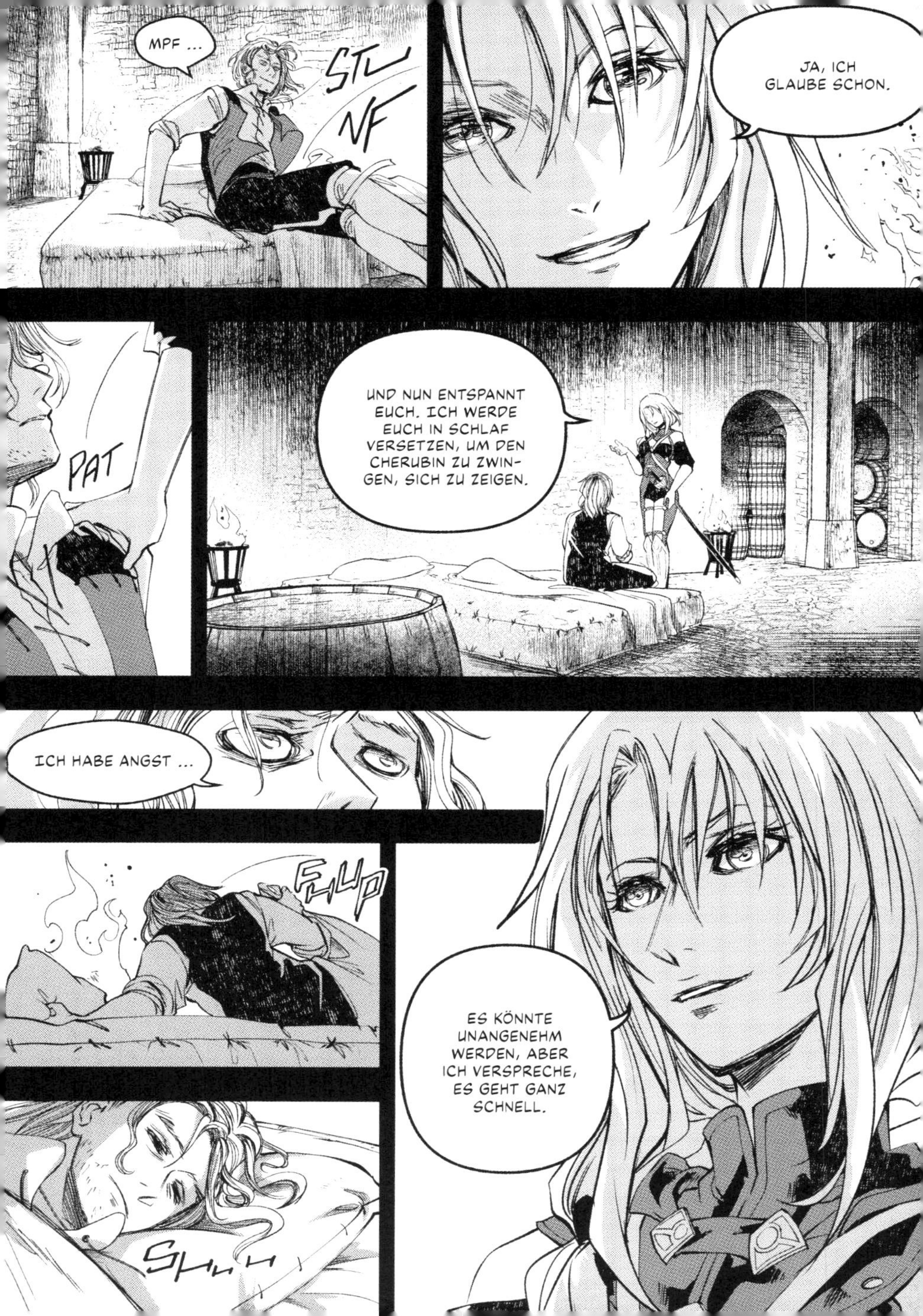
MPF ...
STUNF
JA, ICH GLAUBE SCHON.
PAT
UND NUN ENTSPANNT EUCH. ICH WERDE EUCH IN SCHLAF VERSETZEN, UM DEN CHERUBIN ZU ZWINGEN, SICH ZU ZEIGEN.
ICH HABE ANGST ...
FHUP
ES KÖNNTE UNANGENEHM WERDEN, ABER ICH VERSPRECHE, ES GEHT GANZ SCHNELL.
SHUU

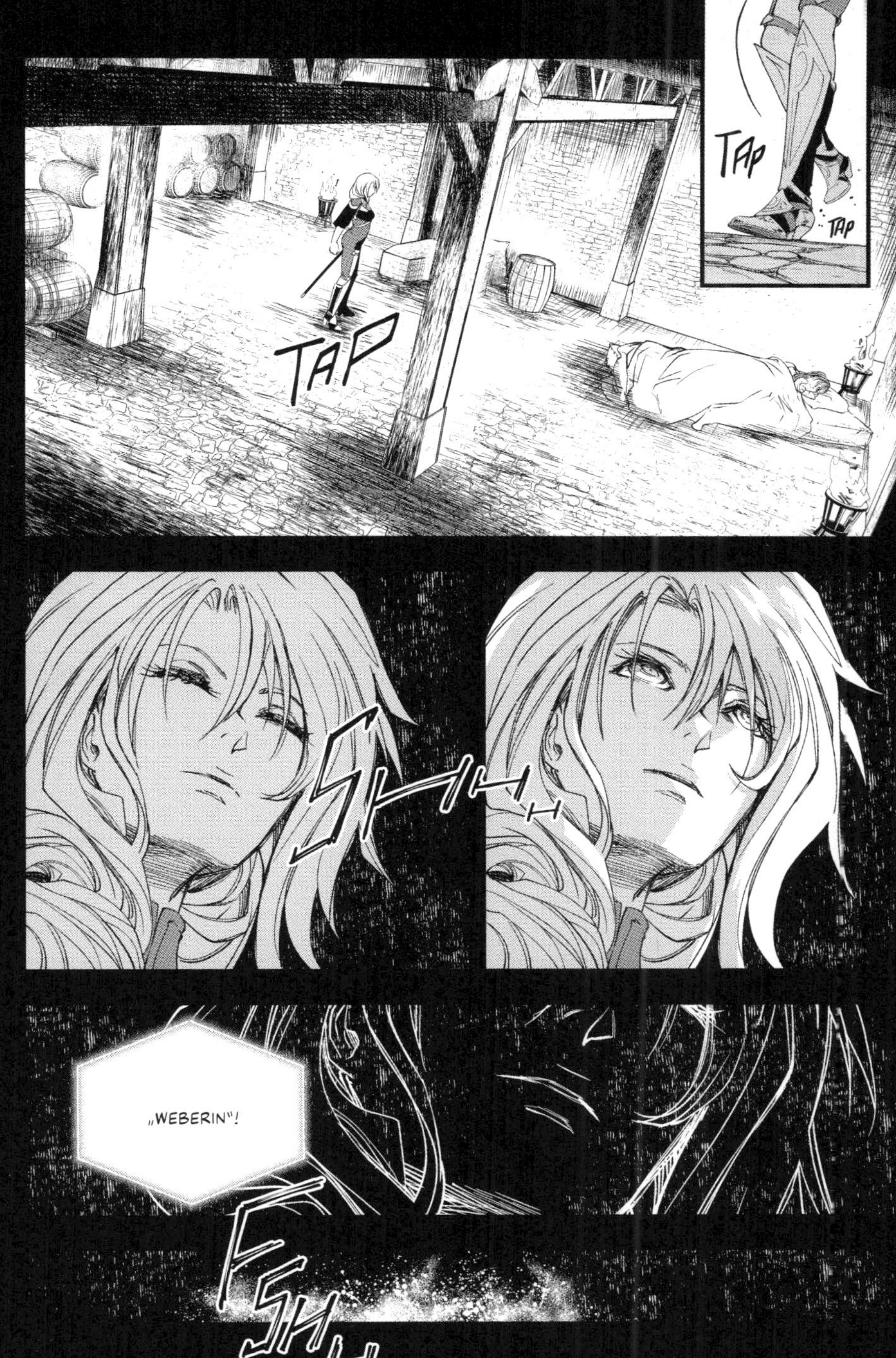
TAP
TAP
TAP
SHHH
„WEBERIN"!
FSHH

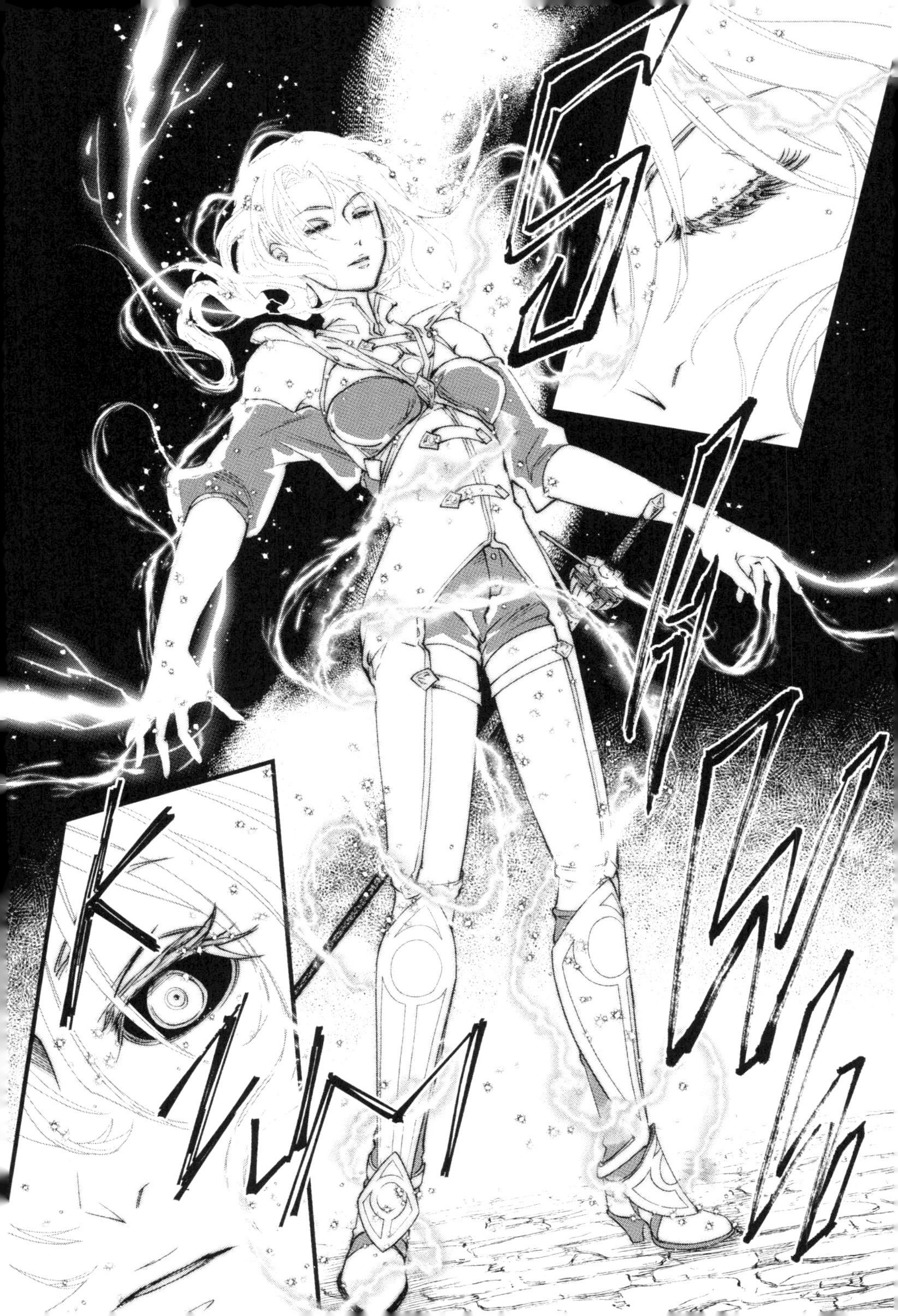

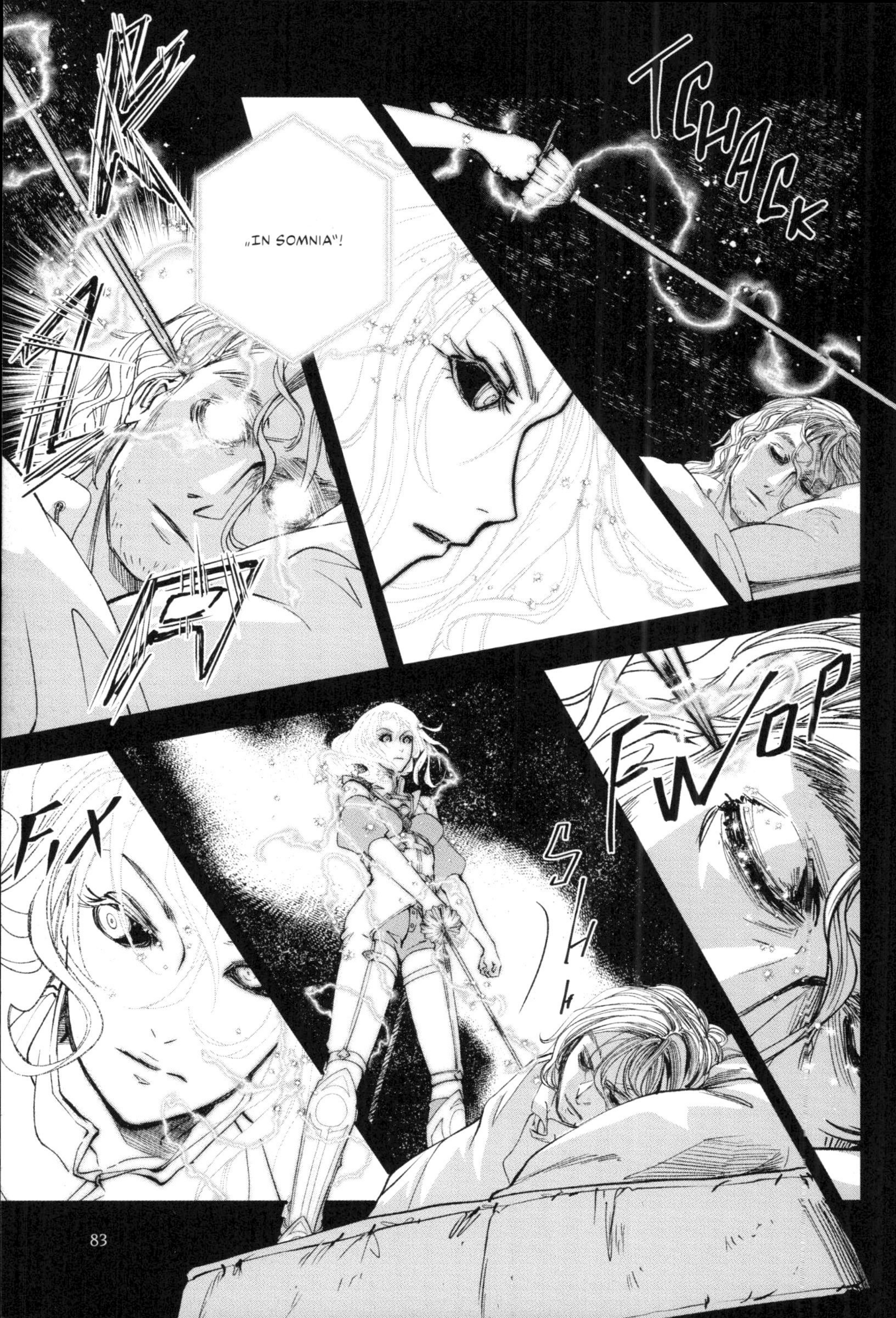
TCHACK
„IN SOMNIA"!
FIX
FWOP
SHHK

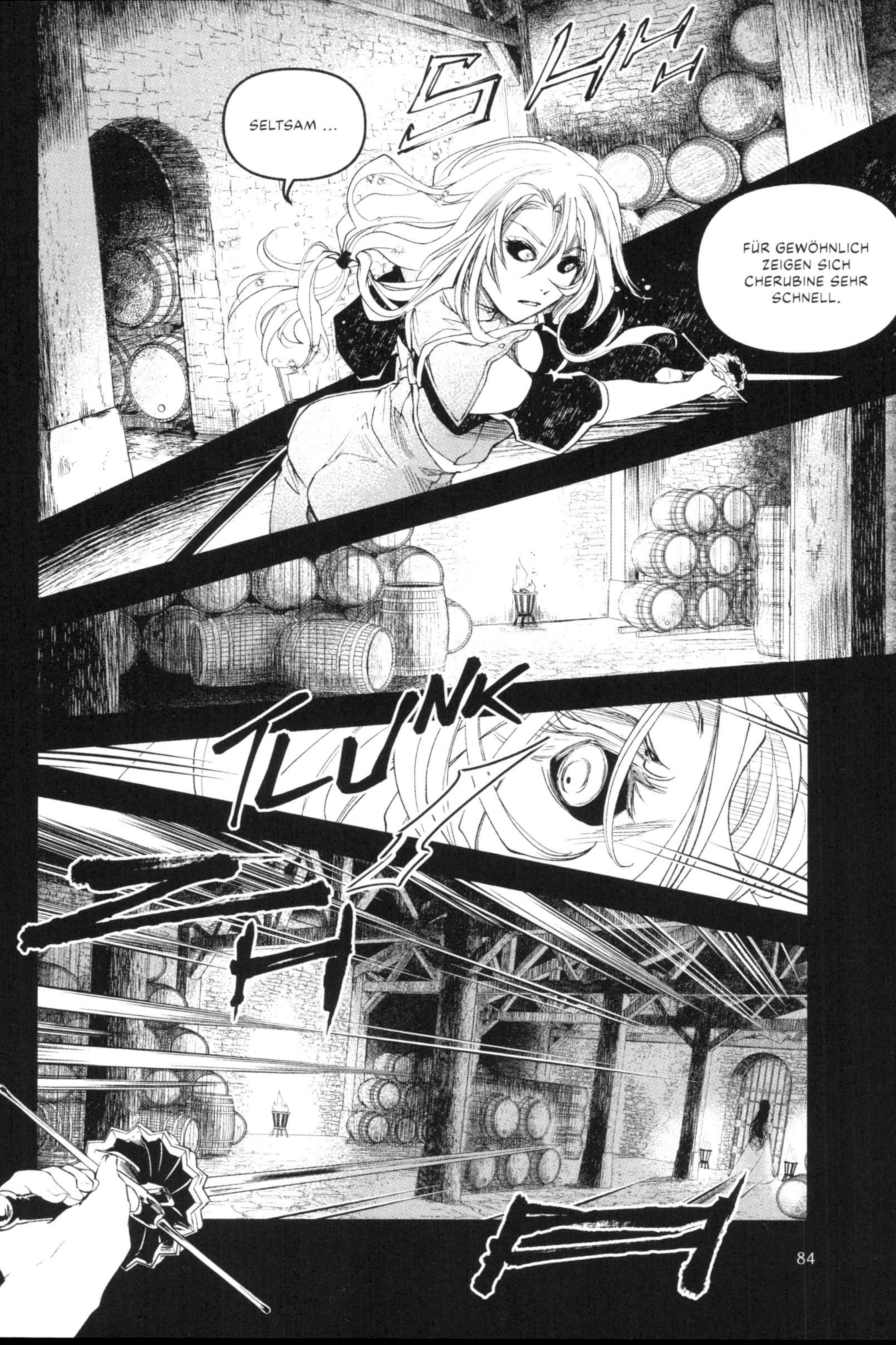
SHH
SELTSAM ...
FÜR GEWÖHNLICH ZEIGEN SICH CHERUBINE SEHR SCHNELL.
TLUNK
ZZH

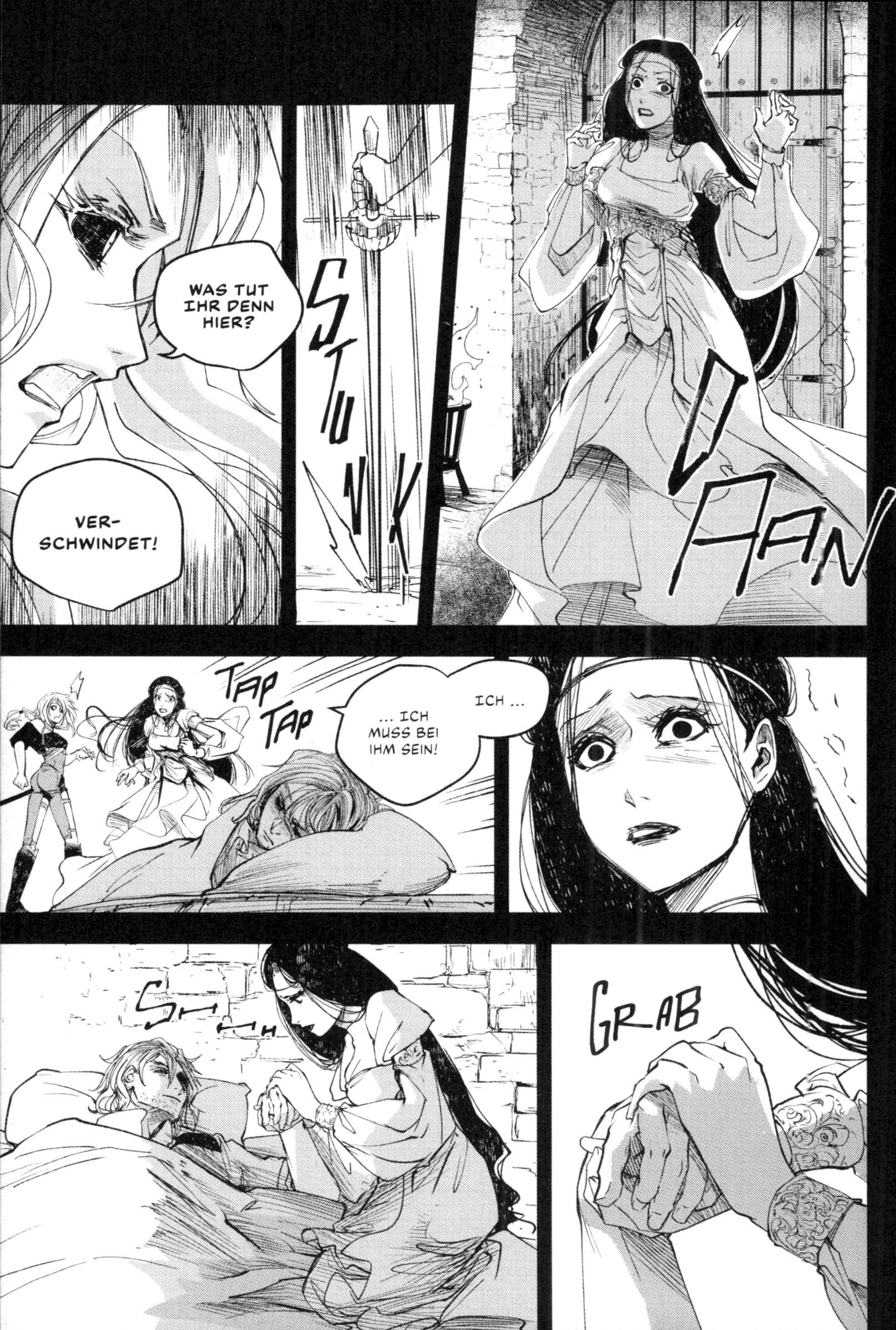
DAAN
STUNK
WAS TUT IHR DENN HIER?
VER-SCHWINDET!
ICH ...
... ICH MUSS BEI IHM SEIN!
TAP TAP
GRAB
SHHH

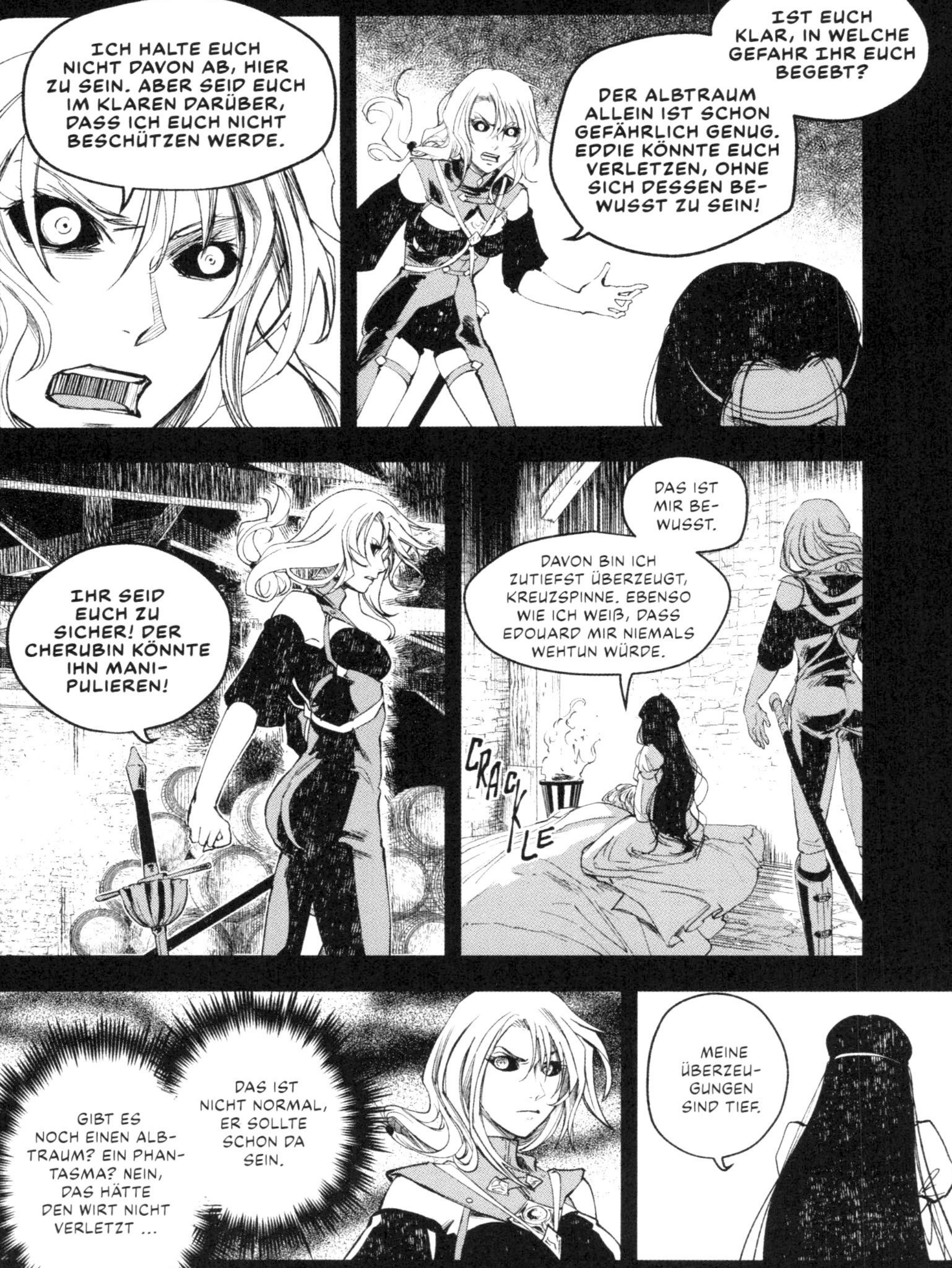
Ich halte euch nicht davon ab, hier zu sein. Aber seid euch im Klaren darüber, dass ich euch nicht beschützen werde.
Ist euch klar, in welche Gefahr ihr euch begebt?
Der Albtraum allein ist schon gefährlich genug. Eddie könnte euch verletzen, ohne sich dessen bewusst zu sein!
Das ist mir bewusst.
Davon bin ich zutiefst überzeugt, Kreuzspinne. Ebenso wie ich weiß, dass Edouard mir niemals wehtun würde.
Ihr seid euch zu sicher! Der Cherubin könnte ihn manipulieren!
CRACKLE
Meine Überzeugungen sind tief.
Das ist nicht normal, er sollte schon da sein.
Gibt es noch einen Albtraum? Ein Phantasma? Nein, das hätte den Wirt nicht verletzt ...

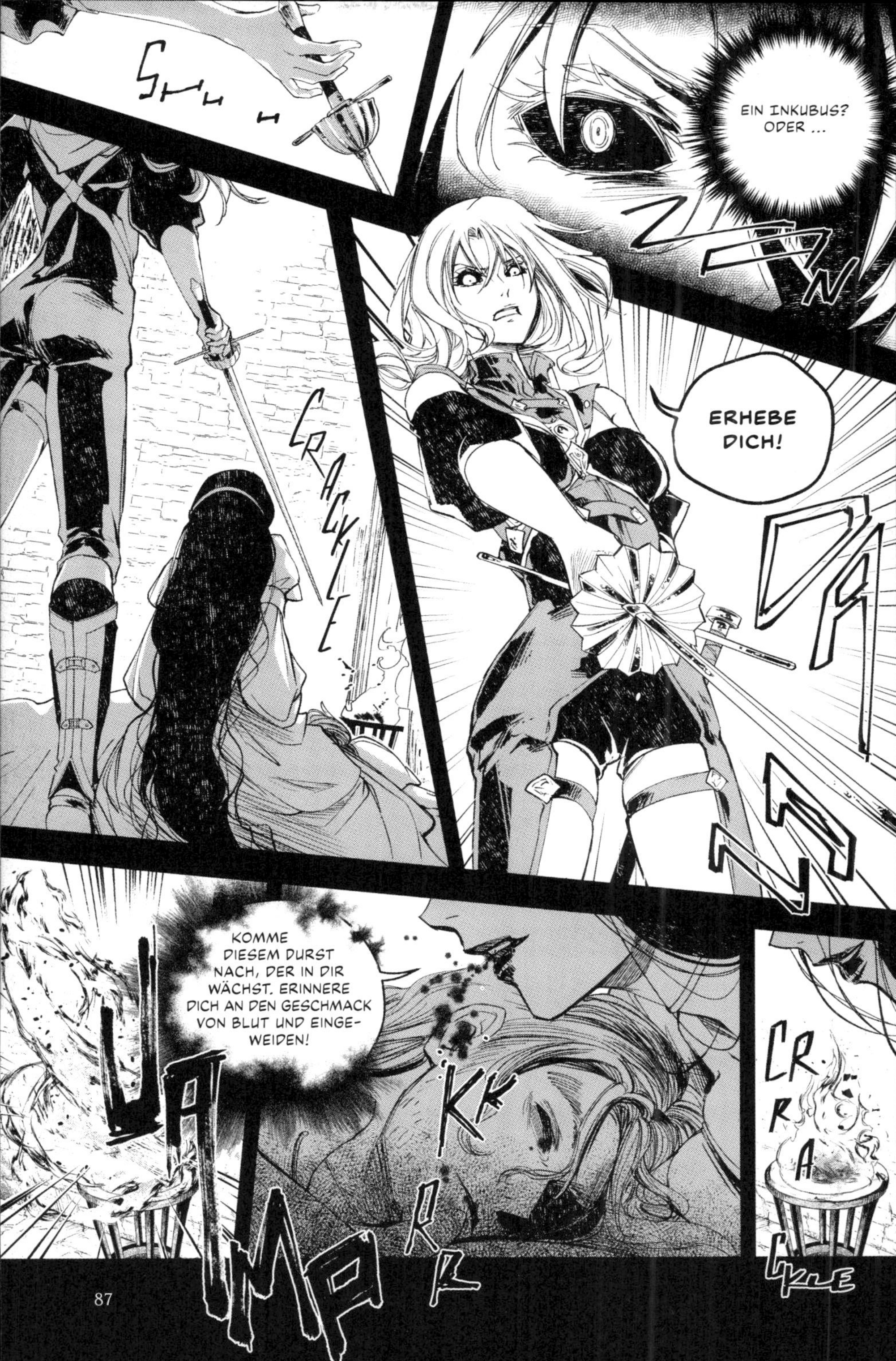
EIN INKUBUS? ODER ...
ERHEBE DICH!
CRACKLE
KOMME DIESEM DURST NACH, DER IN DIR WÄCHST. ERINNERE DICH AN DEN GESCHMACK VON BLUT UND EINGE-WEIDEN!

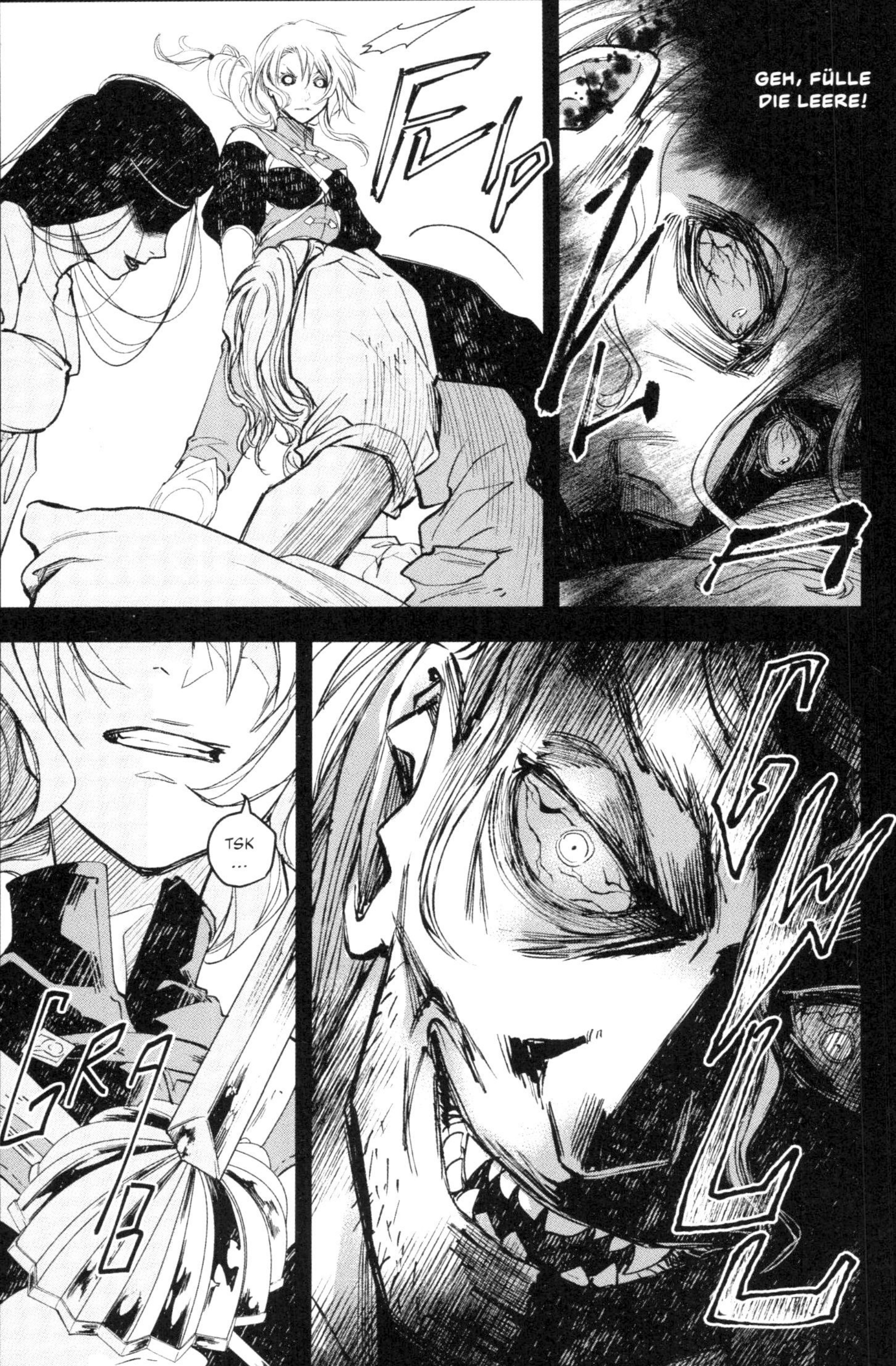
GEH, FÜLLE DIE LEERE!
TSK …

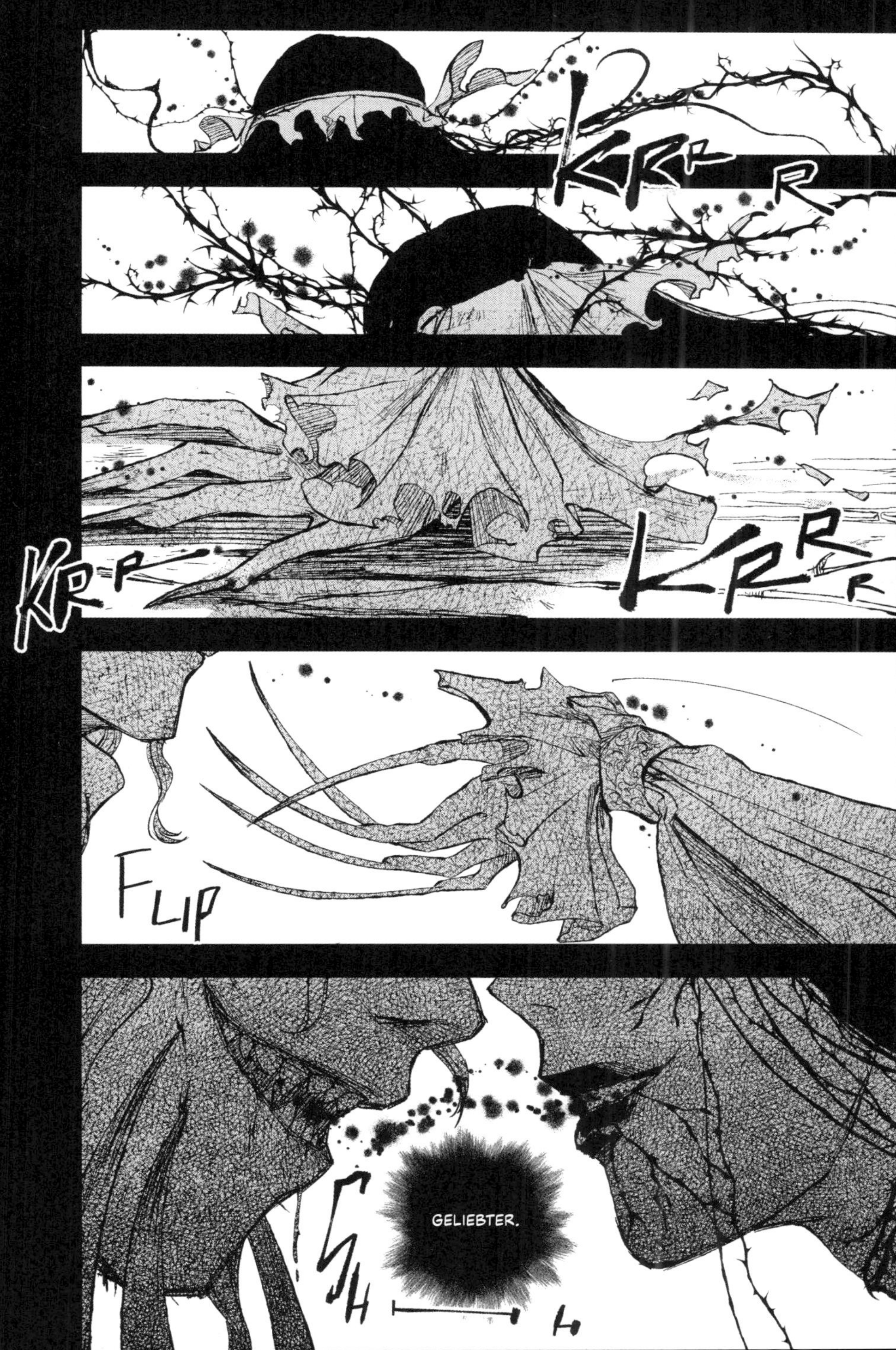
KRRRR
KRR
KRRRR
FLIP
GELIEBTER.
SH

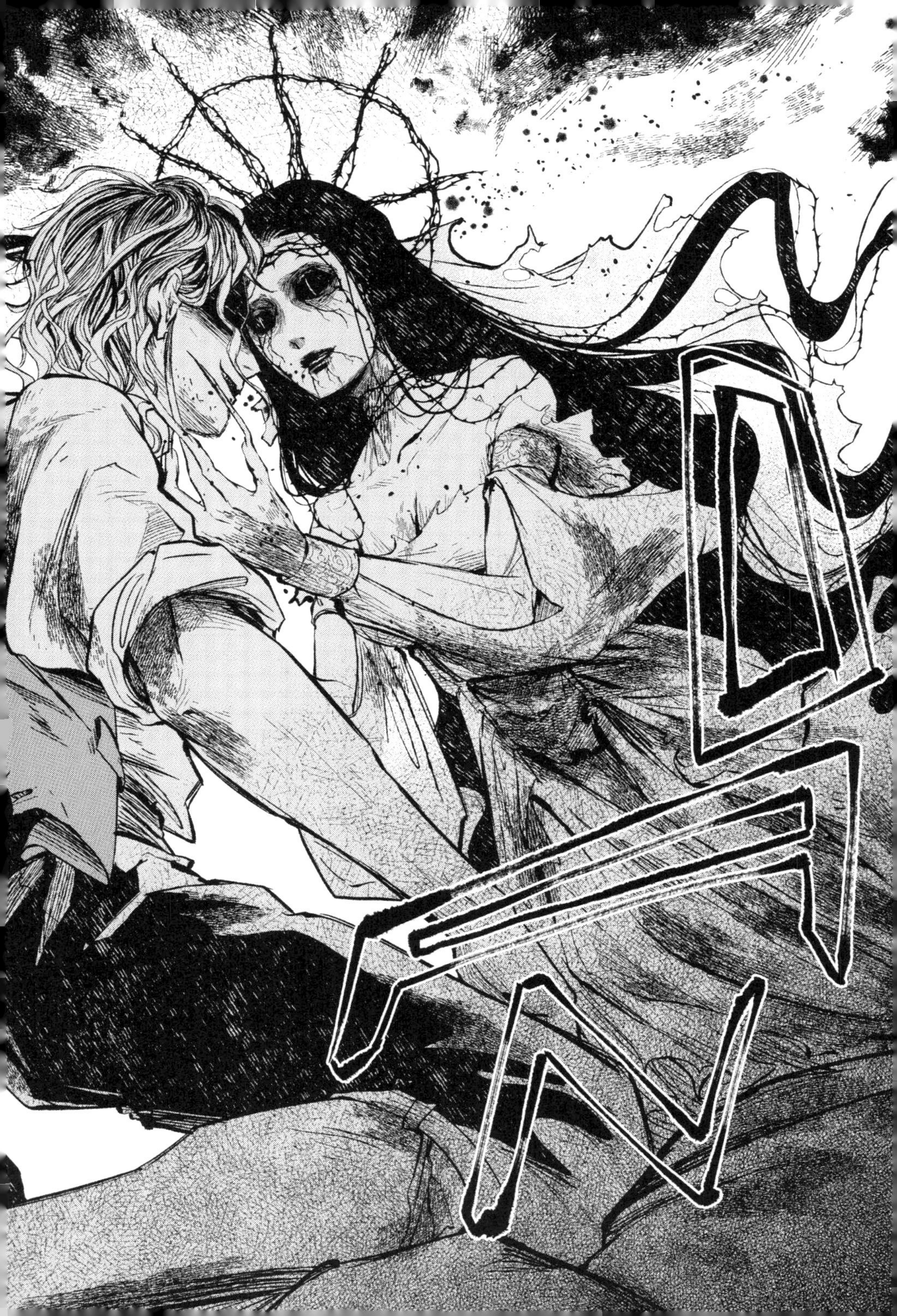

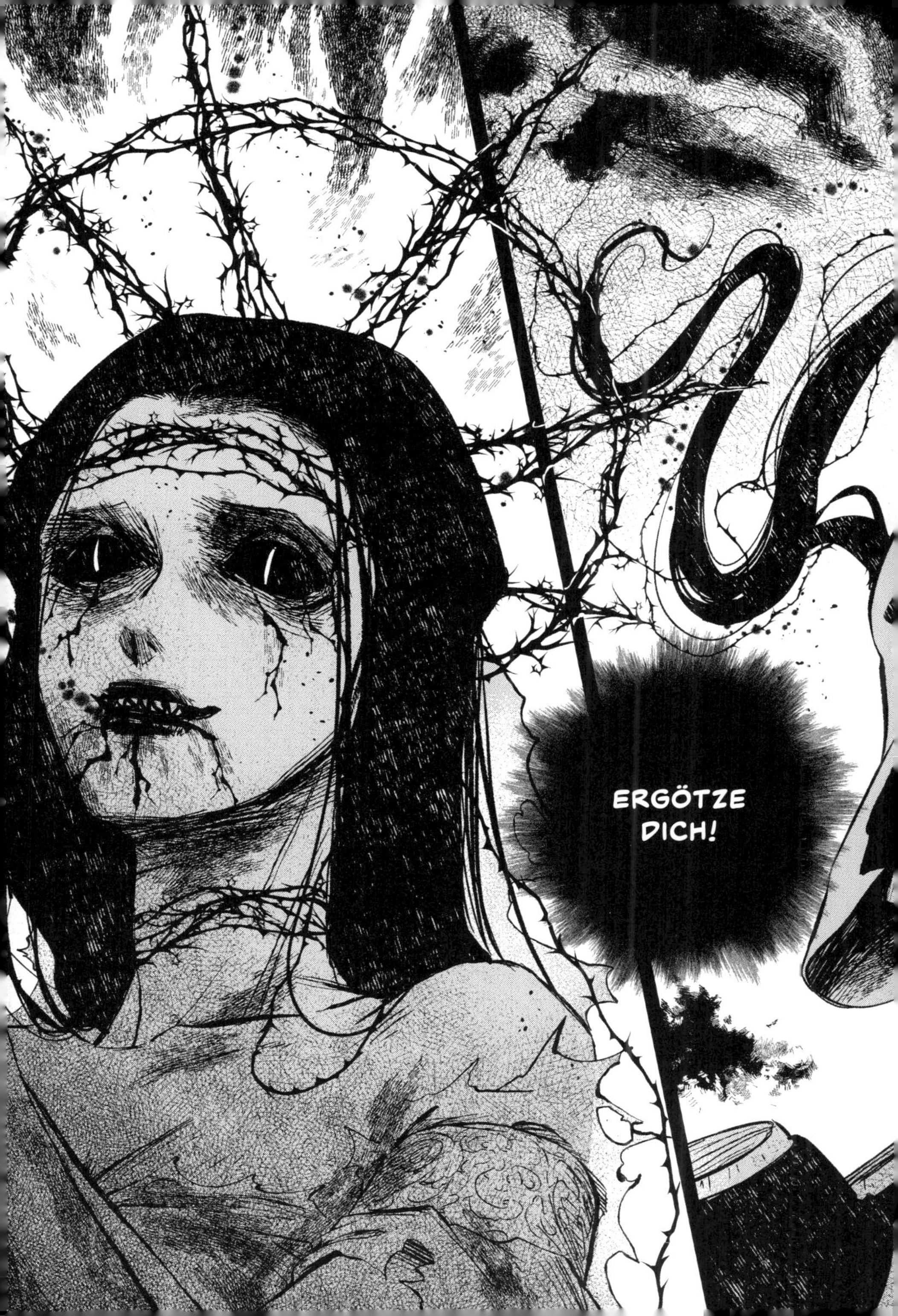
ERGÖTZE
DICH!

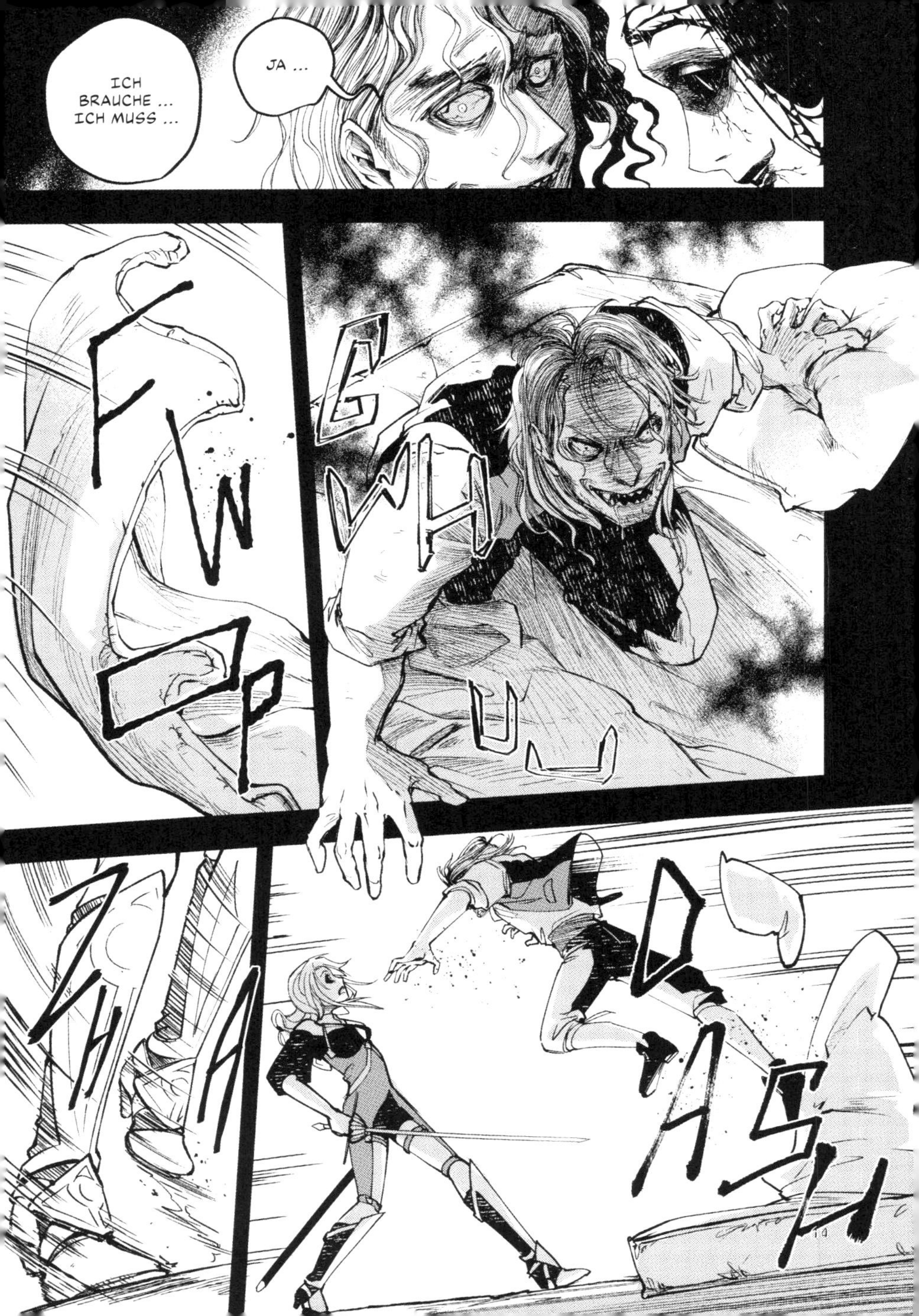
JA ...
ICH BRAUCHE ... ICH MUSS ...
FWOP
DASH

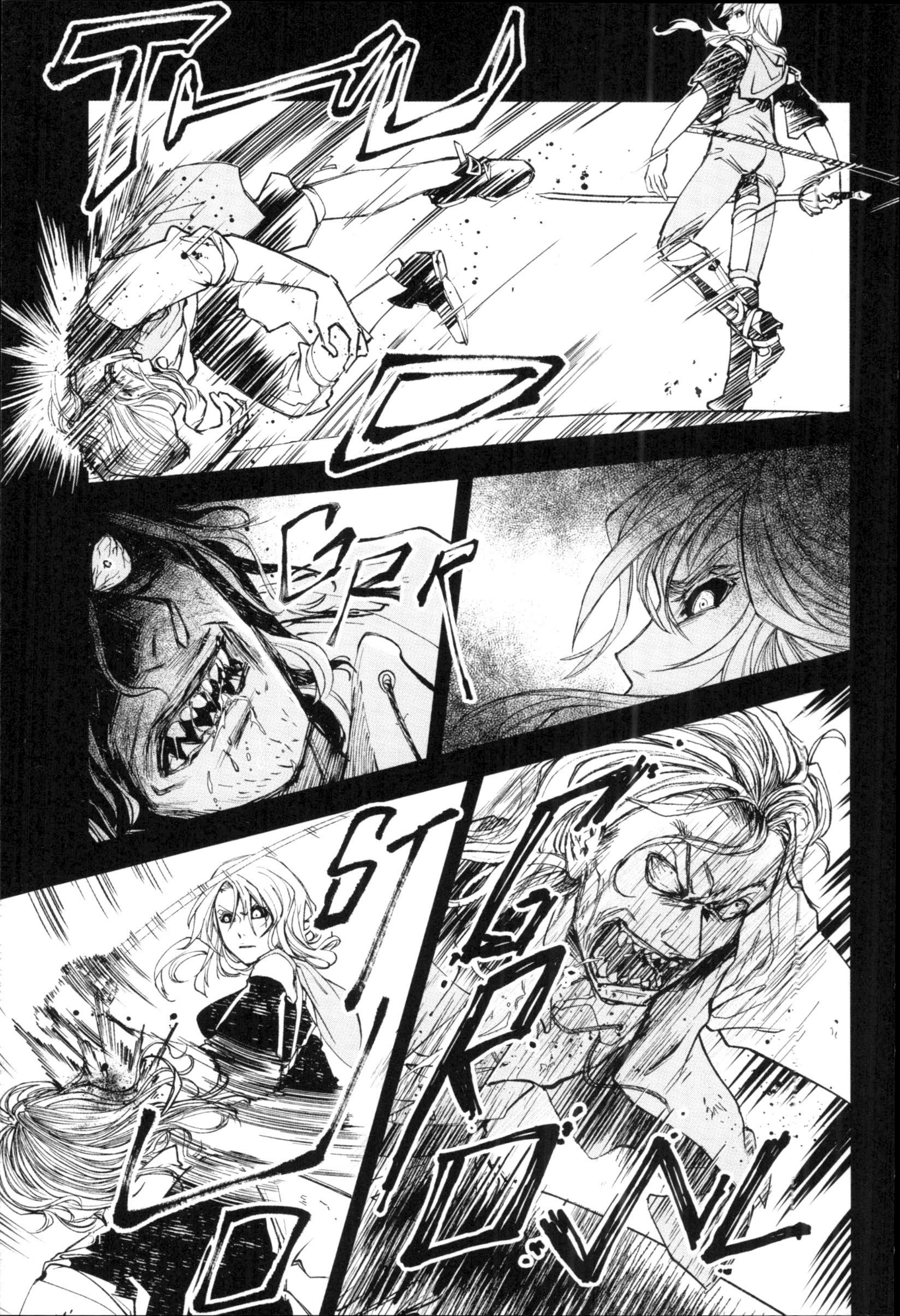
THUD
GRR

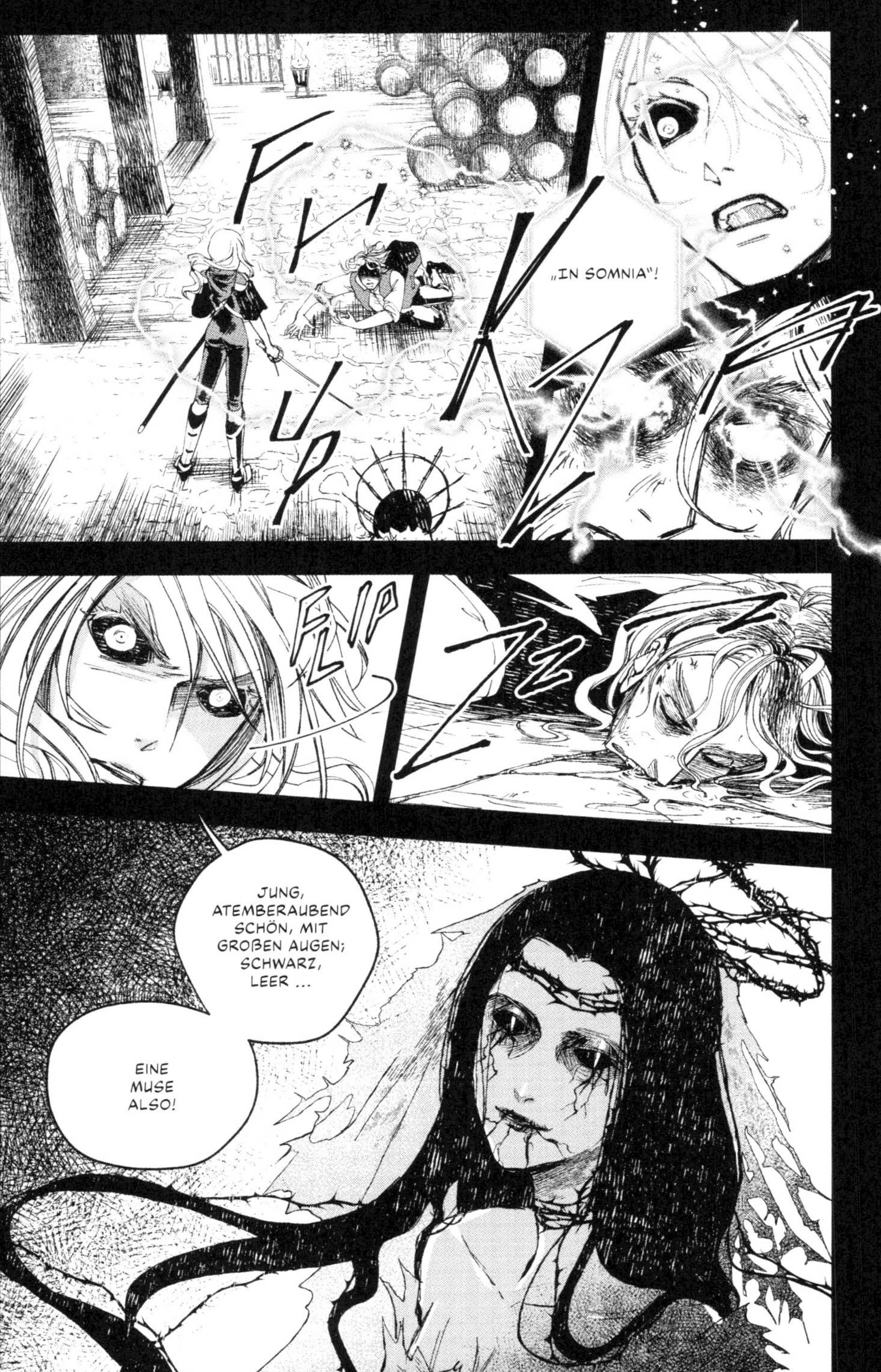
„IN SOMNIA“!
FLIP
JUNG, ATEMBERAUBEND SCHÖN, MIT GROẞEN AUGEN; SCHWARZ, LEER …
EINE MUSE ALSO!

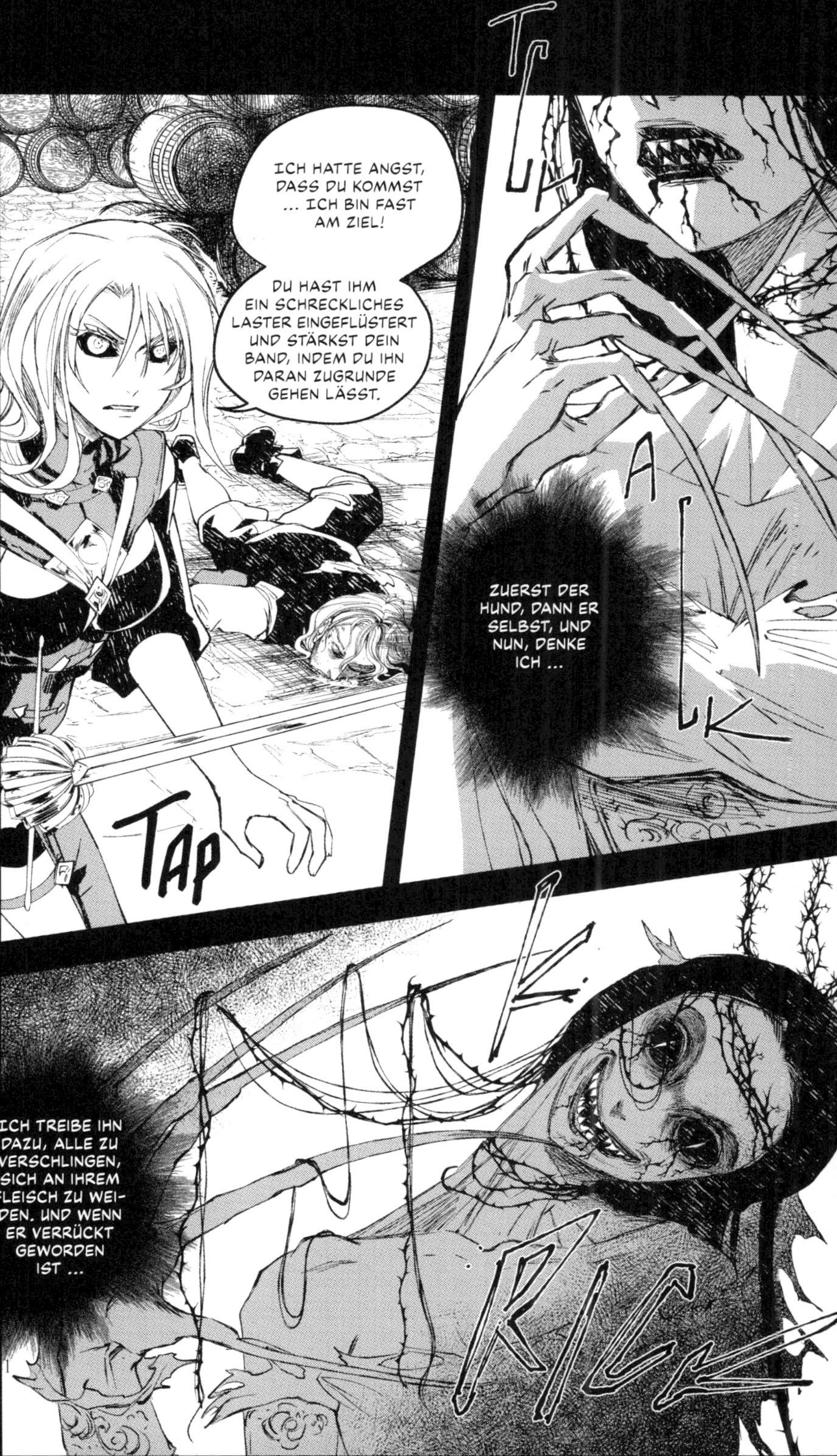
TCH
ICH HATTE ANGST, DASS DU KOMMST ... ICH BIN FAST AM ZIEL!
DU HAST IHM EIN SCHRECKLICHES LASTER EINGEFLÜSTERT UND STÄRKST DEIN BAND, INDEM DU IHN DARAN ZUGRUNDE GEHEN LÄSST.
TAP
ZUERST DER HUND, DANN ER SELBST, UND NUN, DENKE ICH ...
ICH TREIBE IHN DAZU, ALLE ZU VERSCHLINGEN, SICH AN IHREM FLEISCH ZU WEIDEN. UND WENN ER VERRÜCKT GEWORDEN IST ...

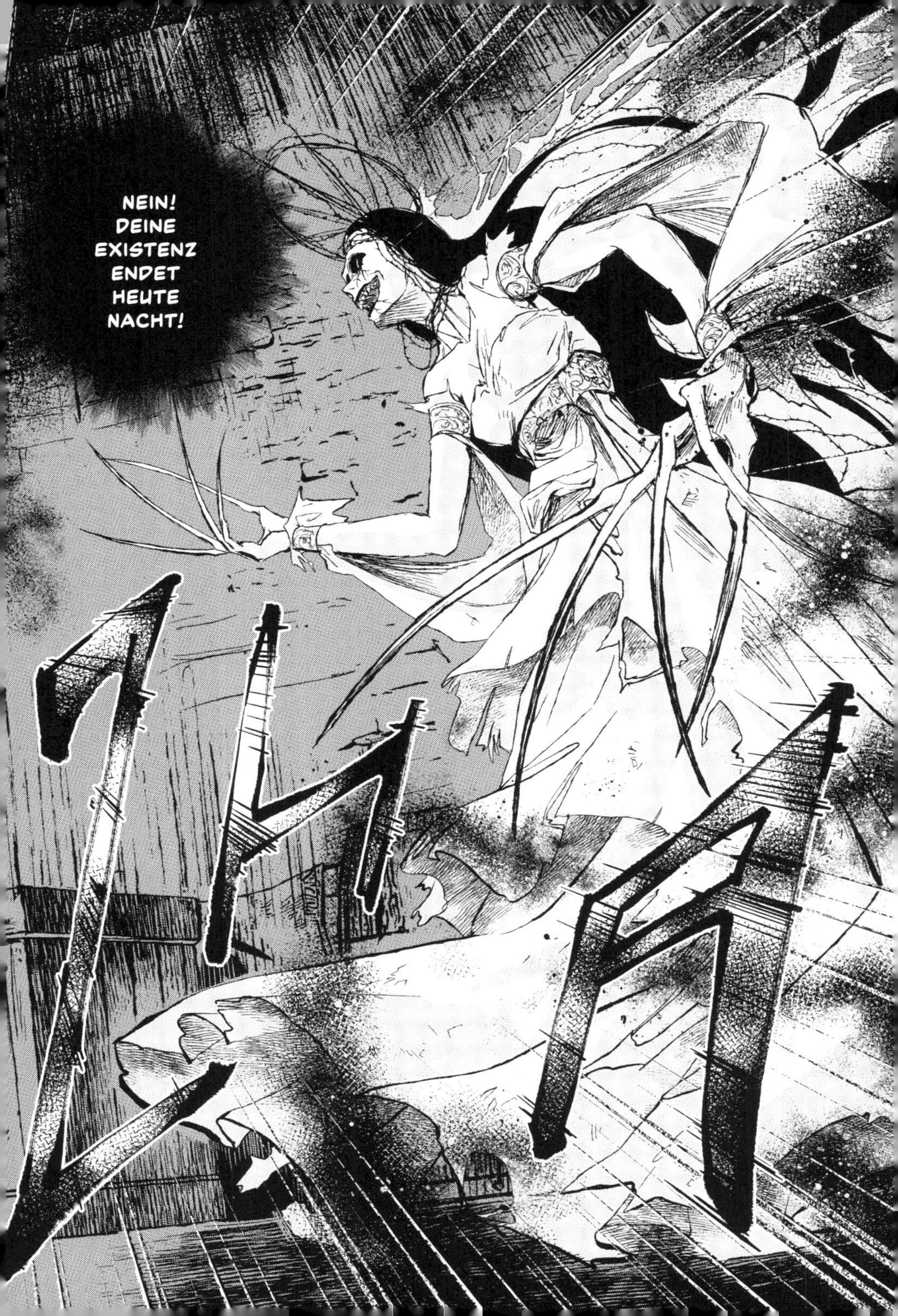
NEIN! DEINE EXISTENZ ENDET HEUTE NACHT!

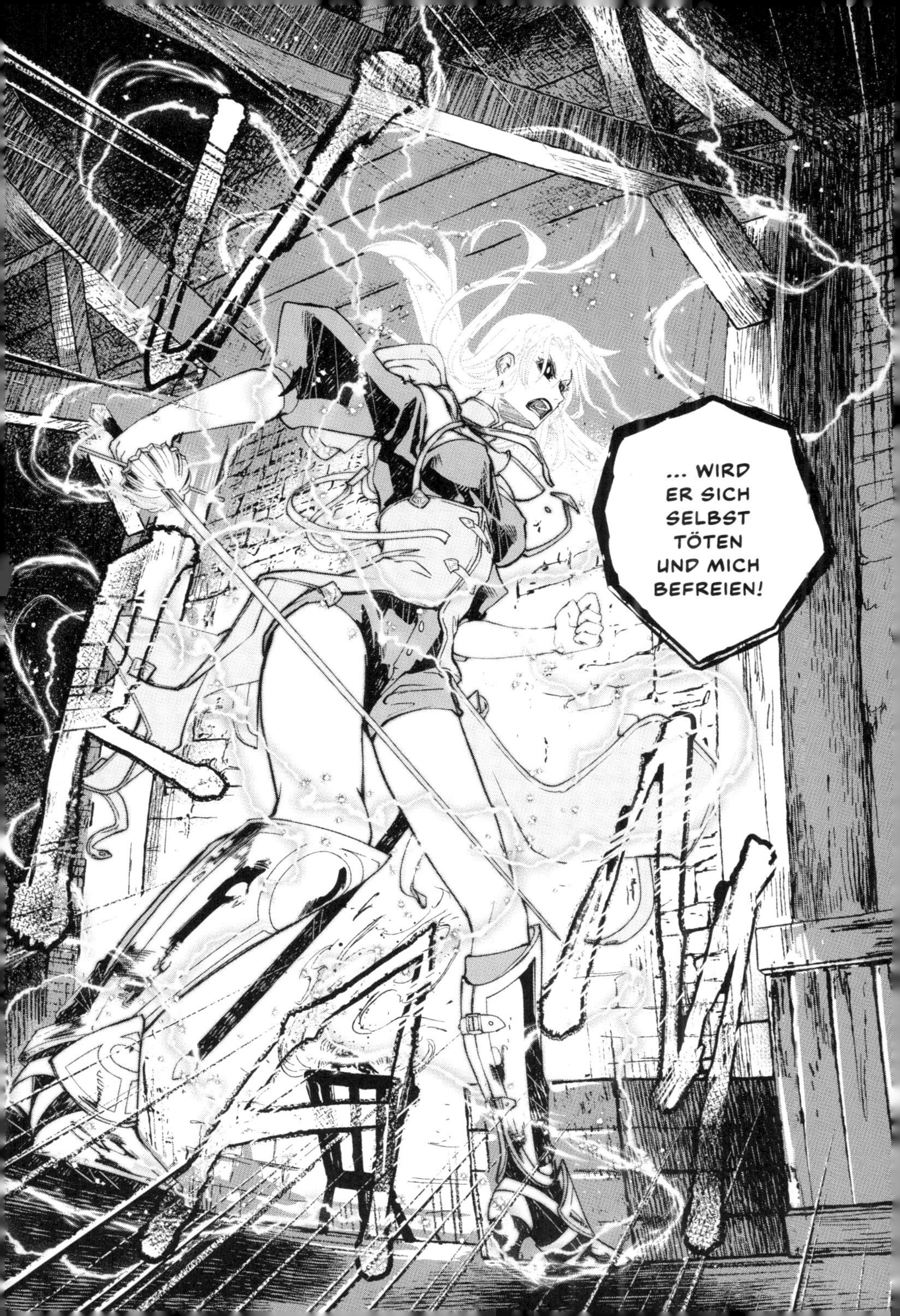
... WIRD
ER SICH
SELBST
TÖTEN
UND MICH
BEFREIEN!

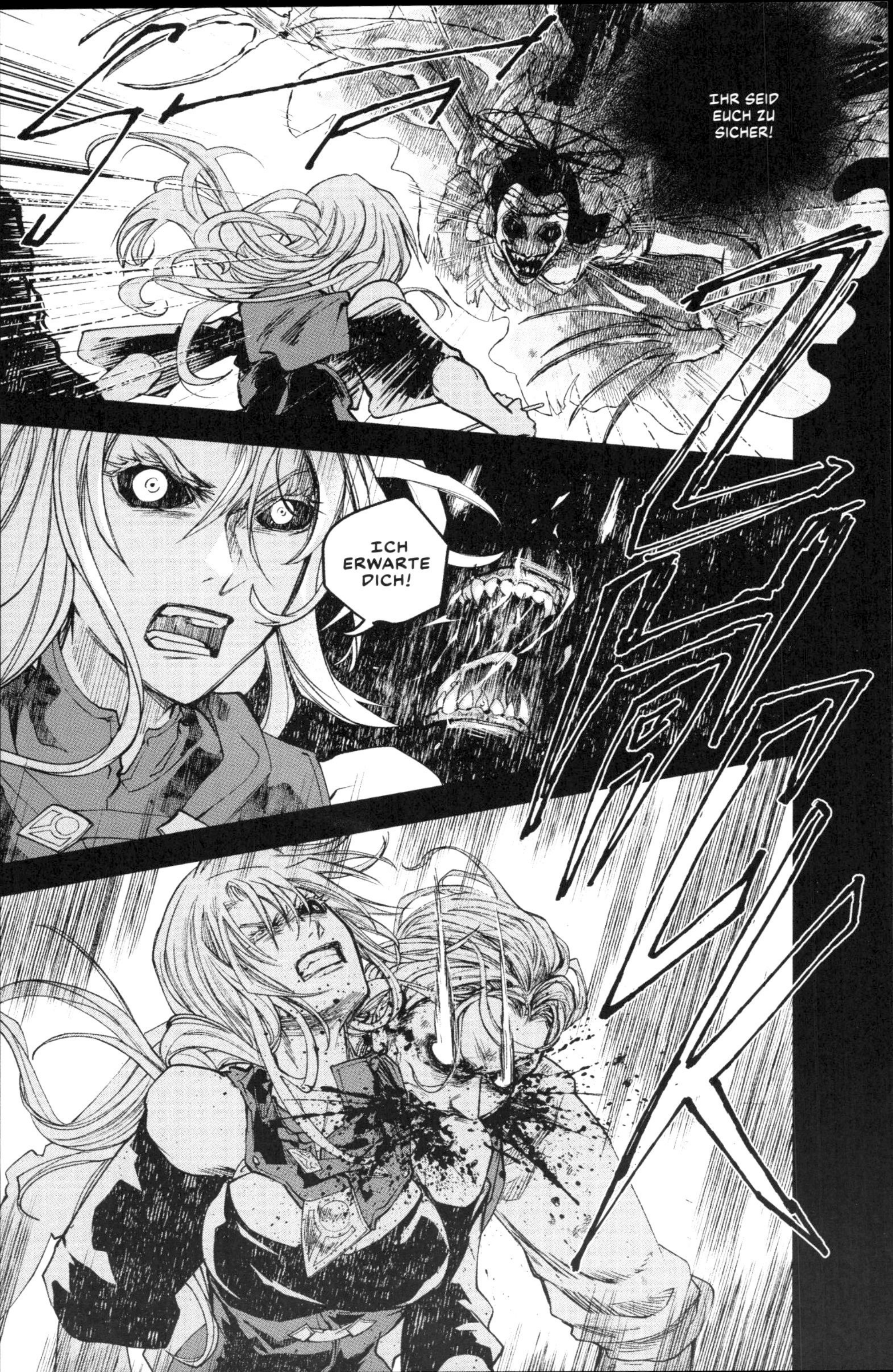
IHR SEID EUCH ZU SICHER!
ICH ERWARTE DICH!

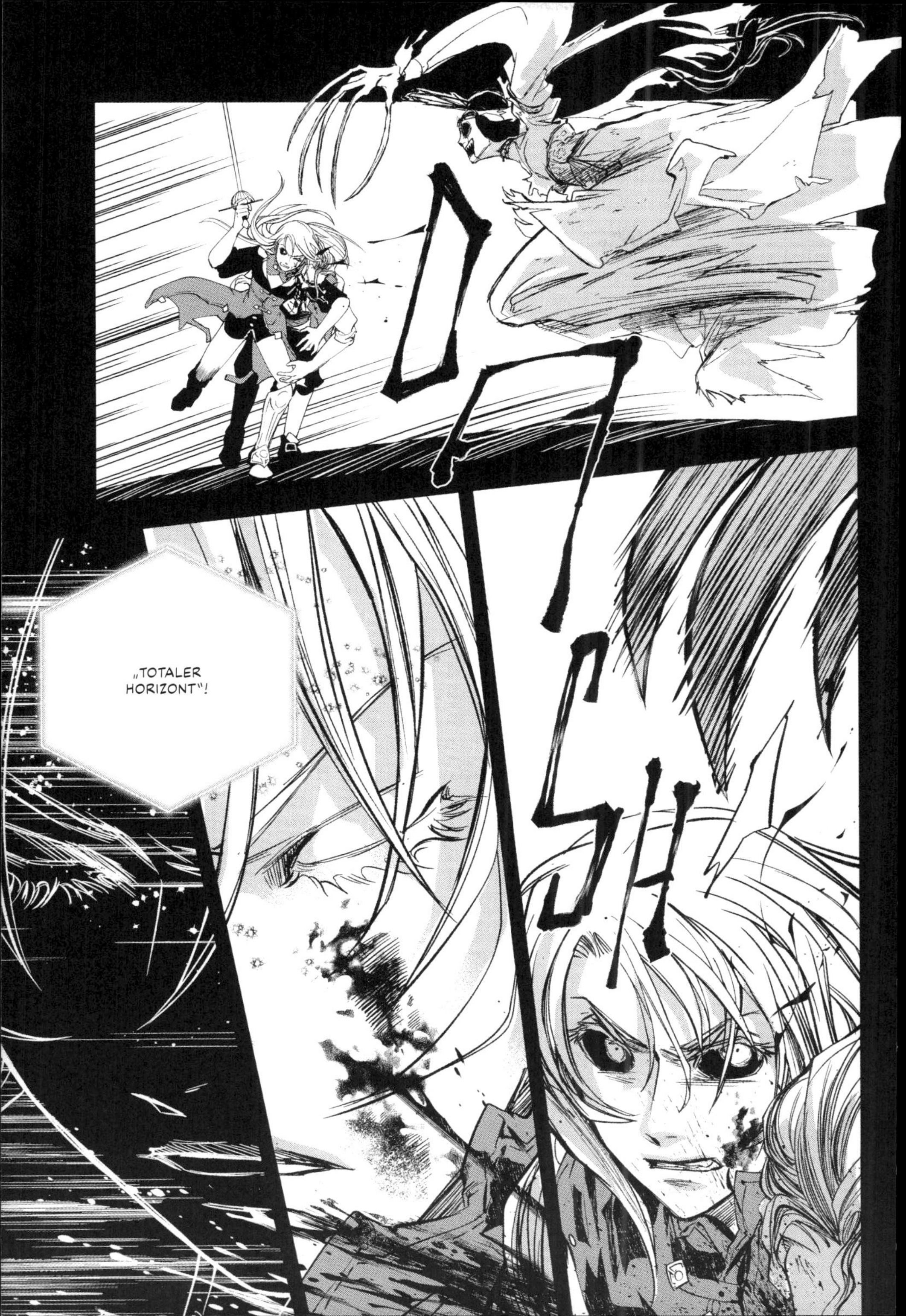
„TOTALER HORIZONT"!

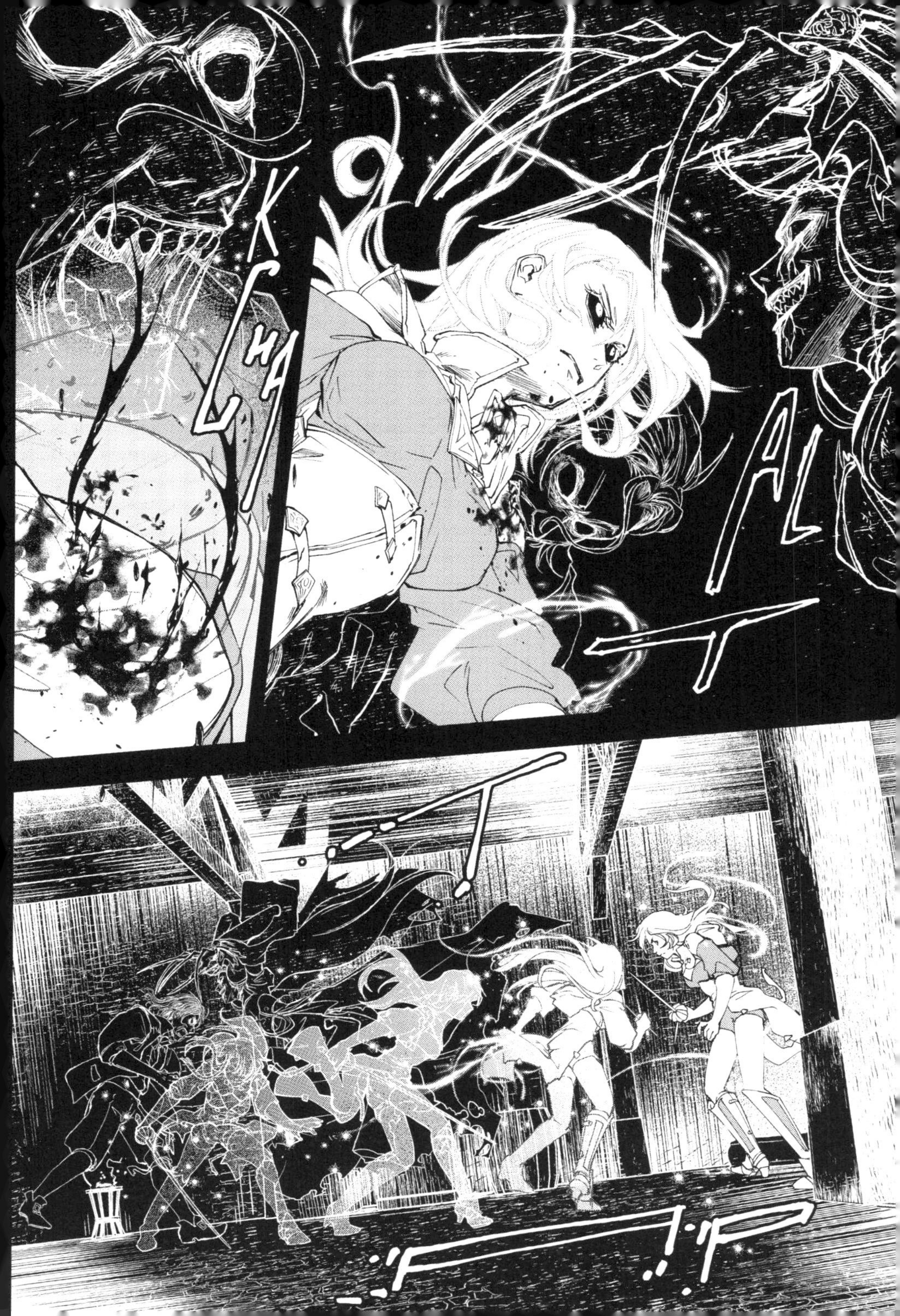
KCHA

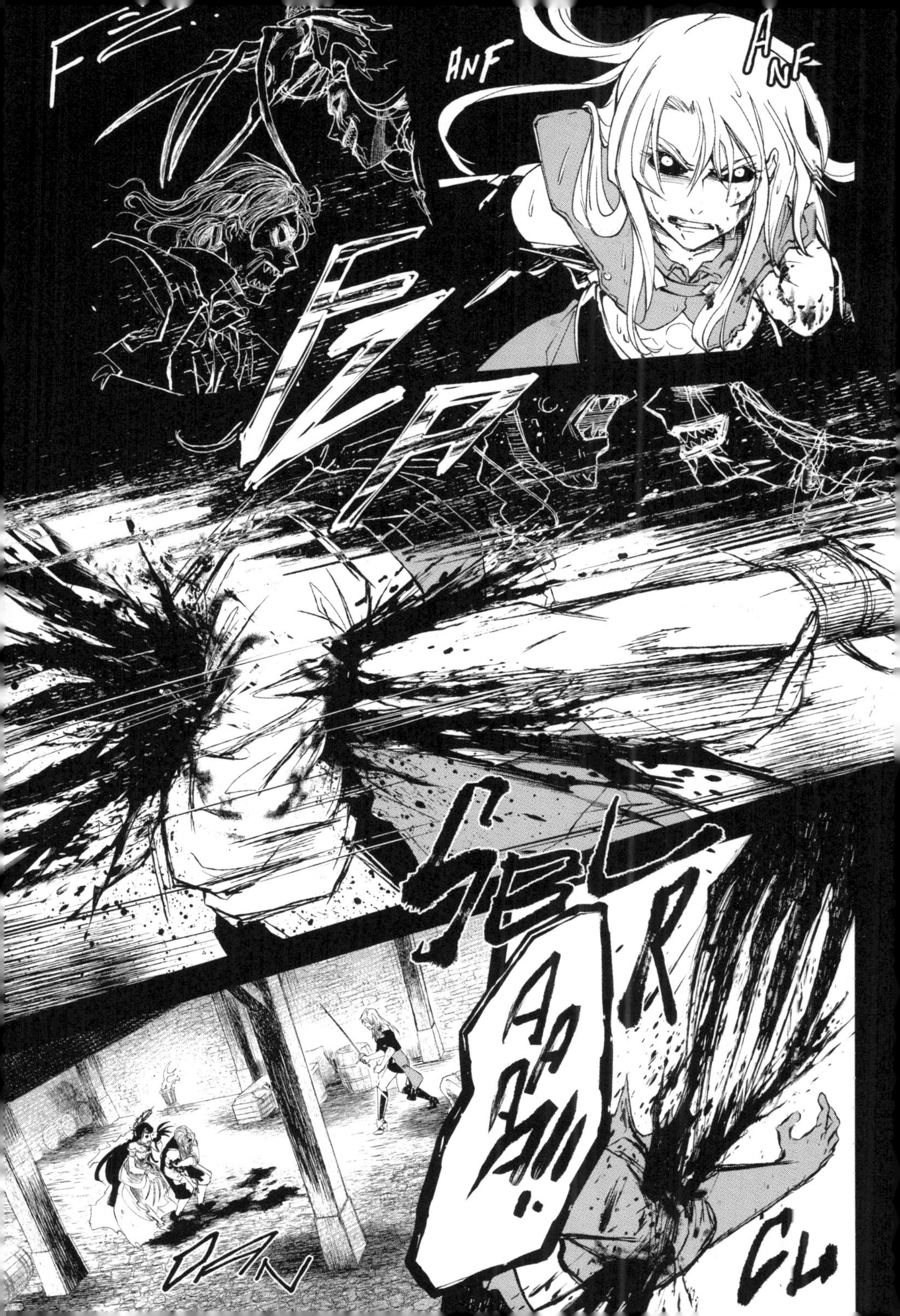
ANF
ANF
SBLR
DAN

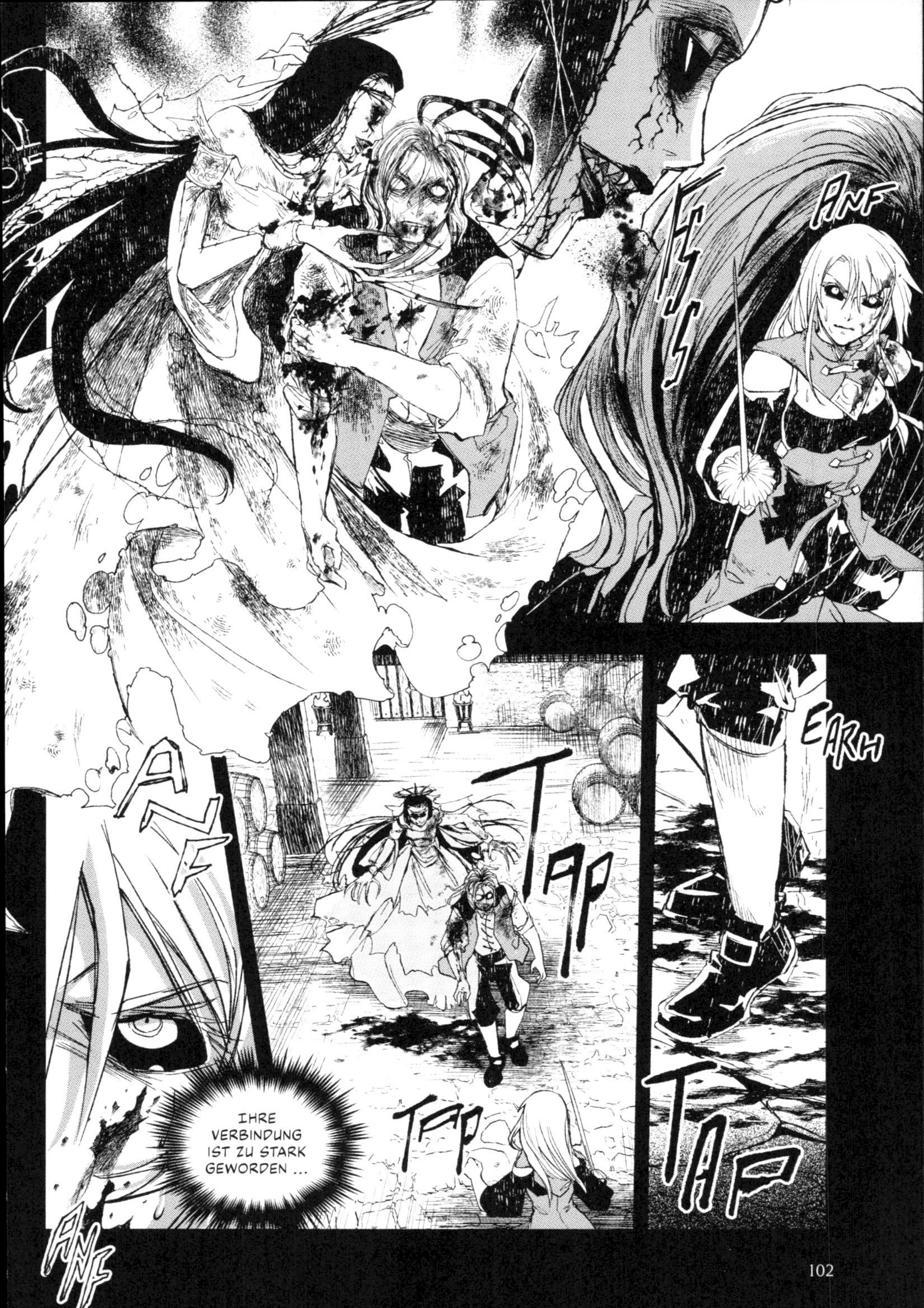
ANF
FSS
EARH
TAP
TAP
TAP
ANF
IHRE VERBINDUNG IST ZU STARK GEWORDEN ...
ANF

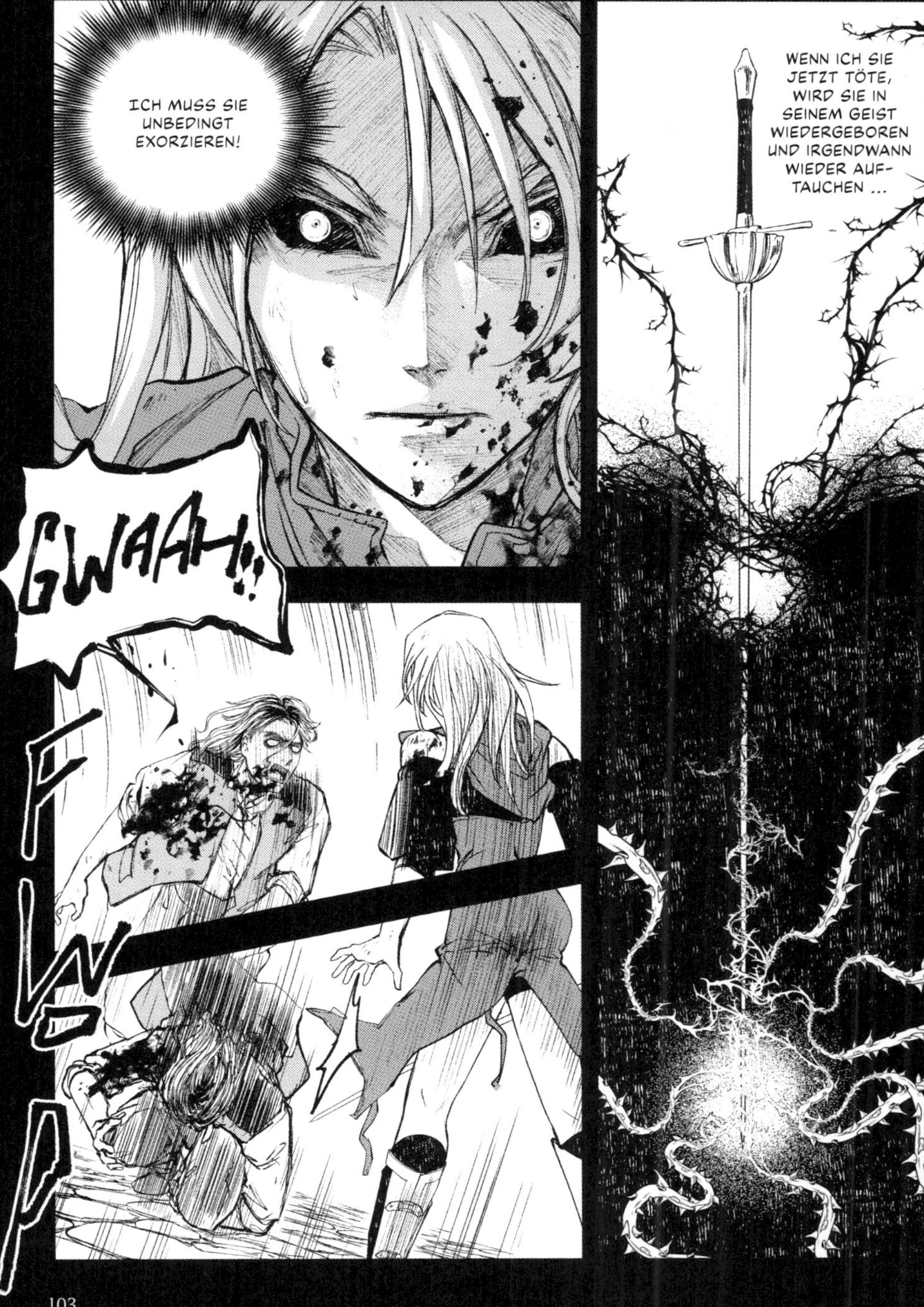

ICH MUSS SIE UNBEDINGT EXORZIEREN!
GWAAH!!
FWAP
WENN ICH SIE JETZT TÖTE, WIRD SIE IN SEINEM GEIST WIEDERGEBOREN UND IRGENDWANN WIEDER AUF-TAUCHEN ...

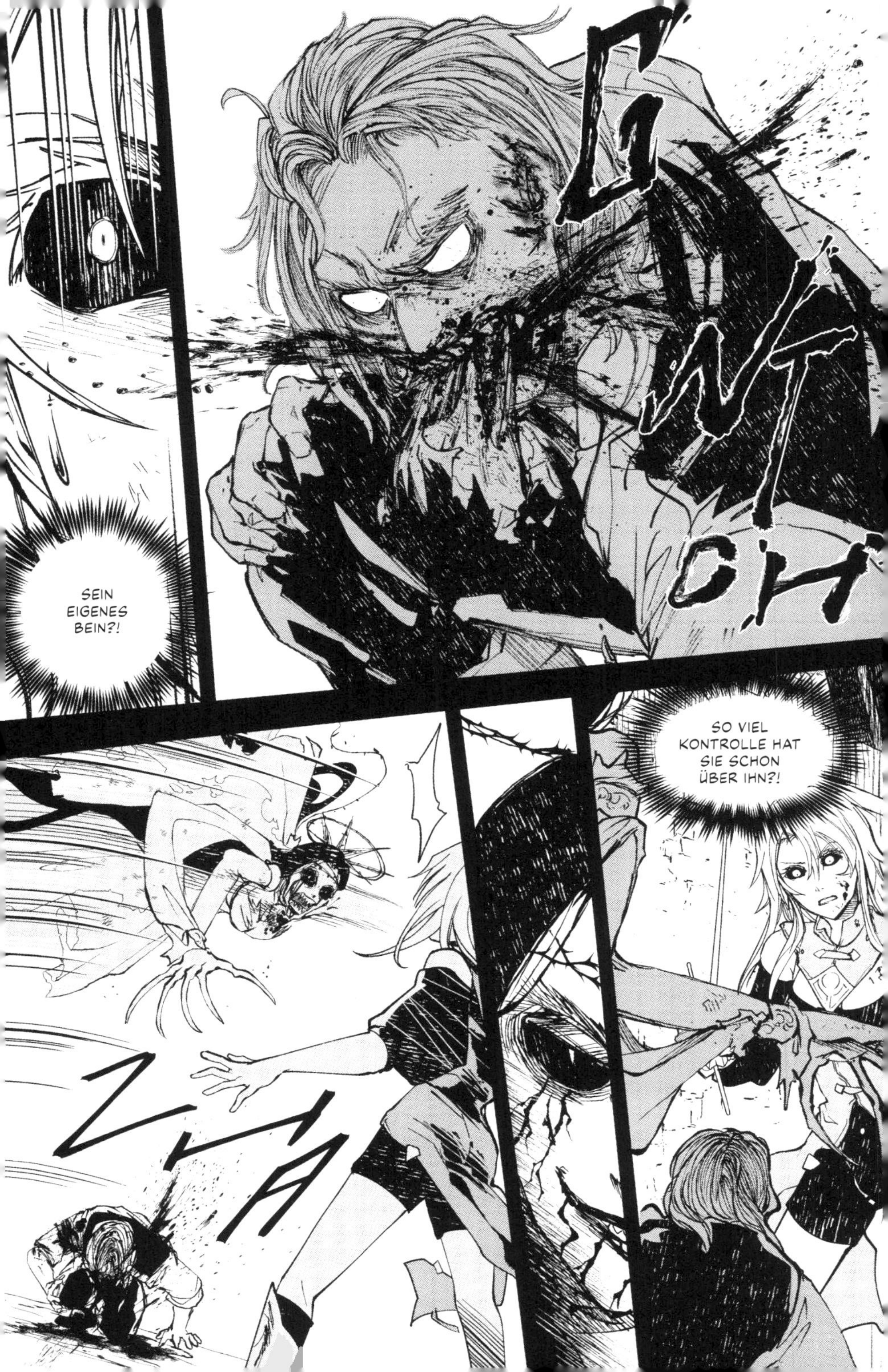
SEIN EIGENES BEIN?!
SO VIEL KONTROLLE HAT SIE SCHON ÜBER IHN?!

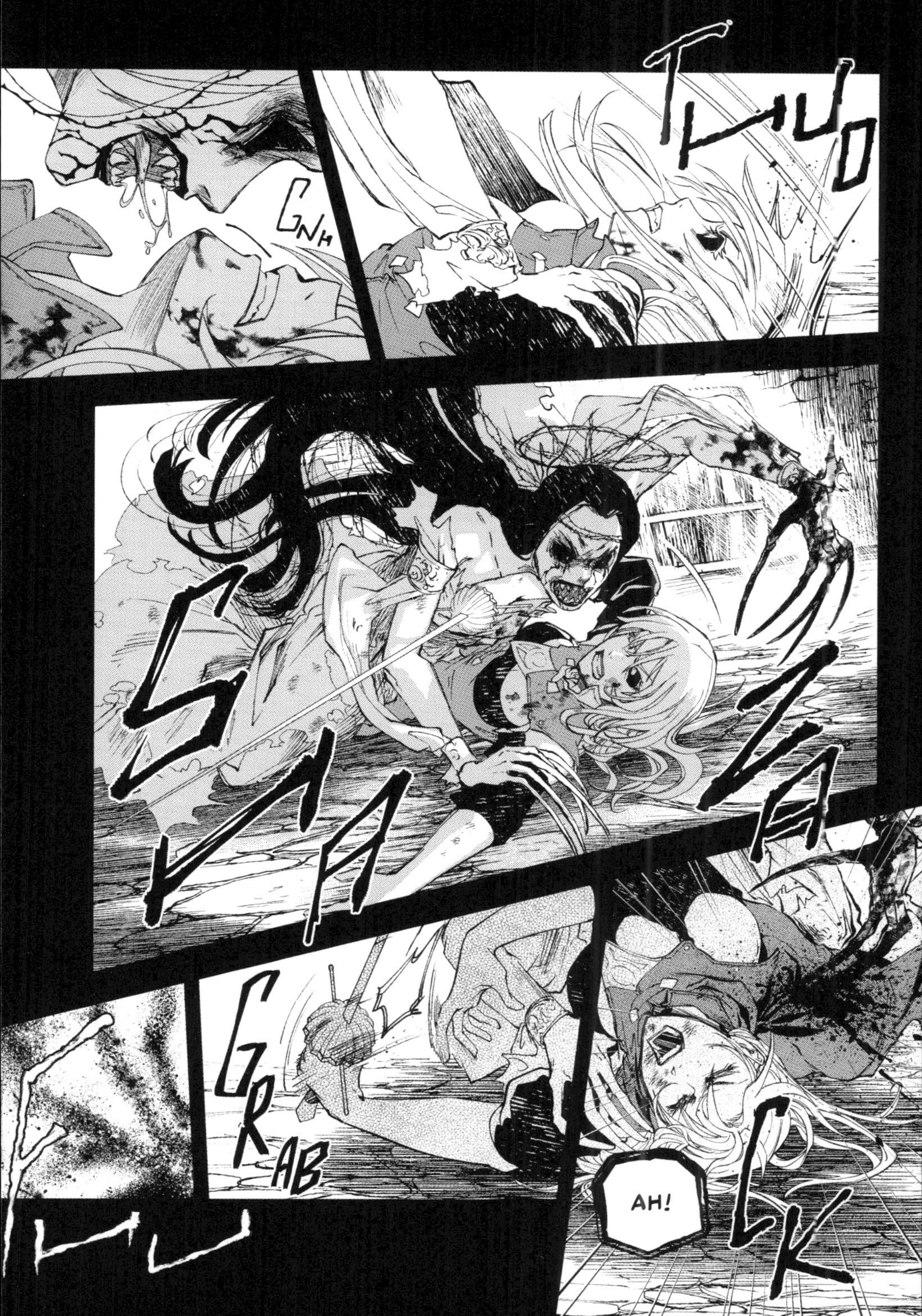
THUD
GNH
GRAB
AH!

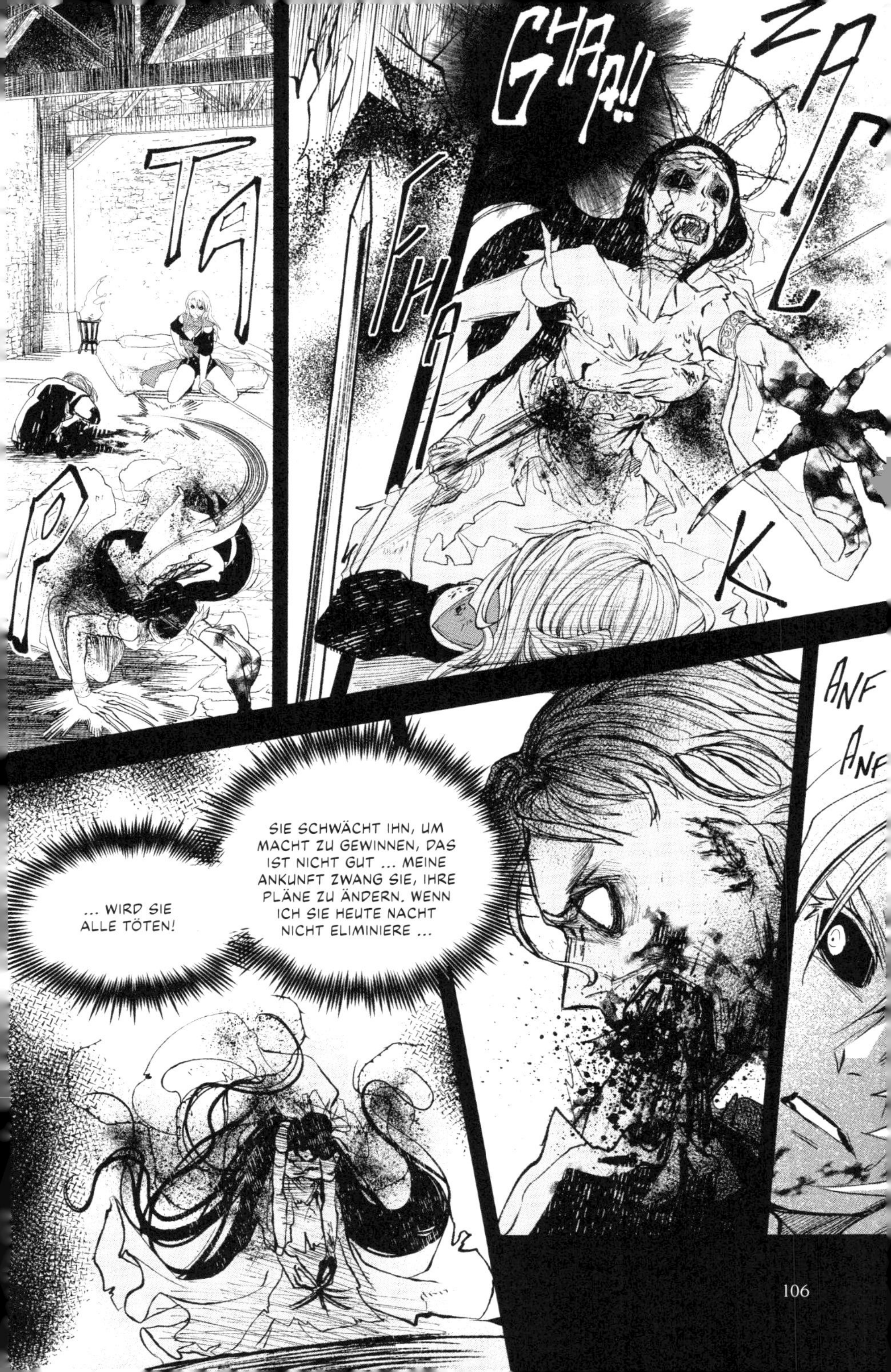
TAP
FLAP
GHAA!!
ZACK
ANF ANF
SIE SCHWÄCHT IHN, UM MACHT ZU GEWINNEN, DAS IST NICHT GUT … MEINE ANKUNFT ZWANG SIE, IHRE PLÄNE ZU ÄNDERN. WENN ICH SIE HEUTE NACHT NICHT ELIMINIERE …
… WIRD SIE ALLE TÖTEN!

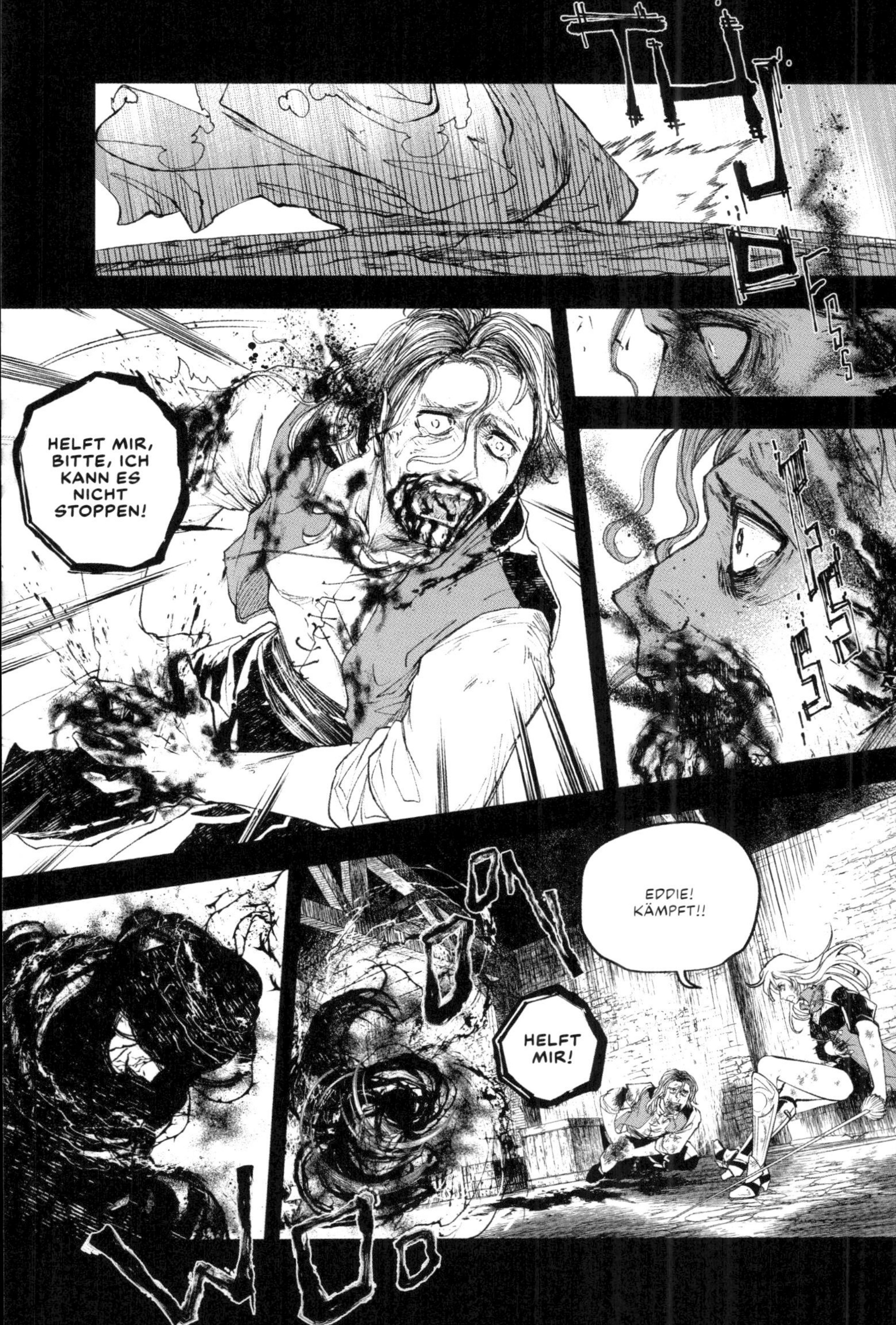
HELFT MIR, BITTE, ICH KANN ES NICHT STOPPEN!
EDDIE! KÄMPFT!!
HELFT MIR!

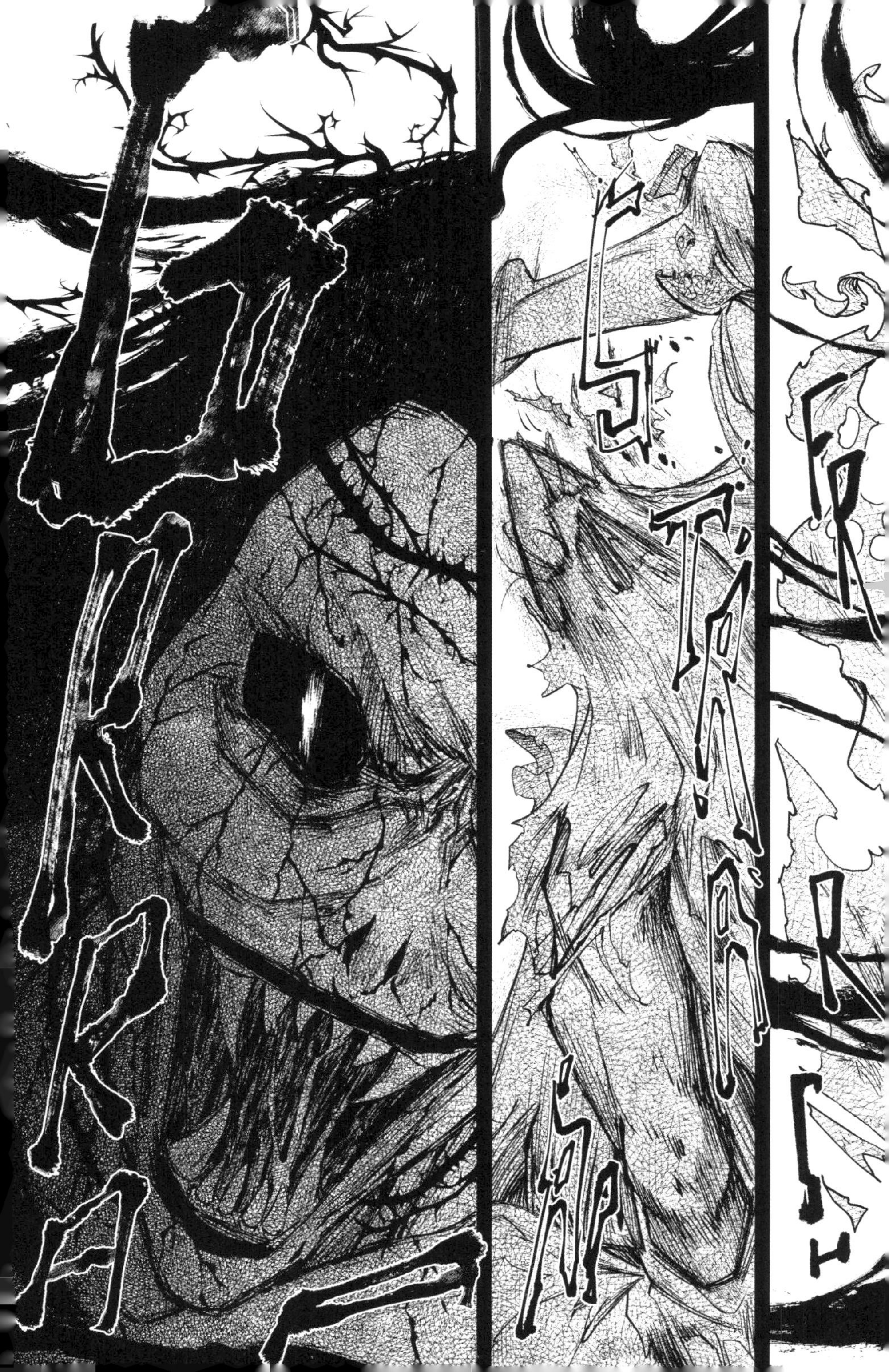

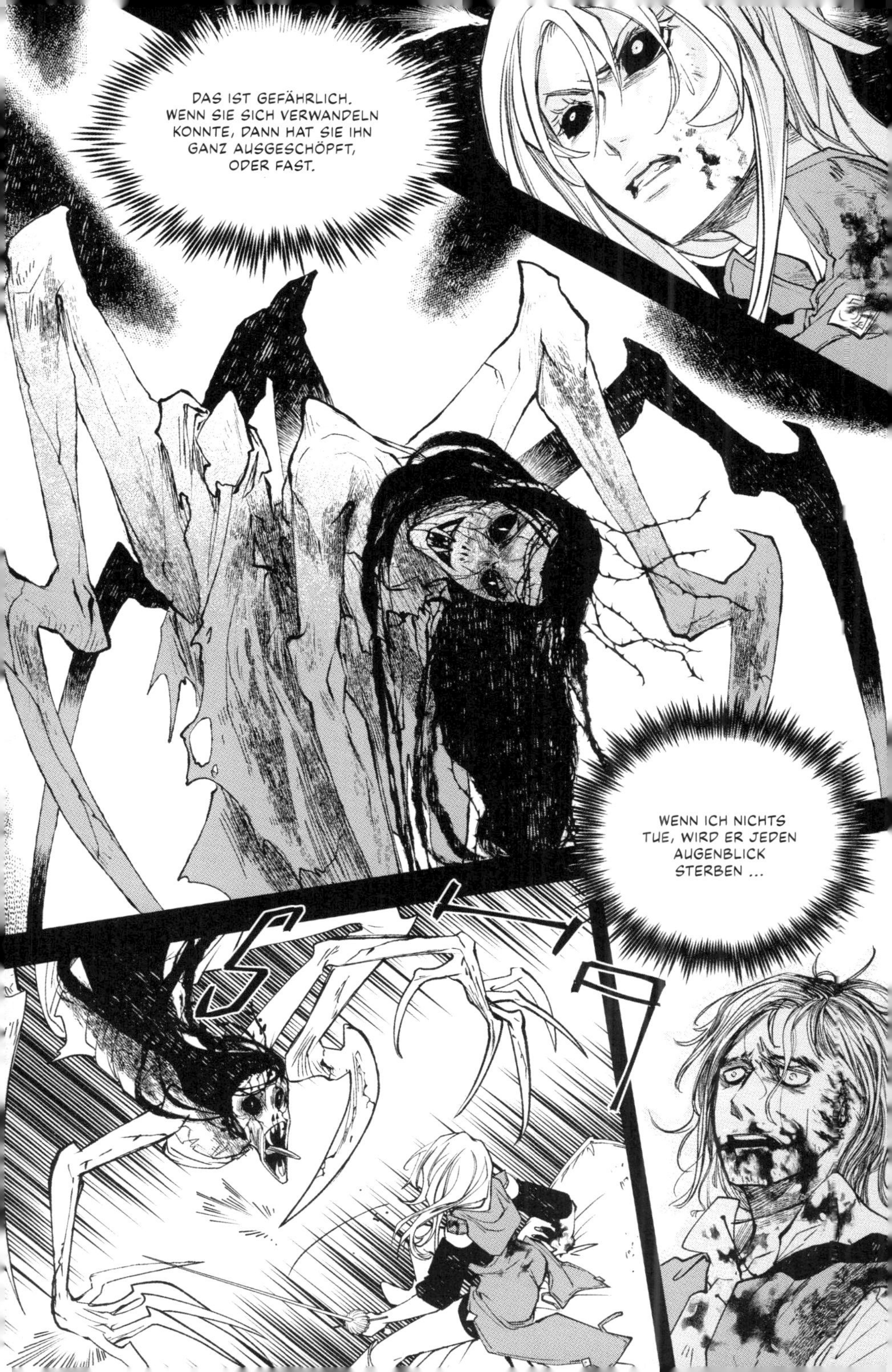
DAS IST GEFÄHRLICH. WENN SIE SICH VERWANDELN KONNTE, DANN HAT SIE IHN GANZ AUSGESCHÖPFT, ODER FAST.
WENN ICH NICHTS TUE, WIRD ER JEDEN AUGENBLICK STERBEN ...

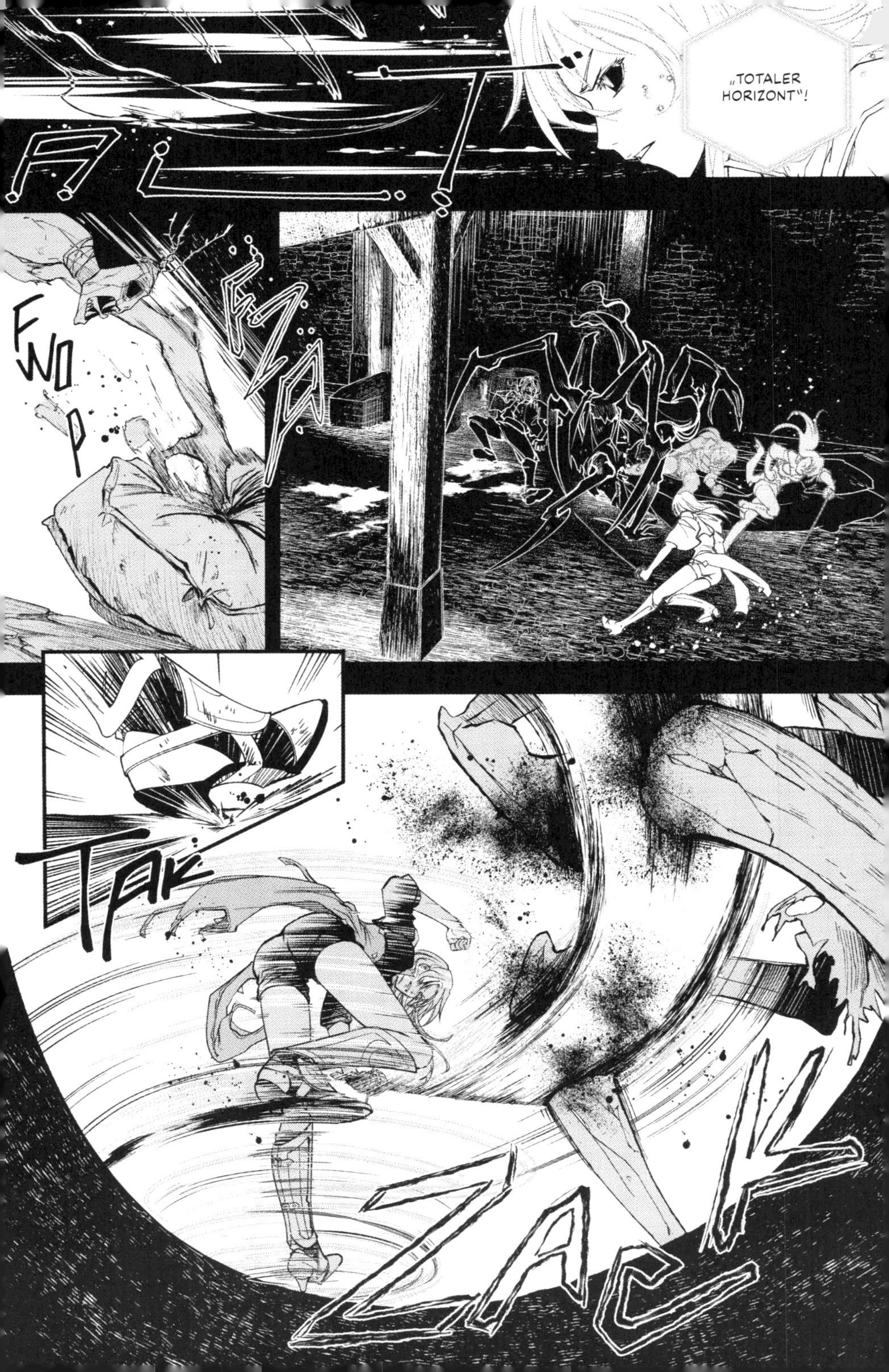
„TOTALER HORIZONT"!
FWOP
TAK
ZACK

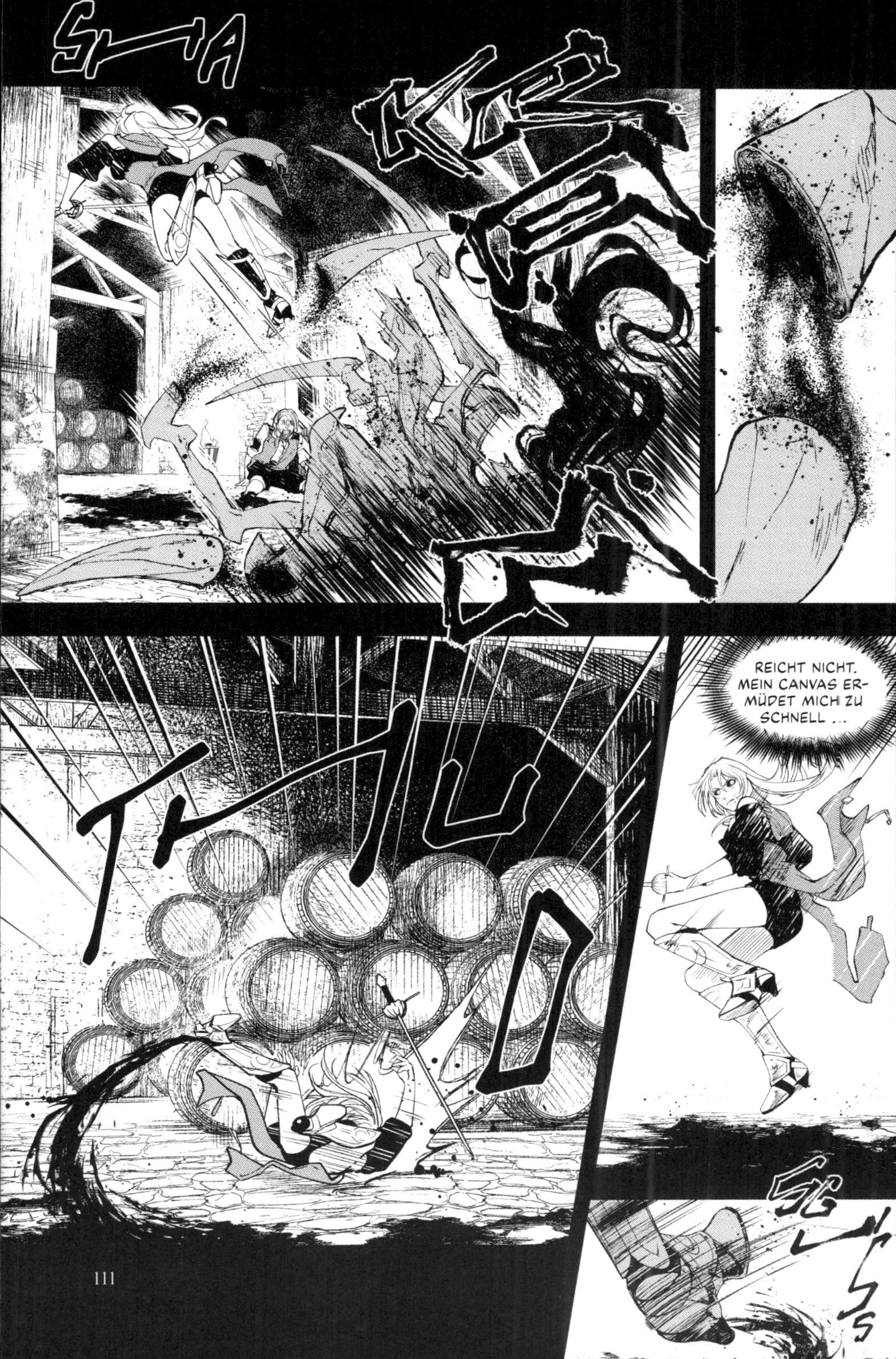
REICHT NICHT. MEIN CANVAS ERMÜDET MICH ZU SCHNELL ...

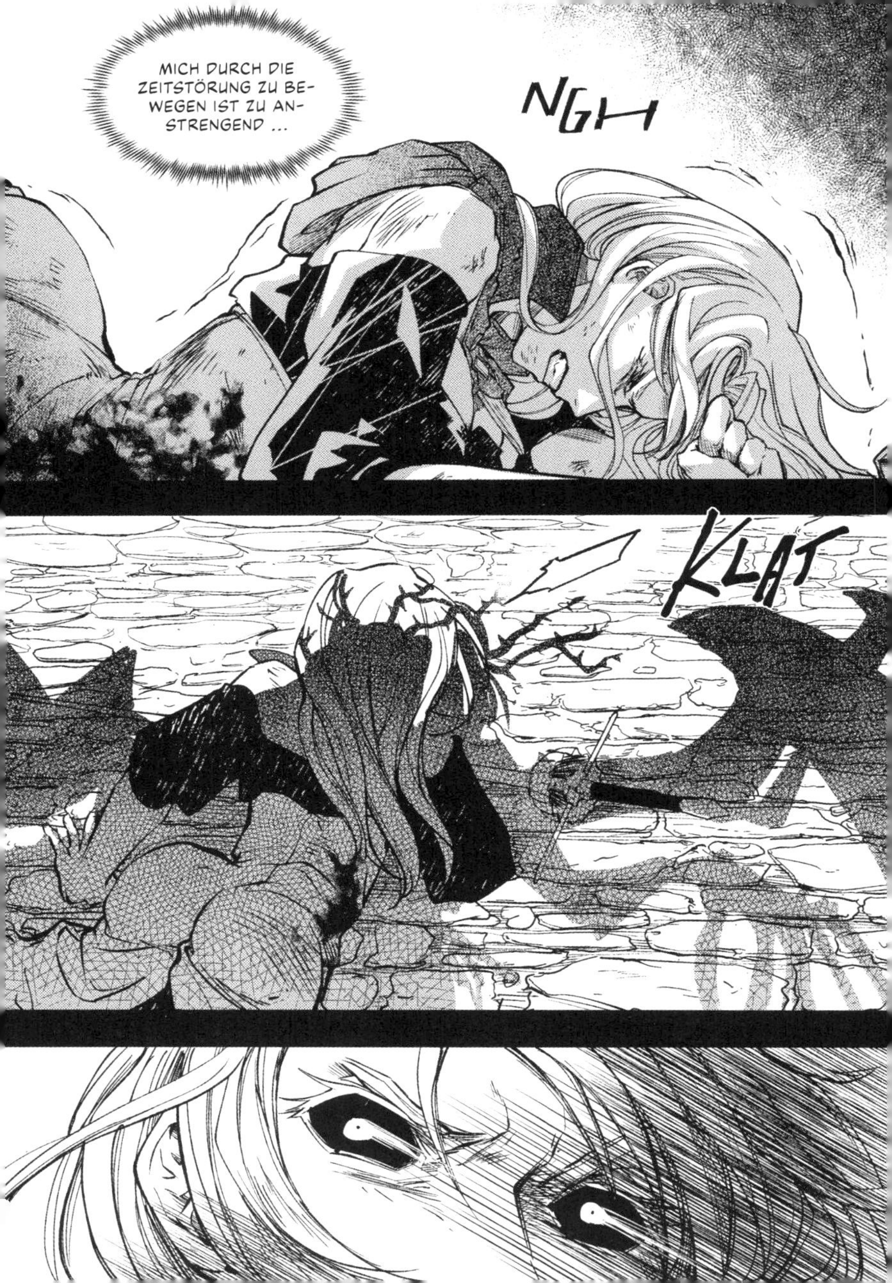
MICH DURCH DIE ZEITSTÖRUNG ZU BEWEGEN IST ZU ANSTRENGEND …
NGH
KLAT

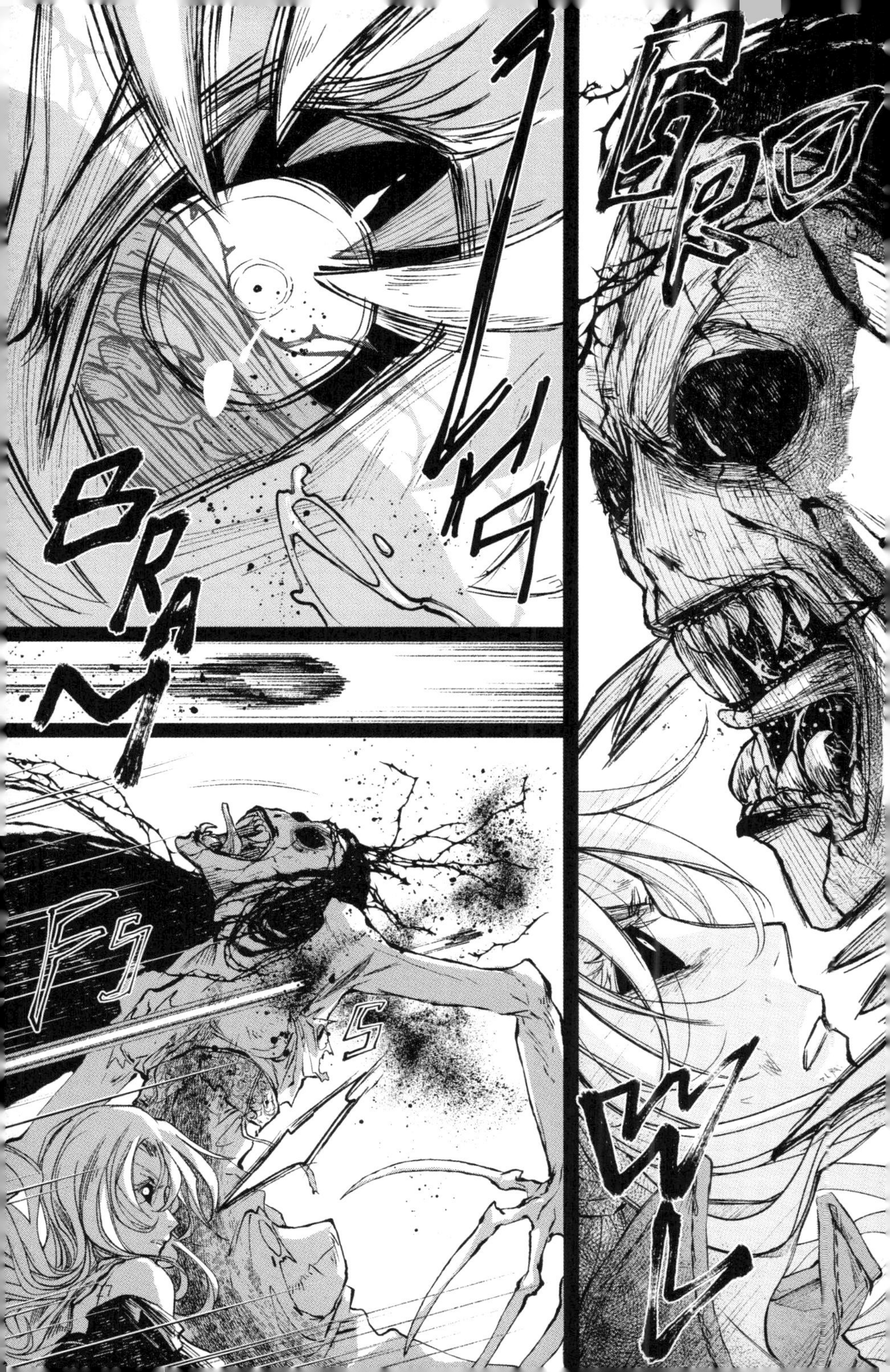
BRAM
FS
S

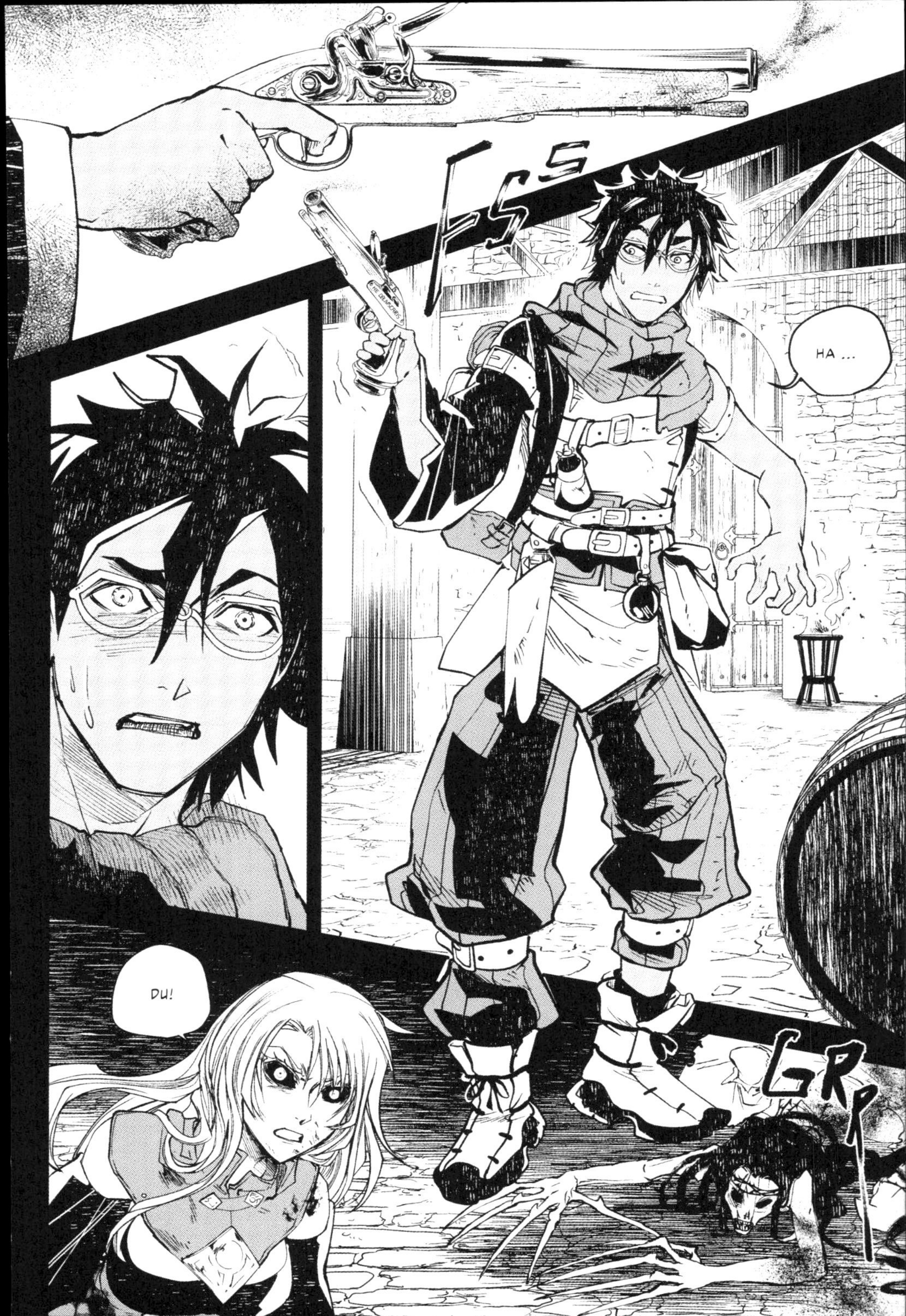
FSS
HA ...
DU!
GRR

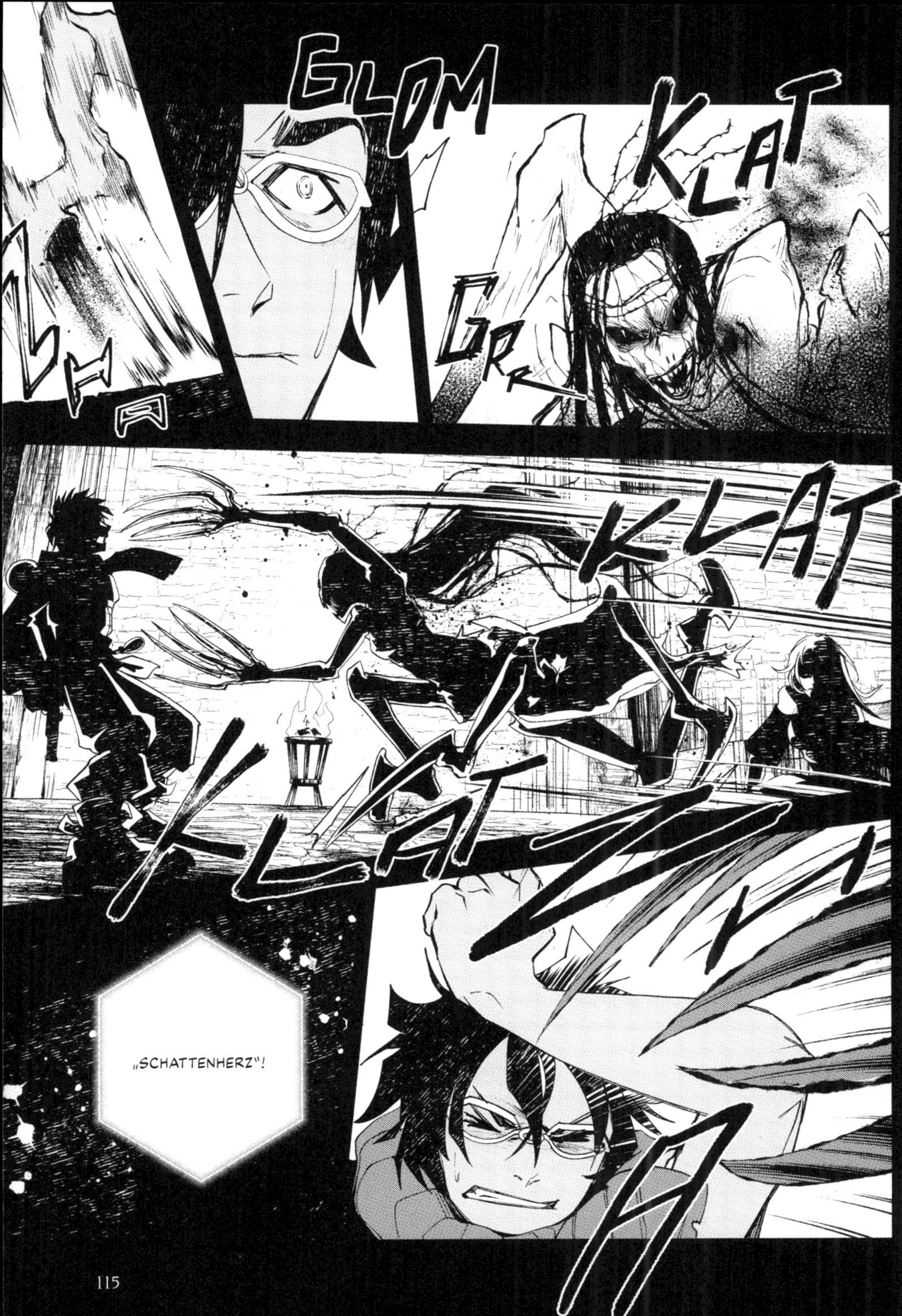
KLAT
GRR
GLOM
KLAT
KLAT
„SCHATTENHERZ“!

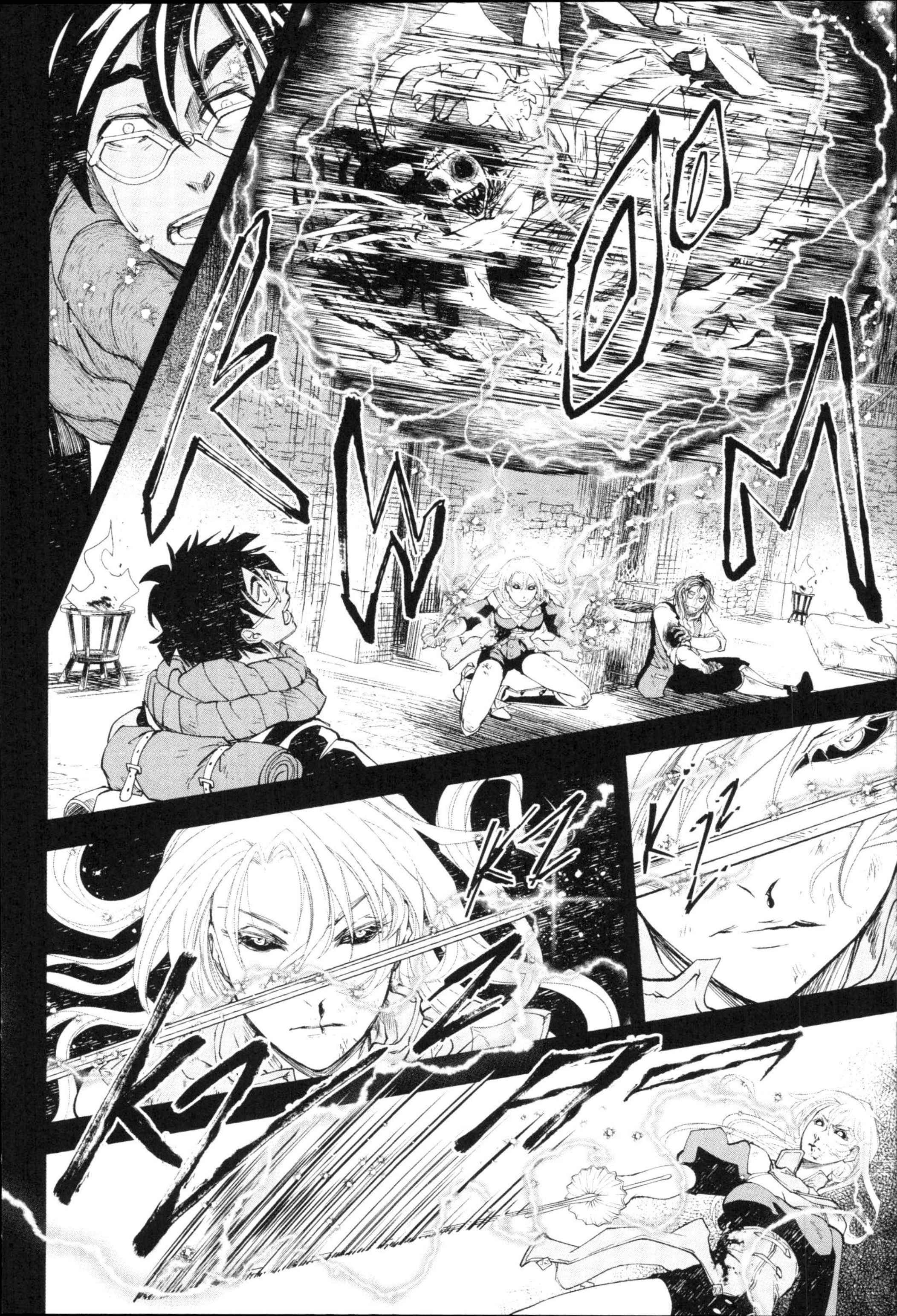
KWOOOM
KRZZT

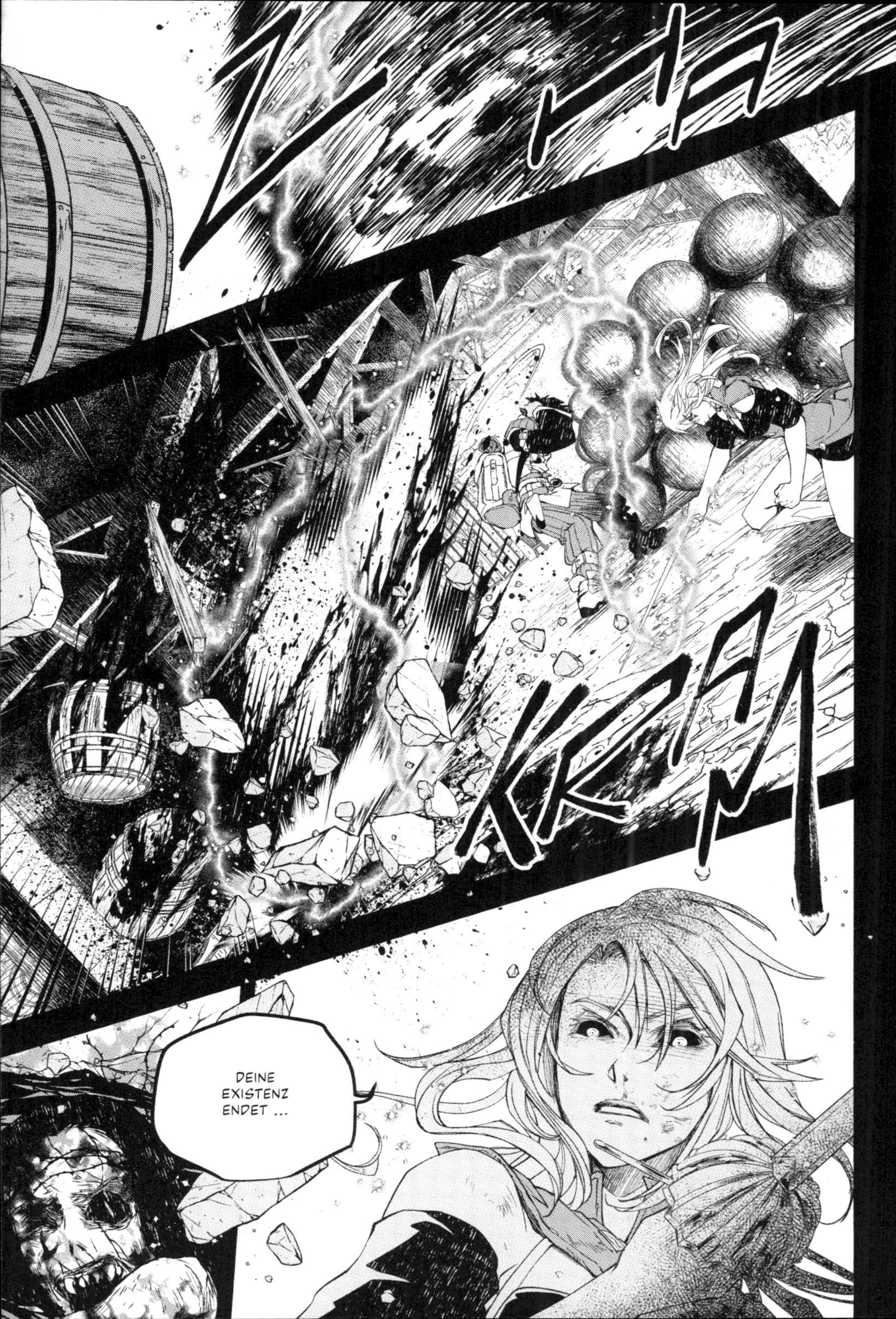
DEINE EXISTENZ ENDET ...

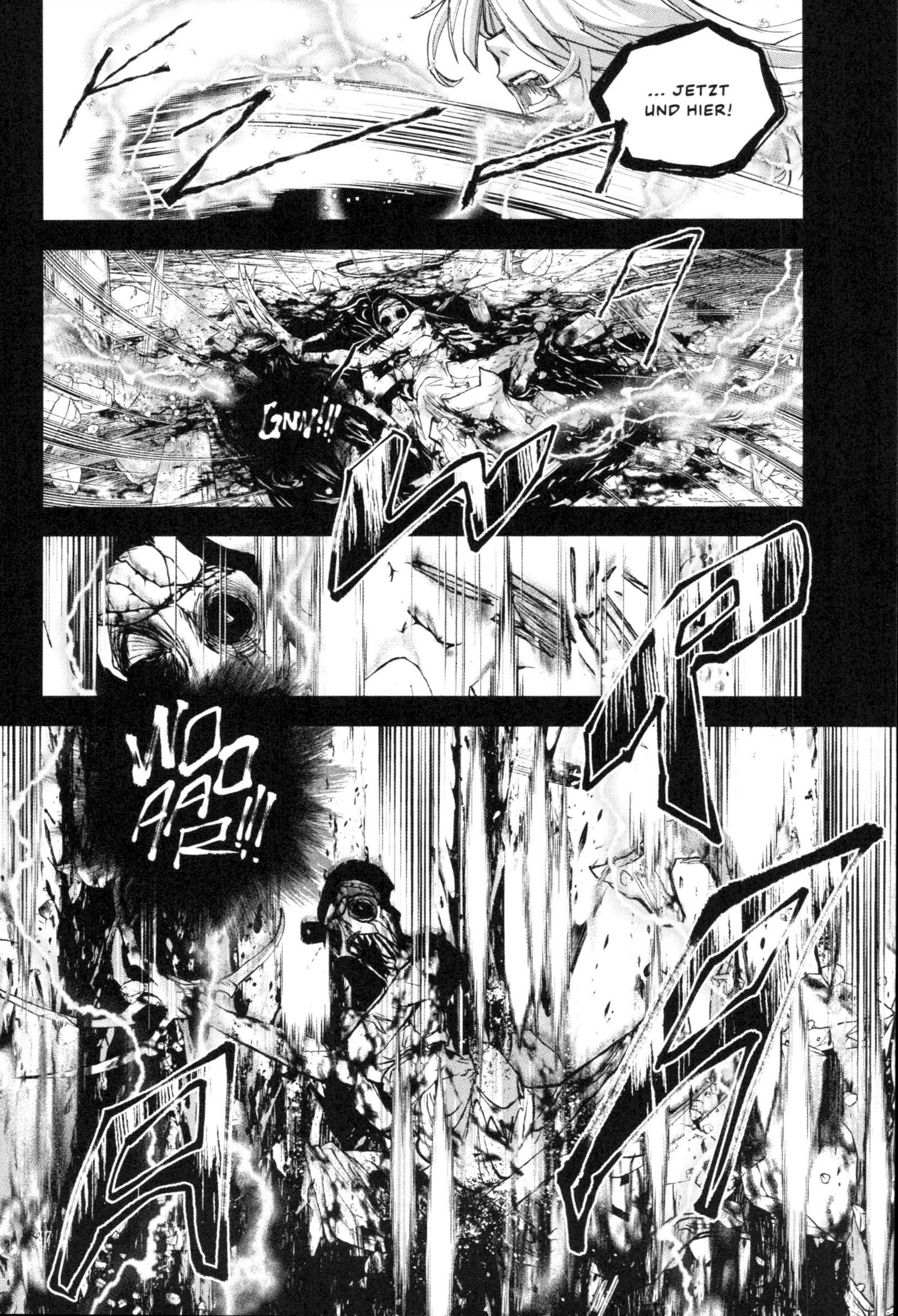
... JETZT UND HIER!
GNN!!!
WOOAAAR!!!

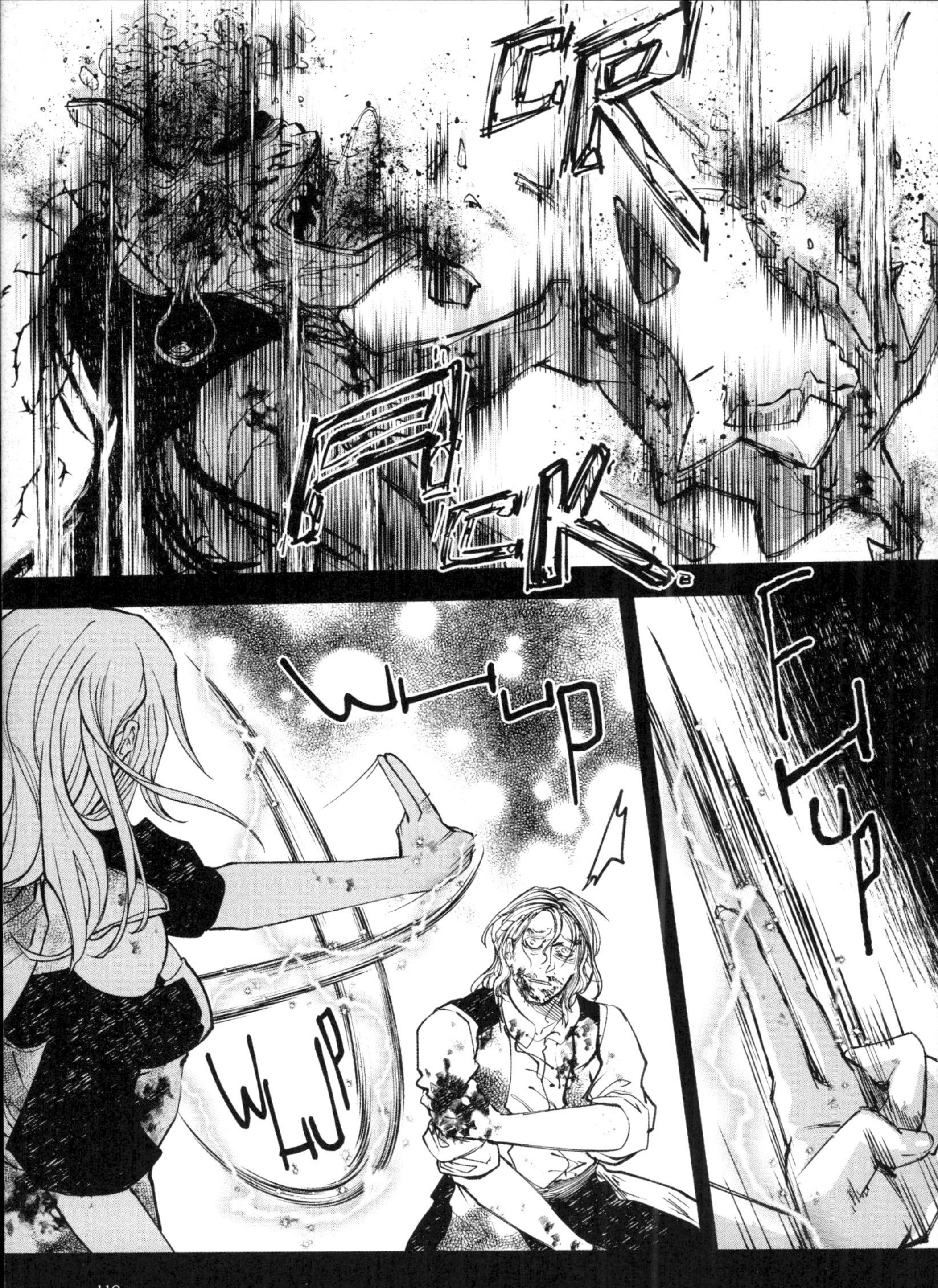
CRACK
WHUP
FWUP
WHUP

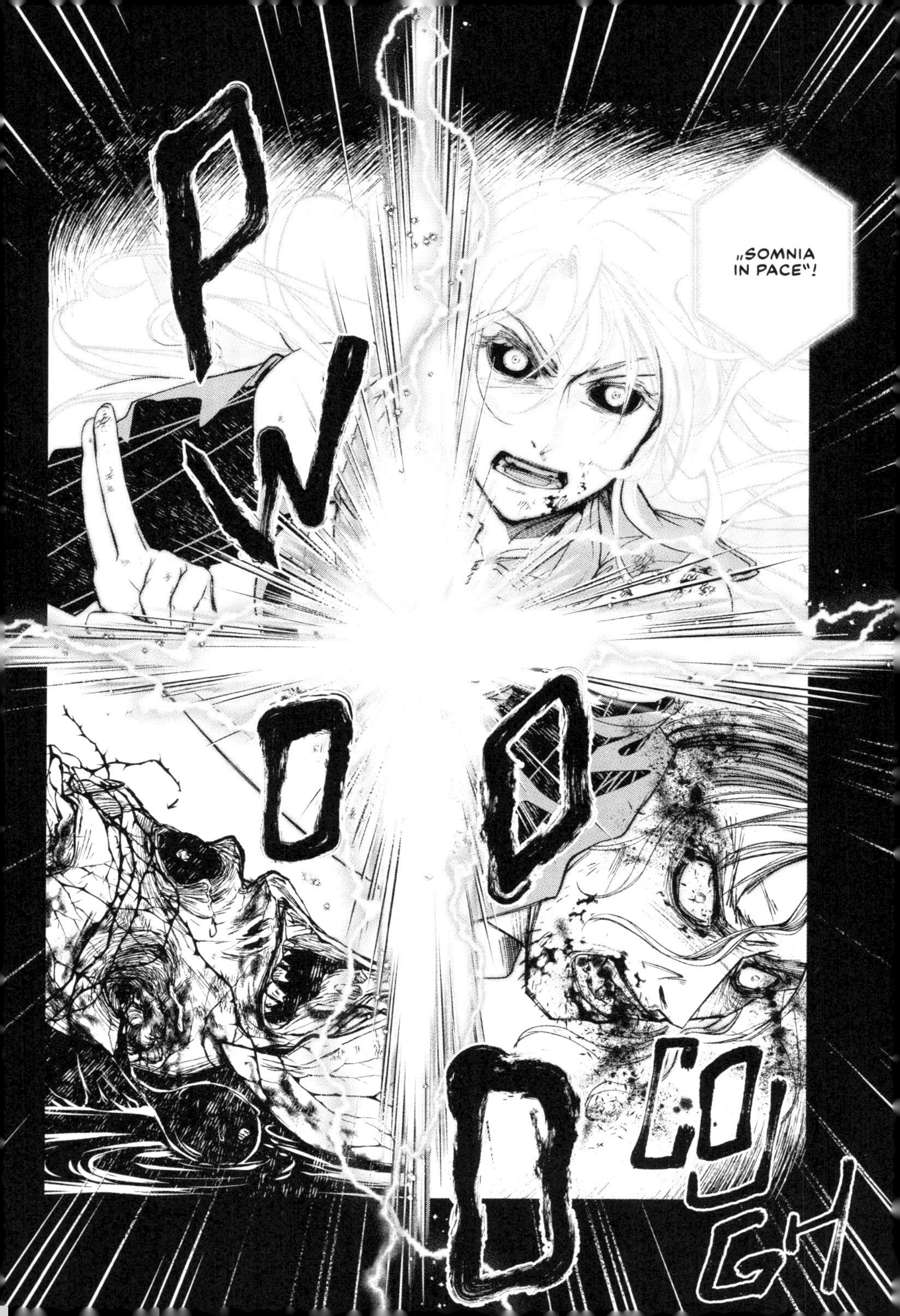
„SOMNIA IN PACE“!

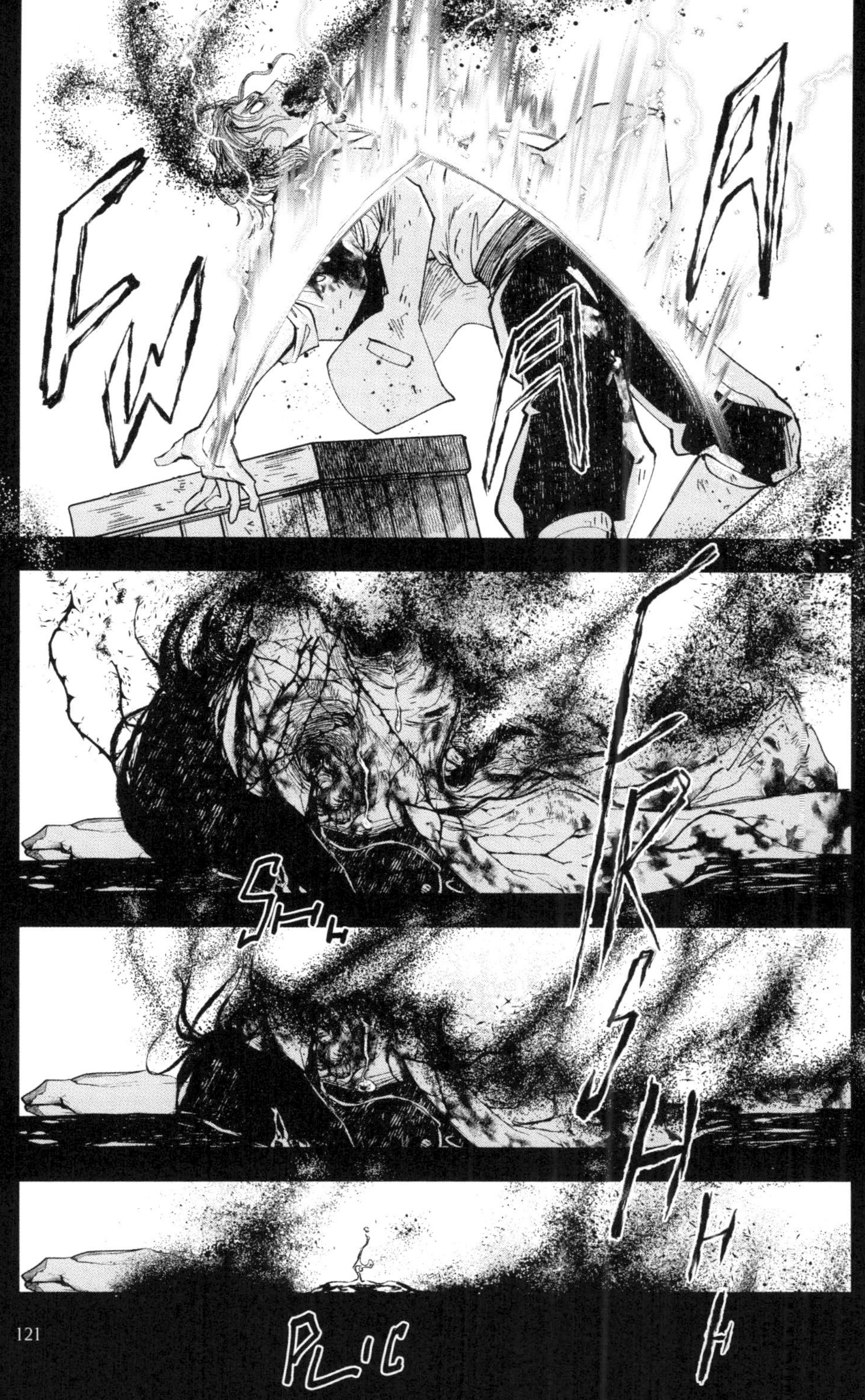
FWAA
FRSHHHH
SHH
PLIC

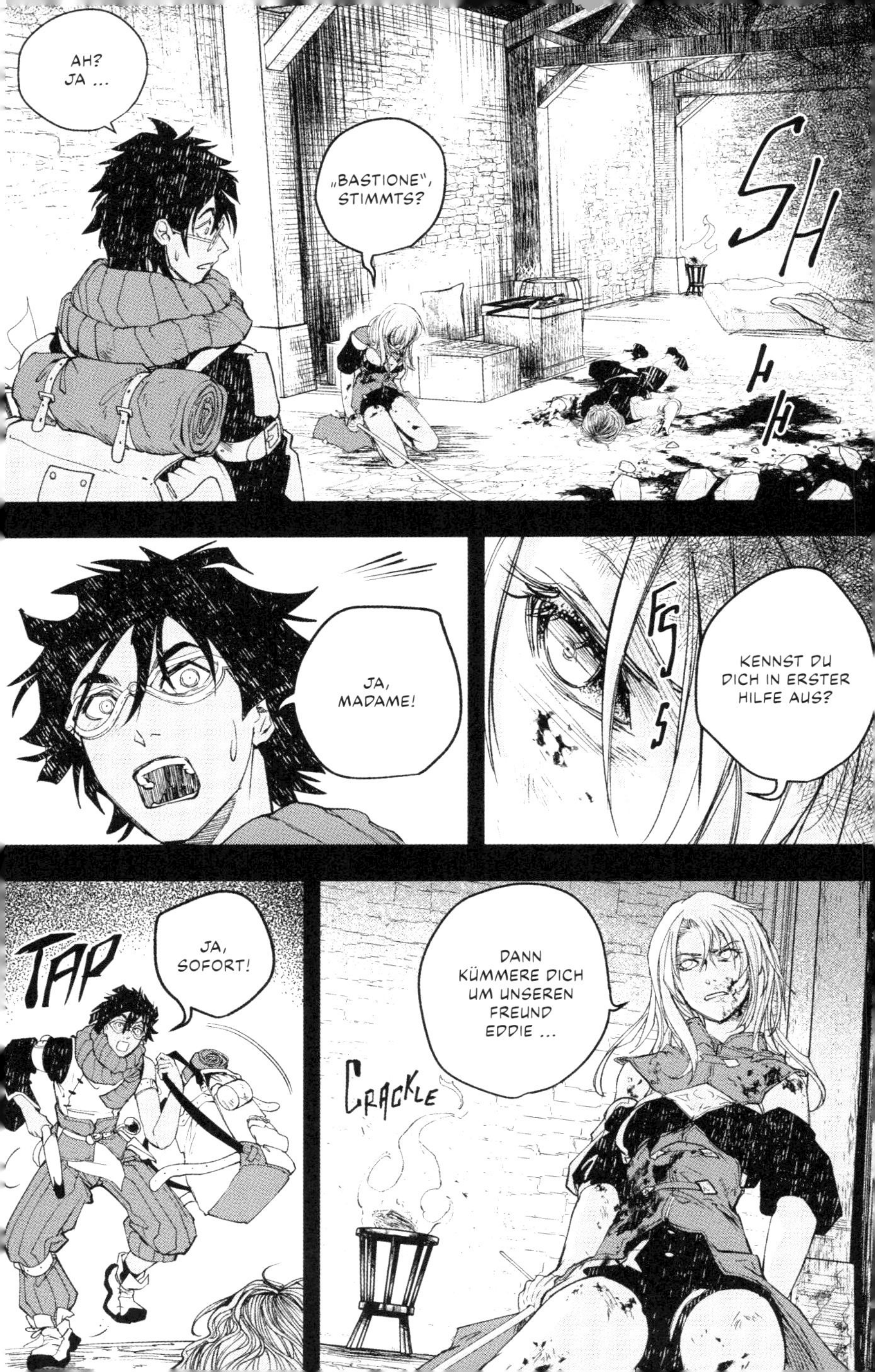
„BASTIONE“, STIMMTS?
AH? JA …
KENNST DU DICH IN ERSTER HILFE AUS?
JA, MADAME!
DANN KÜMMERE DICH UM UNSEREN FREUND EDDIE …
CRACKLE
TAP
JA, SOFORT!

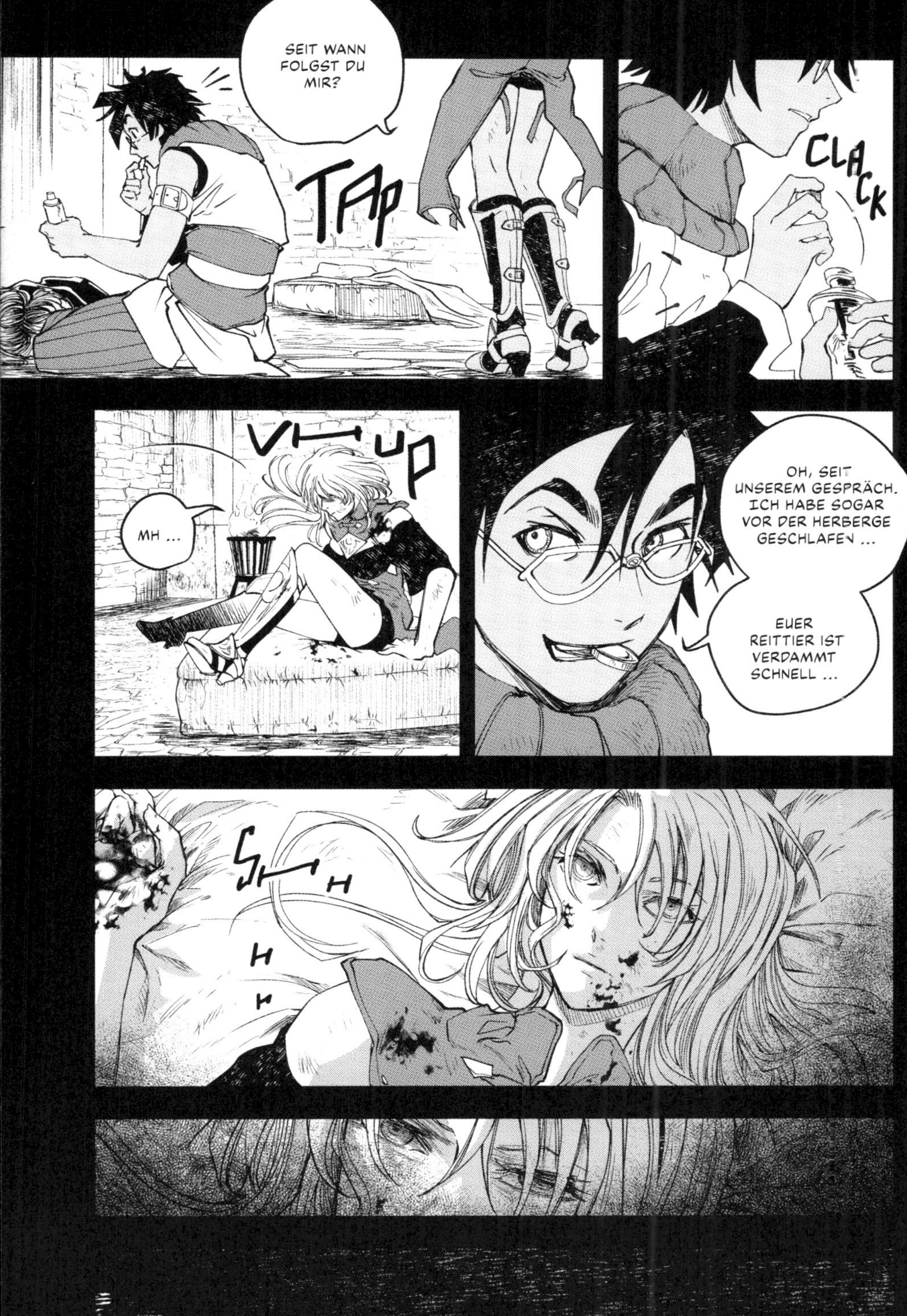
SEIT WANN FOLGST DU MIR?
TAP
CLACK
VHUP
MH ...
OH, SEIT UNSEREM GESPRÄCH. ICH HABE SOGAR VOR DER HERBERGE GESCHLAFEN ...
EUER REITTIER IST VERDAMMT SCHNELL ...
SHHHHH

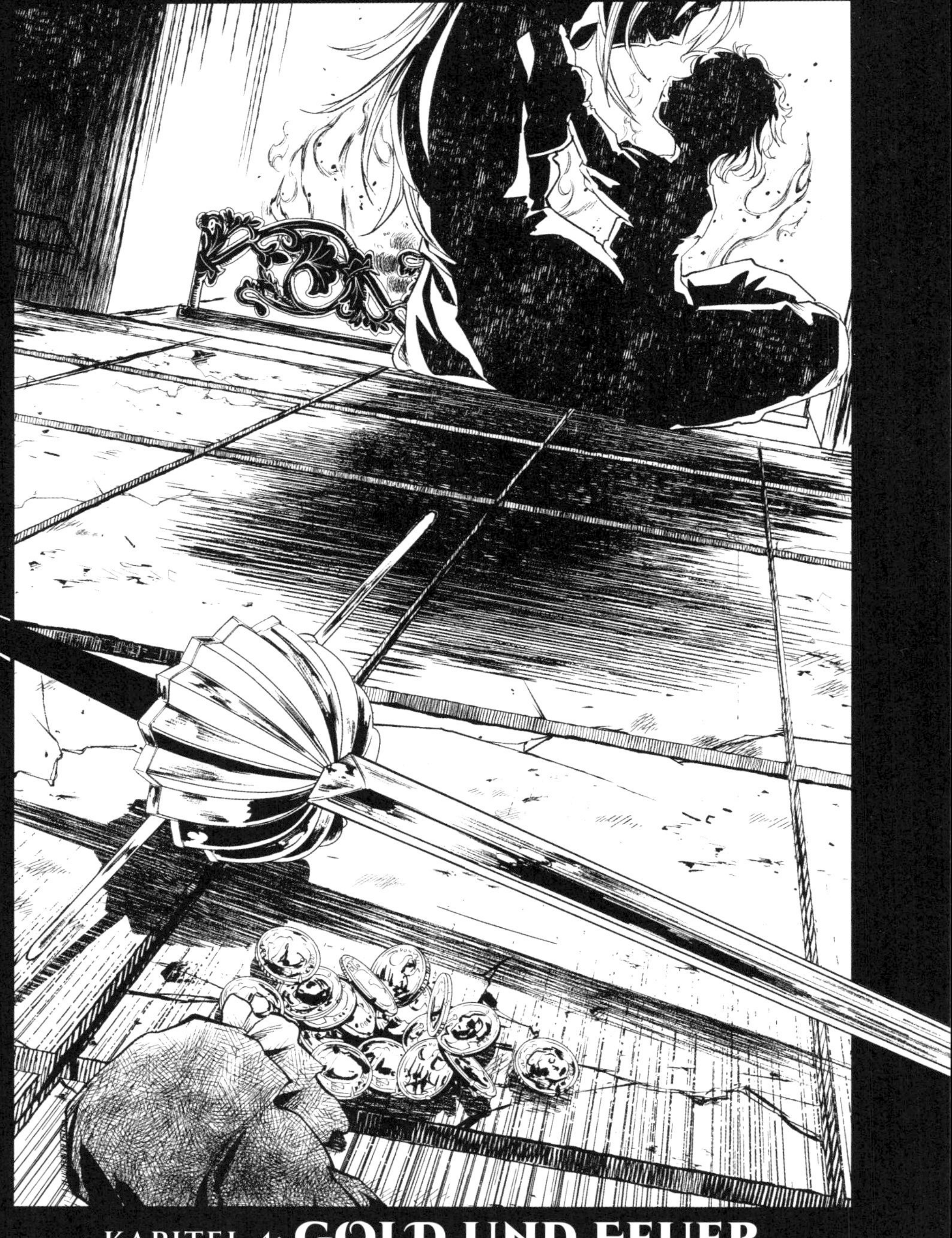

KAPITEL 4: GOLD UND FEUER

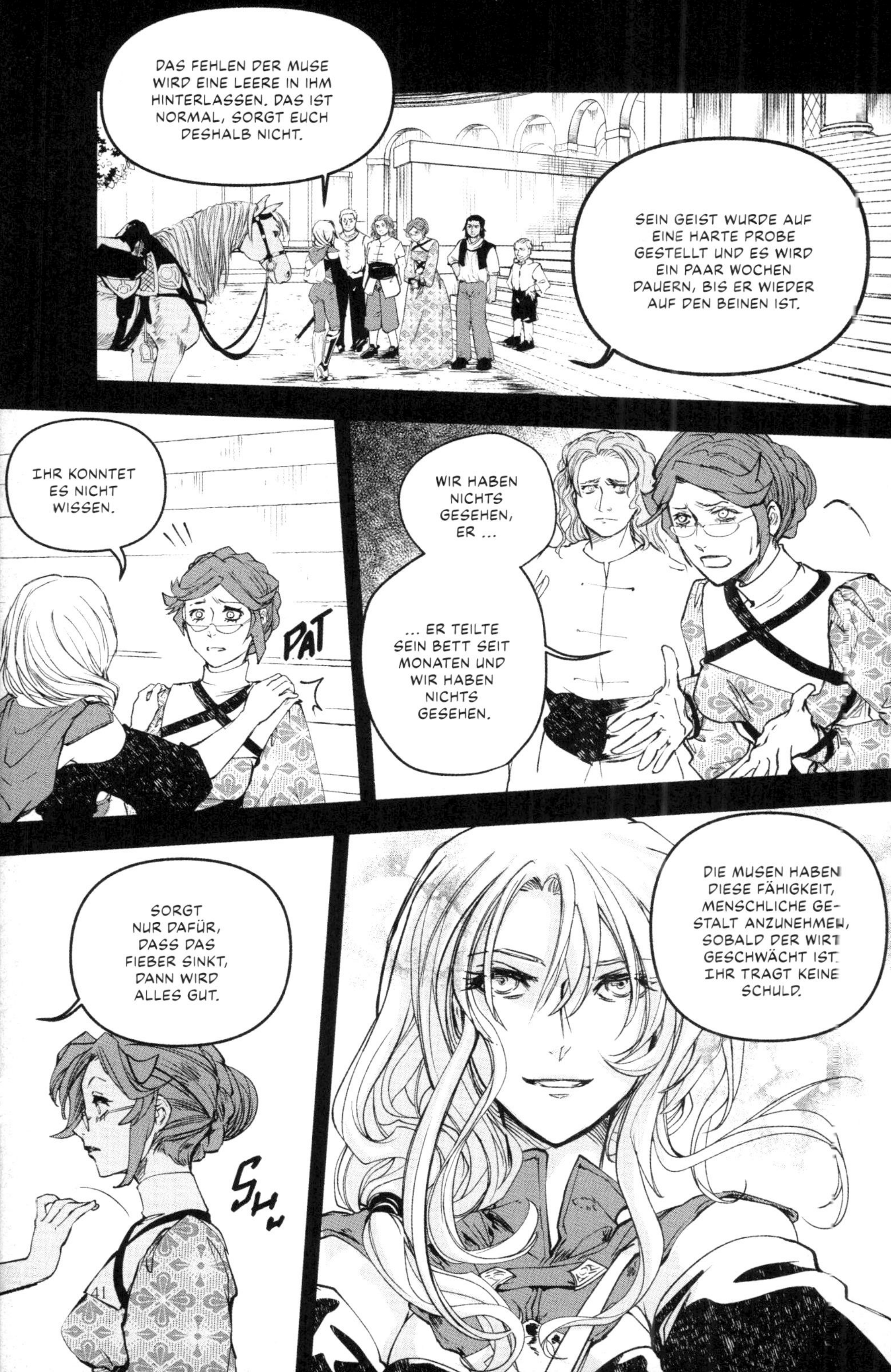
SEIN GEIST WURDE AUF EINE HARTE PROBE GESTELLT UND ES WIRD EIN PAAR WOCHEN DAUERN, BIS ER WIEDER AUF DEN BEINEN IST.
DAS FEHLEN DER MUSE WIRD EINE LEERE IN IHM HINTERLASSEN. DAS IST NORMAL, SORGT EUCH DESHALB NICHT.
WIR HABEN NICHTS GESEHEN, ER ...
... ER TEILTE SEIN BETT SEIT MONATEN UND WIR HABEN NICHTS GESEHEN.
IHR KONNTET ES NICHT WISSEN.
PAT
DIE MUSEN HABEN DIESE FÄHIGKEIT, MENSCHLICHE GESTALT ANZUNEHMEN, SOBALD DER WIRT GESCHWÄCHT IST. IHR TRAGT KEINE SCHULD.
SORGT NUR DAFÜR, DASS DAS FIEBER SINKT, DANN WIRD ALLES GUT.
SHU

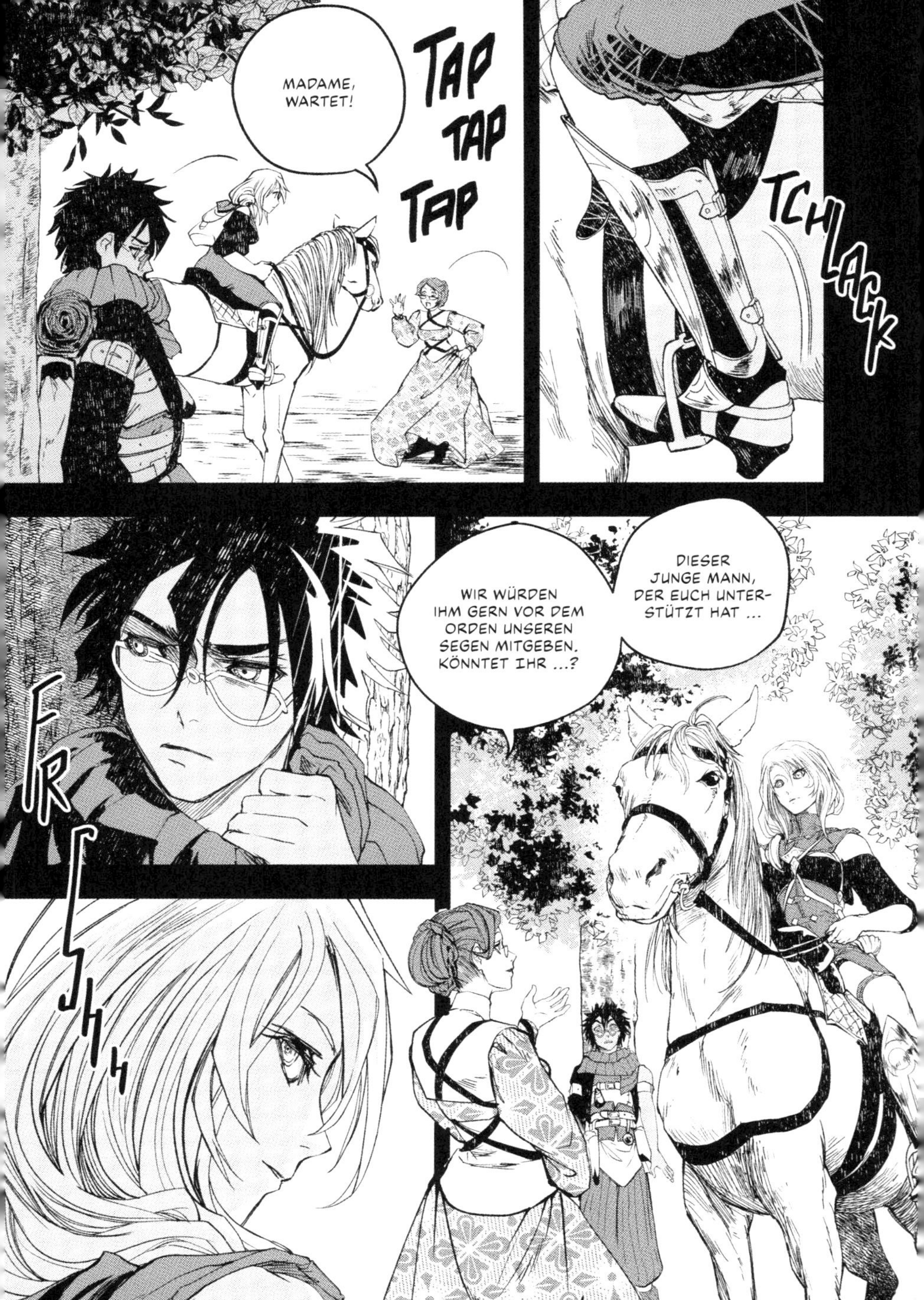
TCHLACK
MADAME, WARTET!
TAP tap TAP
DIESER JUNGE MANN, DER EUCH UNTERSTÜTZT HAT ...
WIR WÜRDEN IHM GERN VOR DEM ORDEN UNSEREN SEGEN MITGEBEN. KÖNNTET IHR ...?
FRSHHH

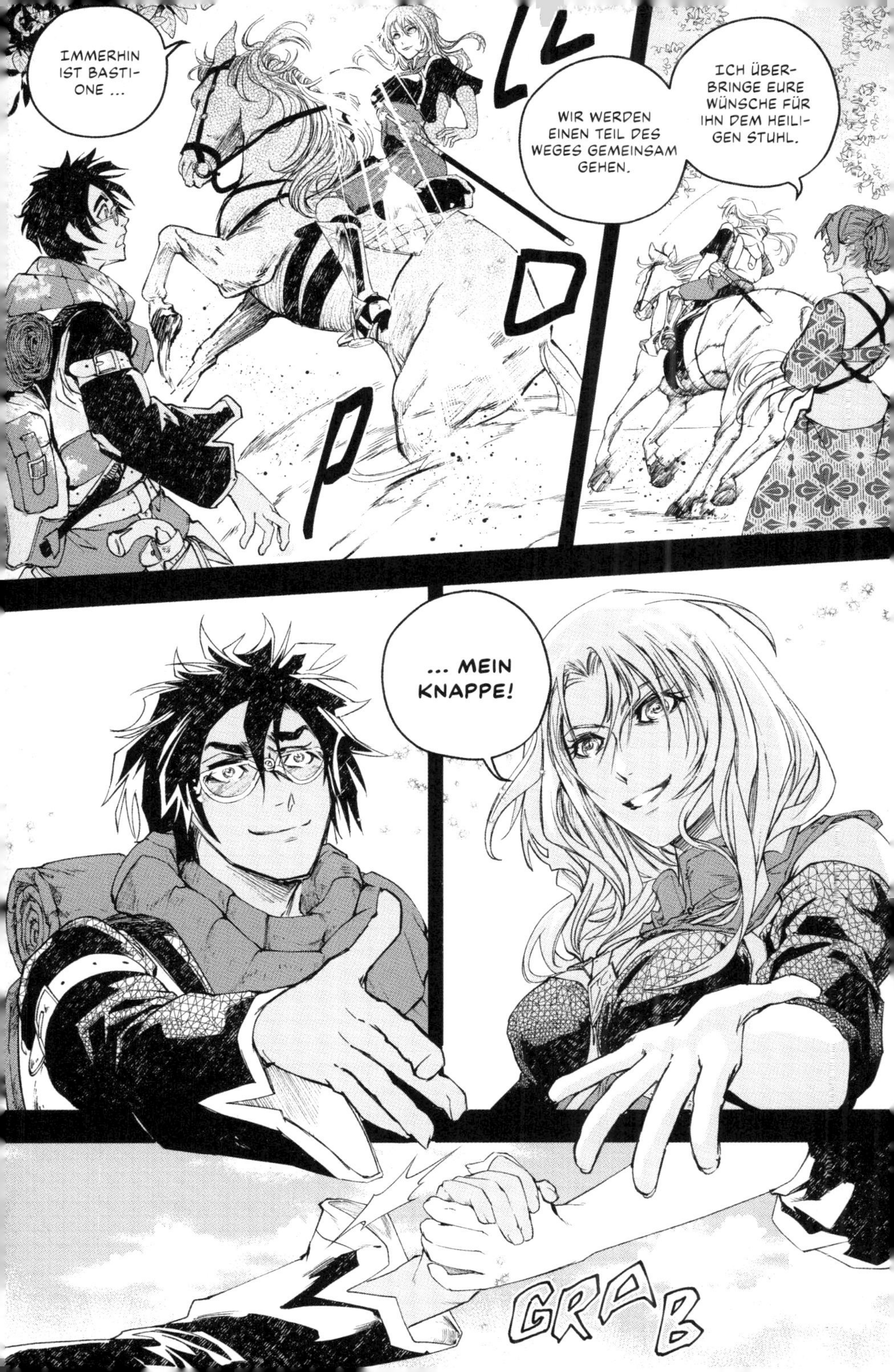
ICH ÜBER-BRINGE EURE WÜNSCHE FÜR IHN DEM HEILI-GEN STUHL.
WIR WERDEN EINEN TEIL DES WEGES GEMEINSAM GEHEN.
IMMERHIN IST BASTI-ONE ...
... MEIN KNAPPE!
GRAB

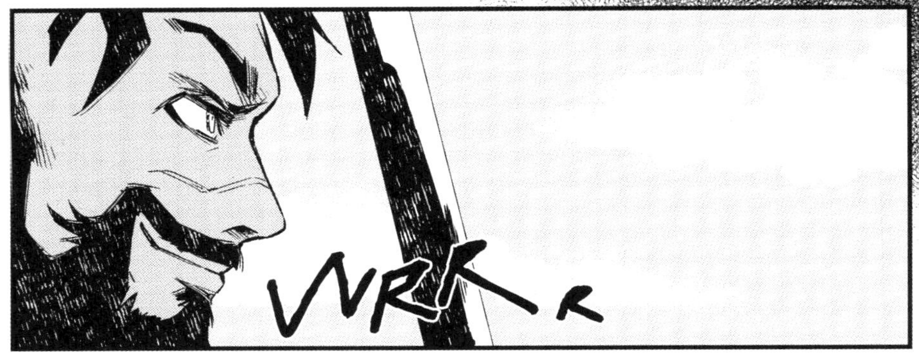
WRR R

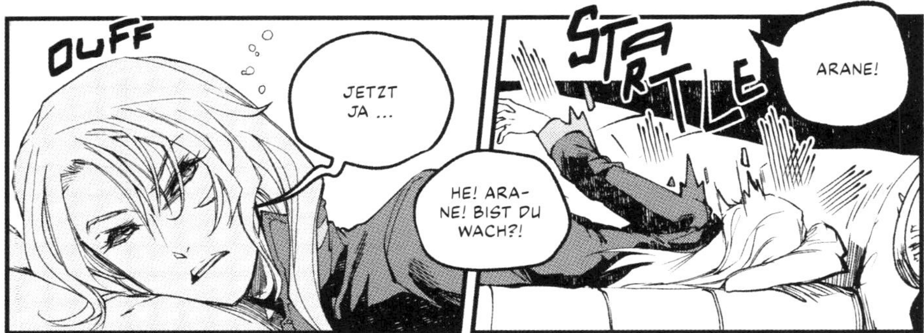
OUFF
JETZT JA …
STARTLE
HE! ARA-NE! BIST DU WACH?!
ARANE!

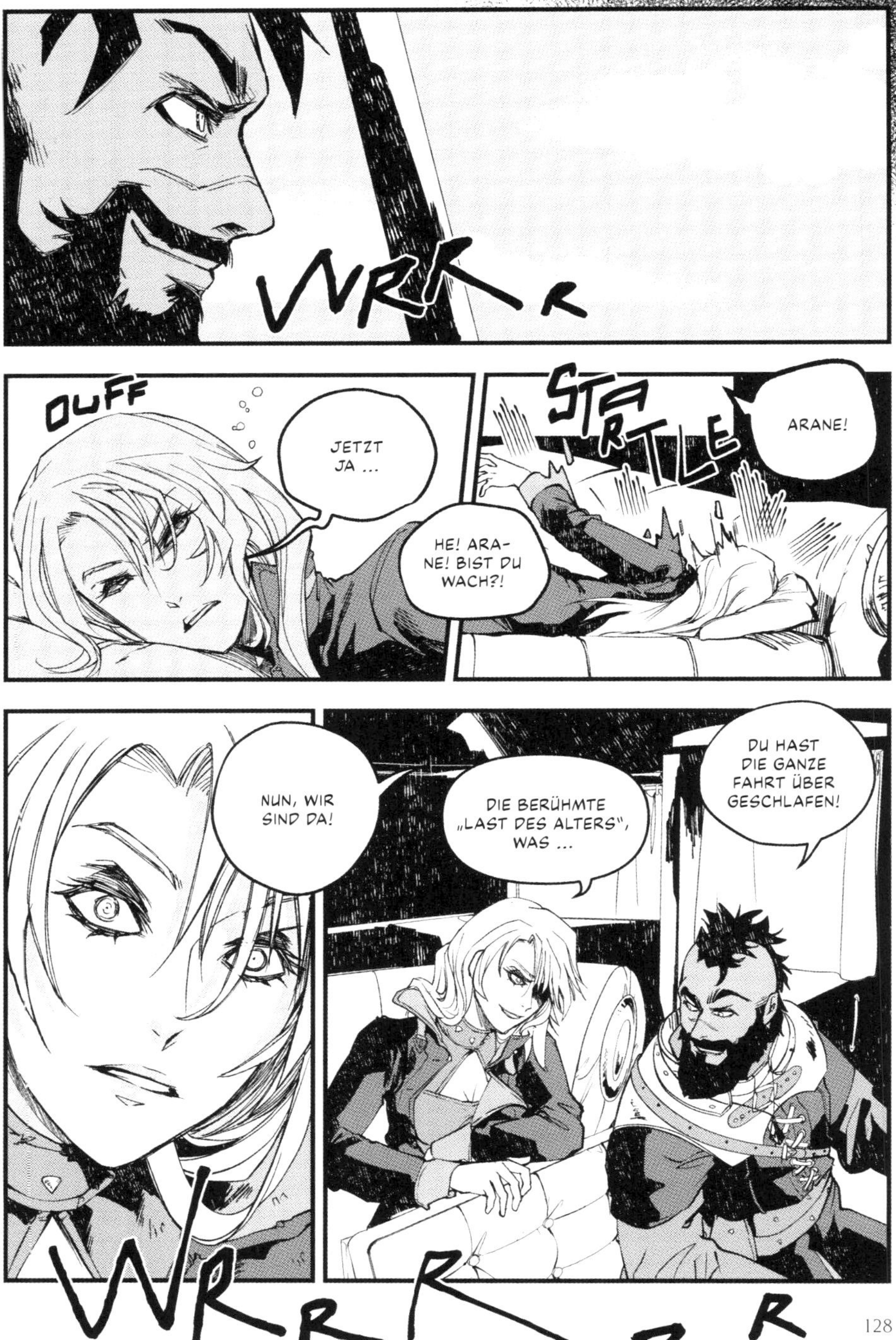

NUN, WIR SIND DA!
DIE BERÜHMTE „LAST DES ALTERS“, WAS …
DU HAST DIE GANZE FAHRT ÜBER GESCHLAFEN!
WRR RR

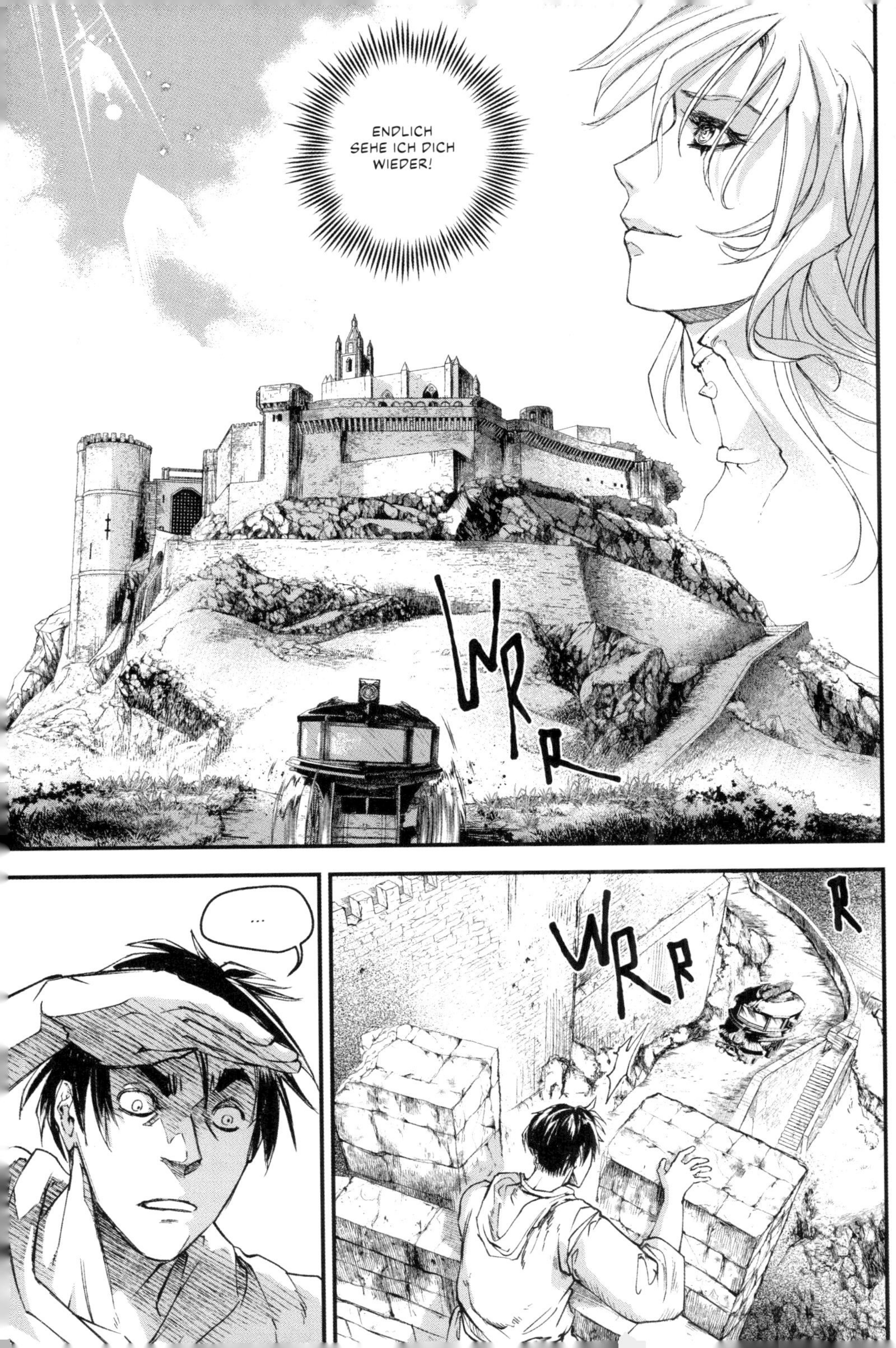

ENDLICH SEHE ICH DICH WIEDER!
WRRR

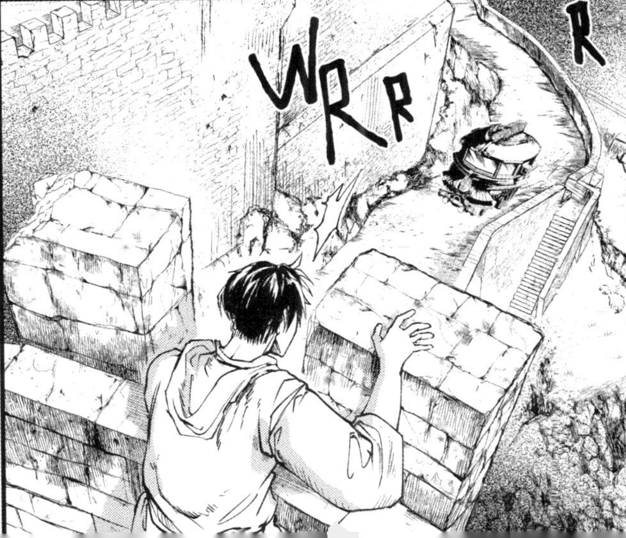

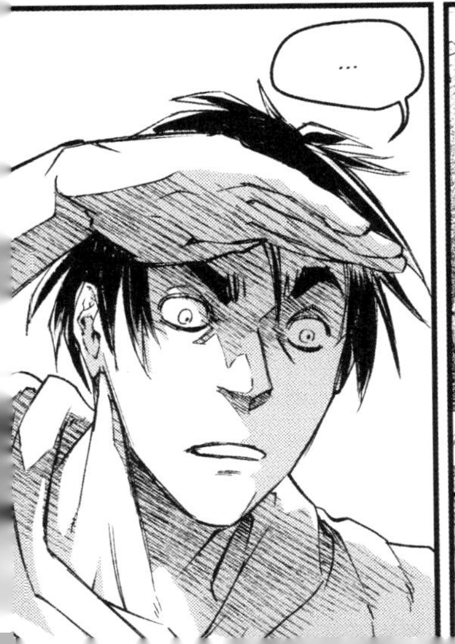

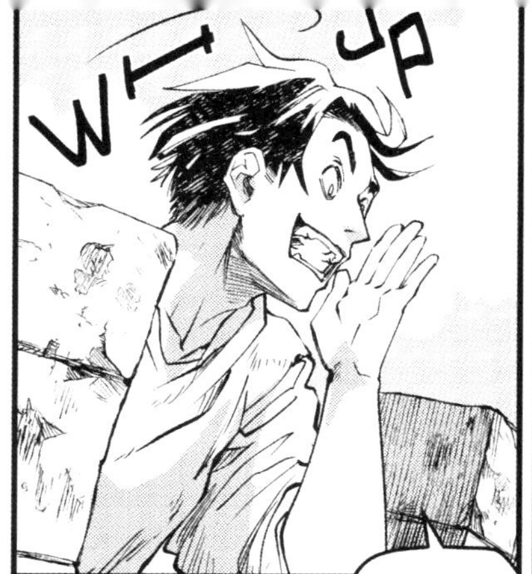

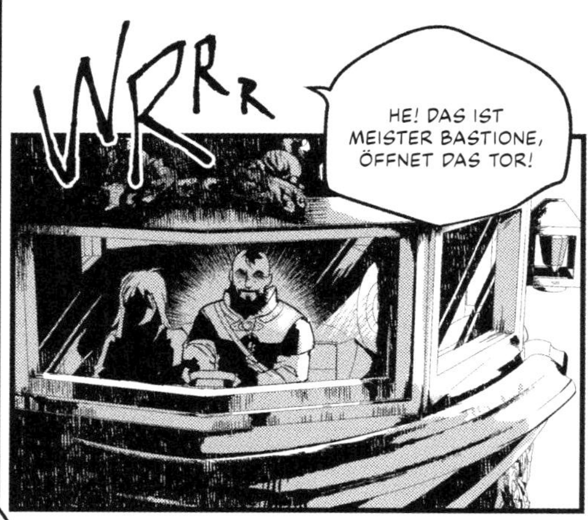
WRRR
HE! DAS IST MEISTER BASTIONE, ÖFFNET DAS TOR!

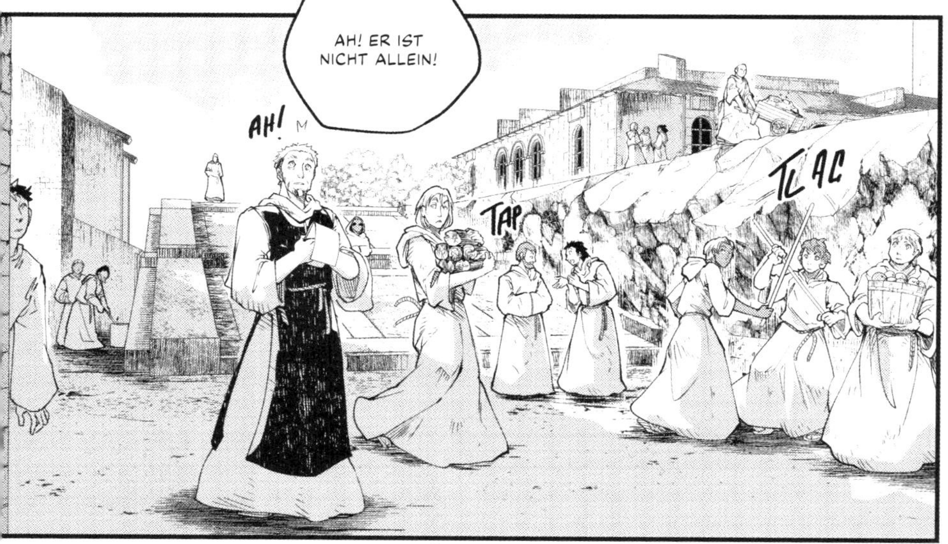
AH! ER IST NICHT ALLEIN!
AH!
TAP
TLAC

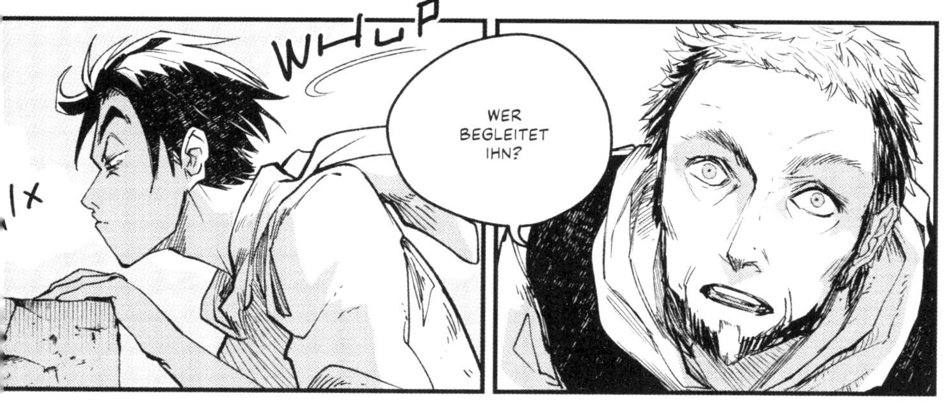
WHUP
WER BEGLEITET IHN?

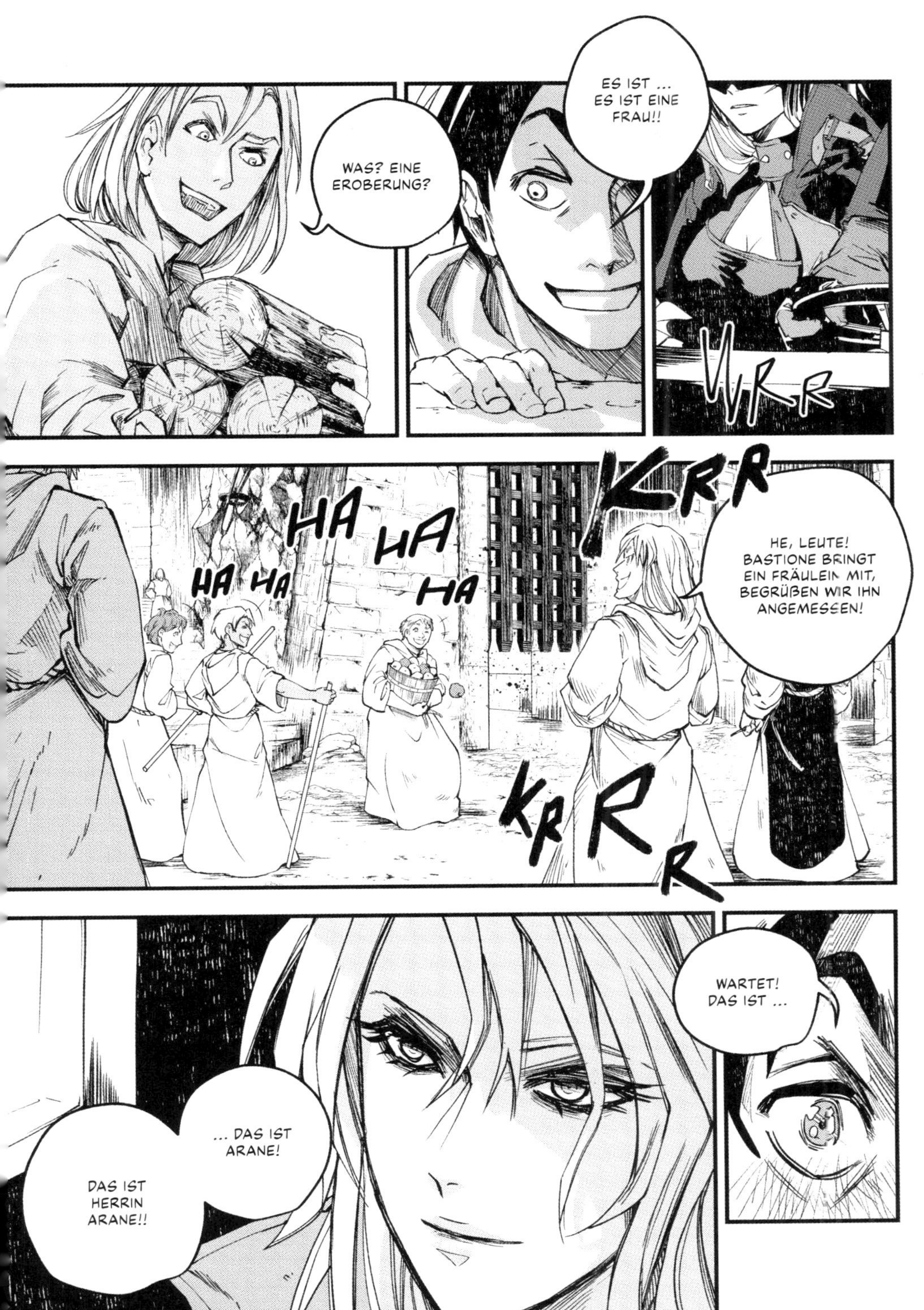
WAS? EINE EROBERUNG?
ES IST … ES IST EINE FRAU!!
VRR
KRR
HA HA
HA HA
HA
HA
HE, LEUTE! BASTIONE BRINGT EIN FRÄULEIN MIT, BEGRÜßEN WIR IHN ANGEMESSEN!
KRRR
WARTET! DAS IST …
… DAS IST ARANE!
DAS IST HERRIN ARANE!!

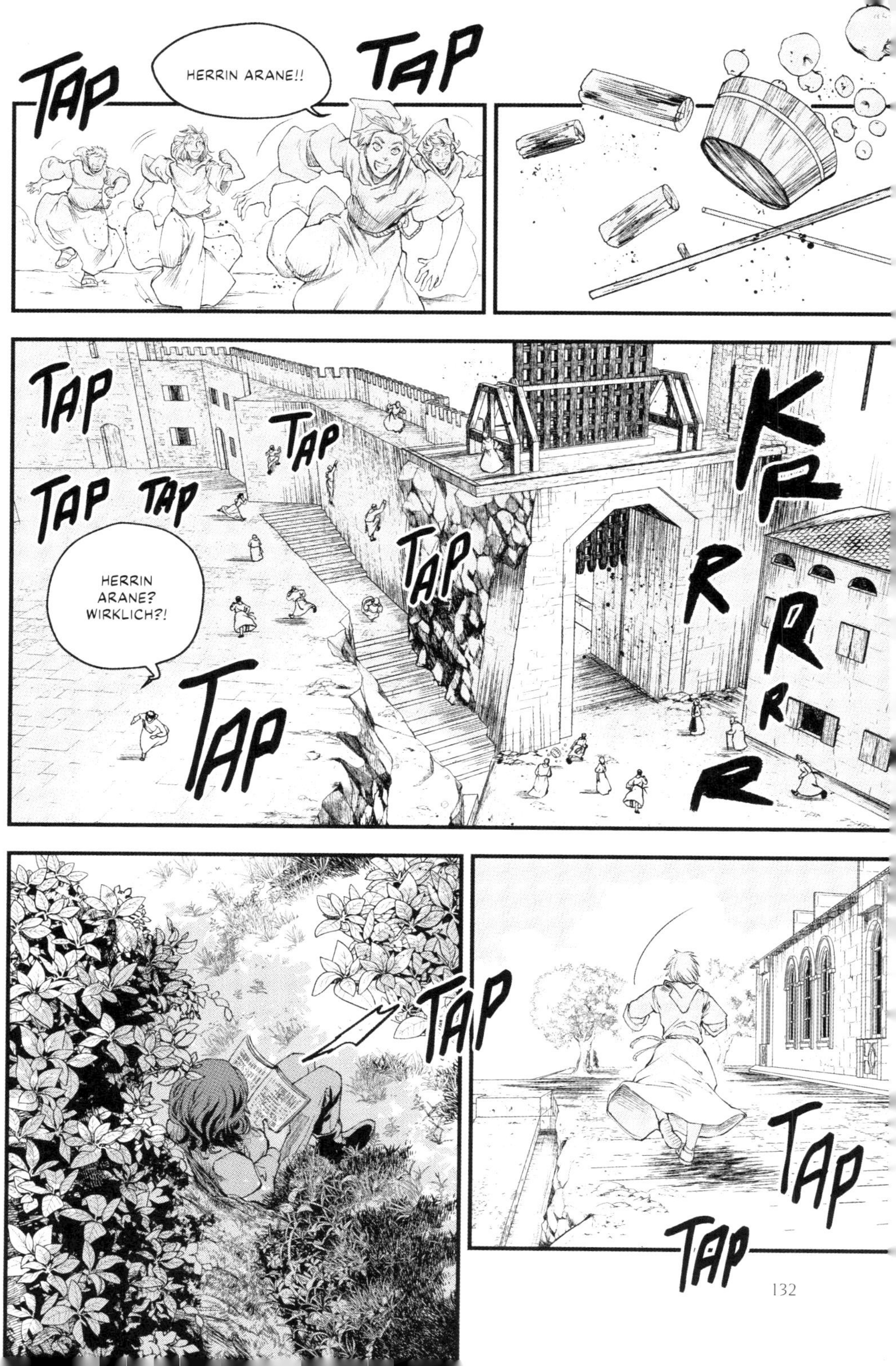

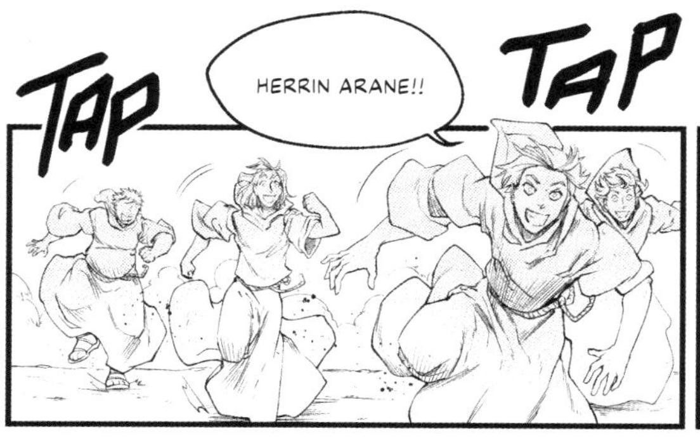

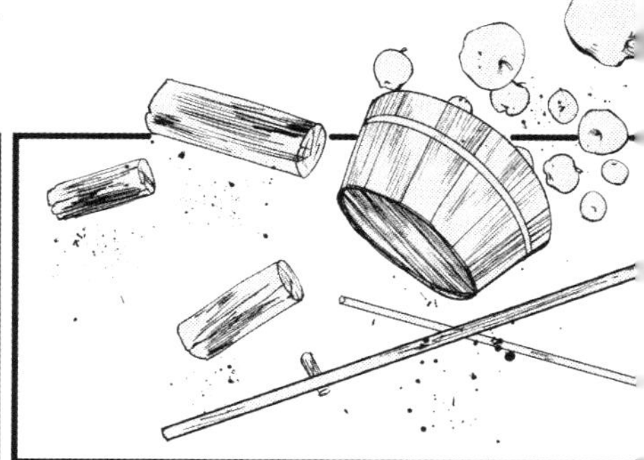

TAP
TAP
TAP TAP
TAP
HERRIN ARANE? WIRKLICH?!
TAP
KRRRRRR

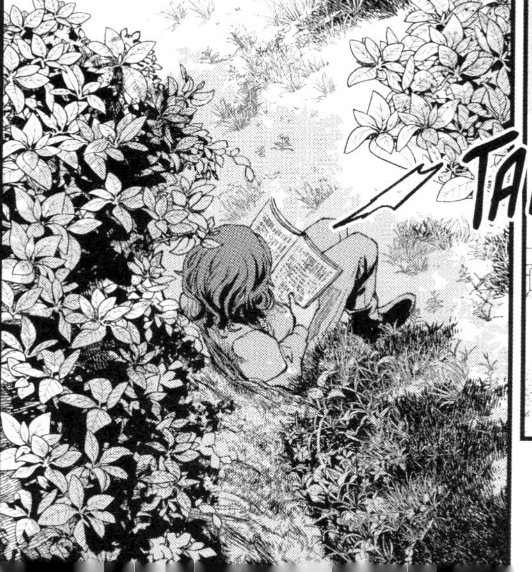

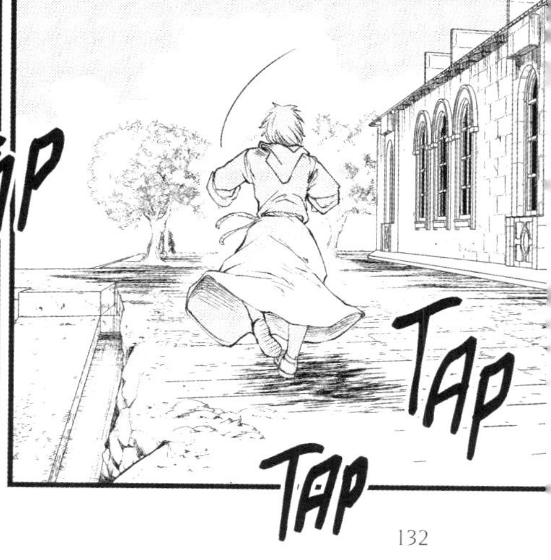

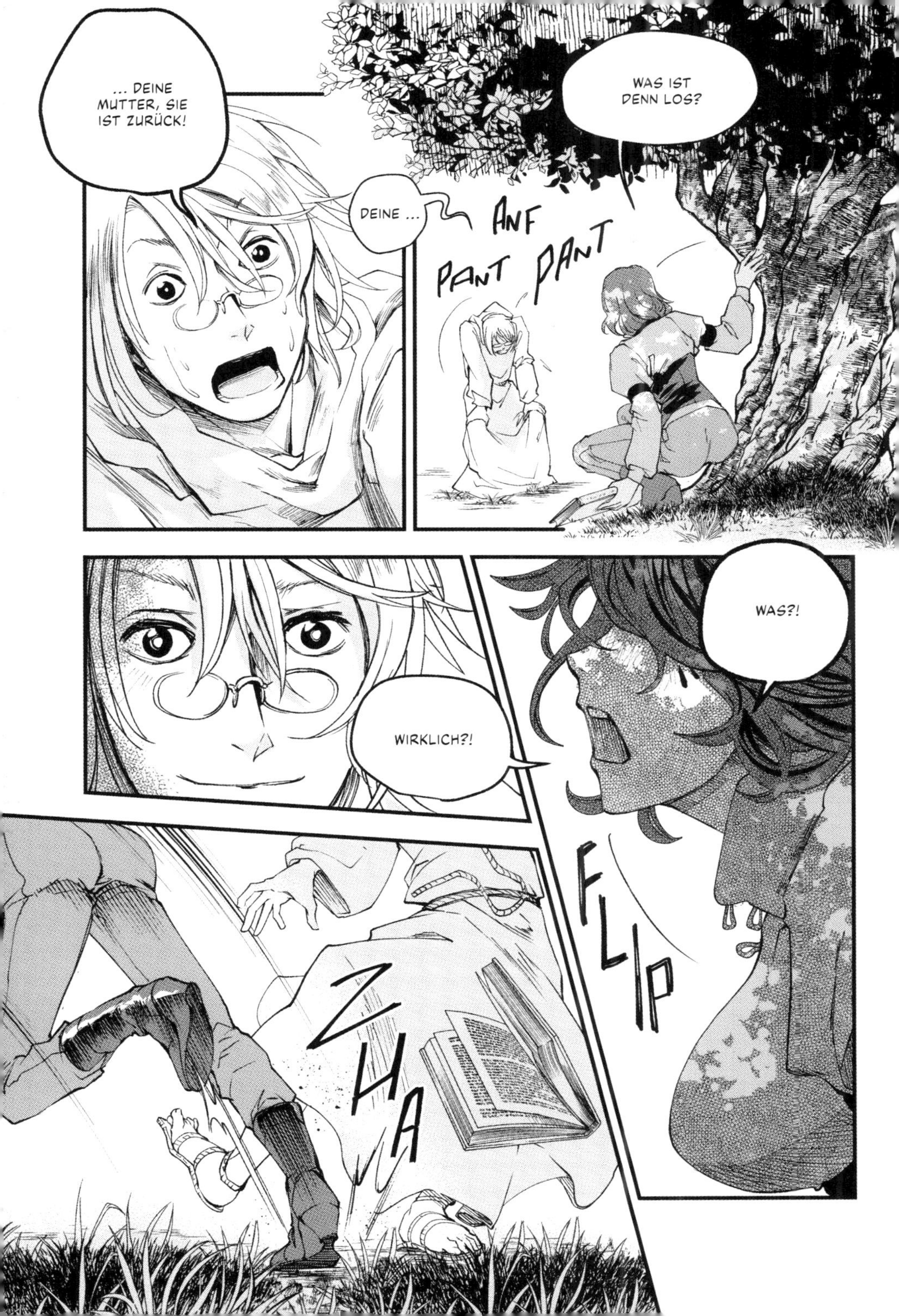
WAS IST DENN LOS?
ANF
PANT PANT
DEINE ...
... DEINE MUTTER, SIE IST ZURÜCK!
WAS?!
WIRKLICH?!
FLIP
ZUHA

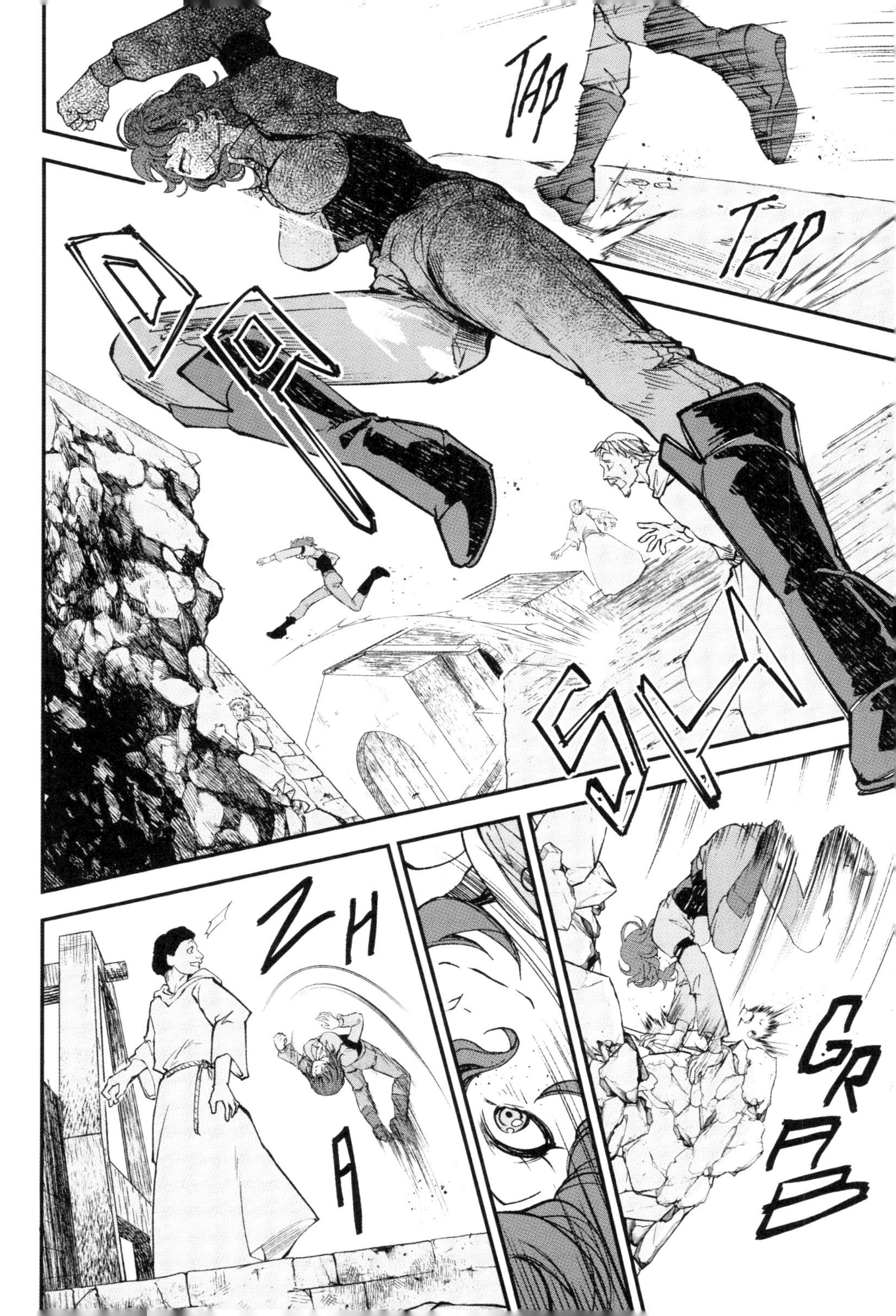
TAP
TAP
DOR
ZHA
GRAB

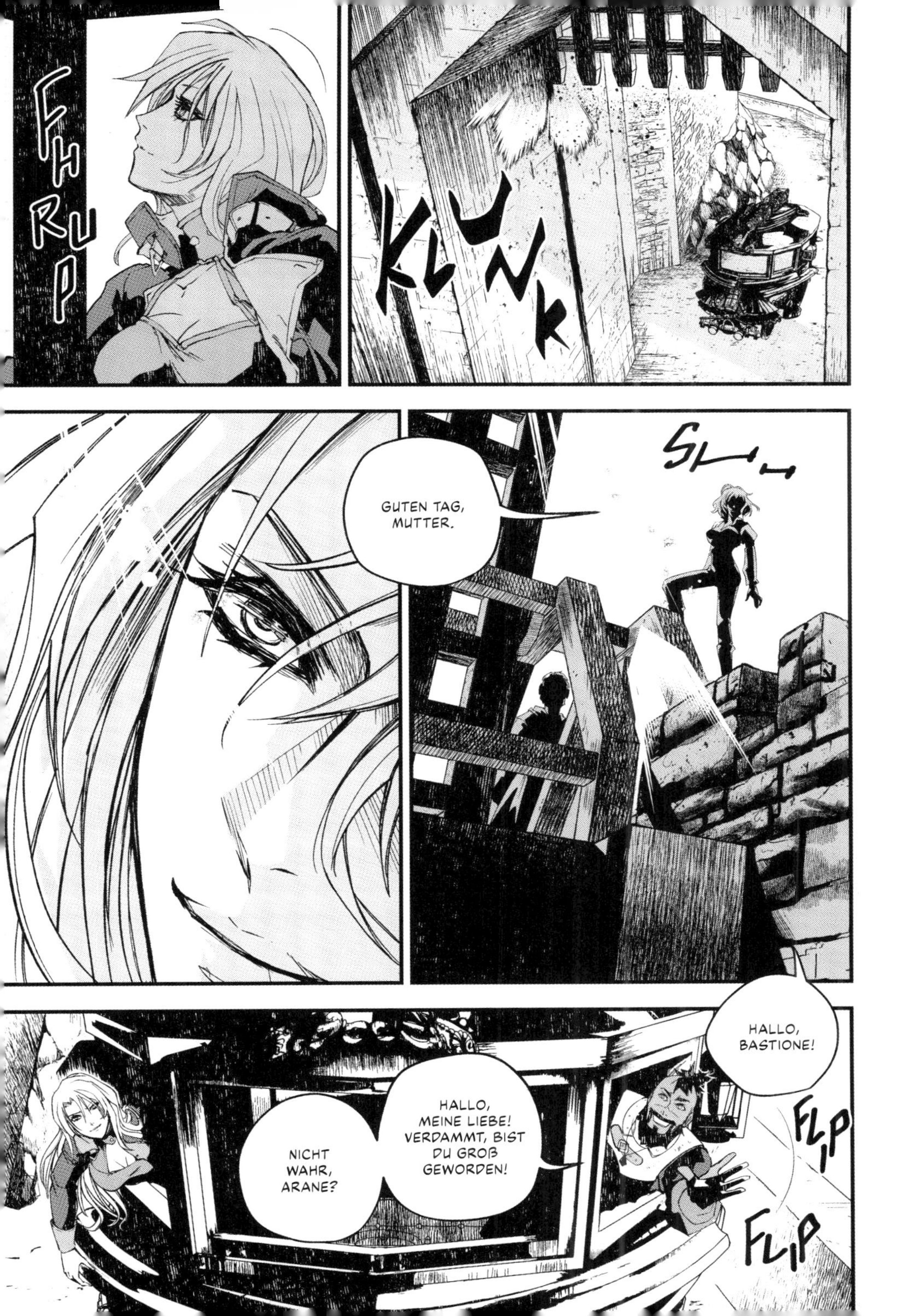

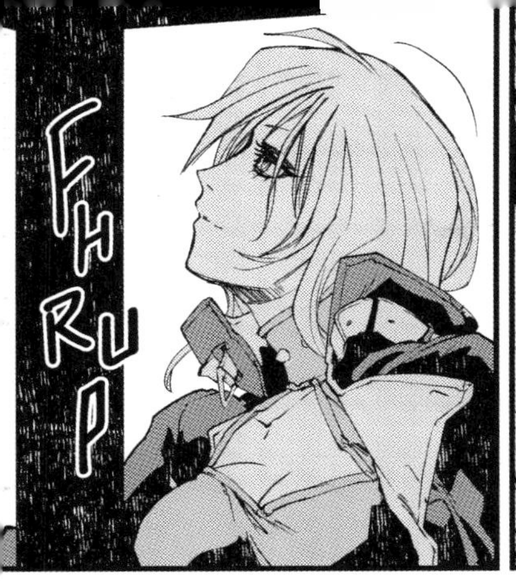

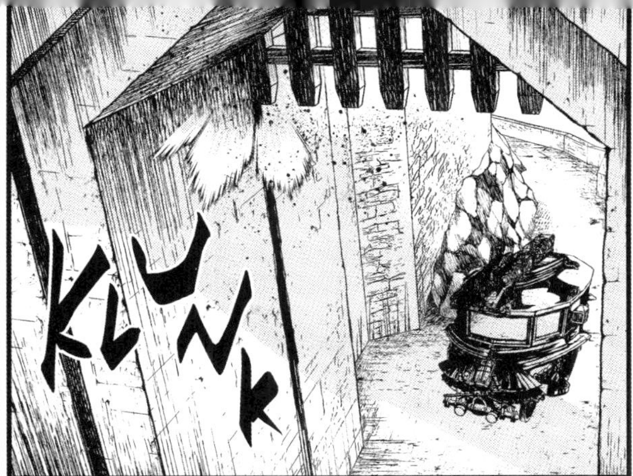

GUTEN TAG, MUTTER.

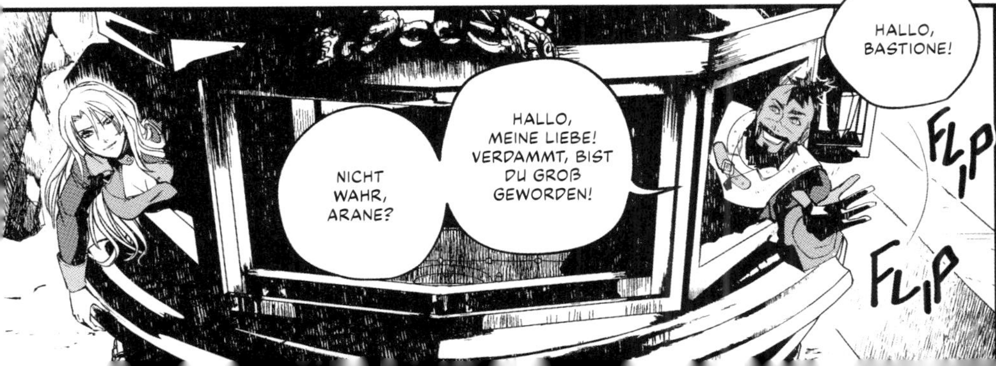

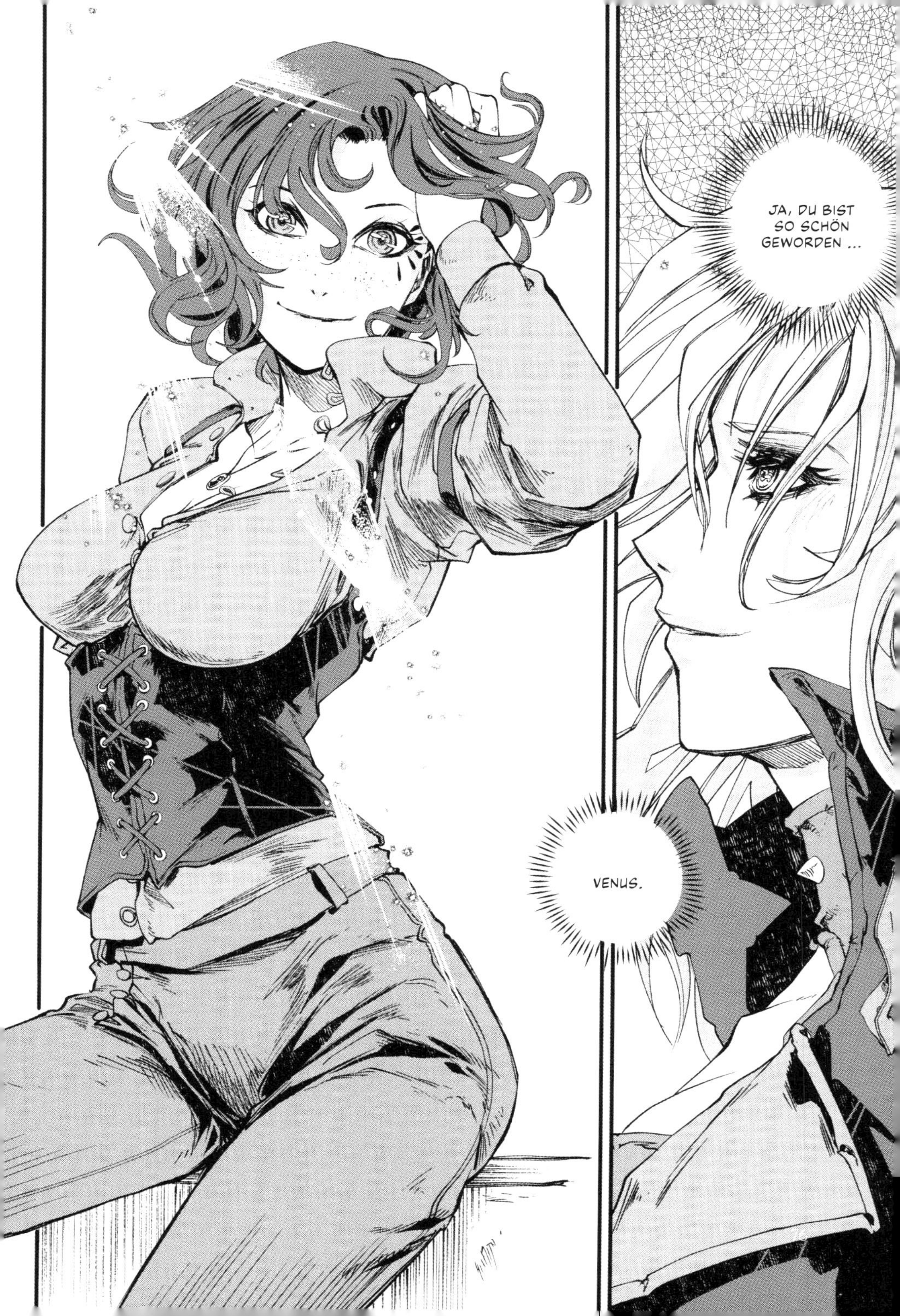
JA, DU BIST SO SCHÖN GEWORDEN ...
VENUS.

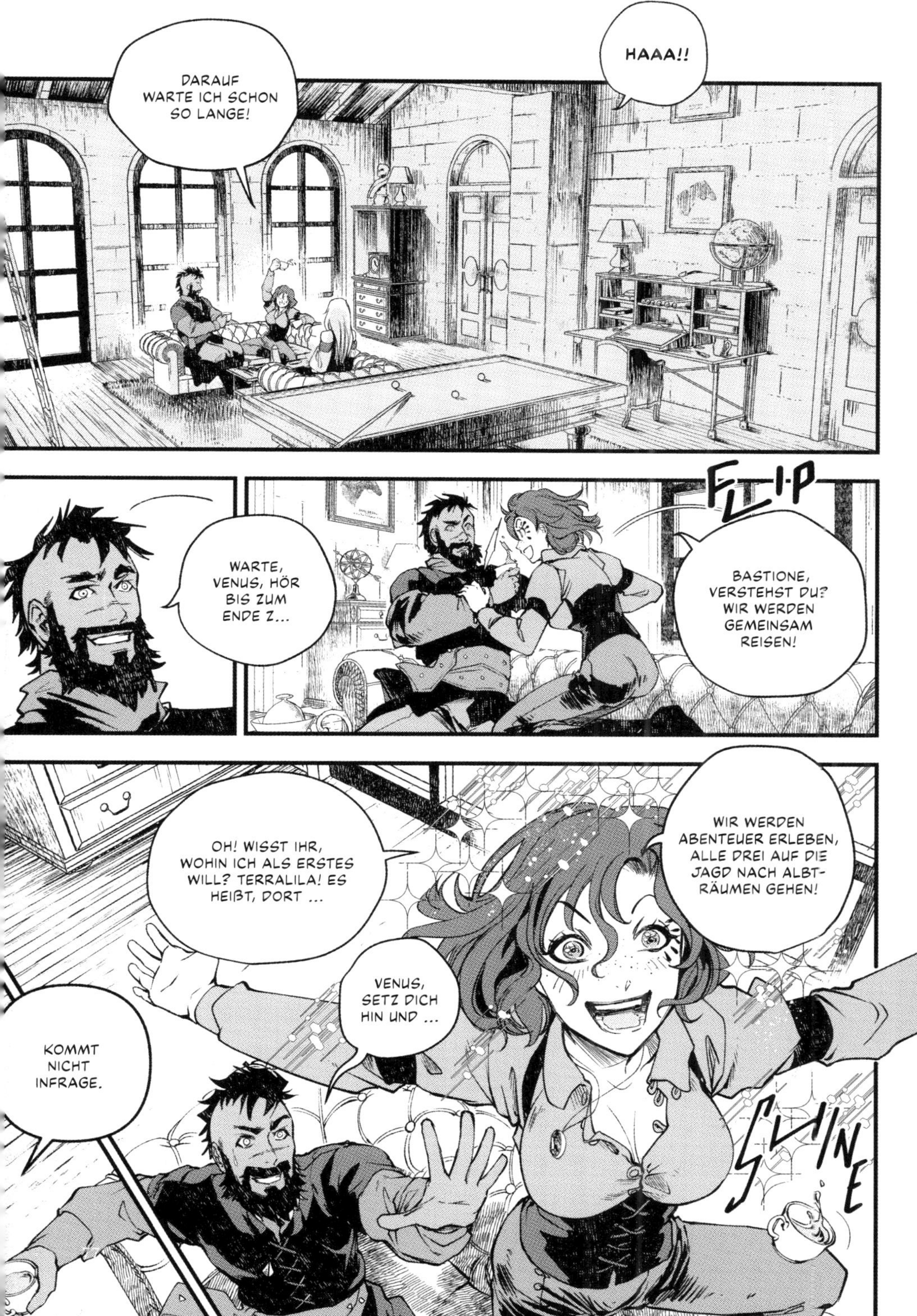
DARAUF WARTE ICH SCHON SO LANGE!
HAAA!!
WARTE, VENUS, HÖR BIS ZUM ENDE Z…
FLIP
BASTIONE, VERSTEHST DU? WIR WERDEN GEMEINSAM REISEN!
OH! WISST IHR, WOHIN ICH ALS ERSTES WILL? TERRALILA! ES HEIẞT, DORT …
WIR WERDEN ABENTEUER ERLEBEN, ALLE DREI AUF DIE JAGD NACH ALBTRÄUMEN GEHEN!
VENUS, SETZ DICH HIN UND …
KOMMT NICHT INFRAGE.
SHINE

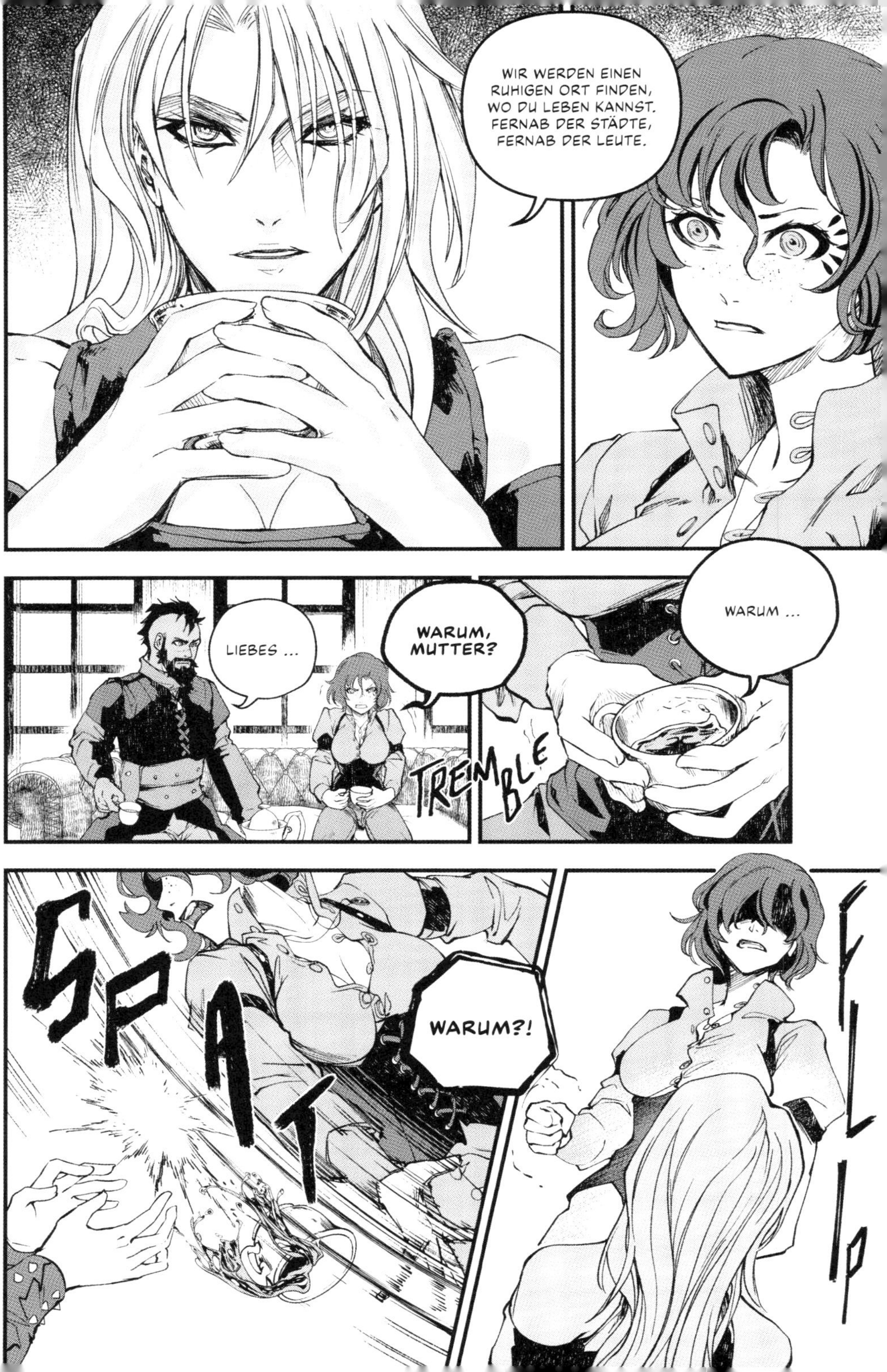

WIR WERDEN EINEN RUHIGEN ORT FINDEN, WO DU LEBEN KANNST. FERNAB DER STÄDTE, FERNAB DER LEUTE.

LIEBES ...

WARUM, MUTTER?

TREMBLE

WARUM ...

SPAT

WARUM?!

FLIP

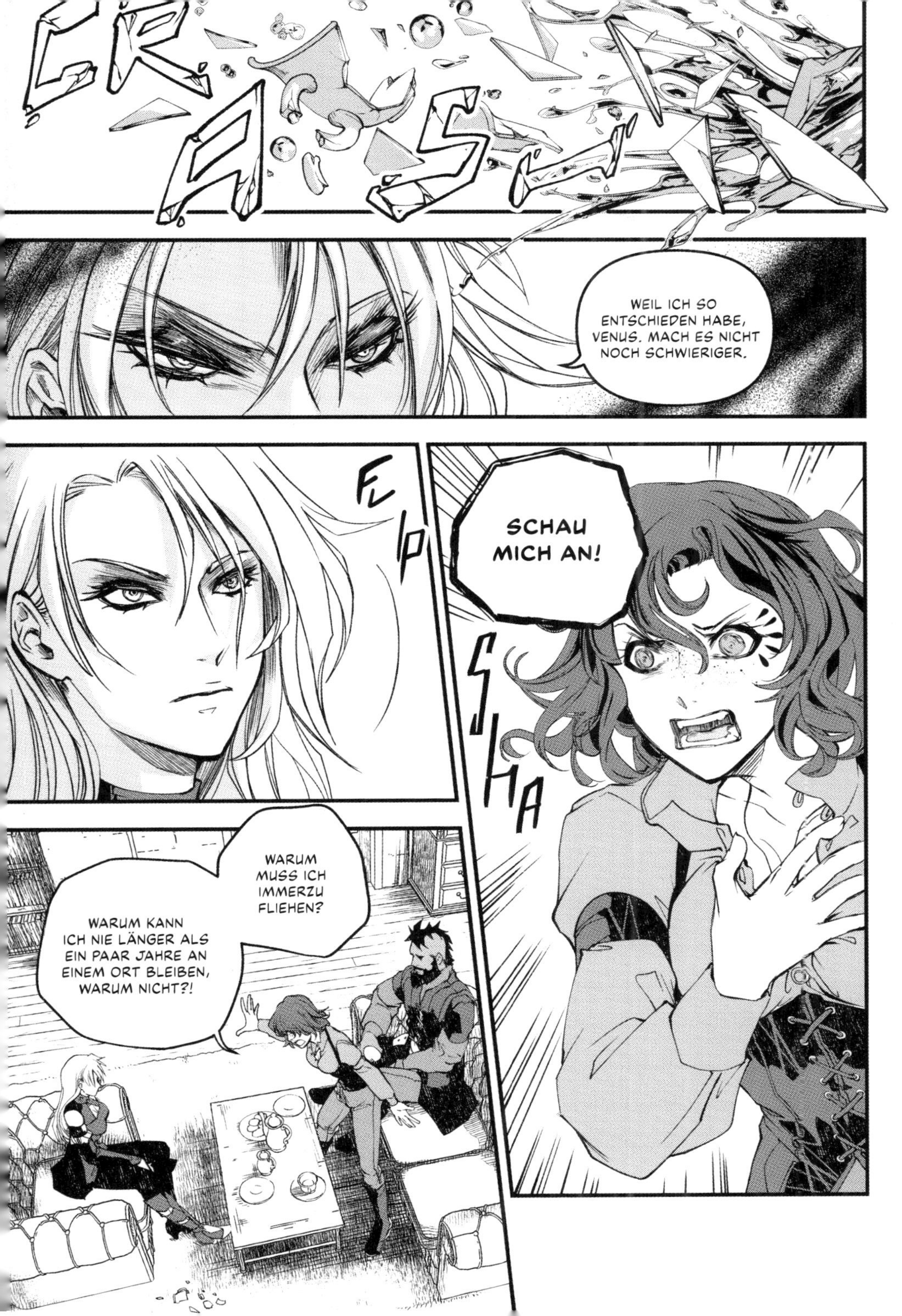
CRASH
WEIL ICH SO ENTSCHIEDEN HABE, VENUS. MACH ES NICHT NOCH SCHWIERIGER.
FLIP
SCHAU MICH AN!
SHHA
WARUM MUSS ICH IMMERZU FLIEHEN?
WARUM KANN ICH NIE LÄNGER ALS EIN PAAR JAHRE AN EINEM ORT BLEIBEN, WARUM NICHT?!

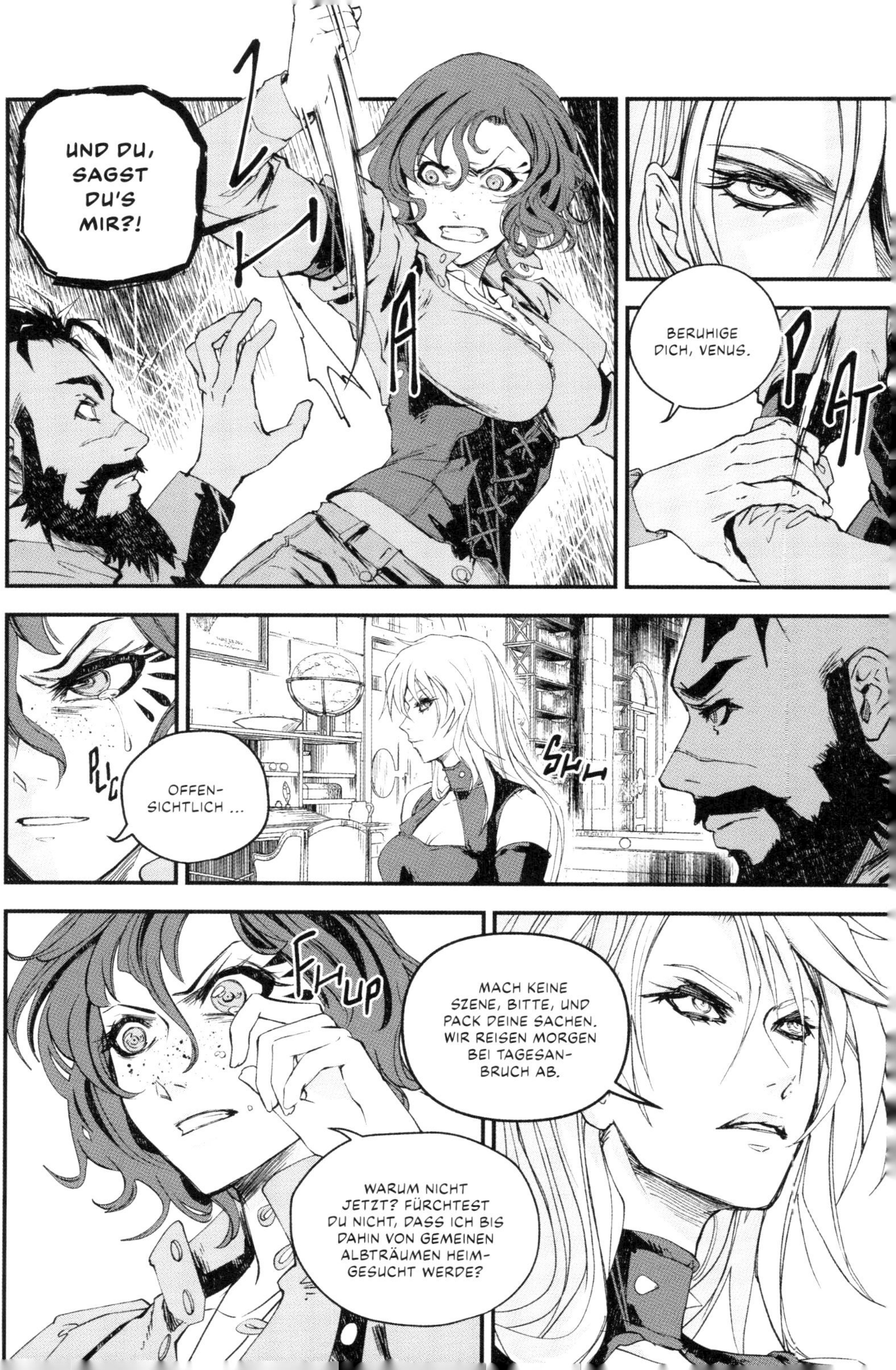

UND DU, SAGST DU'S MIR?!
BERUHIGE DICH, VENUS.
PAT

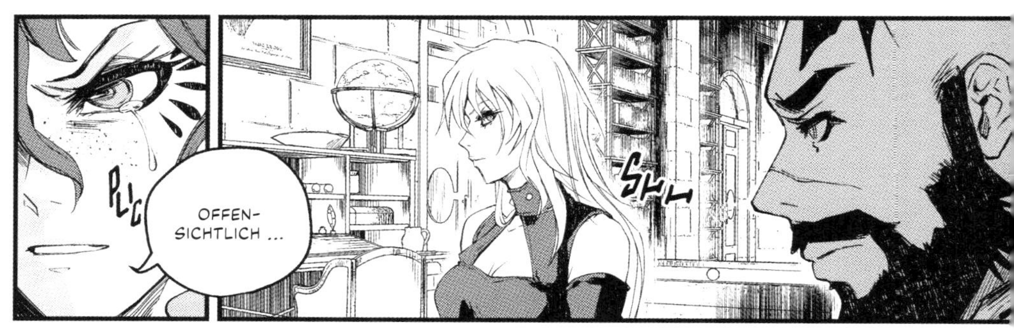

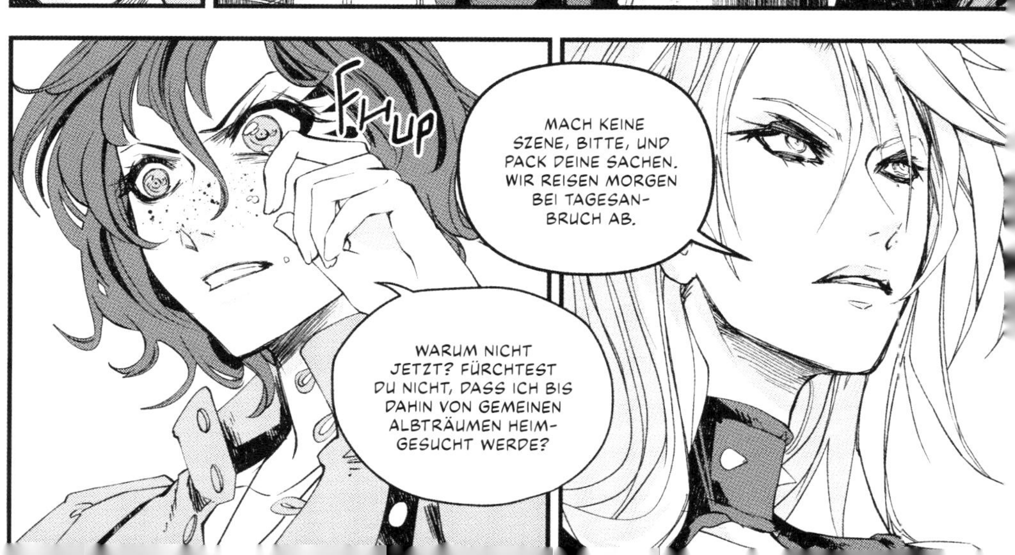

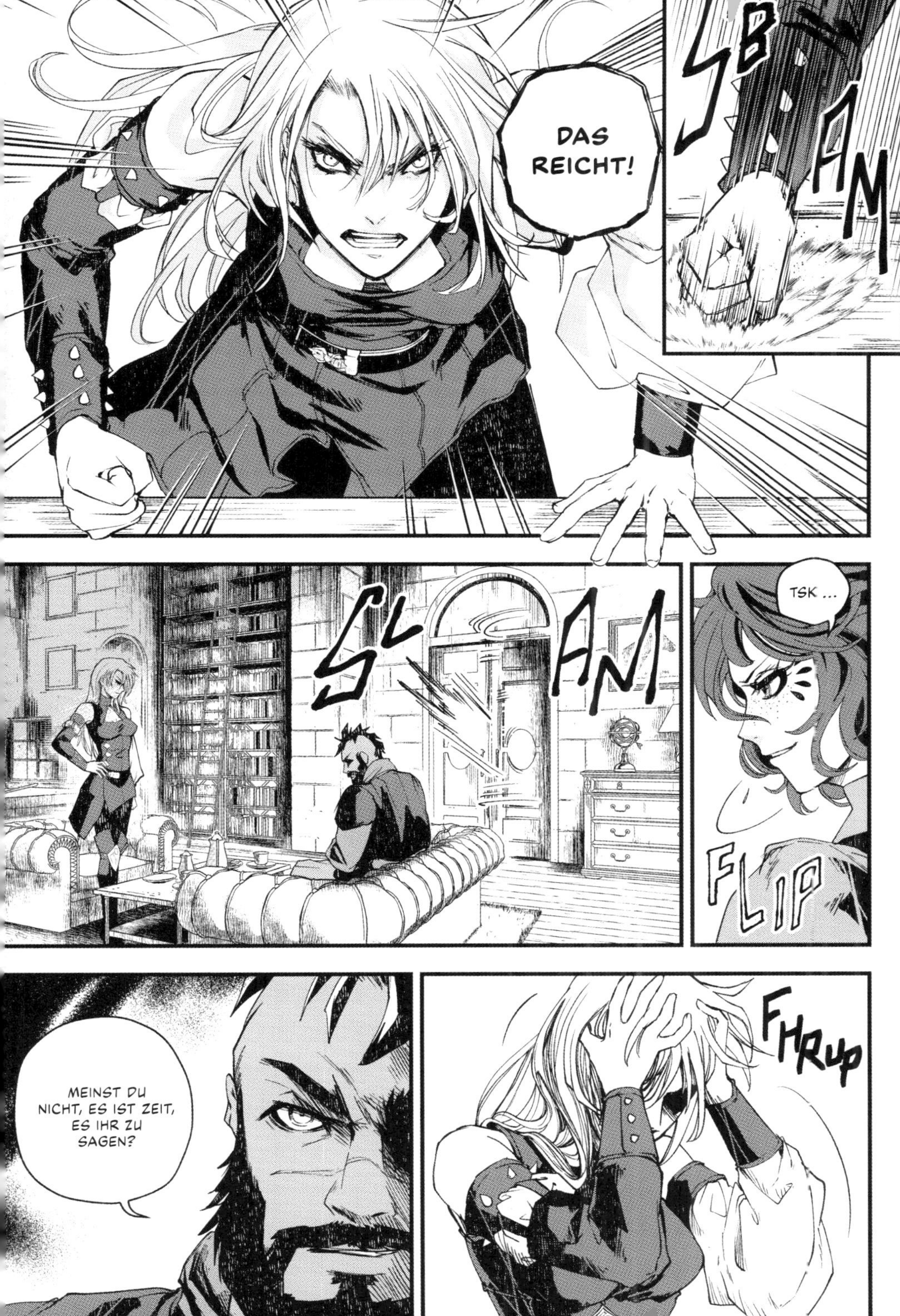
DAS REICHT!
SBAM
SLAM
TSK ...
FLIP
MEINST DU NICHT, ES IST ZEIT, ES IHR ZU SAGEN?
FHRUP

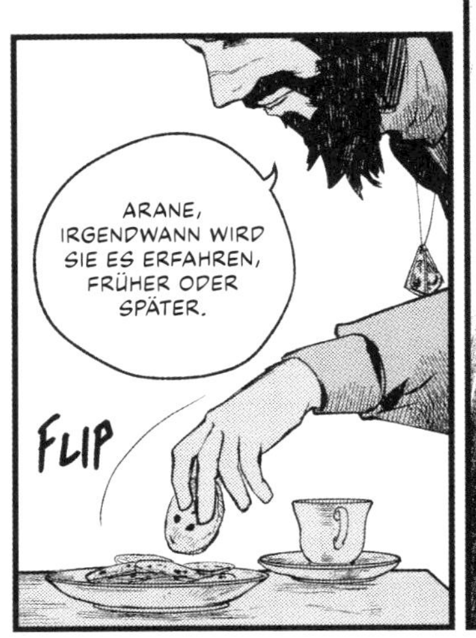
ARANE, IRGENDWANN WIRD SIE ES ERFAHREN, FRÜHER ODER SPÄTER.
FLIP

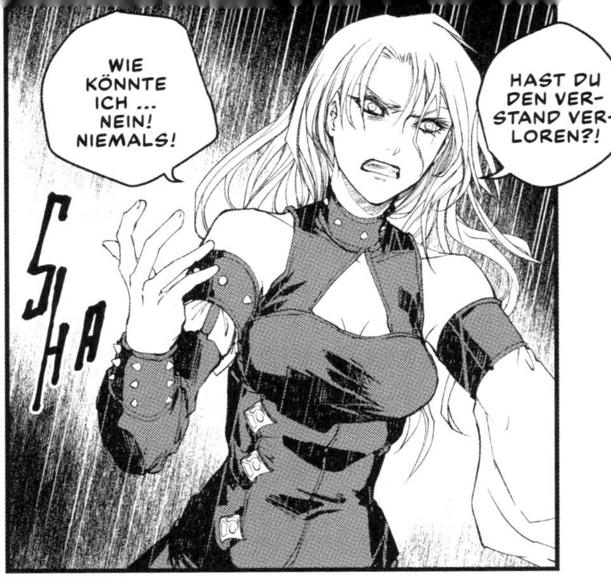
HAST DU DEN VERSTAND VERLOREN?!
WIE KÖNNTE ICH ... NEIN! NIEMALS!
SHA

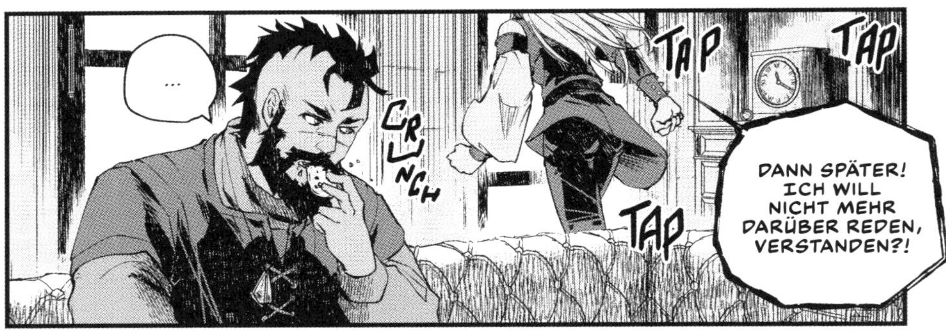
TAP
TAP
DANN SPÄTER! ICH WILL NICHT MEHR DARÜBER REDEN, VERSTANDEN?!
TAP
CRUNCH
...

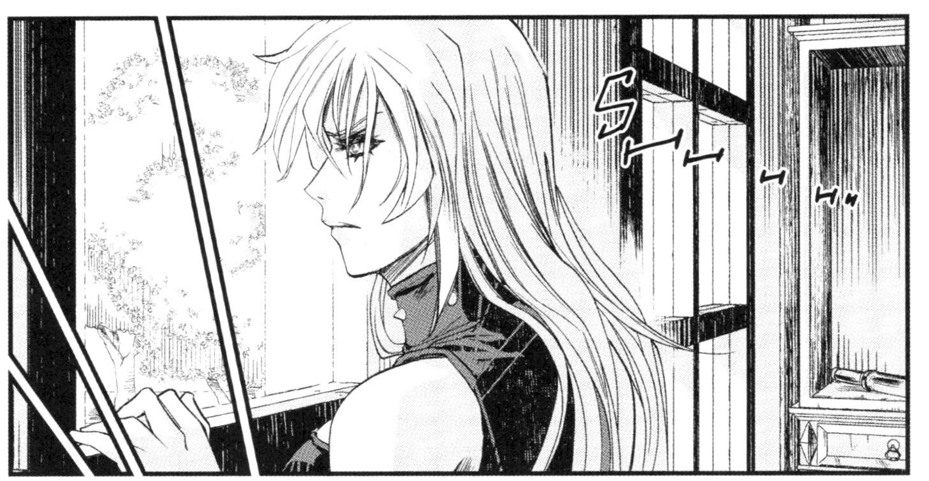
SHHHHH

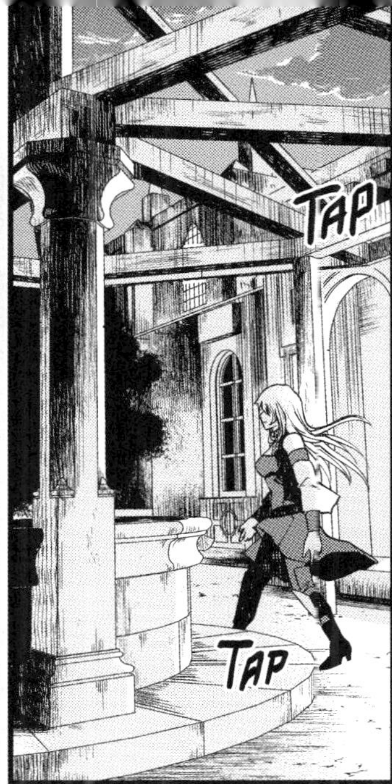
TAP
TAP

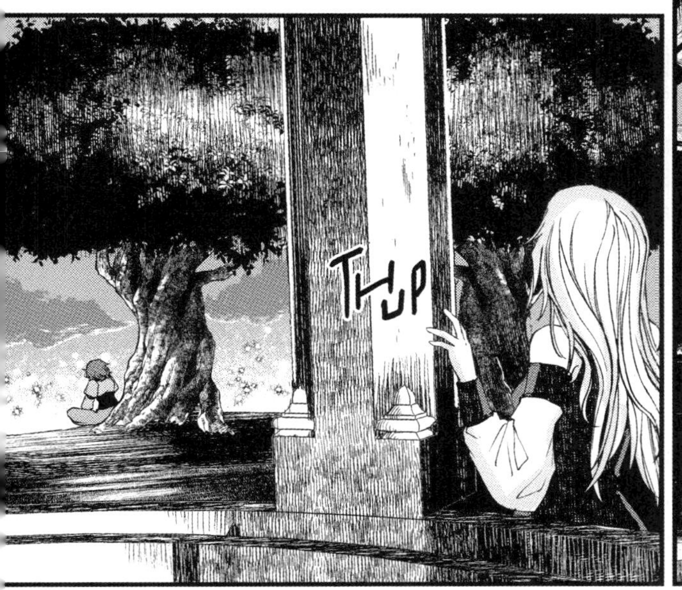
THUP

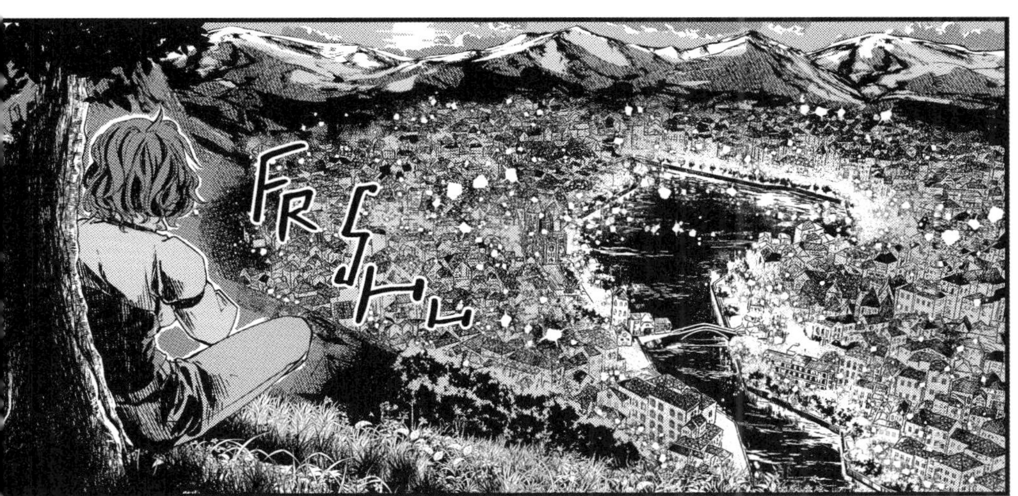
FRSHH

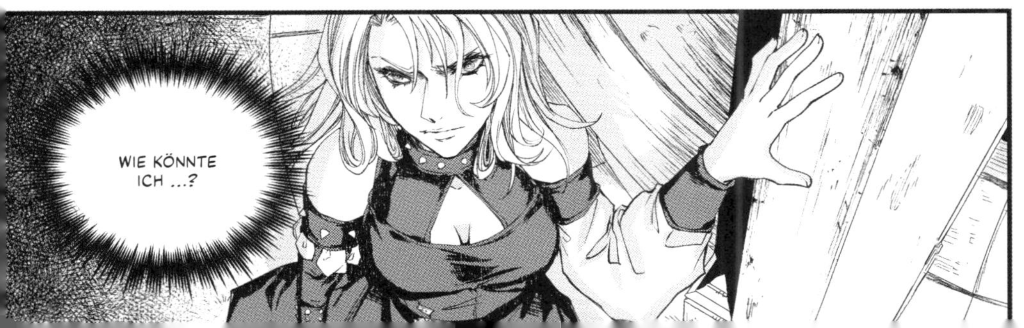
WIE KÖNNTE ICH ...?

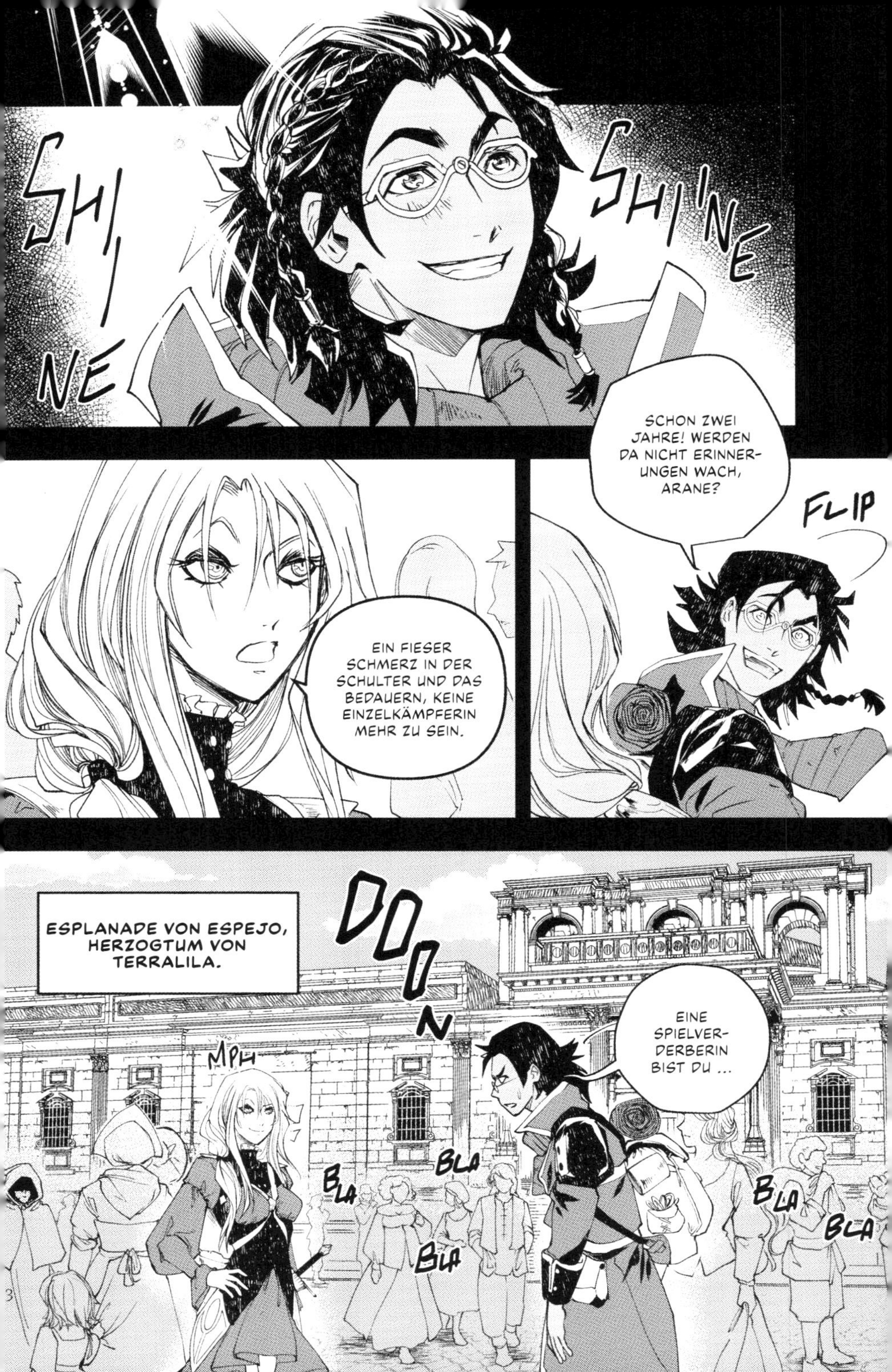
SHI
NE
SHINE
SCHON ZWEI JAHRE! WERDEN DA NICHT ERINNER-UNGEN WACH, ARANE?
FLIP
EIN FIESER SCHMERZ IN DER SCHULTER UND DAS BEDAUERN, KEINE EINZELKÄMPFERIN MEHR ZU SEIN.
ESPLANADE VON ESPEJO, HERZOGTUM VON TERRALILA.
DOON
EINE SPIELVER-DERBERIN BIST DU ...
MPH
BLA
BLA
BLA
BLA
BLA

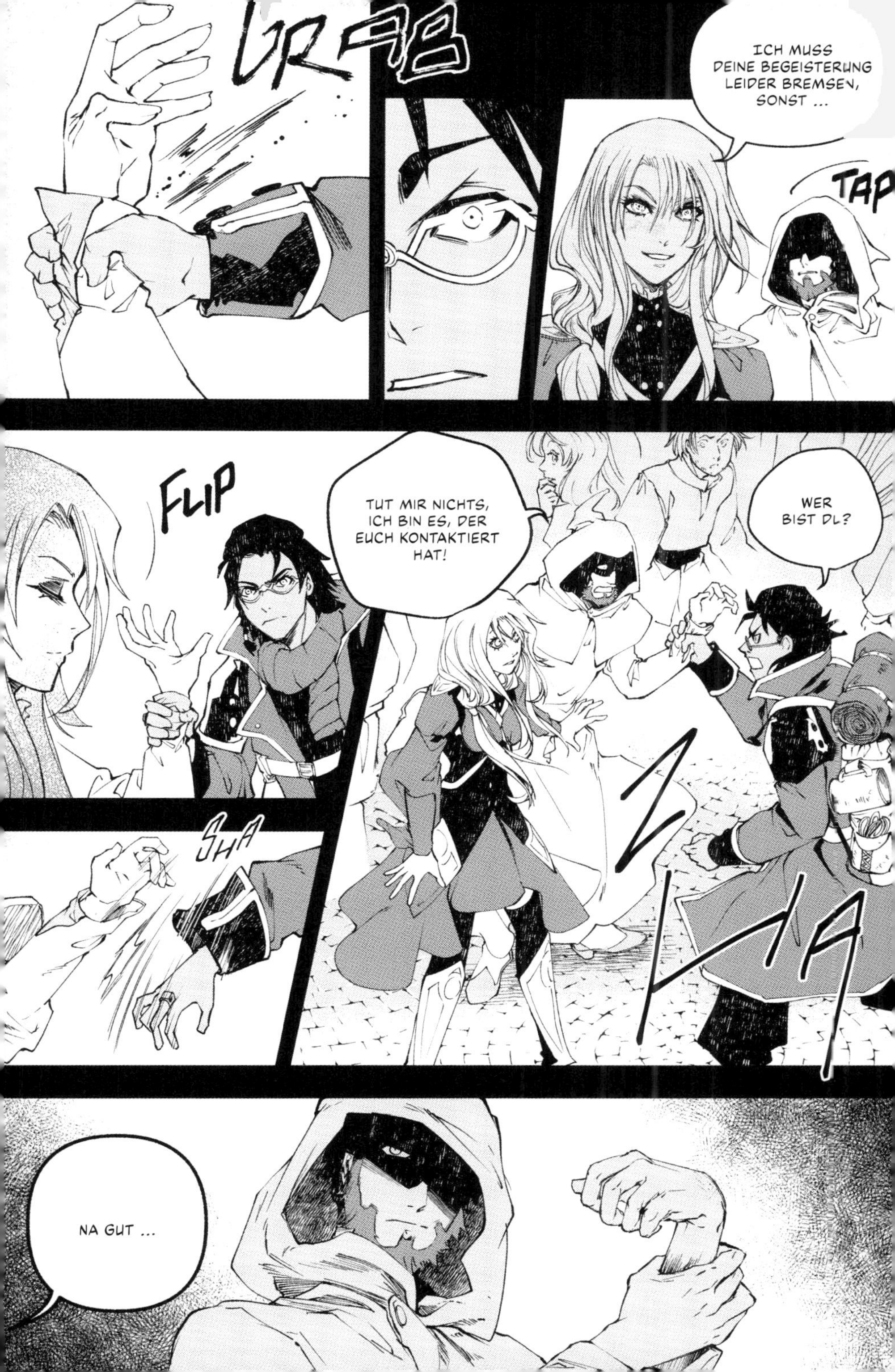
GRAB
ICH MUSS DEINE BEGEISTERUNG LEIDER BREMSEN, SONST ...
TAP
FLIP
TUT MIR NICHTS, ICH BIN ES, DER EUCH KONTAKTIERT HAT!
WER BIST DU?
SHA
NA GUT ...

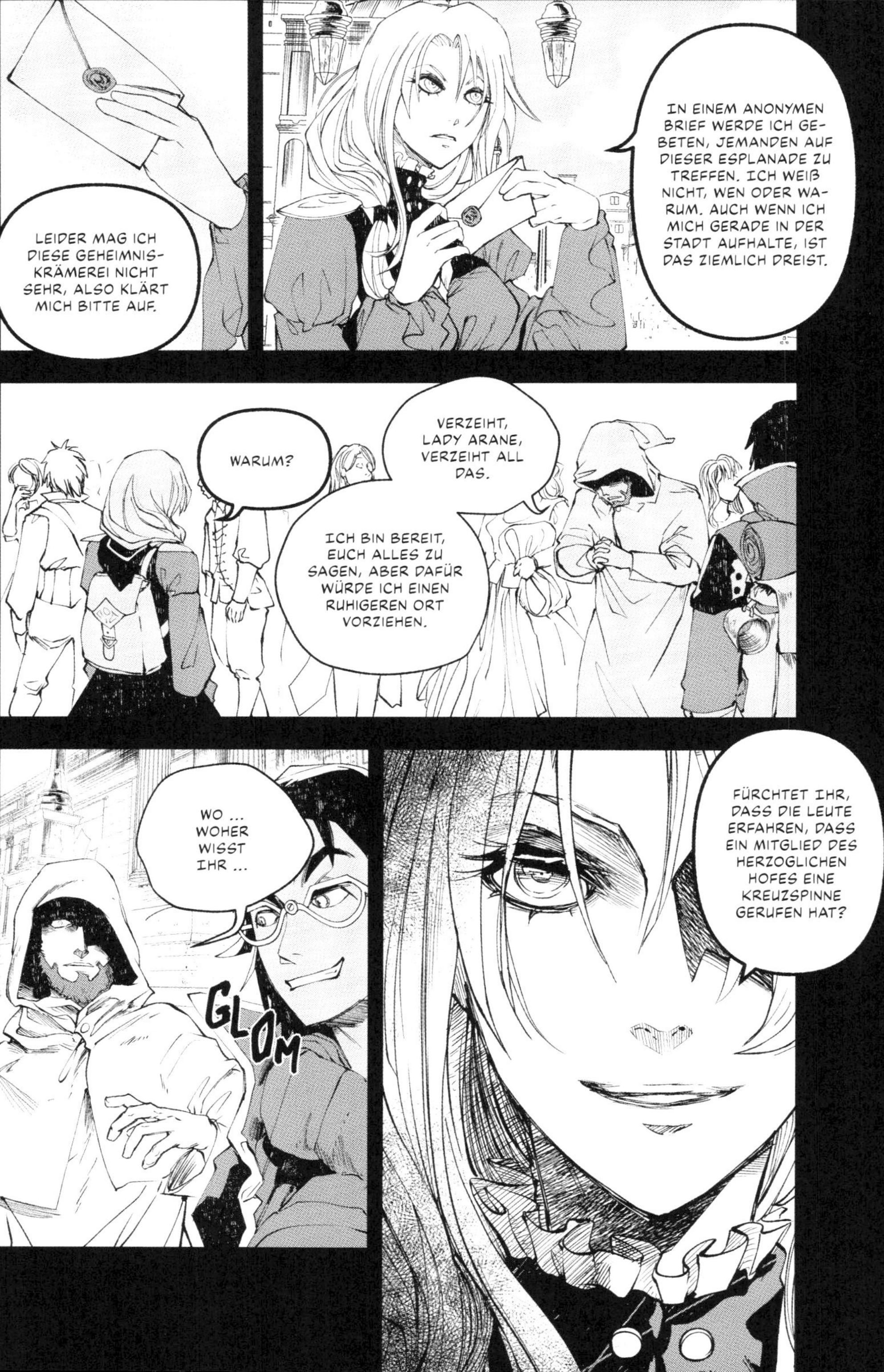
LEIDER MAG ICH DIESE GEHEIMNIS-KRÄMEREI NICHT SEHR, ALSO KLÄRT MICH BITTE AUF.
IN EINEM ANONYMEN BRIEF WERDE ICH GEBETEN, JEMANDEN AUF DIESER ESPLANADE ZU TREFFEN. ICH WEIß NICHT, WEN ODER WARUM. AUCH WENN ICH MICH GERADE IN DER STADT AUFHALTE, IST DAS ZIEMLICH DREIST.
WARUM?
VERZEIHT, LADY ARANE, VERZEIHT ALL DAS.
ICH BIN BEREIT, EUCH ALLES ZU SAGEN, ABER DAFÜR WÜRDE ICH EINEN RUHIGEREN ORT VORZIEHEN.
WO ... WOHER WISST IHR ...
GLOM
FÜRCHTET IHR, DASS DIE LEUTE ERFAHREN, DASS EIN MITGLIED DES HERZOGLICHEN HOFES EINE KREUZSPINNE GERUFEN HAT?

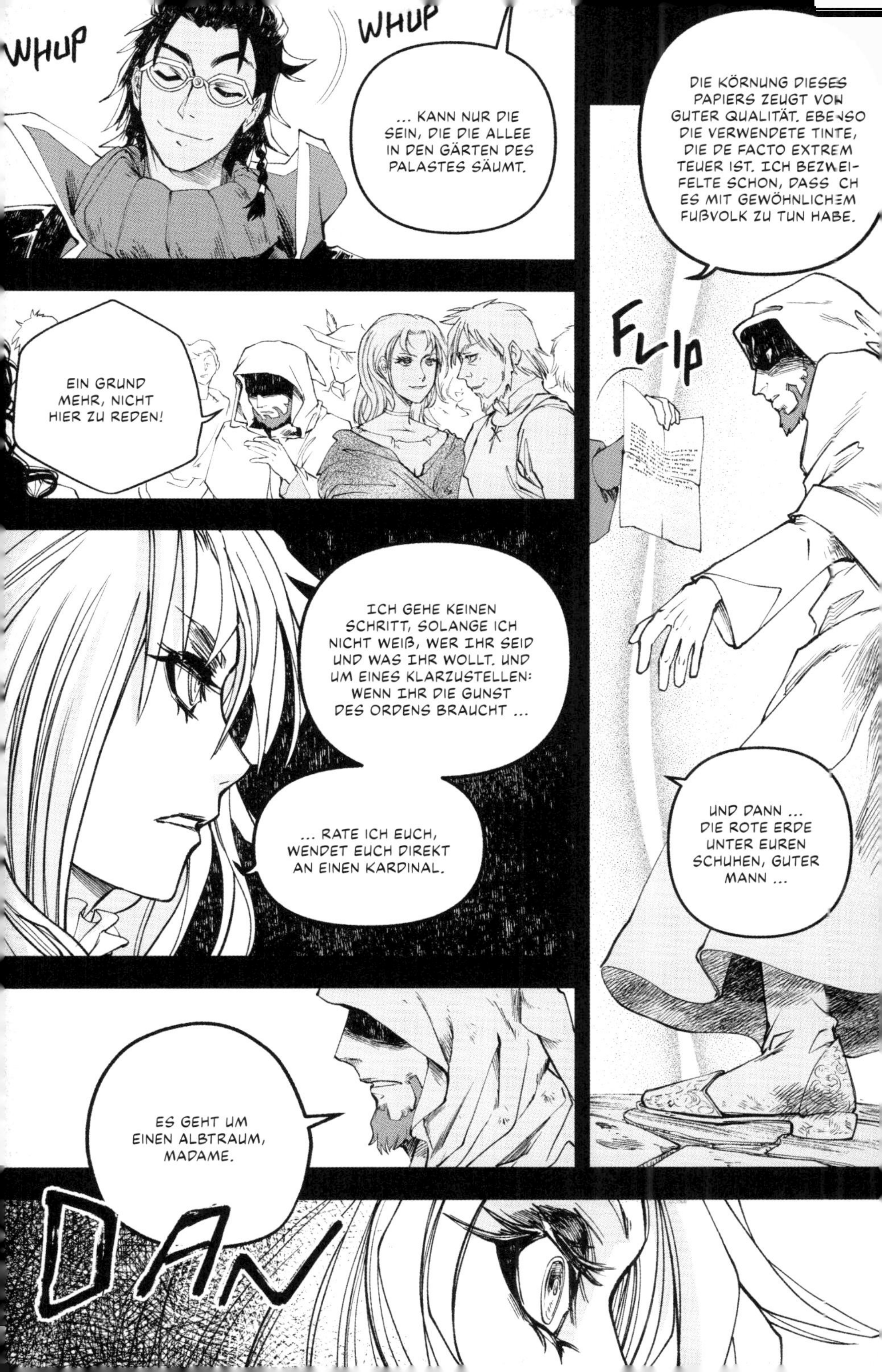
DIE KÖRNUNG DIESES PAPIERS ZEUGT VON GUTER QUALITÄT. EBENSO DIE VERWENDETE TINTE, DIE DE FACTO EXTREM TEUER IST. ICH BEZWEIFELTE SCHON, DASS ICH ES MIT GEWÖHNLICHEM FUßVOLK ZU TUN HABE.
FLIP
UND DANN ... DIE ROTE ERDE UNTER EUREN SCHUHEN, GUTER MANN ...
WHUP
WHUP
... KANN NUR DIE SEIN, DIE DIE ALLEE IN DEN GÄRTEN DES PALASTES SÄUMT.
EIN GRUND MEHR, NICHT HIER ZU REDEN!
ICH GEHE KEINEN SCHRITT, SOLANGE ICH NICHT WEIß, WER IHR SEID UND WAS IHR WOLLT. UND UM EINES KLARZUSTELLEN: WENN IHR DIE GUNST DES ORDENS BRAUCHT ...
... RATE ICH EUCH, WENDET EUCH DIREKT AN EINEN KARDINAL.
ES GEHT UM EINEN ALBTRAUM, MADAME.
DAN

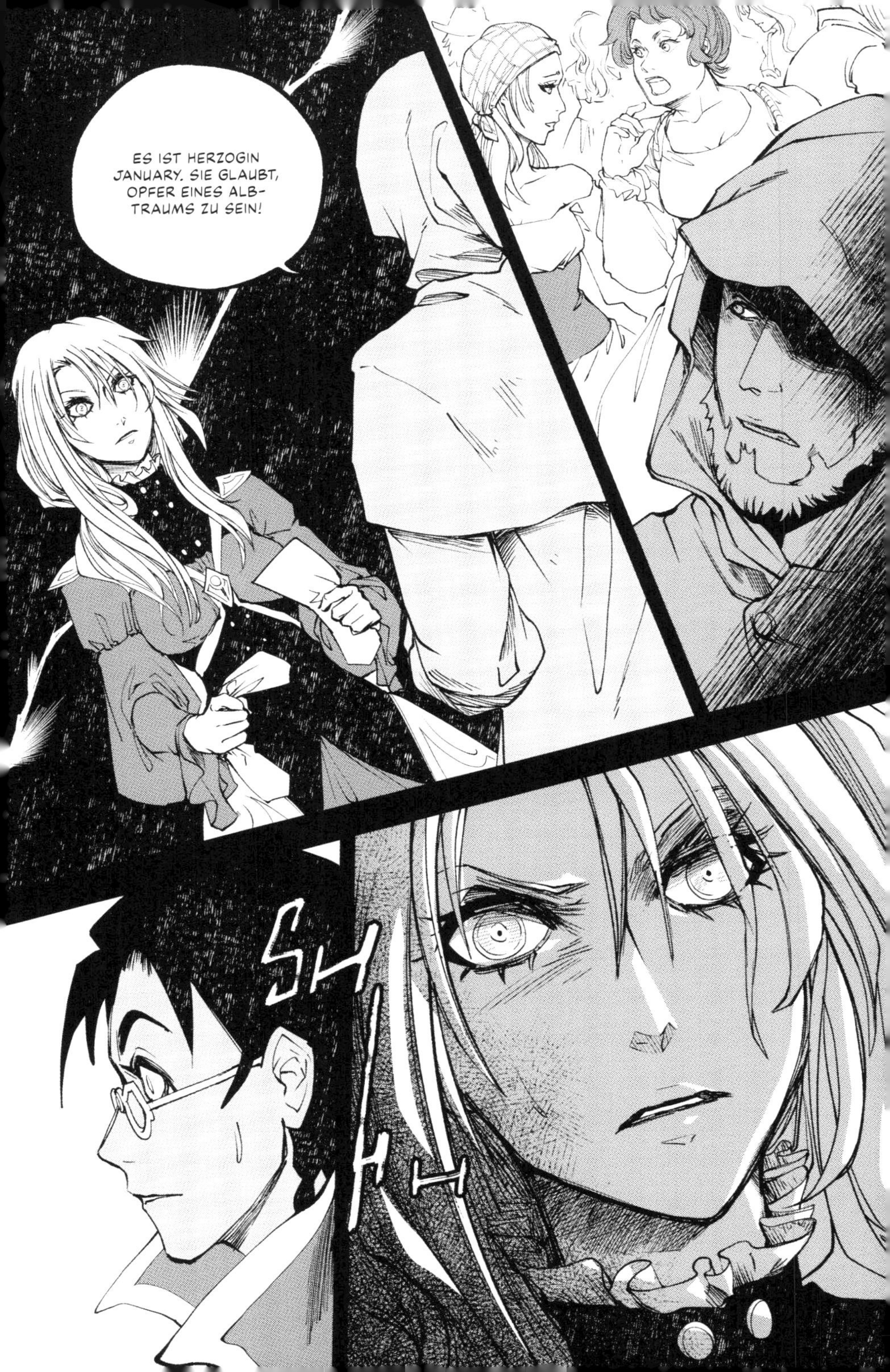
ES IST HERZOGIN JANUARY. SIE GLAUBT, OPFER EINES ALB-TRAUMS ZU SEIN!
SHHH

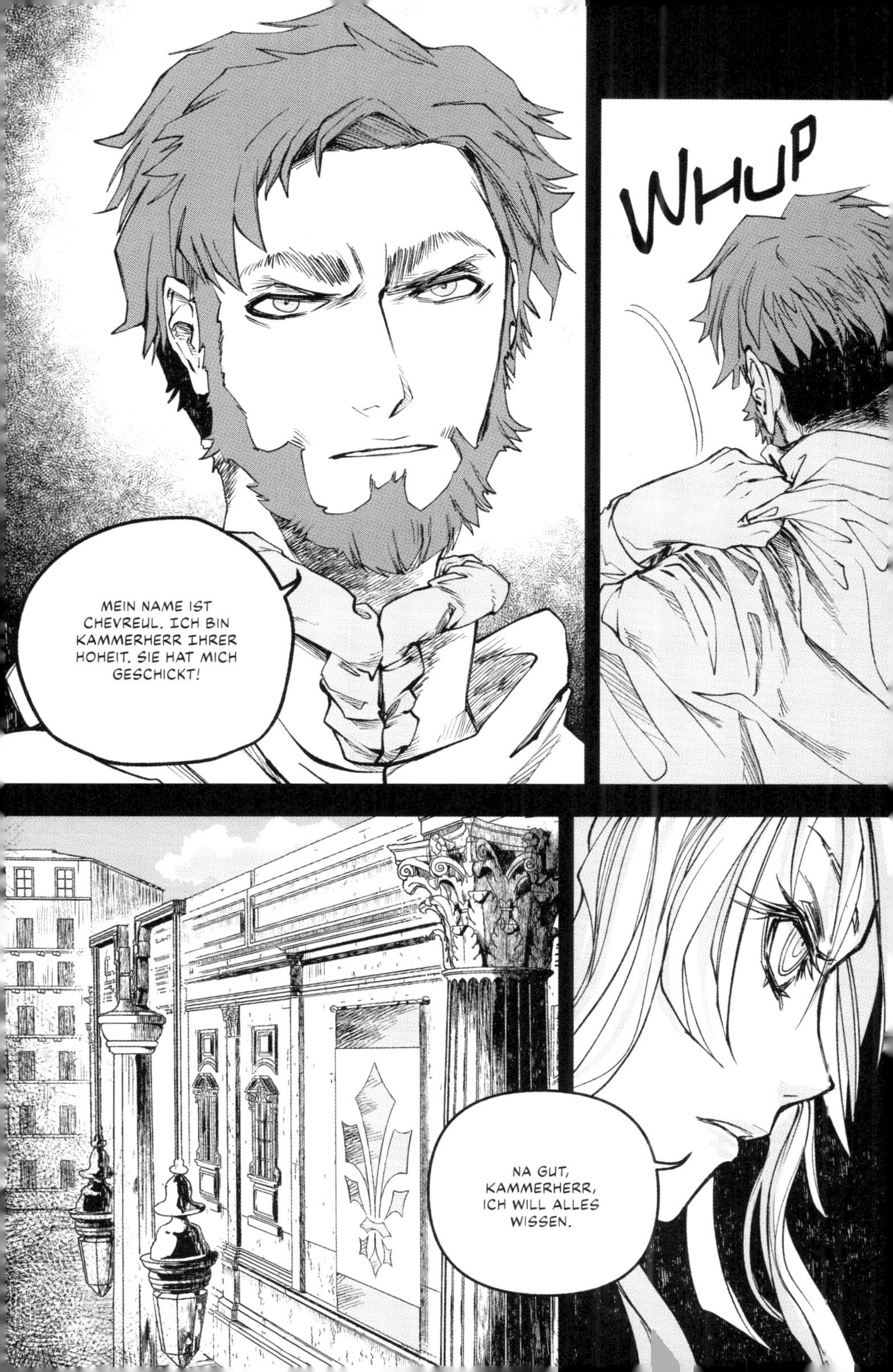
MEIN NAME IST CHEVREUL. ICH BIN KAMMERHERR IHRER HOHEIT. SIE HAT MICH GESCHICKT!
WHUP
NA GUT, KAMMERHERR, ICH WILL ALLES WISSEN.

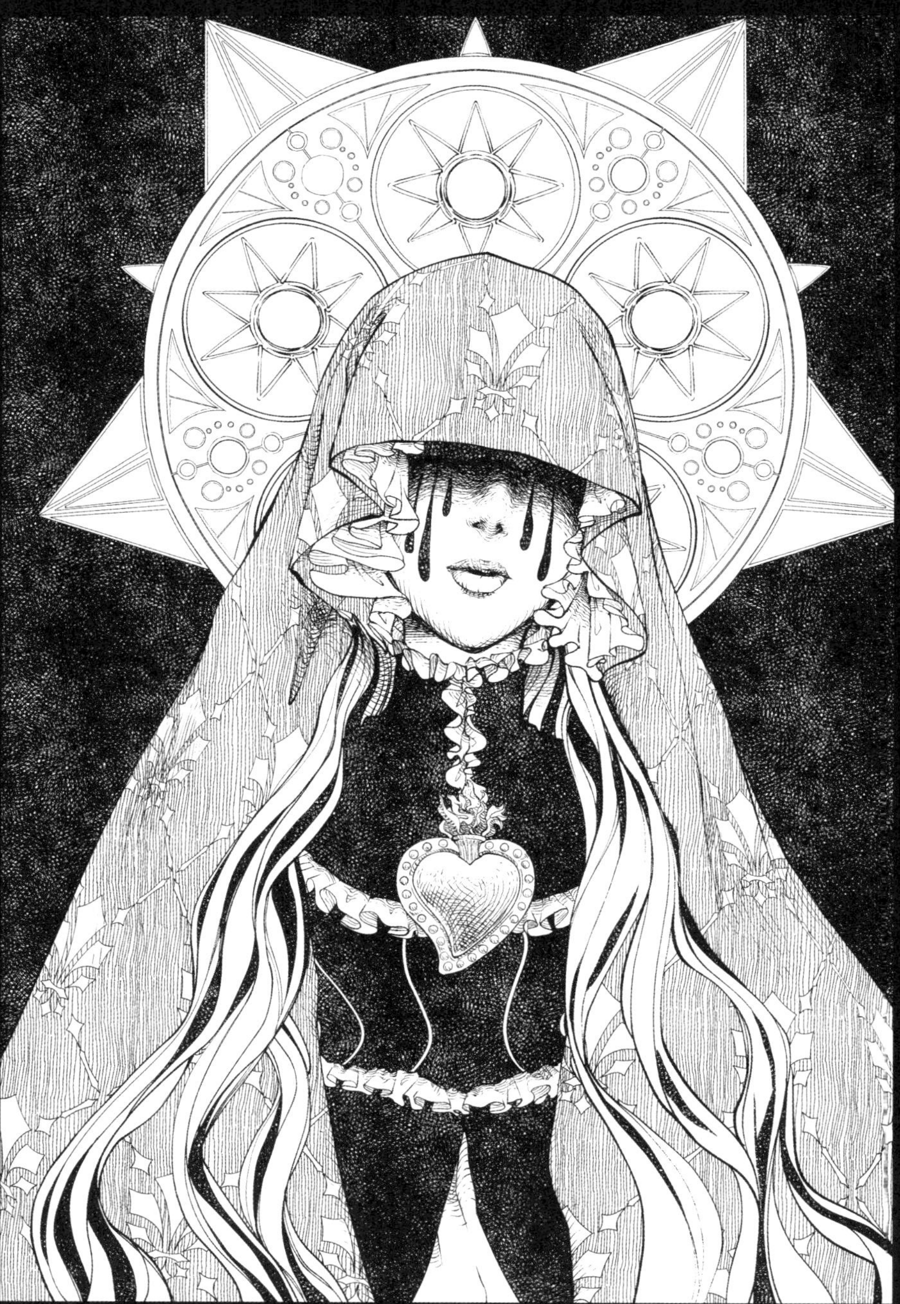

KAPITEL 5: IN UTERO

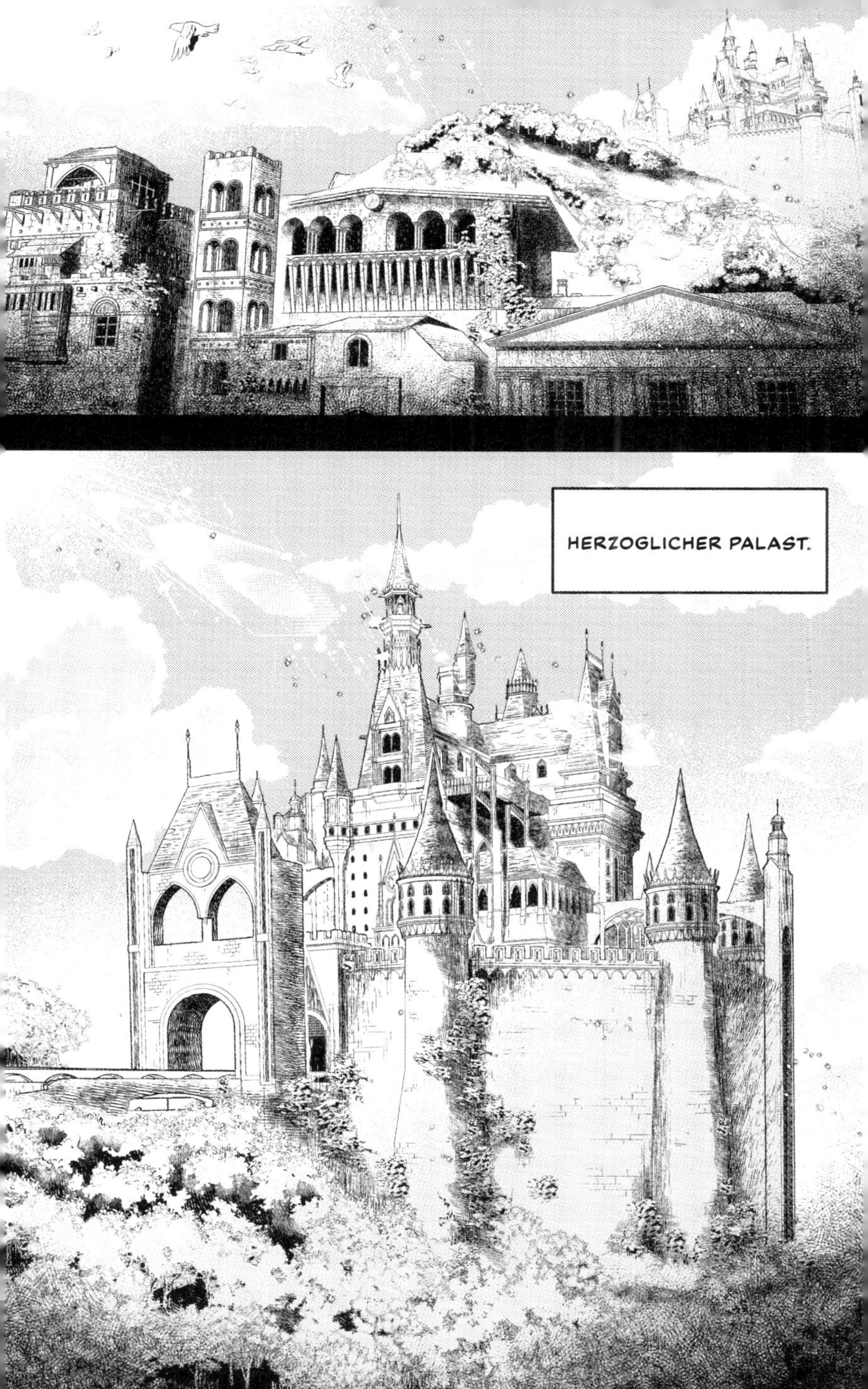
HERZOGLICHER PALAST.

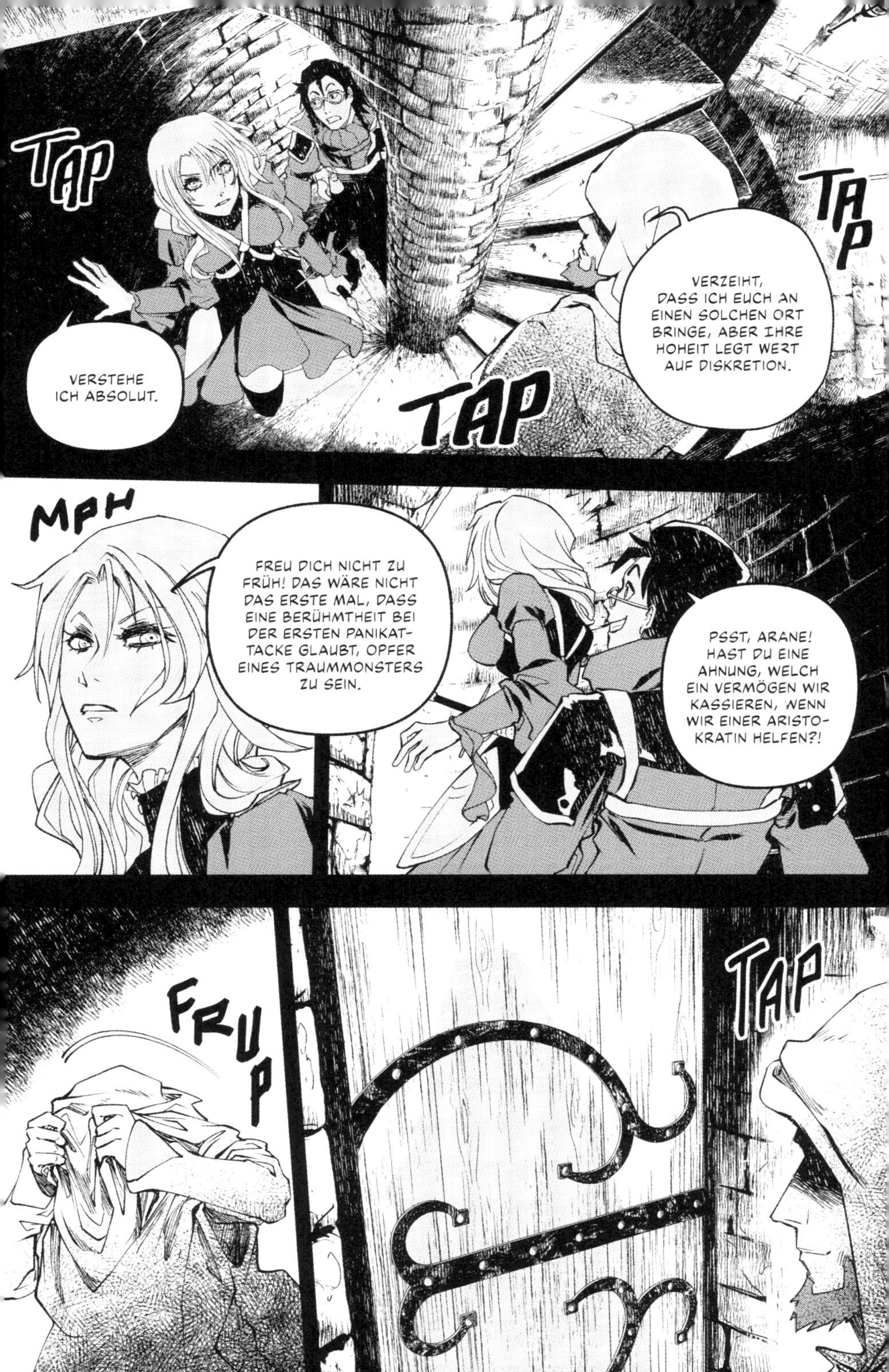
TAP
TAP
VERZEIHT, DASS ICH EUCH AN EINEN SOLCHEN ORT BRINGE, ABER IHRE HOHEIT LEGT WERT AUF DISKRETION.
VERSTEHE ICH ABSOLUT.
TAP
PSST, ARANE! HAST DU EINE AHNUNG, WELCH EIN VERMÖGEN WIR KASSIEREN, WENN WIR EINER ARISTO-KRATIN HELFEN?!
MPH
FREU DICH NICHT ZU FRÜH! DAS WÄRE NICHT DAS ERSTE MAL, DASS EINE BERÜHMTHEIT BEI DER ERSTEN PANIKAT-TACKE GLAUBT, OPFER EINES TRAUMMONSTERS ZU SEIN.
TAP
FRUP

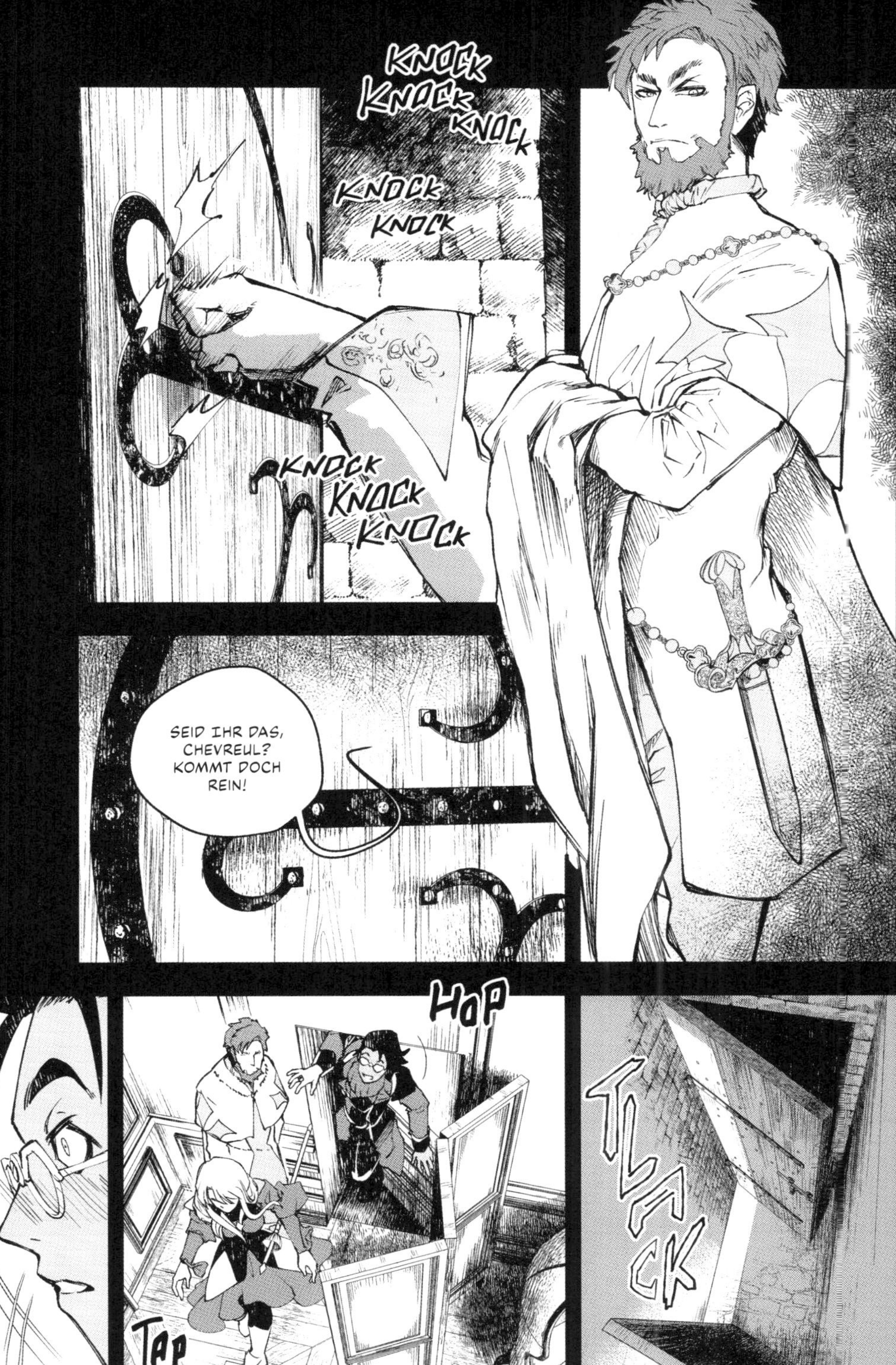
KNOCK
KNOCK KNOCK
KNOCK
KNOCK
KNOCK KNOCK
KNOCK
SEID IHR DAS, CHEVREUL? KOMMT DOCH REIN!
TLACK
HAP
TAP

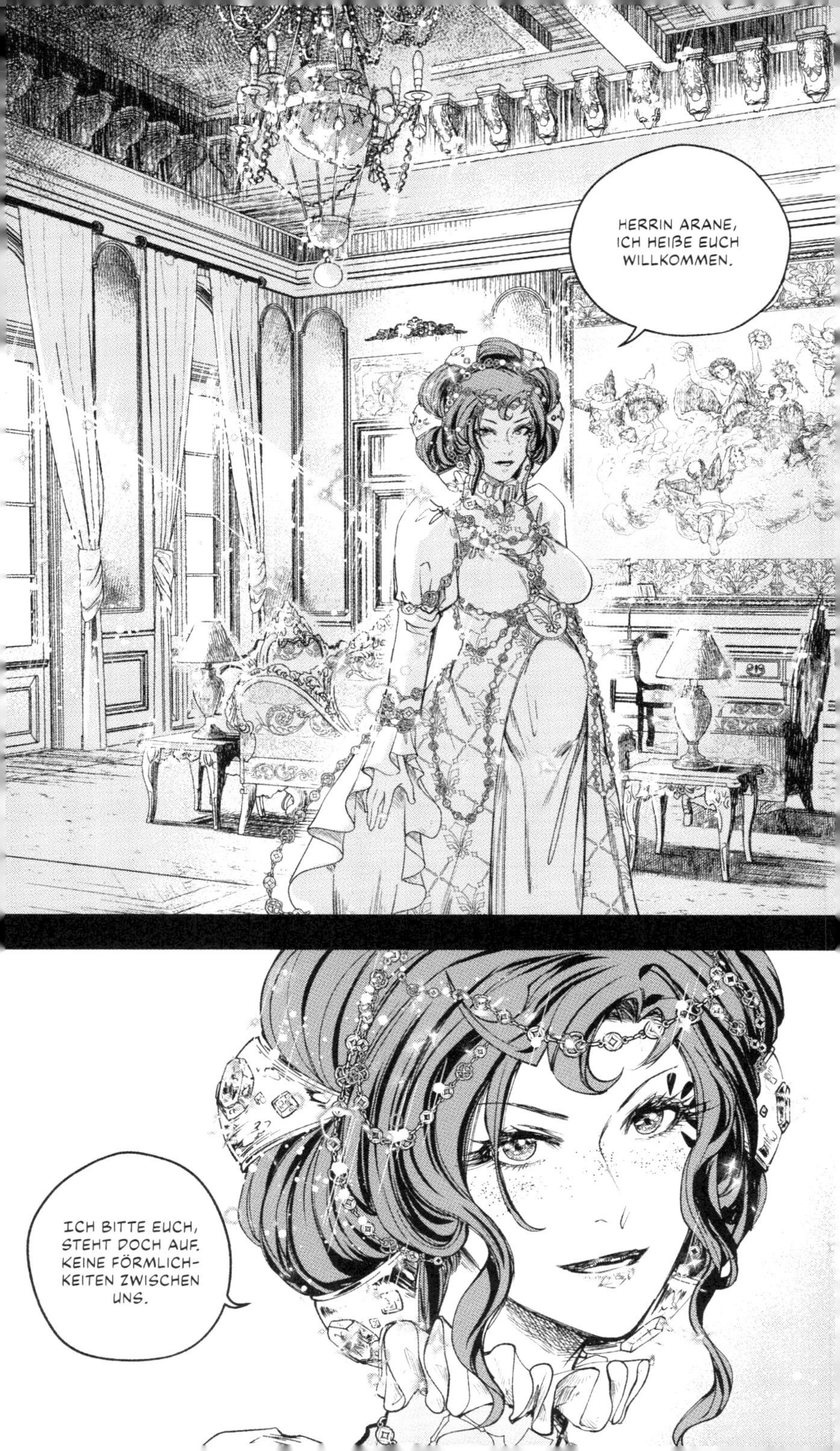
HERRIN ARANE, ICH HEIßE EUCH WILLKOMMEN.
ICH BITTE EUCH, STEHT DOCH AUF. KEINE FÖRMLICH-KEITEN ZWISCHEN UNS.

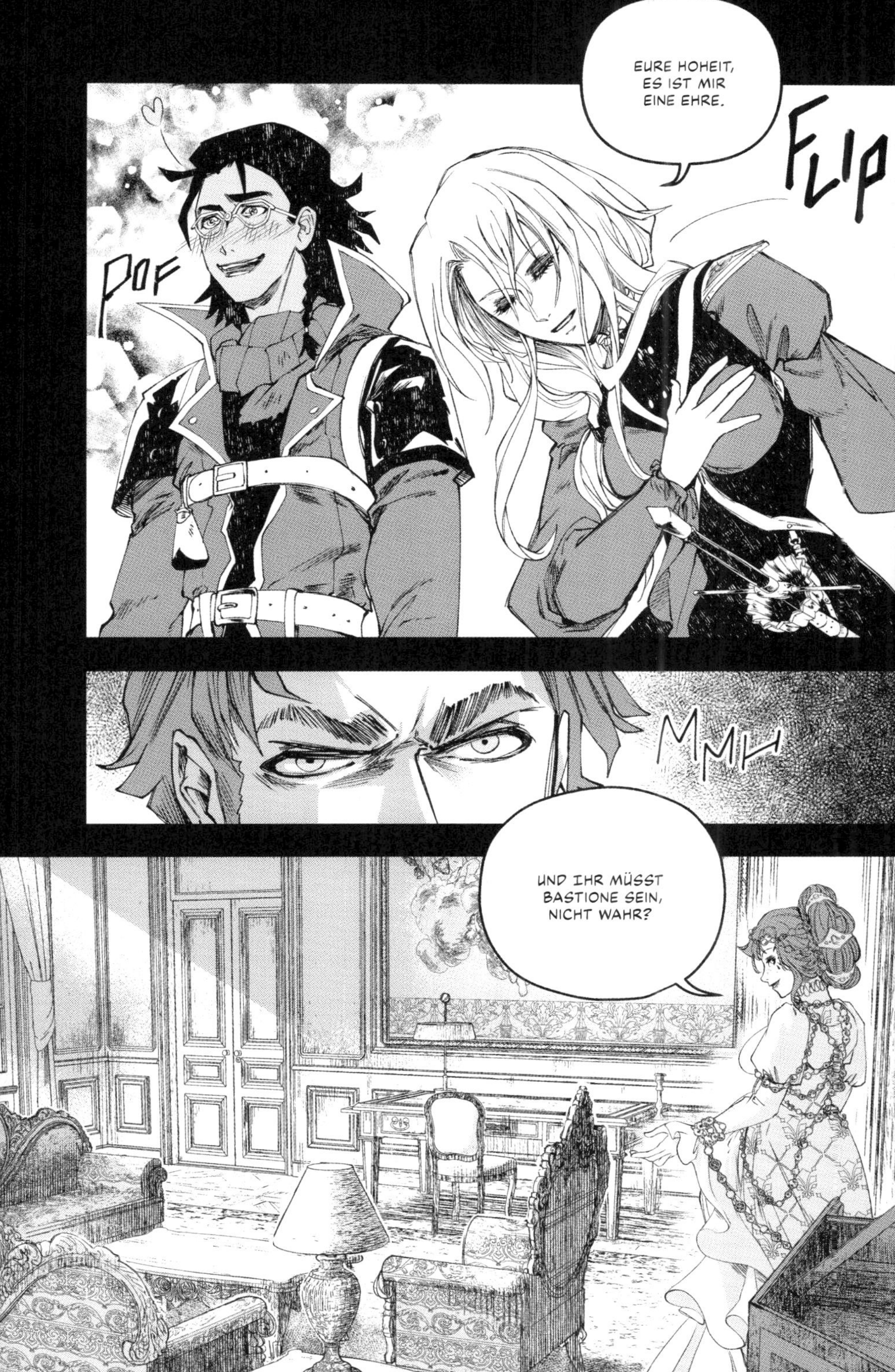
EURE HOHEIT, ES IST MIR EINE EHRE.
FLIP
POF
MMH
UND IHR MÜSST BASTIONE SEIN, NICHT WAHR?

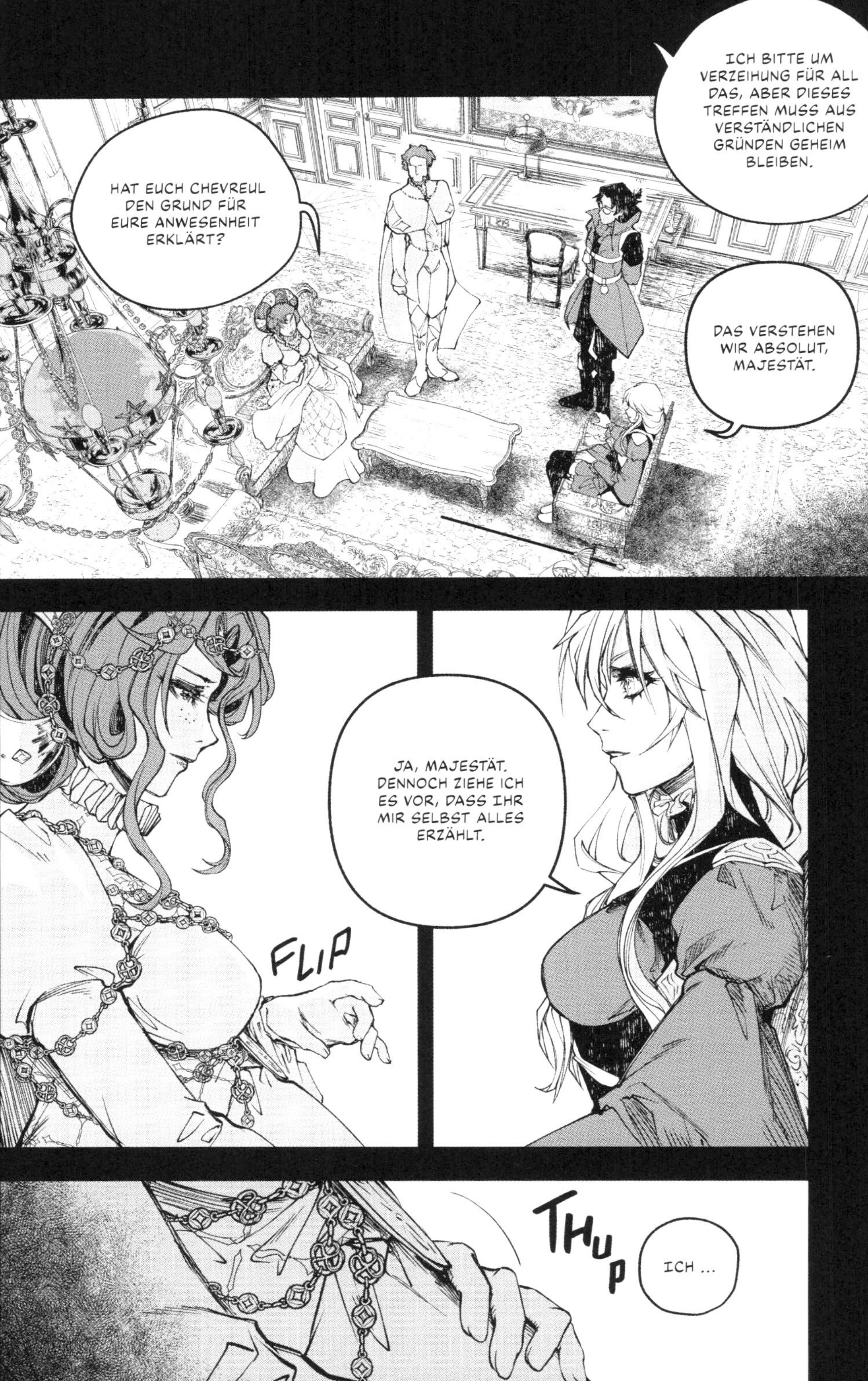
HAT EUCH CHEVREUL DEN GRUND FÜR EURE ANWESENHEIT ERKLÄRT?
ICH BITTE UM VERZEIHUNG FÜR ALL DAS, ABER DIESES TREFFEN MUSS AUS VERSTÄNDLICHEN GRÜNDEN GEHEIM BLEIBEN.
DAS VERSTEHEN WIR ABSOLUT, MAJESTÄT.
JA, MAJESTÄT. DENNOCH ZIEHE ICH ES VOR, DASS IHR MIR SELBST ALLES ERZÄHLT.
FLIP
THUP
ICH ...

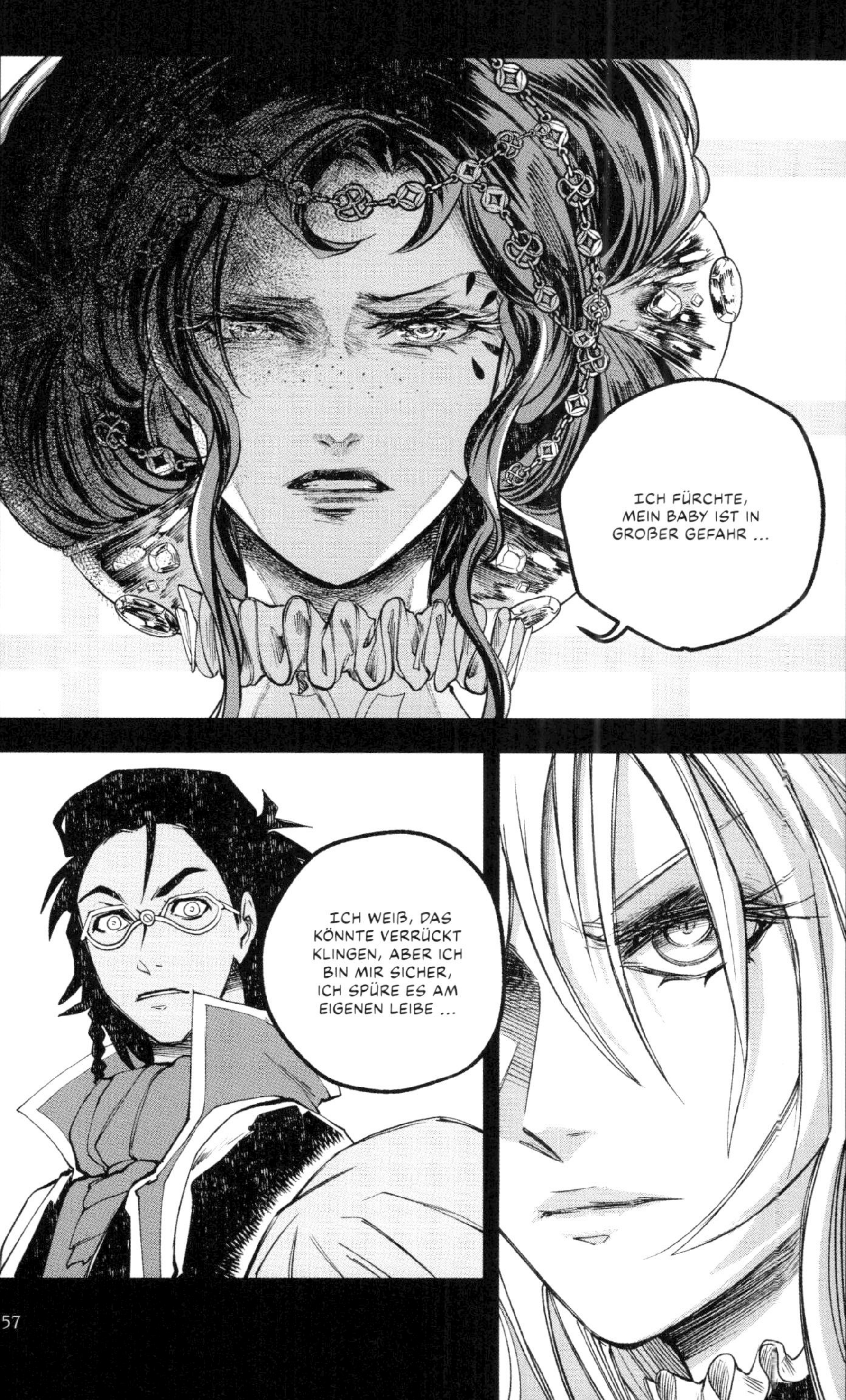
ICH FÜRCHTE, MEIN BABY IST IN GROẞER GEFAHR …
ICH WEIẞ, DAS KÖNNTE VERRÜCKT KLINGEN, ABER ICH BIN MIR SICHER, ICH SPÜRE ES AM EIGENEN LEIBE …

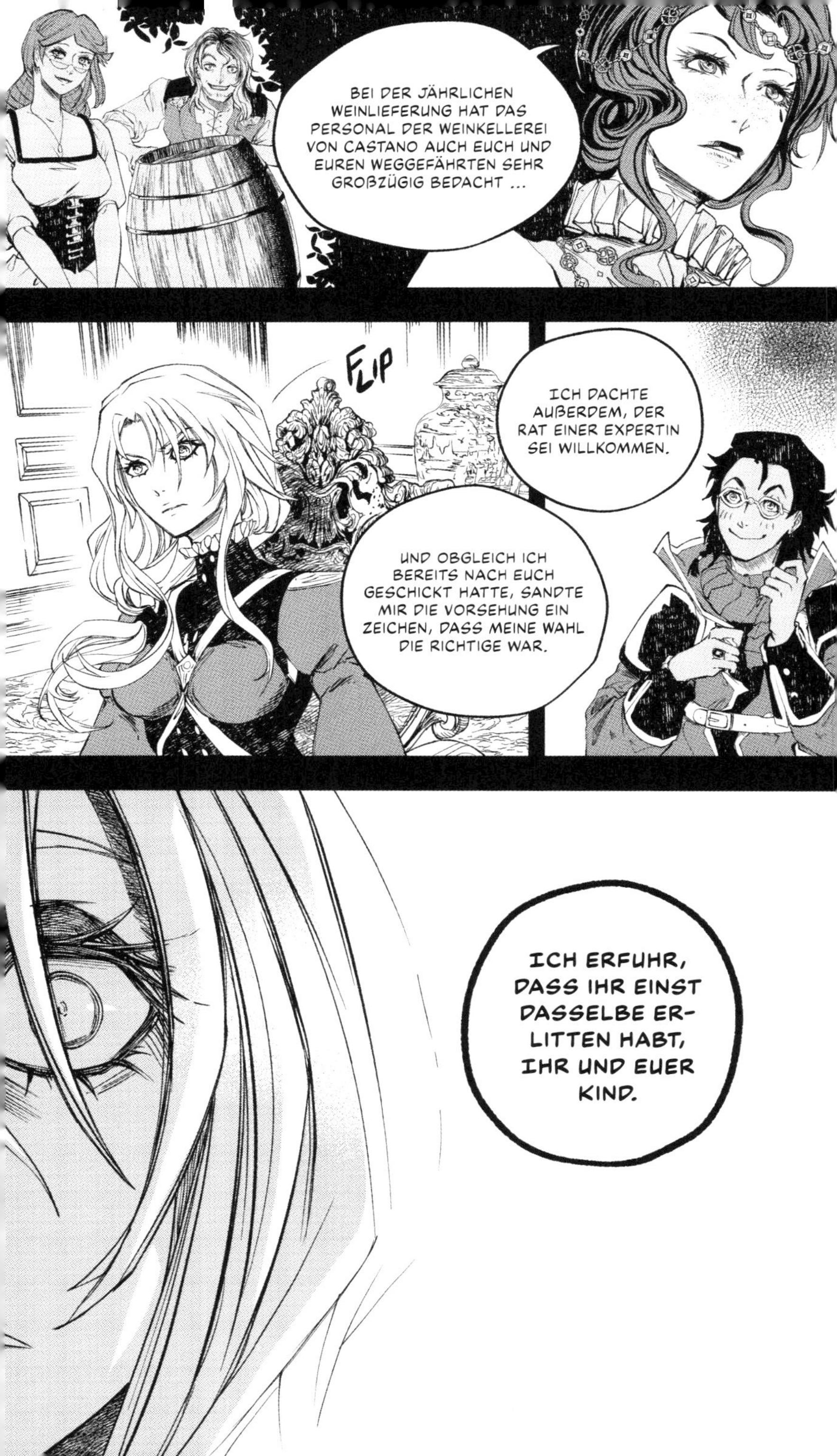
BEI DER JÄHRLICHEN WEINLIEFERUNG HAT DAS PERSONAL DER WEINKELLEREI VON CASTANO AUCH EUCH UND EUREN WEGGEFÄHRTEN SEHR GROßZÜGIG BEDACHT ...
FLIP
ICH DACHTE AUßERDEM, DER RAT EINER EXPERTIN SEI WILLKOMMEN.
UND OBGLEICH ICH BEREITS NACH EUCH GESCHICKT HATTE, SANDTE MIR DIE VORSEHUNG EIN ZEICHEN, DASS MEINE WAHL DIE RICHTIGE WAR.
ICH ERFUHR, DASS IHR EINST DASSELBE ER-LITTEN HABT, IHR UND EUER KIND.

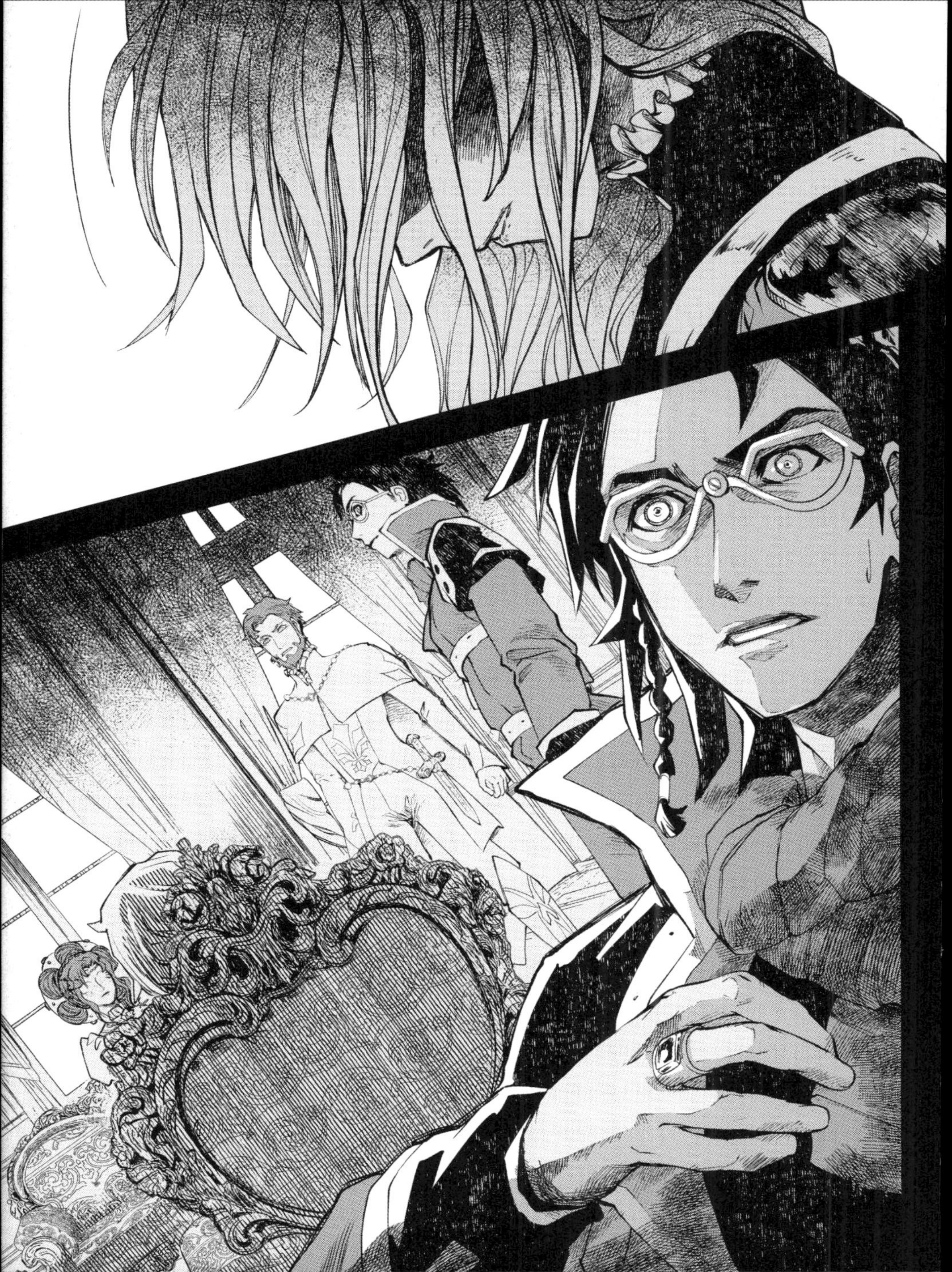

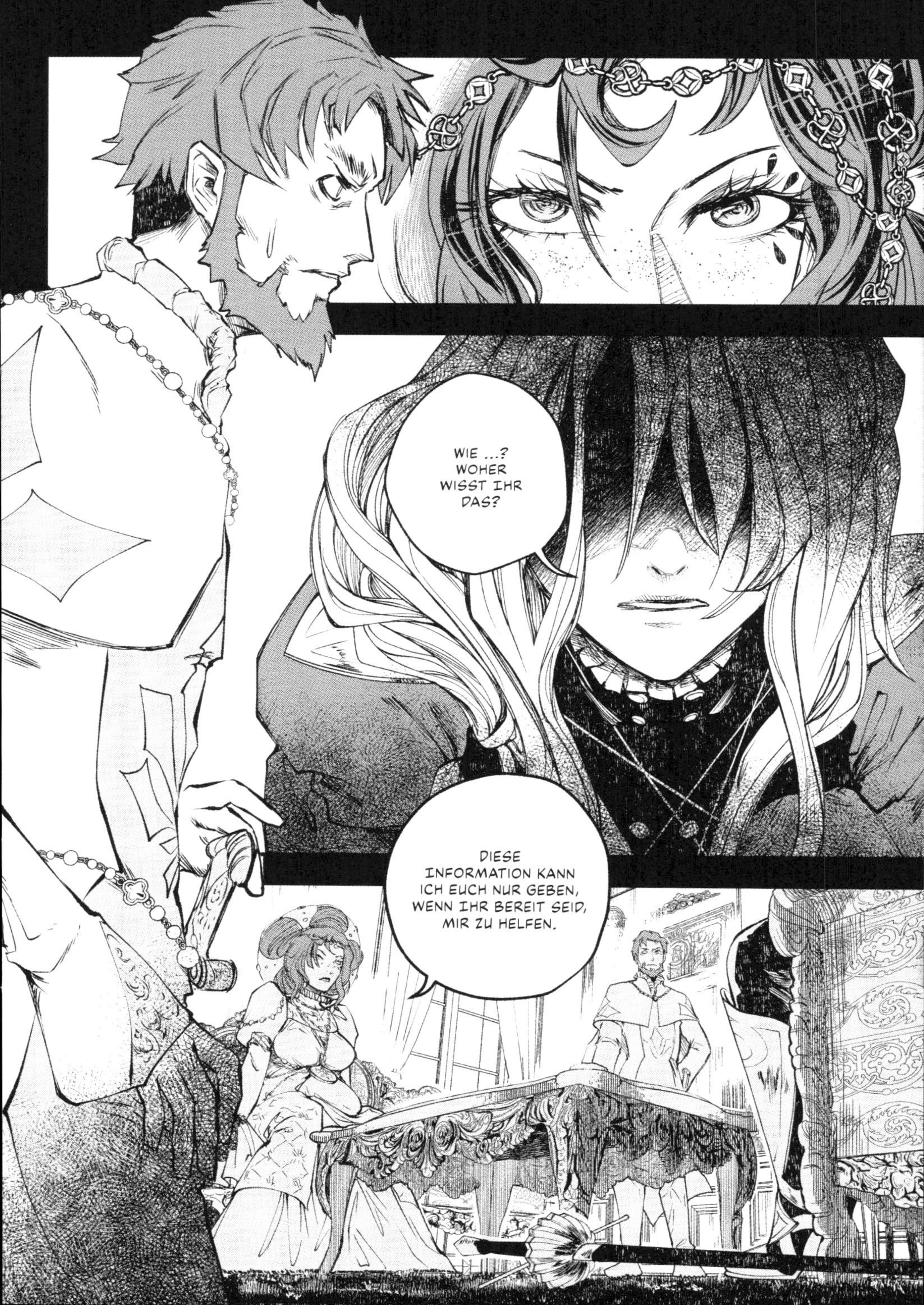
WIE ...? WOHER WISST IHR DAS?
DIESE INFORMATION KANN ICH EUCH NUR GEBEN, WENN IHR BEREIT SEID, MIR ZU HELFEN.

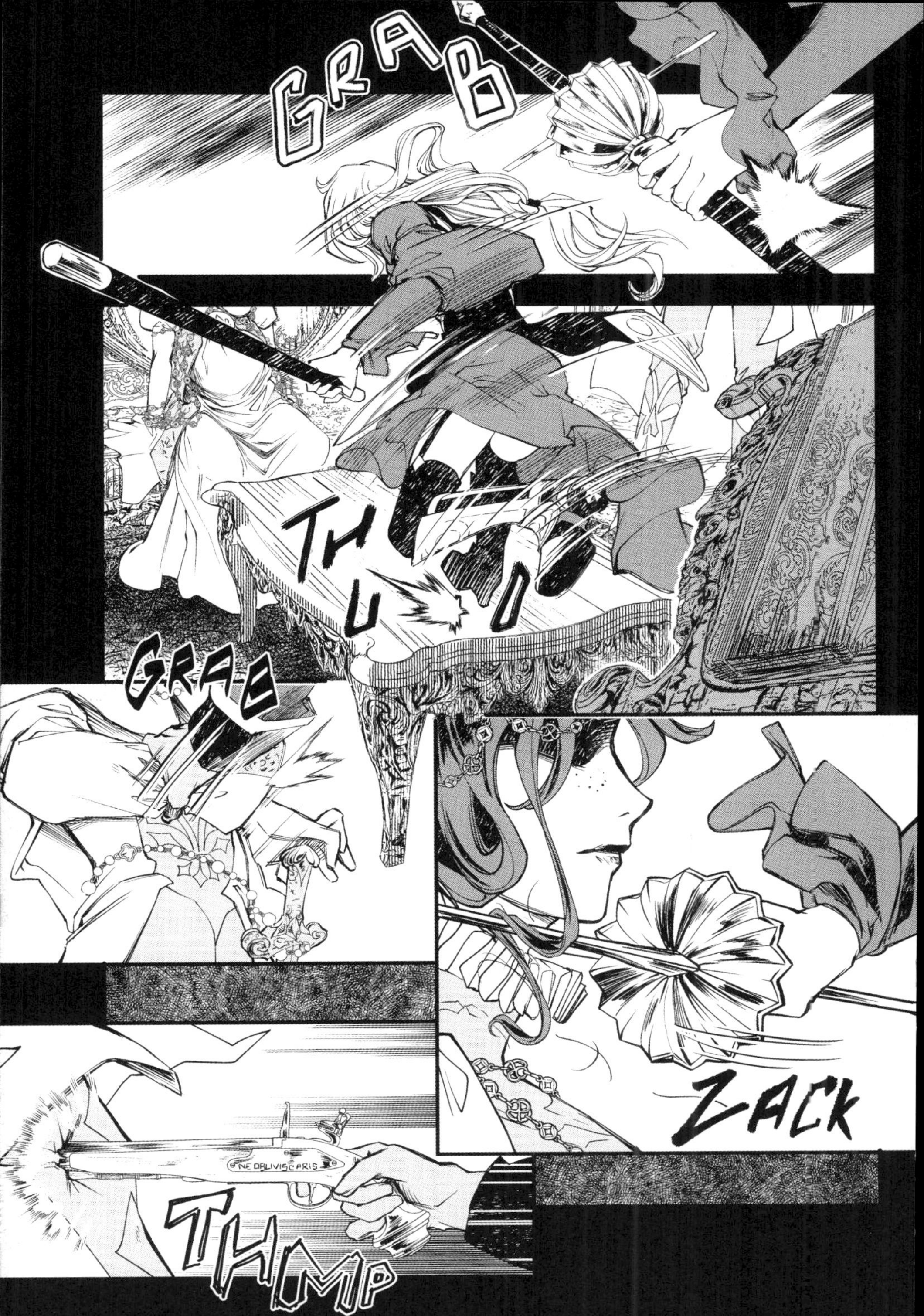
GRAB
THUD
GRAB
ZACK
NE OBLIVISCARIS
THUMP

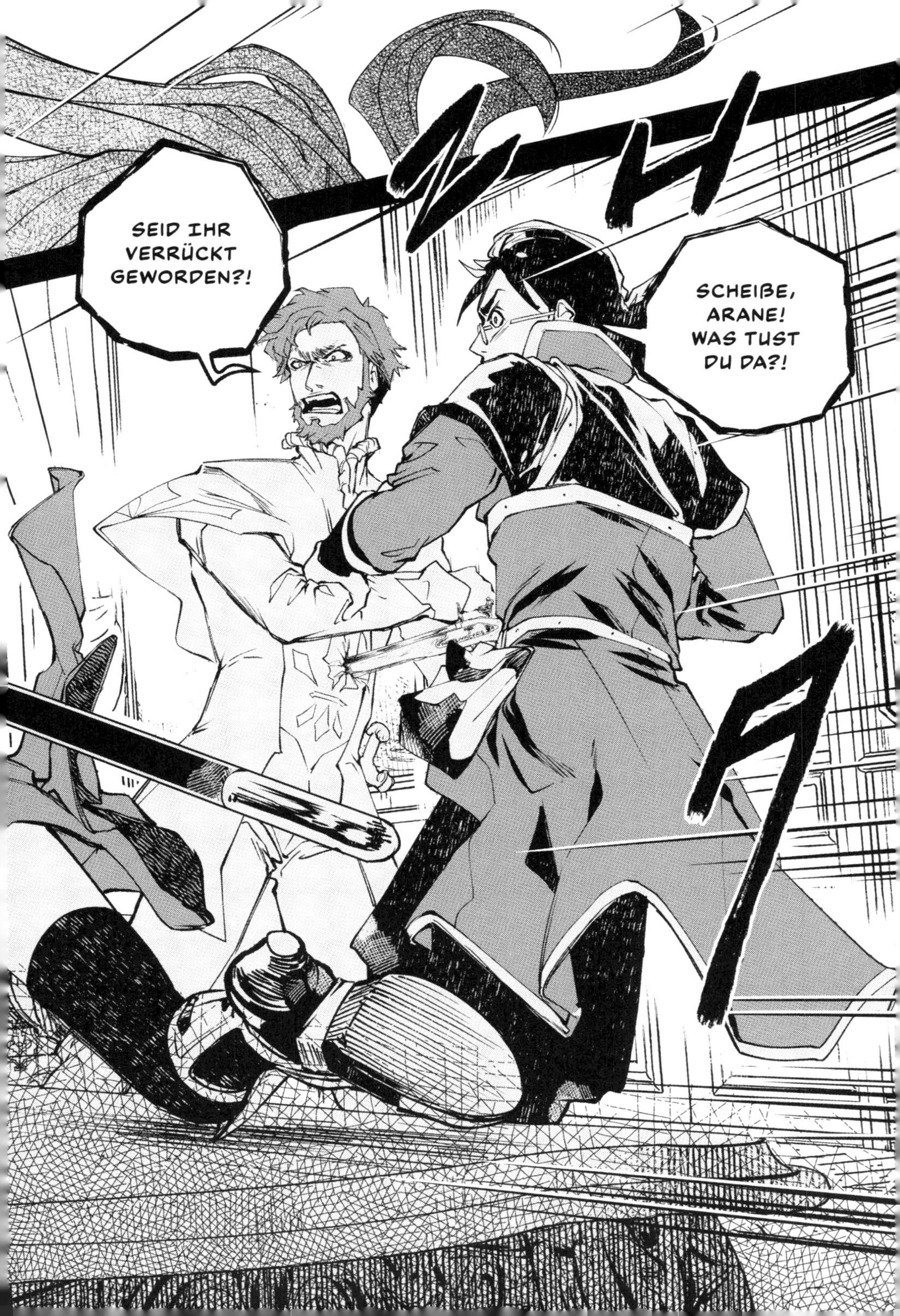
SCHEIBE, ARANE! WAS TUST DU DA?!
SEID IHR VERRÜCKT GEWORDEN?!

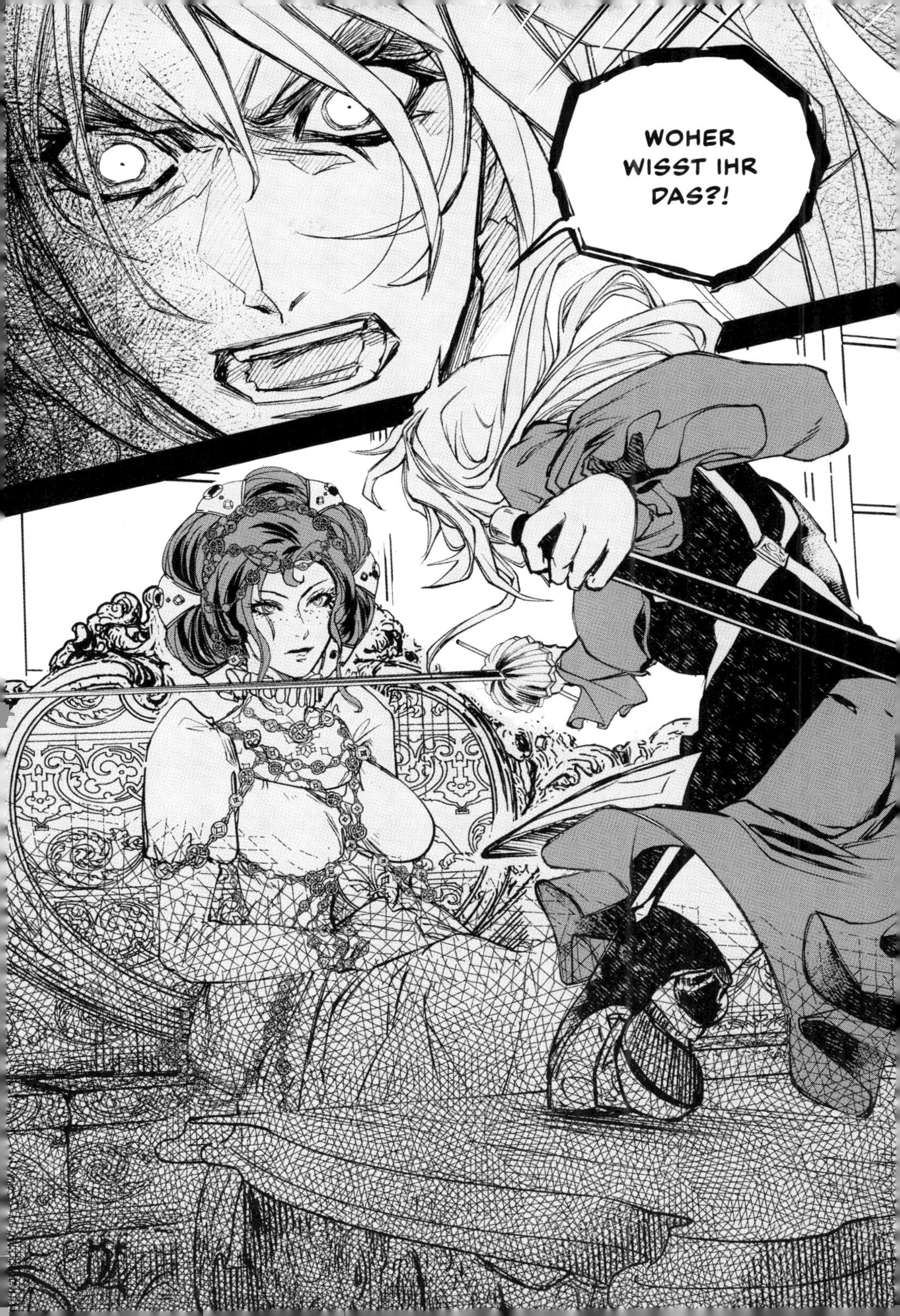
WOHER
WISST IHR
DAS?!

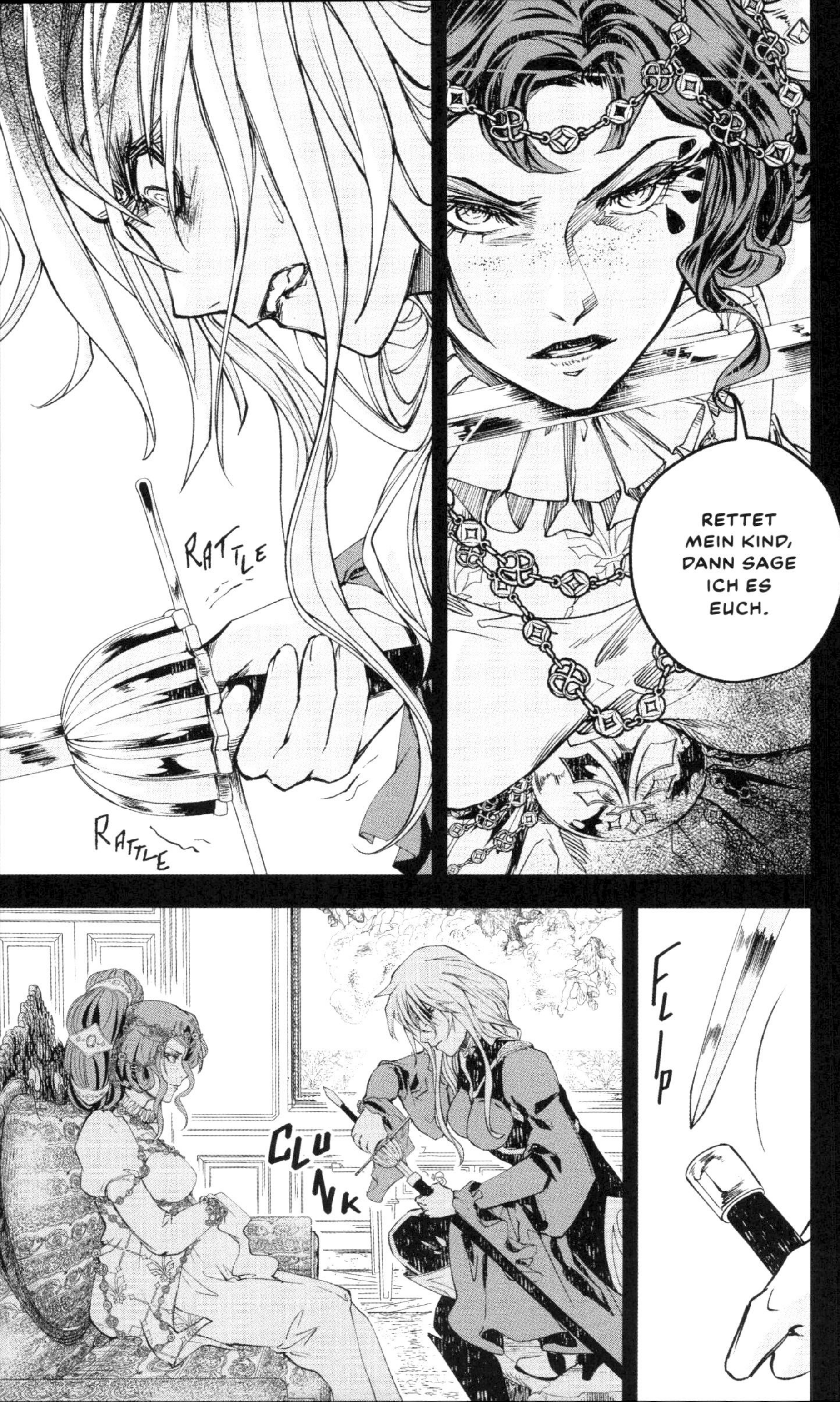
RETTET MEIN KIND, DANN SAGE ICH ES EUCH.
RATTLE
RATTLE
FLIP
CLUNK

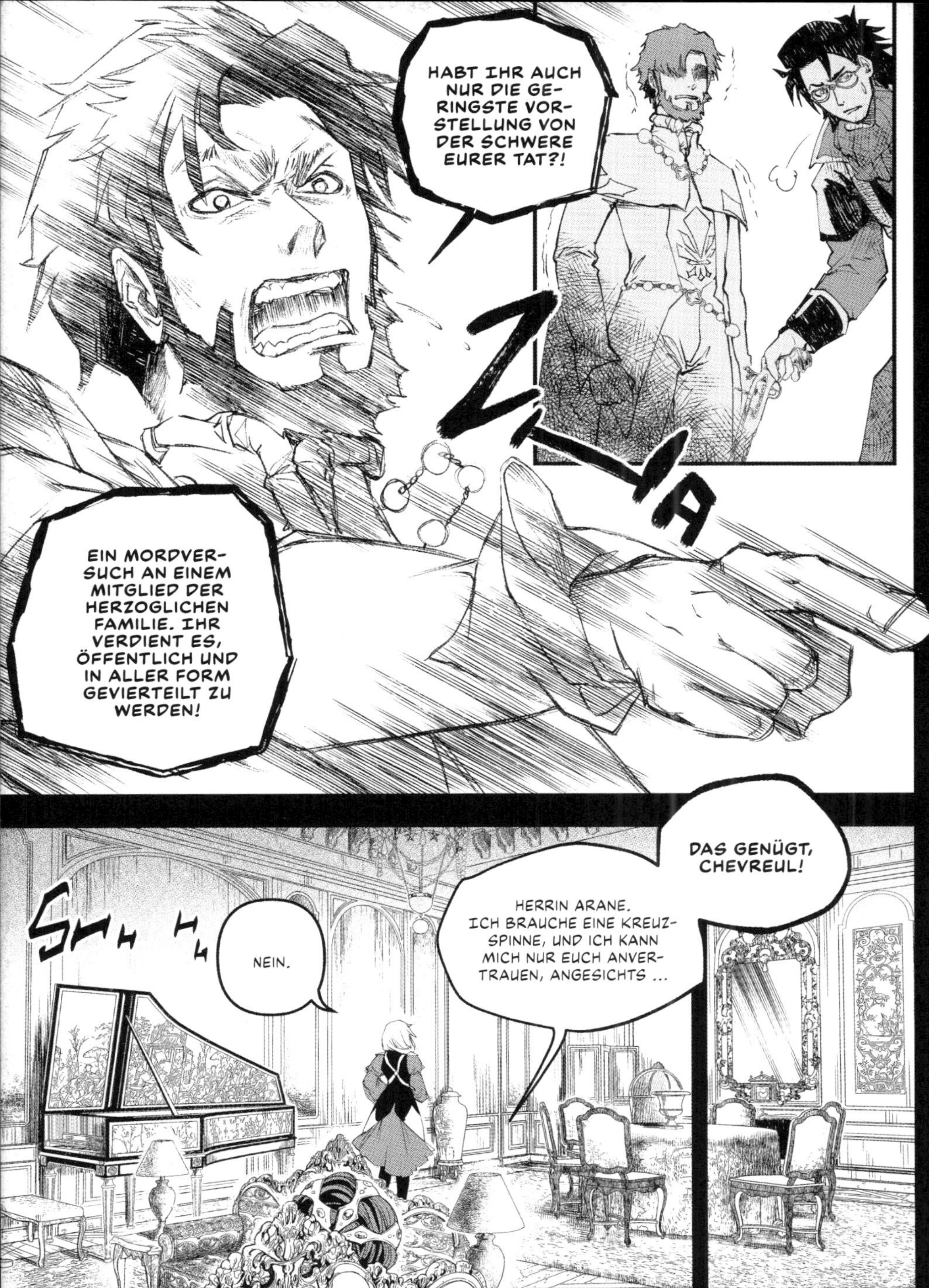
HABT IHR AUCH NUR DIE GERINGSTE VORSTELLUNG VON DER SCHWERE EURER TAT?!
ZIEH
EIN MORDVERSUCH AN EINEM MITGLIED DER HERZOGLICHEN FAMILIE. IHR VERDIENT ES, ÖFFENTLICH UND IN ALLER FORM GEVIERTEILT ZU WERDEN!
DAS GENÜGT, CHEVREUL!
HERRIN ARANE. ICH BRAUCHE EINE KREUZSPINNE, UND ICH KANN MICH NUR EUCH ANVERTRAUEN, ANGESICHTS …
NEIN.
SHH

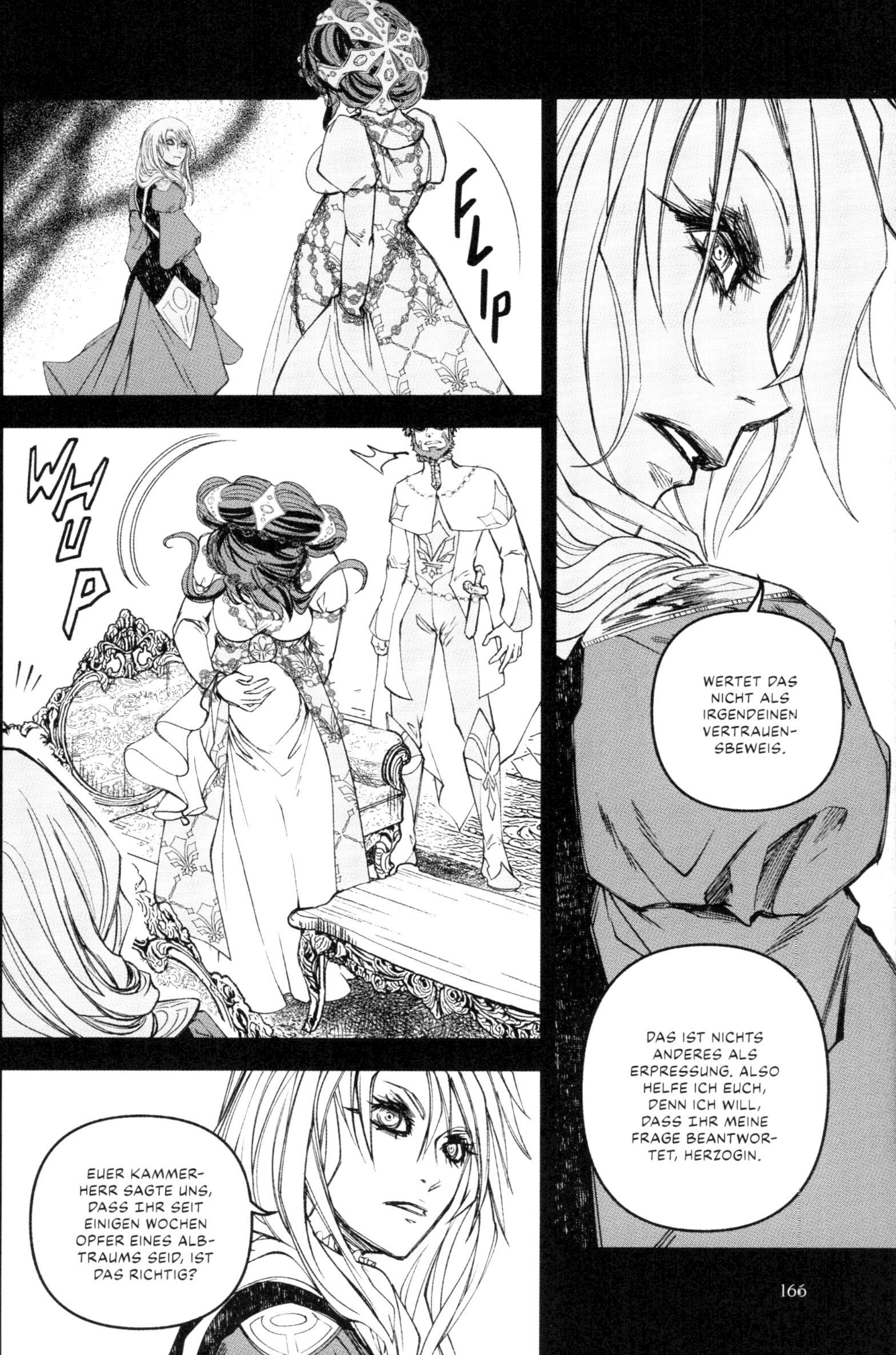
WERTET DAS NICHT ALS IRGENDEINEN VERTRAUEN-SBEWEIS.
DAS IST NICHTS ANDERES ALS ERPRESSUNG. ALSO HELFE ICH EUCH, DENN ICH WILL, DASS IHR MEINE FRAGE BEANTWOR-TET, HERZOGIN.
FLIP
WHUP
EUER KAMMER-HERR SAGTE UNS, DASS IHR SEIT EINIGEN WOCHEN OPFER EINES ALB-TRAUMS SEID, IST DAS RICHTIG?

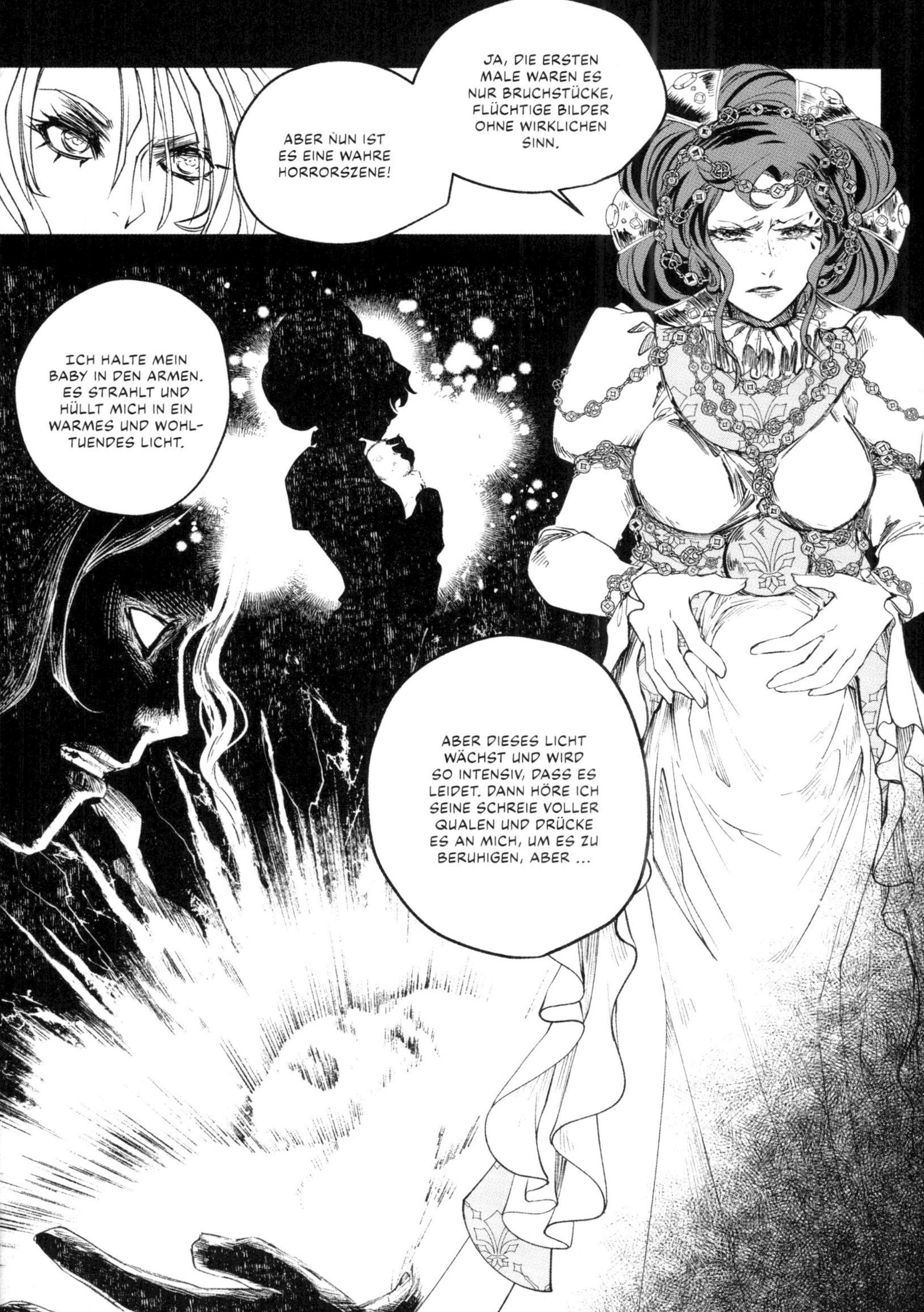
JA, DIE ERSTEN MALE WAREN ES NUR BRUCHSTÜCKE, FLÜCHTIGE BILDER OHNE WIRKLICHEN SINN.
ABER NUN IST ES EINE WAHRE HORRORSZENE!
ICH HALTE MEIN BABY IN DEN ARMEN. ES STRAHLT UND HÜLLT MICH IN EIN WARMES UND WOHL-TUENDES LICHT.
ABER DIESES LICHT WÄCHST UND WIRD SO INTENSIV, DASS ES LEIDET. DANN HÖRE ICH SEINE SCHREIE VOLLER QUALEN UND DRÜCKE ES AN MICH, UM ES ZU BERUHIGEN, ABER ...

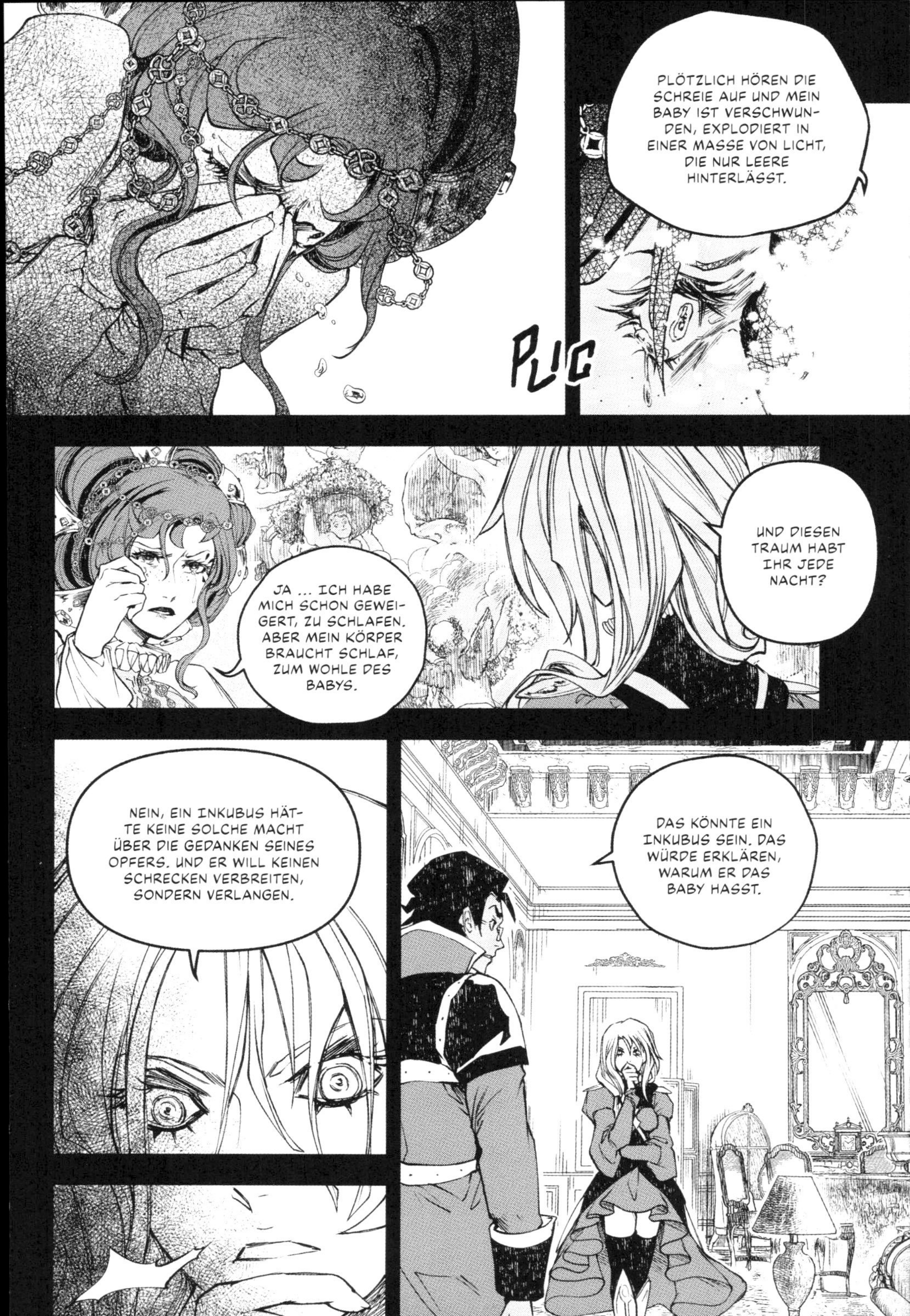

PLÖTZLICH HÖREN DIE SCHREIE AUF UND MEIN BABY IST VERSCHWUNDEN, EXPLODIERT IN EINER MASSE VON LICHT, DIE NUR LEERE HINTERLÄSST.
PLIC
UND DIESEN TRAUM HABT IHR JEDE NACHT?
JA ... ICH HABE MICH SCHON GEWEIGERT, ZU SCHLAFEN. ABER MEIN KÖRPER BRAUCHT SCHLAF, ZUM WOHLE DES BABYS.
DAS KÖNNTE EIN INKUBUS SEIN. DAS WÜRDE ERKLÄREN, WARUM ER DAS BABY HASST.
NEIN, EIN INKUBUS HÄTTE KEINE SOLCHE MACHT ÜBER DIE GEDANKEN SEINES OPFERS. UND ER WILL KEINEN SCHRECKEN VERBREITEN, SONDERN VERLANGEN.

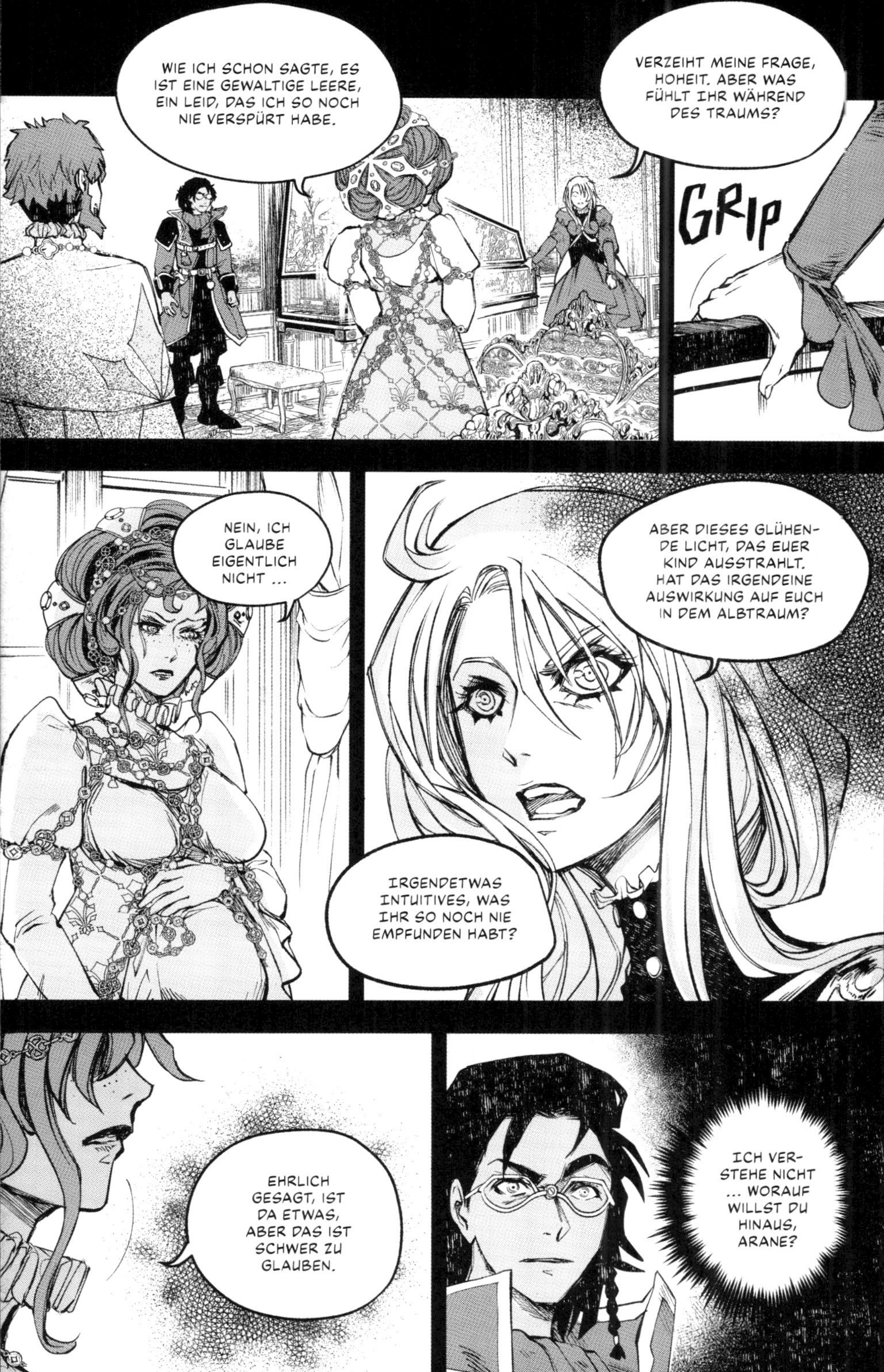
WIE ICH SCHON SAGTE, ES IST EINE GEWALTIGE LEERE, EIN LEID, DAS ICH SO NOCH NIE VERSPÜRT HABE.
VERZEIHT MEINE FRAGE, HOHEIT. ABER WAS FÜHLT IHR WÄHREND DES TRAUMS?
GRIP
NEIN, ICH GLAUBE EIGENTLICH NICHT ...
ABER DIESES GLÜHENDE LICHT, DAS EUER KIND AUSSTRAHLT. HAT DAS IRGENDEINE AUSWIRKUNG AUF EUCH IN DEM ALBTRAUM?
IRGENDETWAS INTUITIVES, WAS IHR SO NOCH NIE EMPFUNDEN HABT?
EHRLICH GESAGT, IST DA ETWAS, ABER DAS IST SCHWER ZU GLAUBEN.
ICH VERSTEHE NICHT ... WORAUF WILLST DU HINAUS, ARANE?

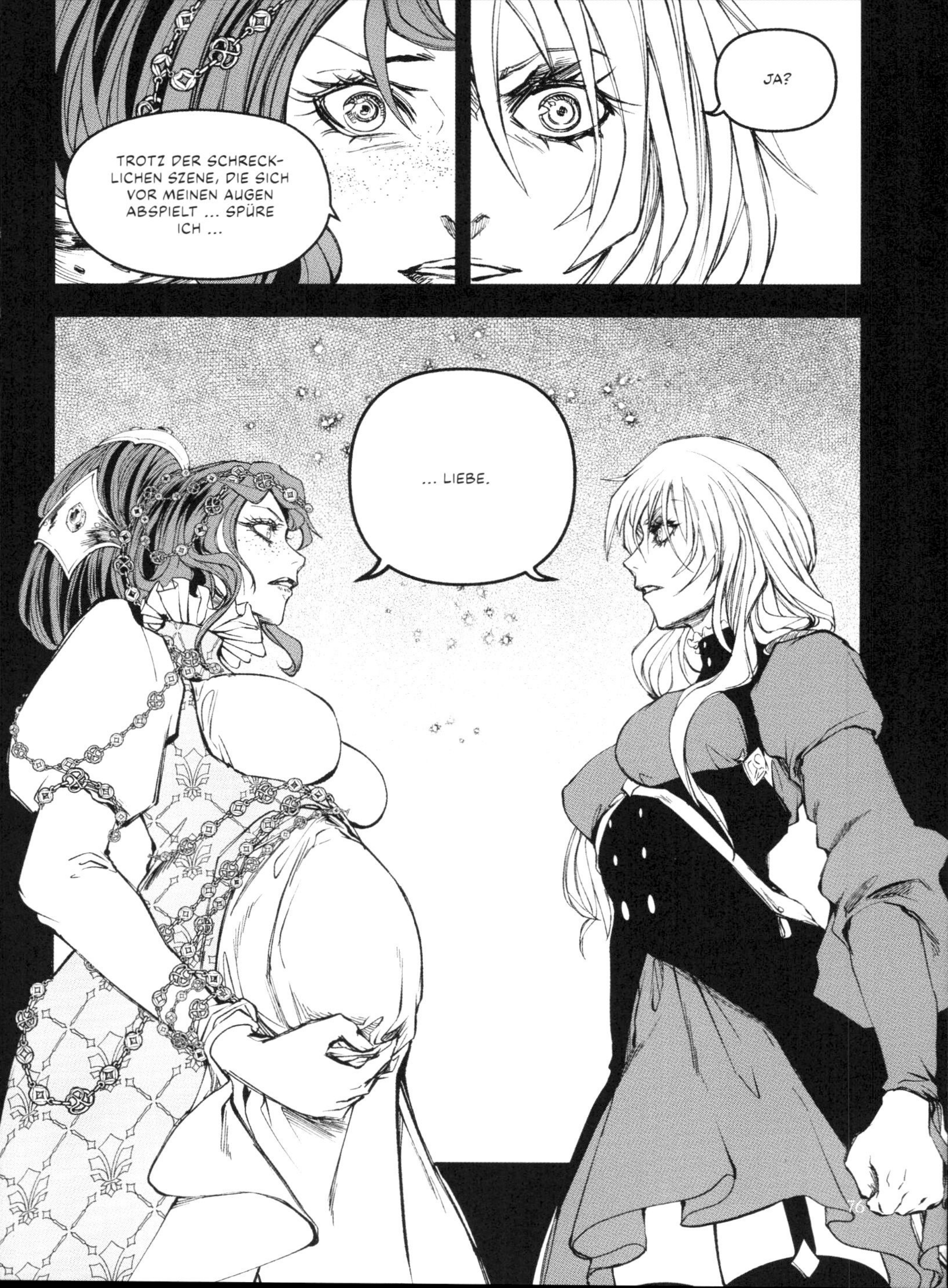
TROTZ DER SCHRECK-LICHEN SZENE, DIE SICH VOR MEINEN AUGEN ABSPIELT … SPÜRE ICH …
JA?
… LIEBE.

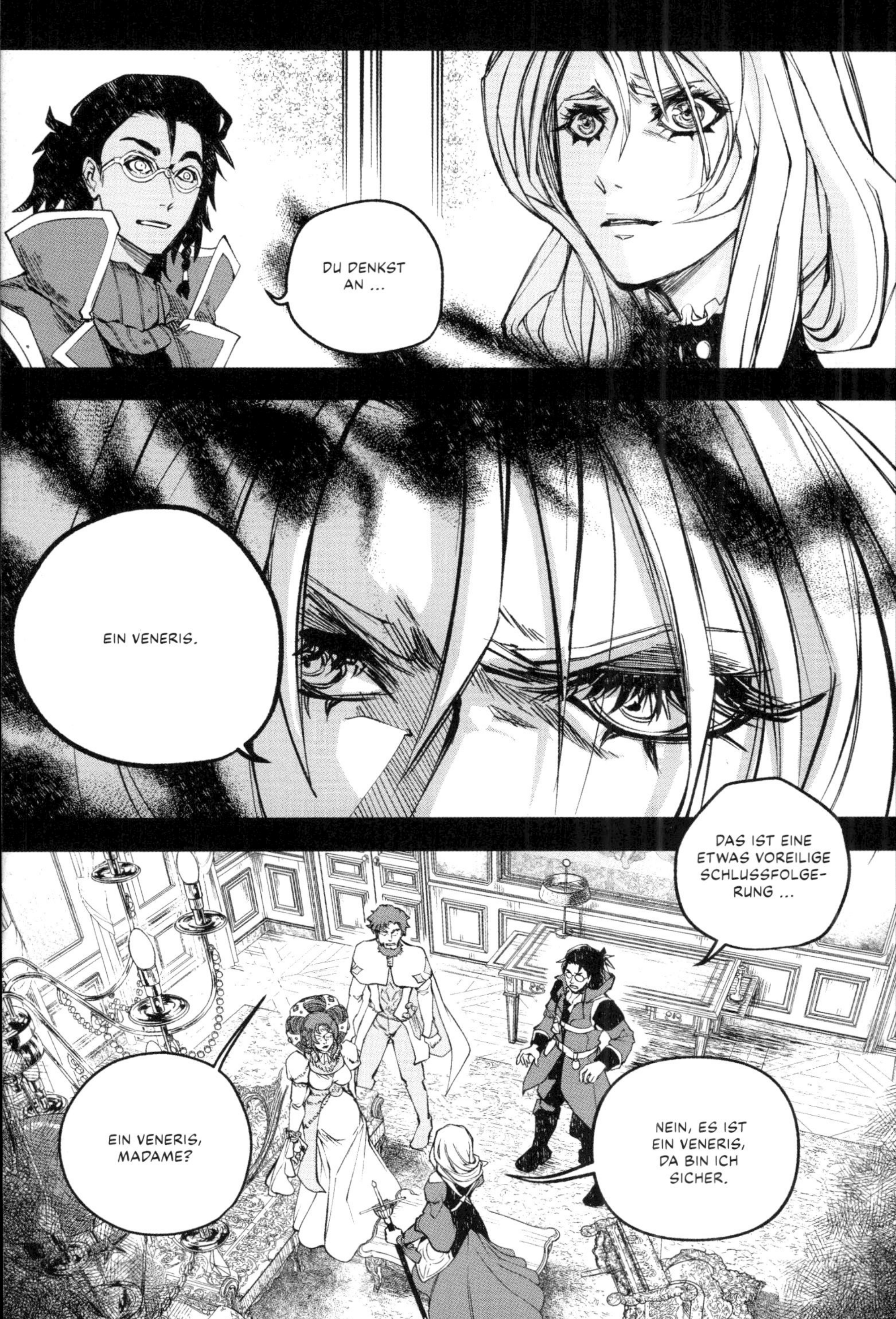
DU DENKST AN ...
EIN VENERIS.
DAS IST EINE ETWAS VOREILIGE SCHLUSSFOLGE-RUNG ...
EIN VENERIS, MADAME?
NEIN, ES IST EIN VENERIS, DA BIN ICH SICHER.

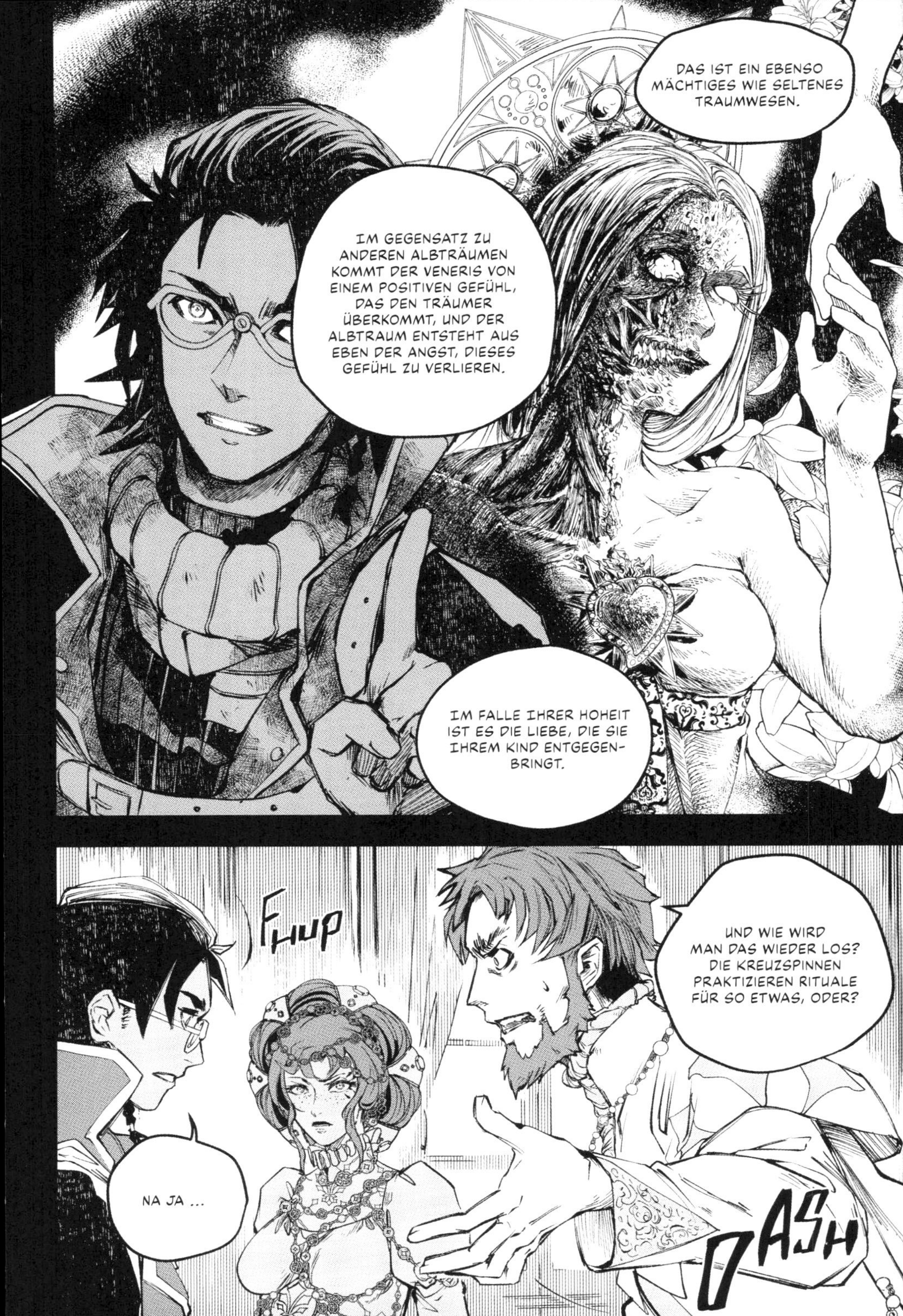
DAS IST EIN EBENSO MÄCHTIGES WIE SELTENES TRAUMWESEN.
IM GEGENSATZ ZU ANDEREN ALBTRÄUMEN KOMMT DER VENERIS VON EINEM POSITIVEN GEFÜHL, DAS DEN TRÄUMER ÜBERKOMMT, UND DER ALBTRAUM ENTSTEHT AUS EBEN DER ANGST, DIESES GEFÜHL ZU VERLIEREN.
IM FALLE IHRER HOHEIT IST ES DIE LIEBE, DIE SIE IHREM KIND ENTGEGEN-BRINGT.
FHUP
UND WIE WIRD MAN DAS WIEDER LOS? DIE KREUZSPINNEN PRAKTIZIEREN RITUALE FÜR SO ETWAS, ODER?
NA JA ...
DASH

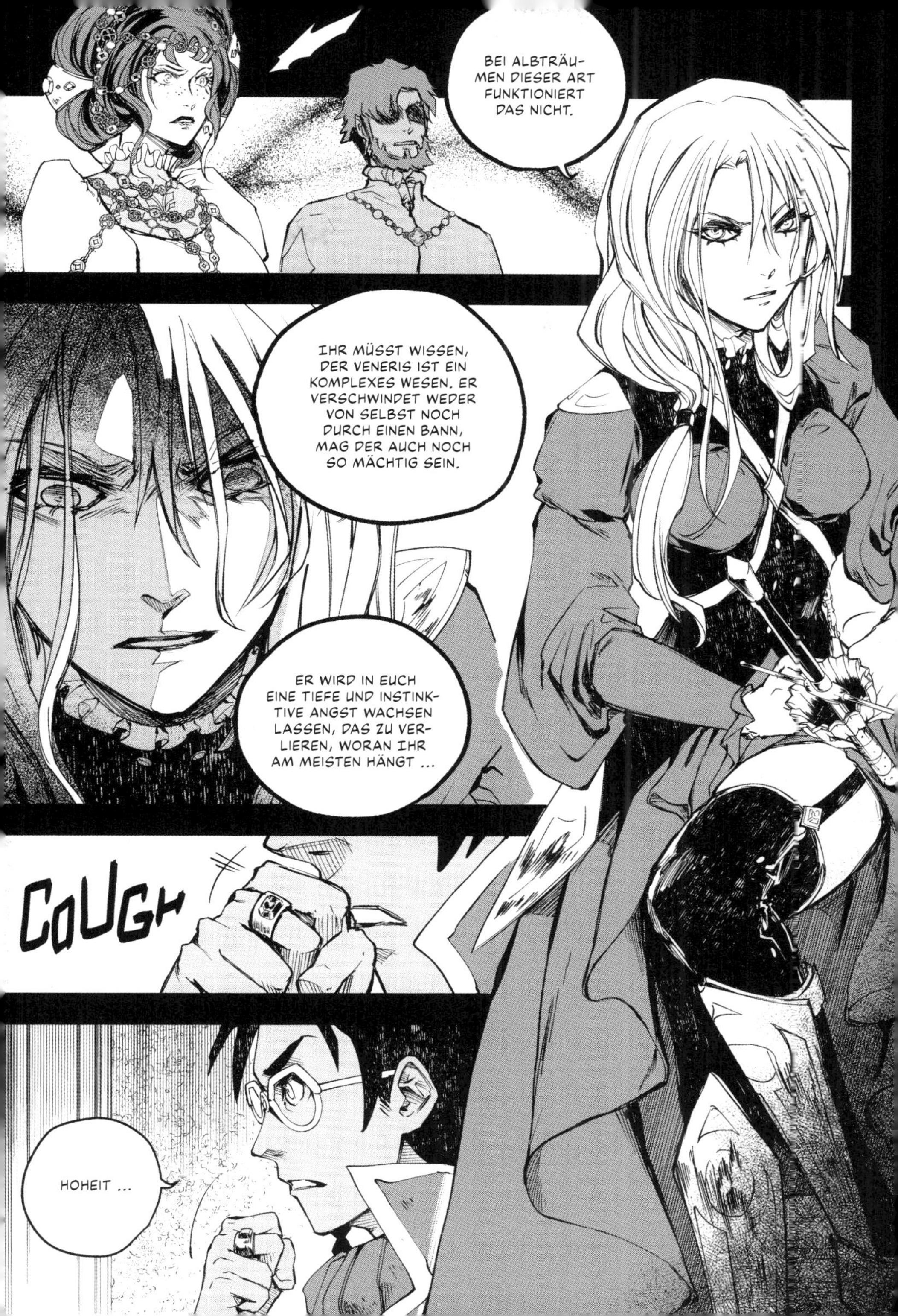
BEI ALBTRÄUMEN DIESER ART FUNKTIONIERT DAS NICHT.
IHR MÜSST WISSEN, DER VENERIS IST EIN KOMPLEXES WESEN. ER VERSCHWINDET WEDER VON SELBST NOCH DURCH EINEN BANN, MAG DER AUCH NOCH SO MÄCHTIG SEIN.
ER WIRD IN EUCH EINE TIEFE UND INSTINKTIVE ANGST WACHSEN LASSEN, DAS ZU VERLIEREN, WORAN IHR AM MEISTEN HÄNGT …
COUGH
HOHEIT …

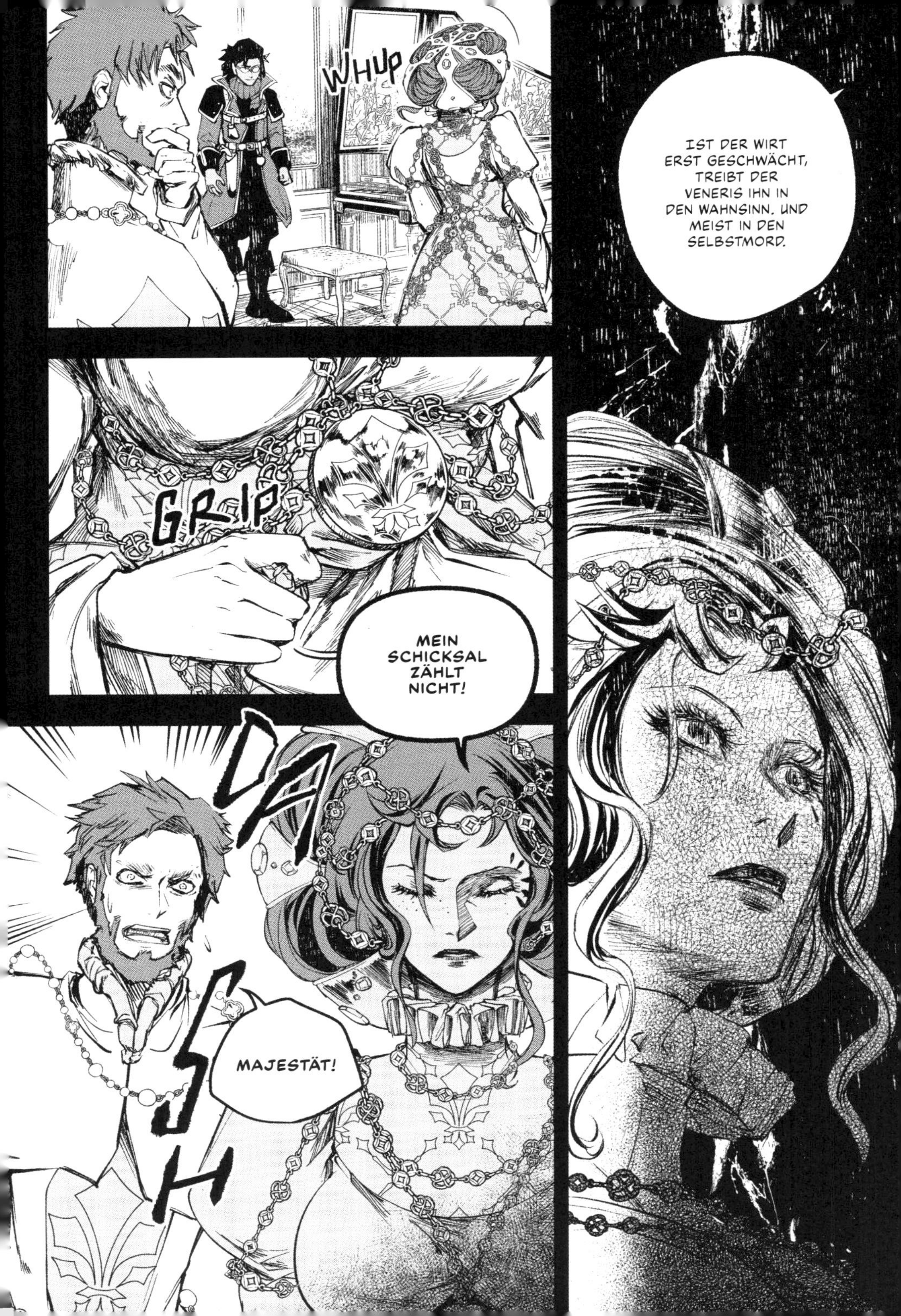
WHUP
IST DER WIRT ERST GESCHWÄCHT, TREIBT DER VENERIS IHN IN DEN WAHNSINN. UND MEIST IN DEN SELBSTMORD.
GRIP
MEIN SCHICKSAL ZÄHLT NICHT!
DA
SH
MAJESTÄT!

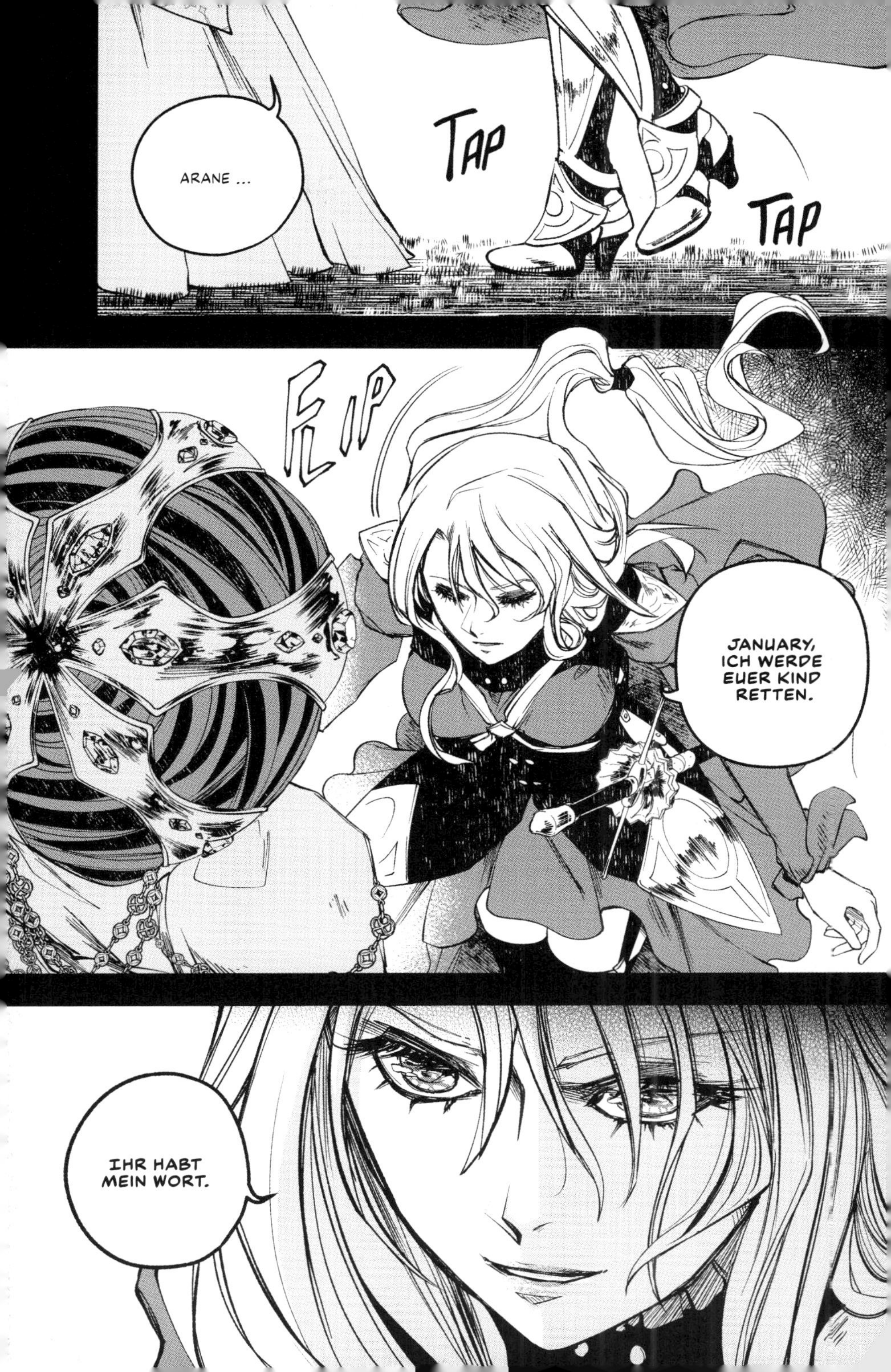
ARANE ...
TAP
TAP
FLIP
JANUARY, ICH WERDE EUER KIND RETTEN.
IHR HABT MEIN WORT.

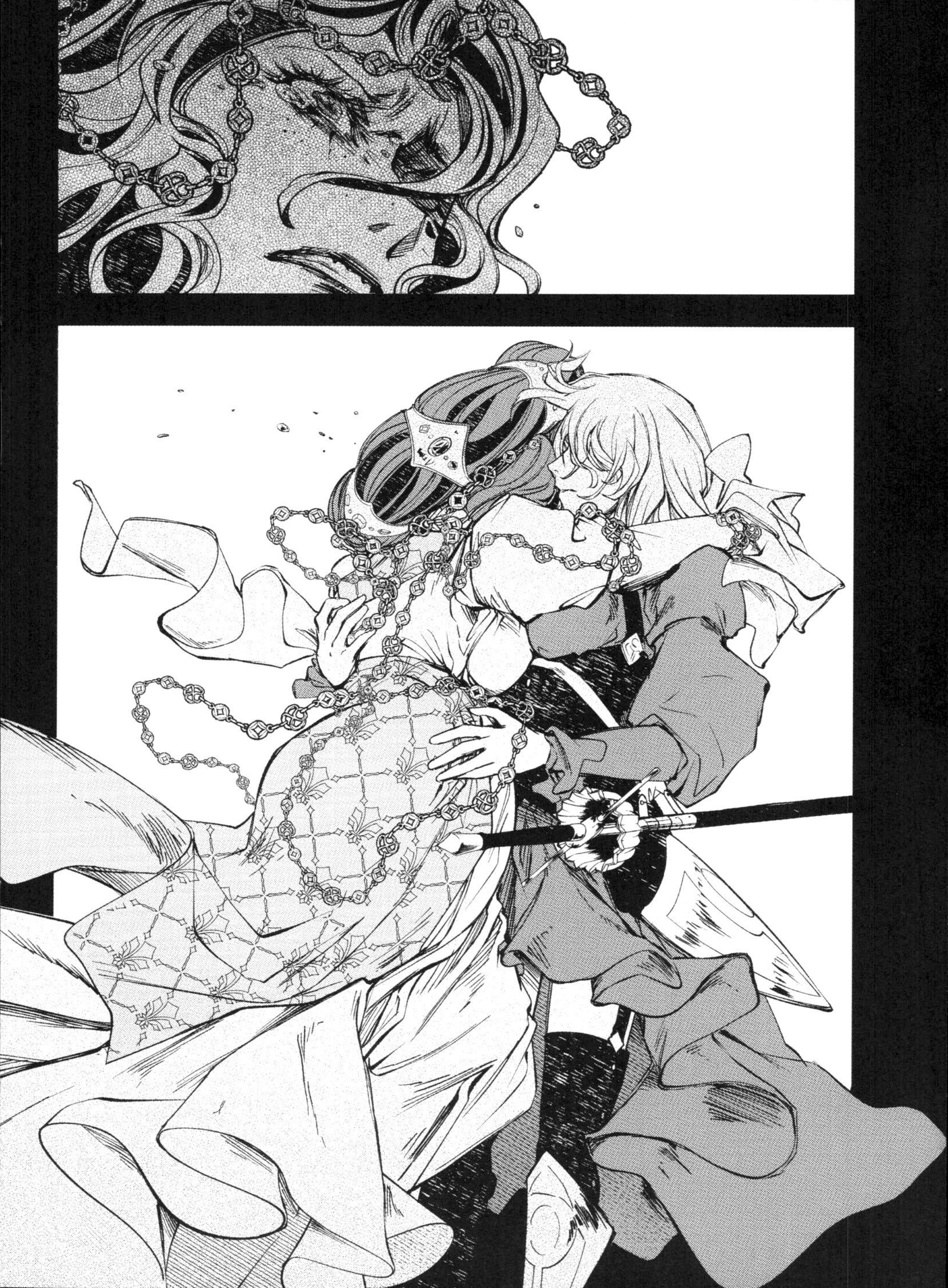

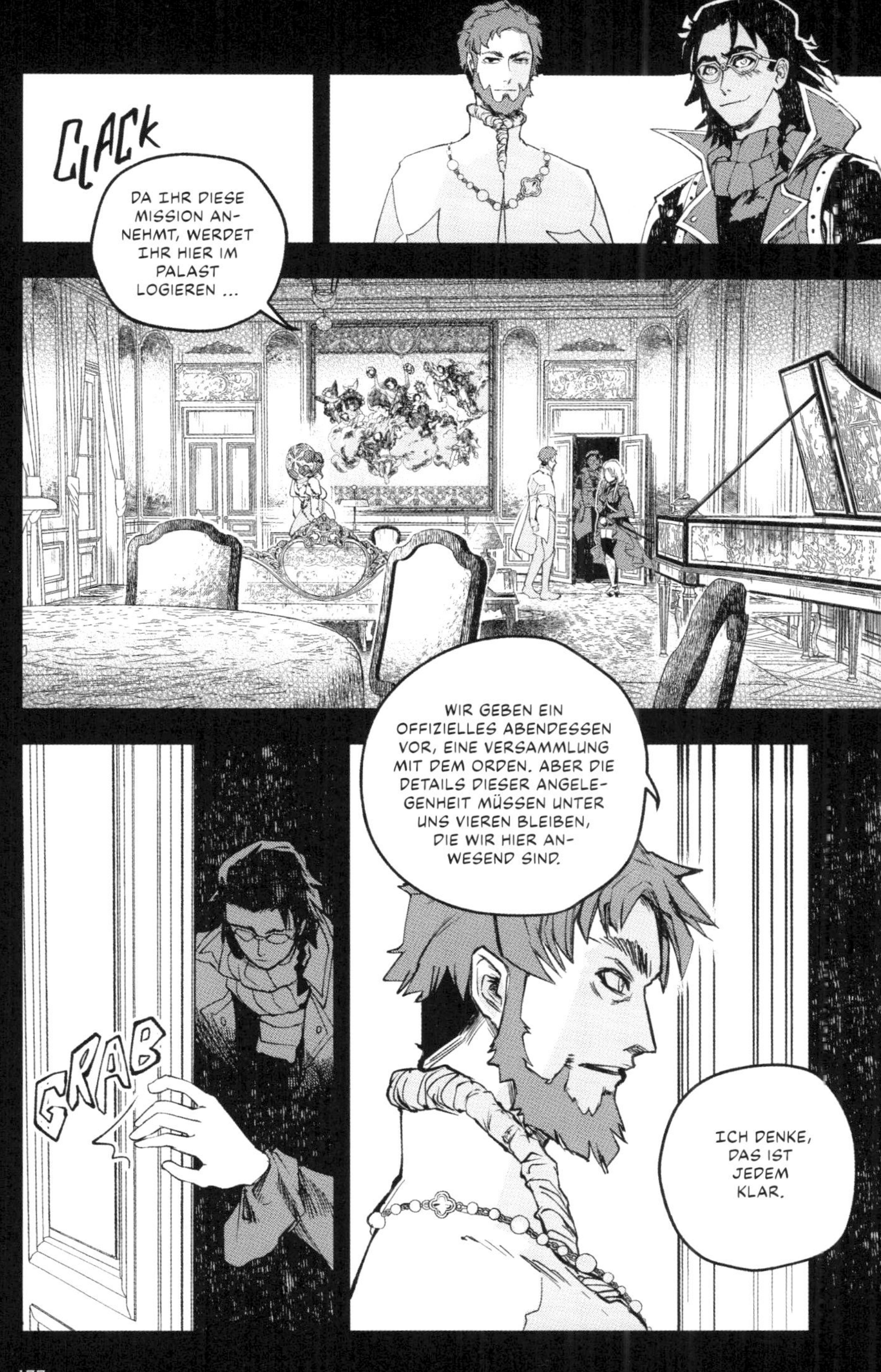
CLACK
DA IHR DIESE MISSION ANNEHMT, WERDET IHR HIER IM PALAST LOGIEREN ...
WIR GEBEN EIN OFFIZIELLES ABENDESSEN VOR, EINE VERSAMMLUNG MIT DEM ORDEN. ABER DIE DETAILS DIESER ANGELEGENHEIT MÜSSEN UNTER UNS VIEREN BLEIBEN, DIE WIR HIER ANWESEND SIND.
GRAB
ICH DENKE, DAS IST JEDEM KLAR.

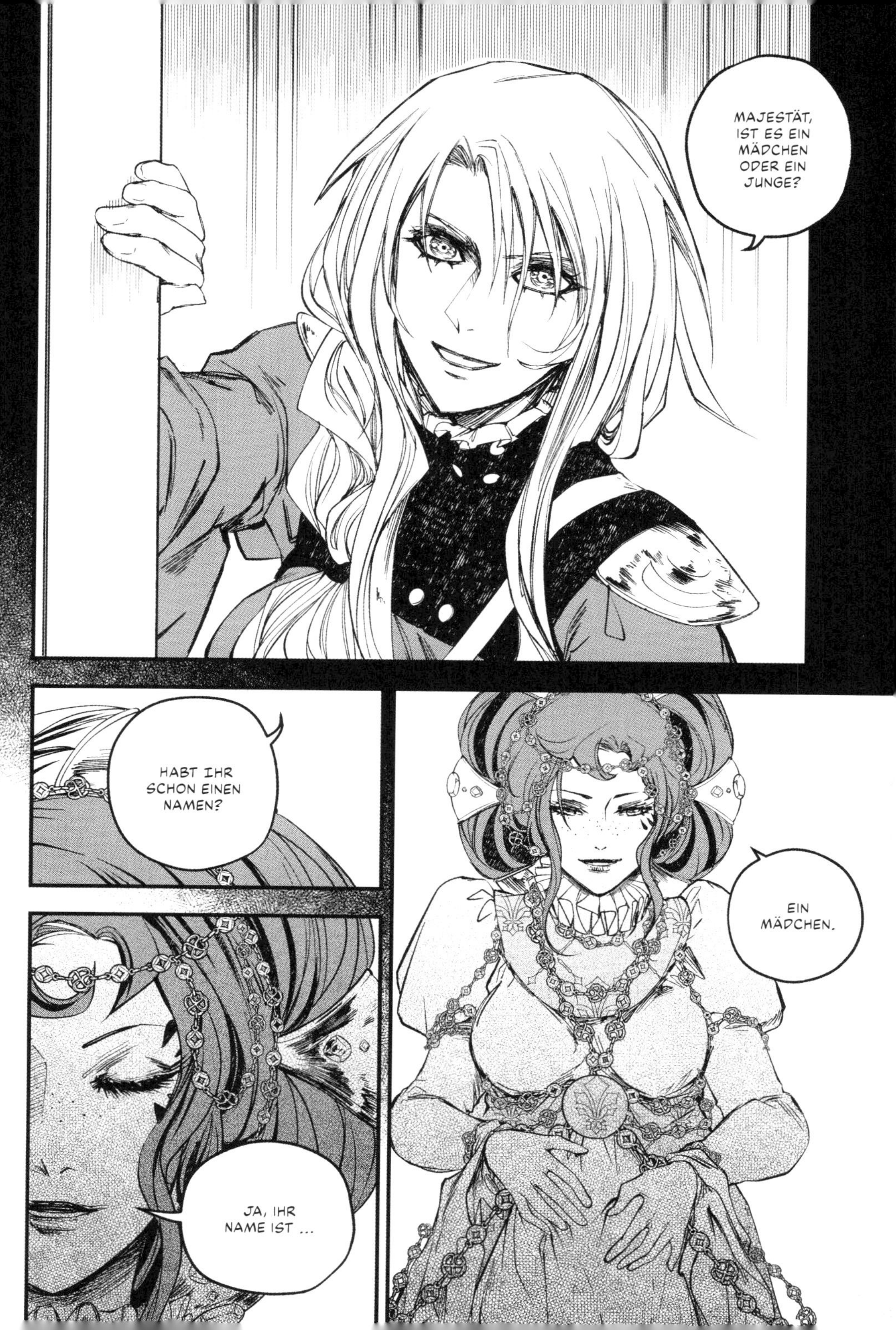
MAJESTÄT, IST ES EIN MÄDCHEN ODER EIN JUNGE?
EIN MÄDCHEN.
HABT IHR SCHON EINEN NAMEN?
JA, IHR NAME IST ...

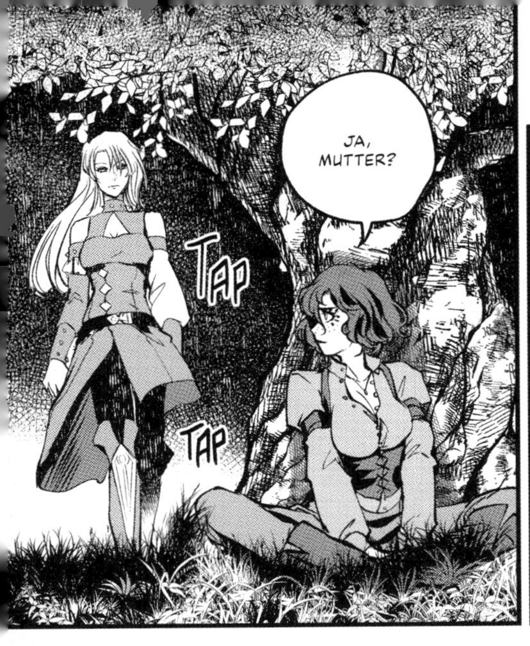
JA, MUTTER?
TAP
TAP

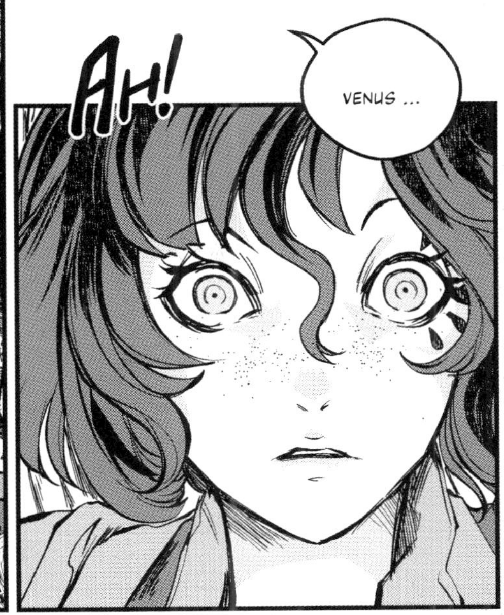
VENUS ...
AH!

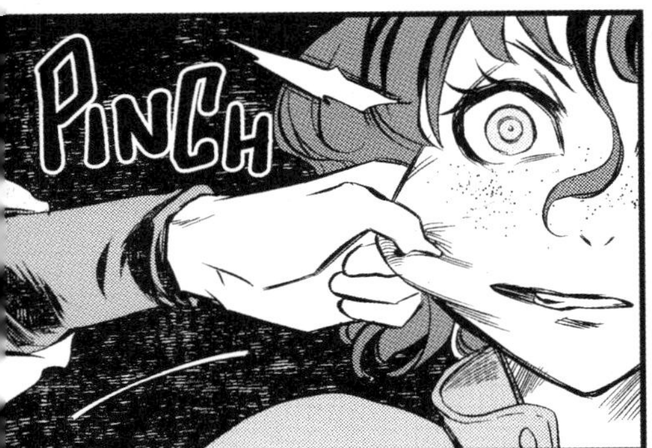
PINCH

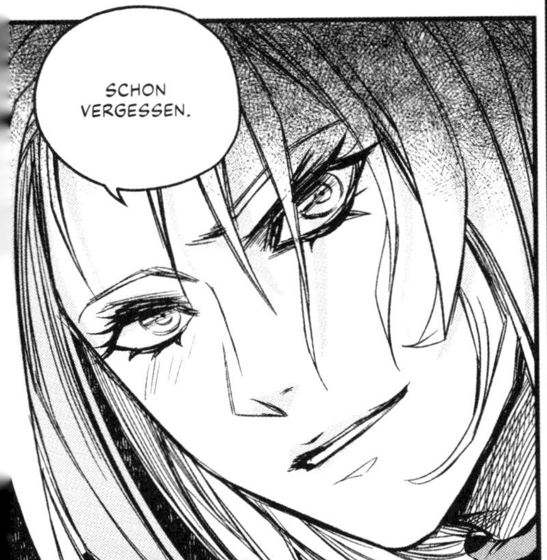
SCHON VERGESSEN.

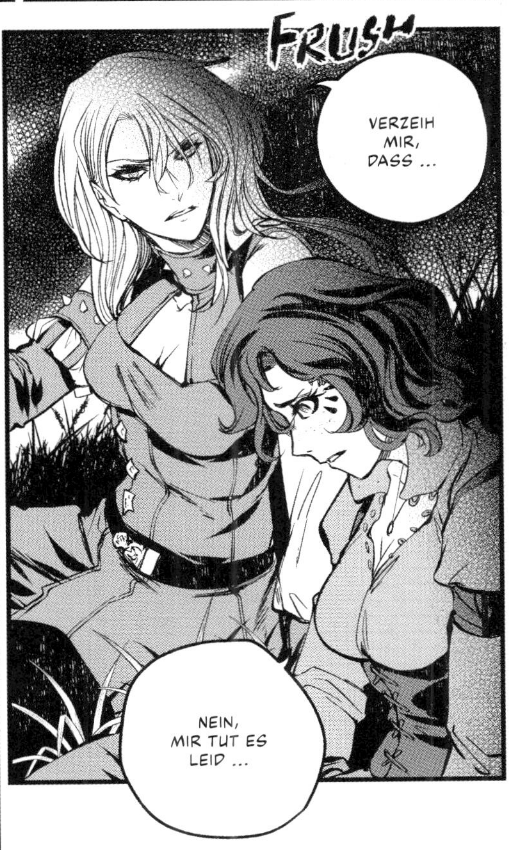
FRUSH
VERZEIH MIR, DASS ...
NEIN, MIR TUT ES LEID ...

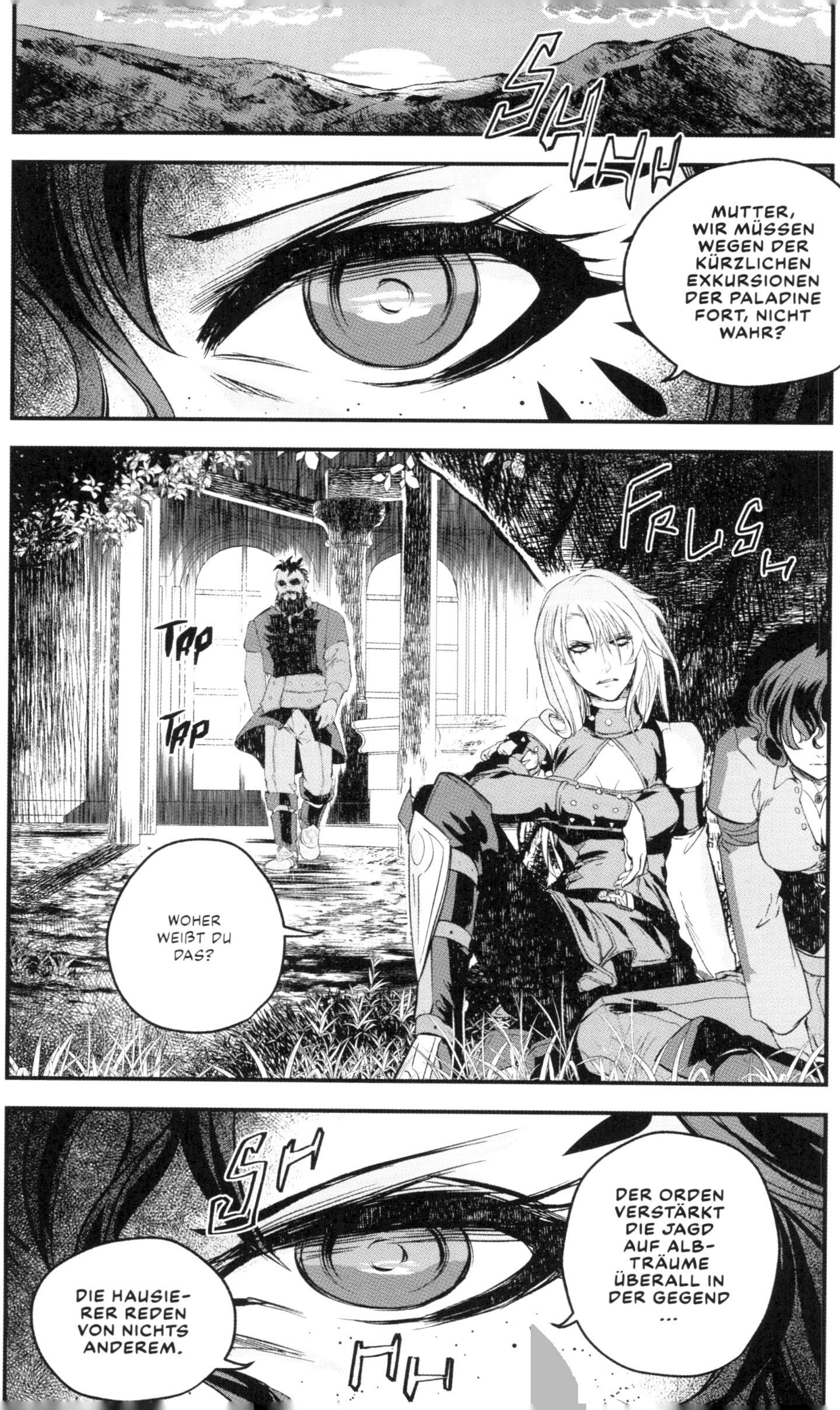

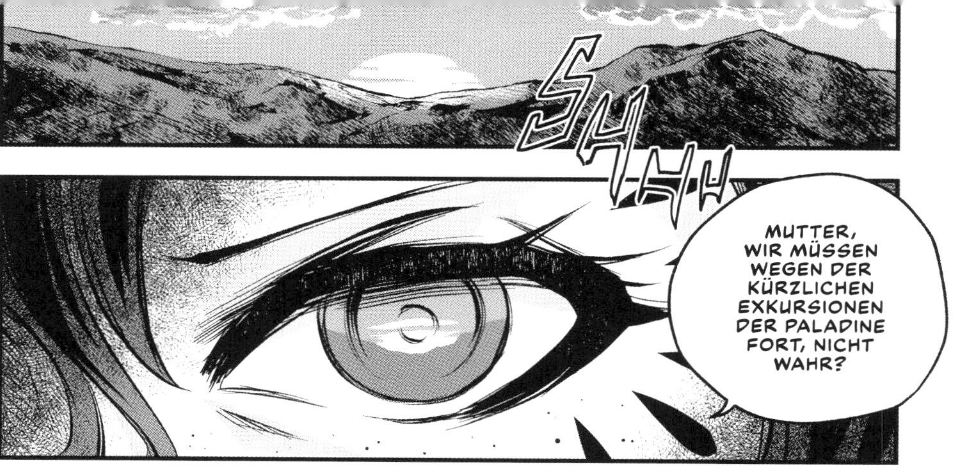

FRUSH

TAP

TAP

WOHER WEIßT DU DAS?

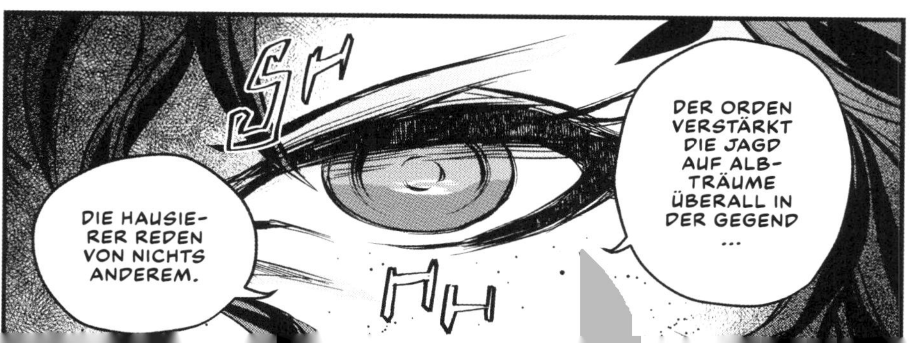

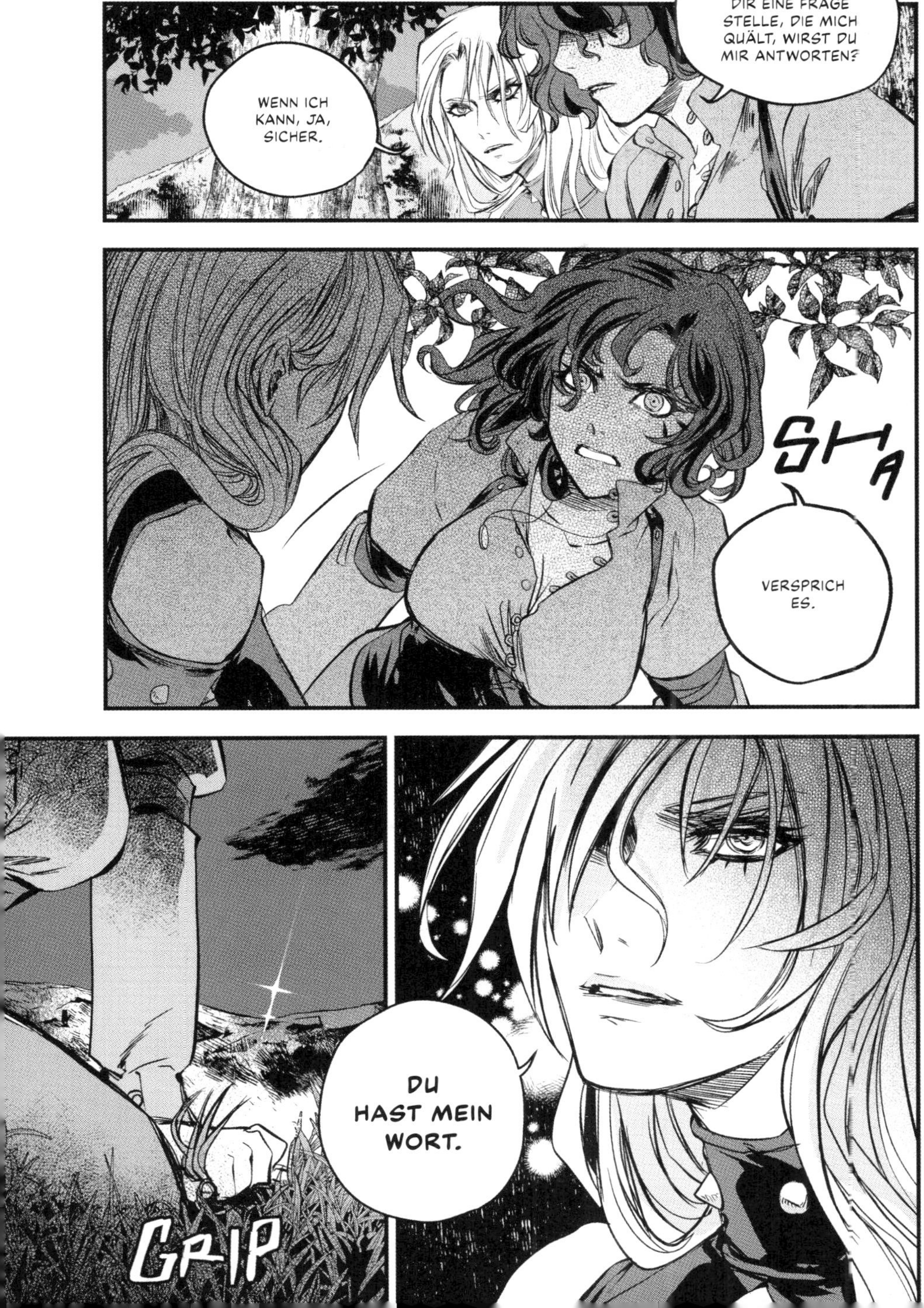

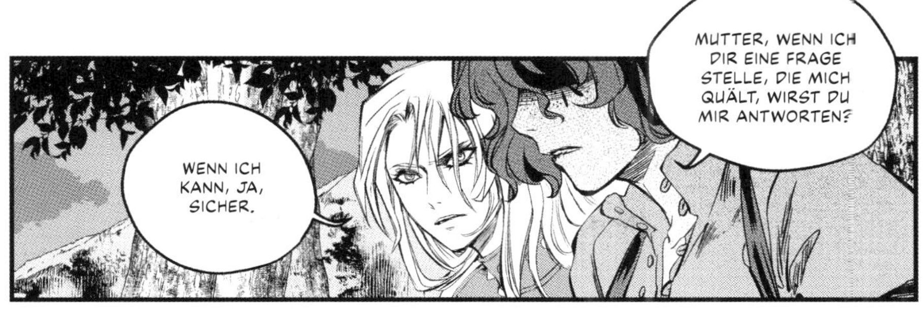
MUTTER, WENN ICH DIR EINE FRAGE STELLE, DIE MICH QUÄLT, WIRST DU MIR ANTWORTEN?
WENN ICH KANN, JA, SICHER.

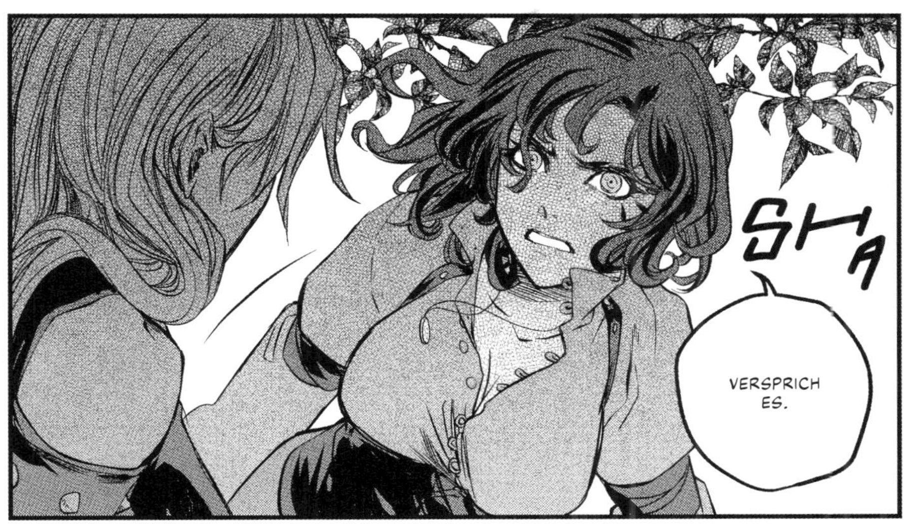
SHA
VERSPRICH ES.

GRIP
DU HAST MEIN WORT.

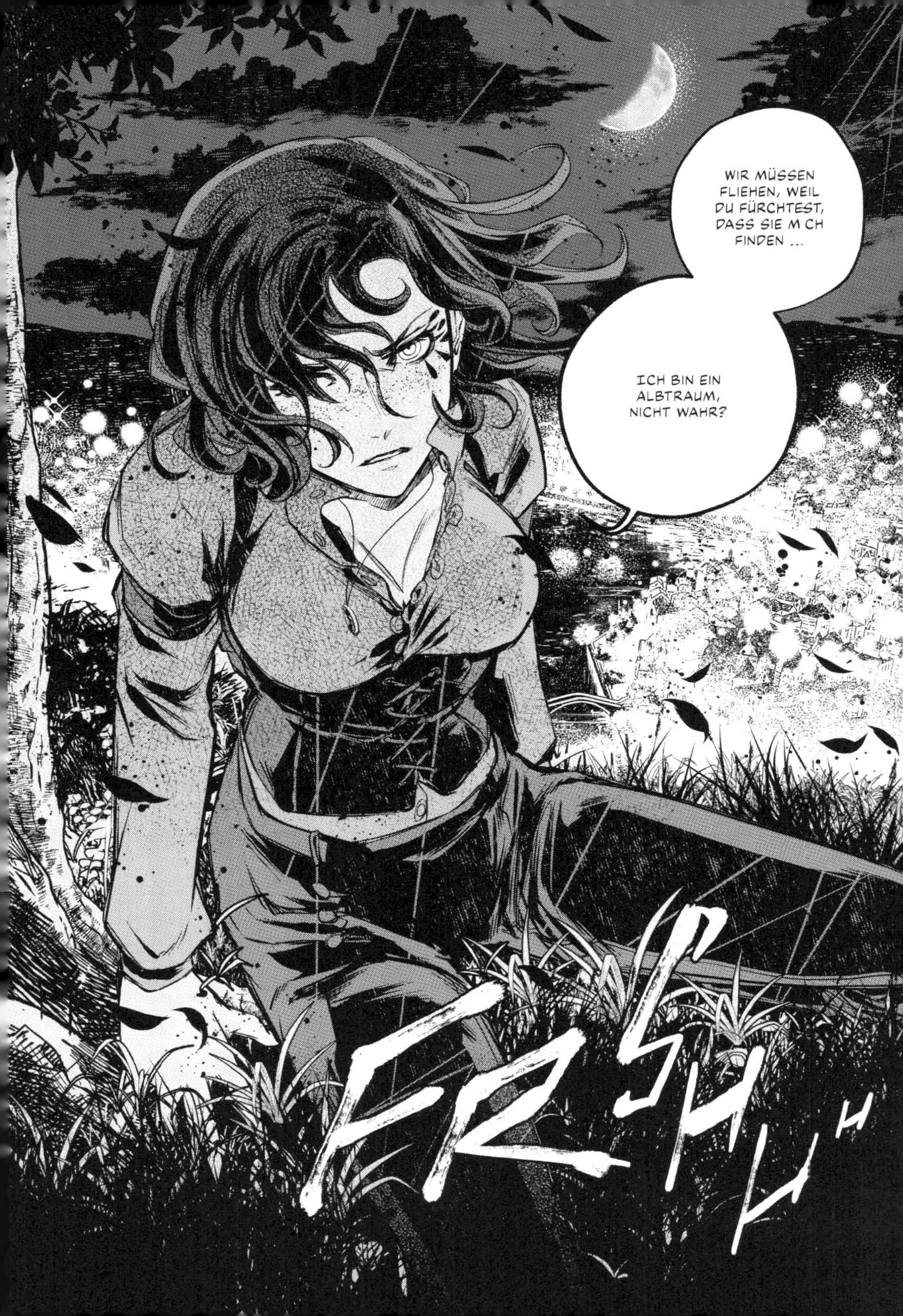
WIR MÜSSEN FLIEHEN, WEIL DU FÜRCHTEST, DASS SIE M CH FINDEN ...
ICH BIN EIN ALBTRAUM, NICHT WAHR?

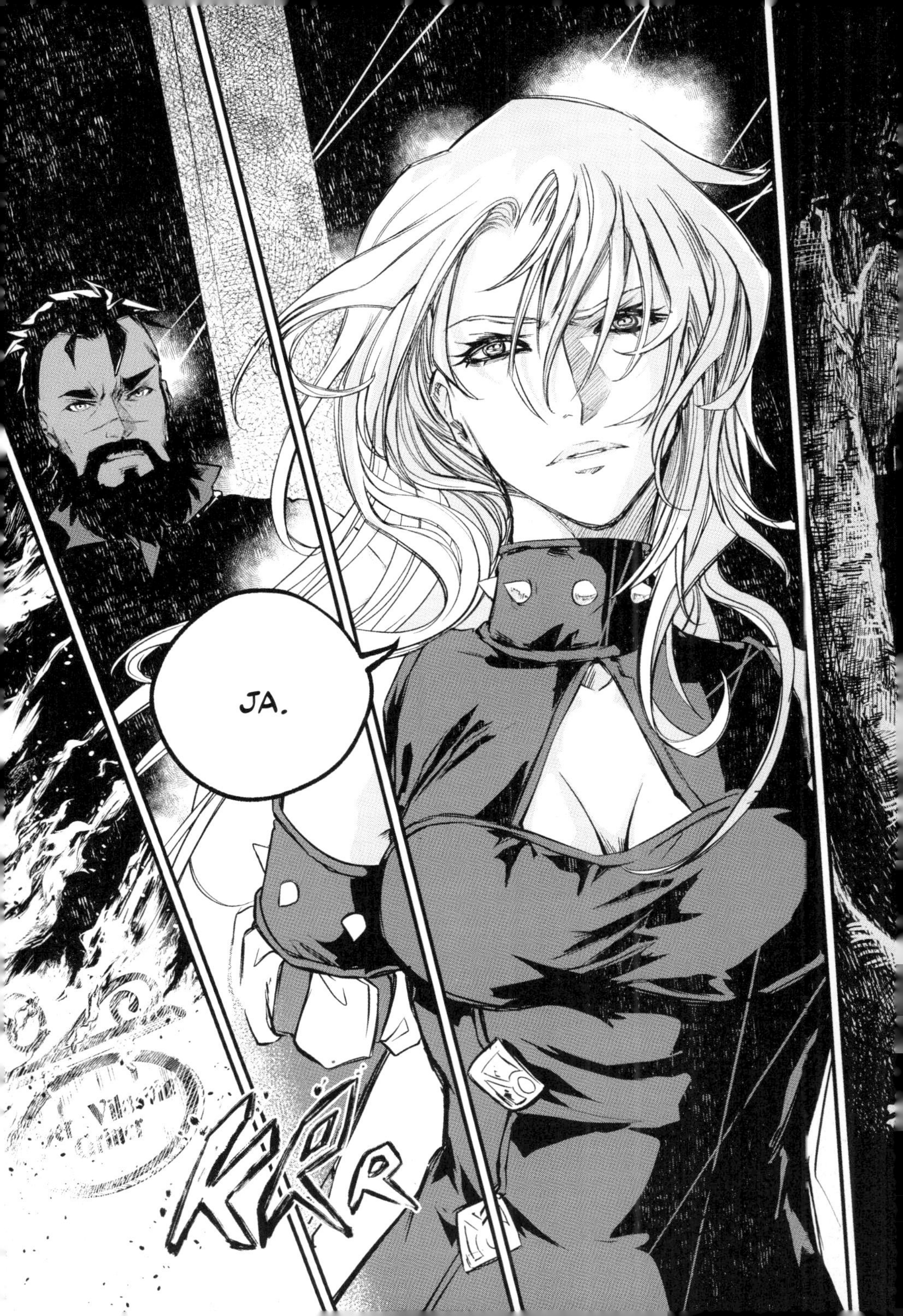
JA.

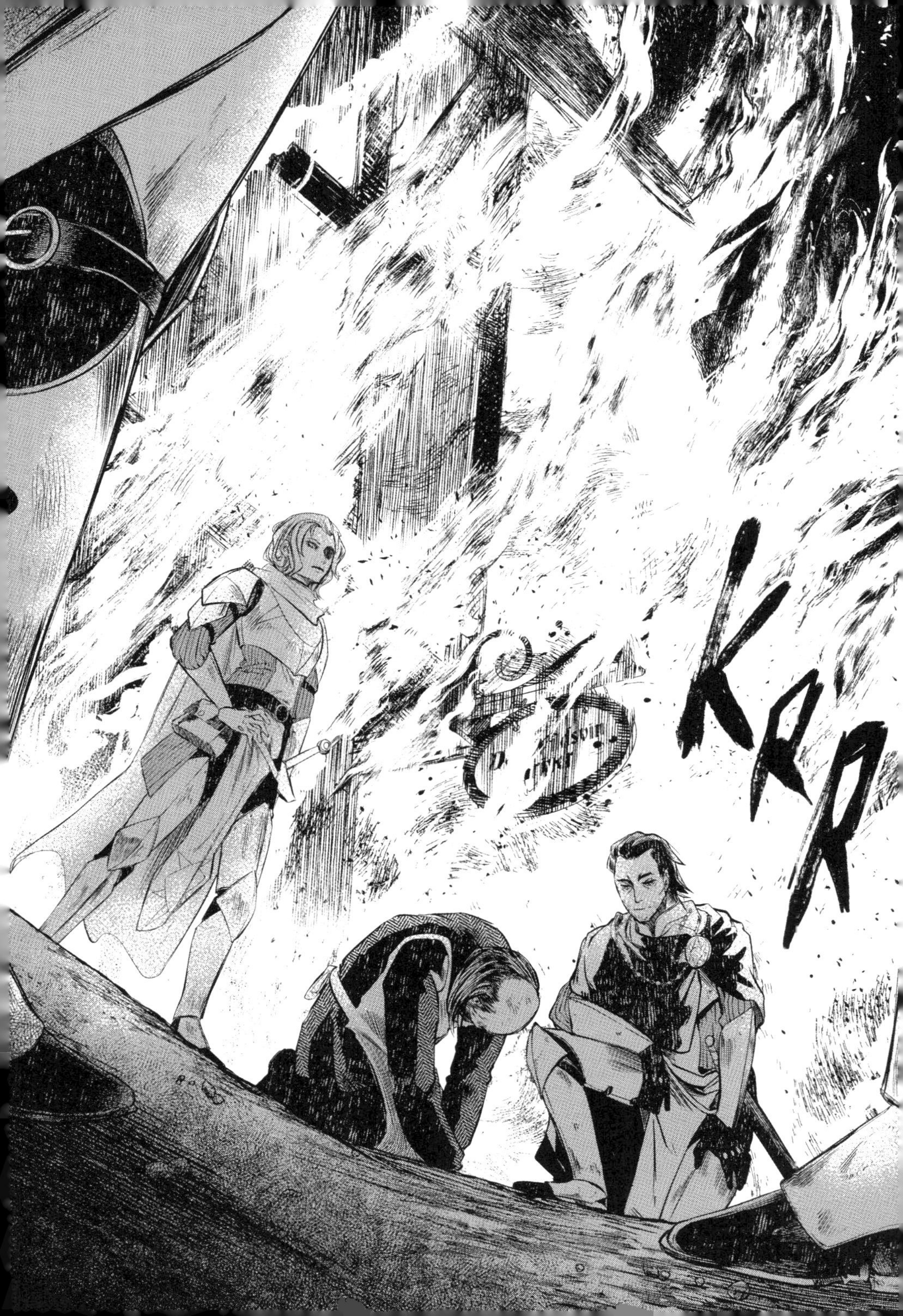
KRR

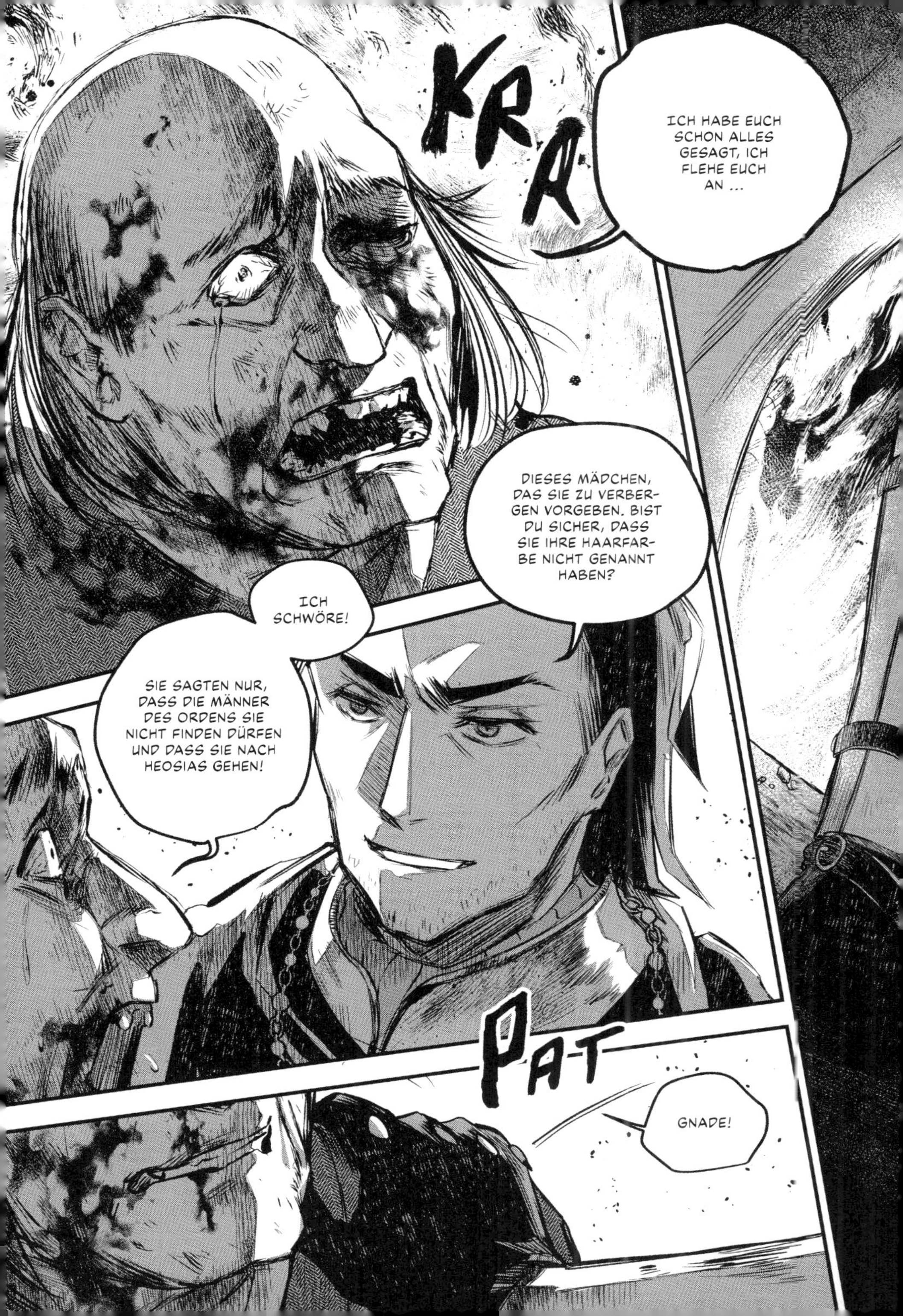
KRA
ICH HABE EUCH SCHON ALLES GESAGT, ICH FLEHE EUCH AN ...
DIESES MÄDCHEN, DAS SIE ZU VERBERGEN VORGEBEN. BIST DU SICHER, DASS SIE IHRE HAARFARBE NICHT GENANNT HABEN?
ICH SCHWÖRE!
SIE SAGTEN NUR, DASS DIE MÄNNER DES ORDENS SIE NICHT FINDEN DÜRFEN UND DASS SIE NACH HEOSIAS GEHEN!
PAT
GNADE!

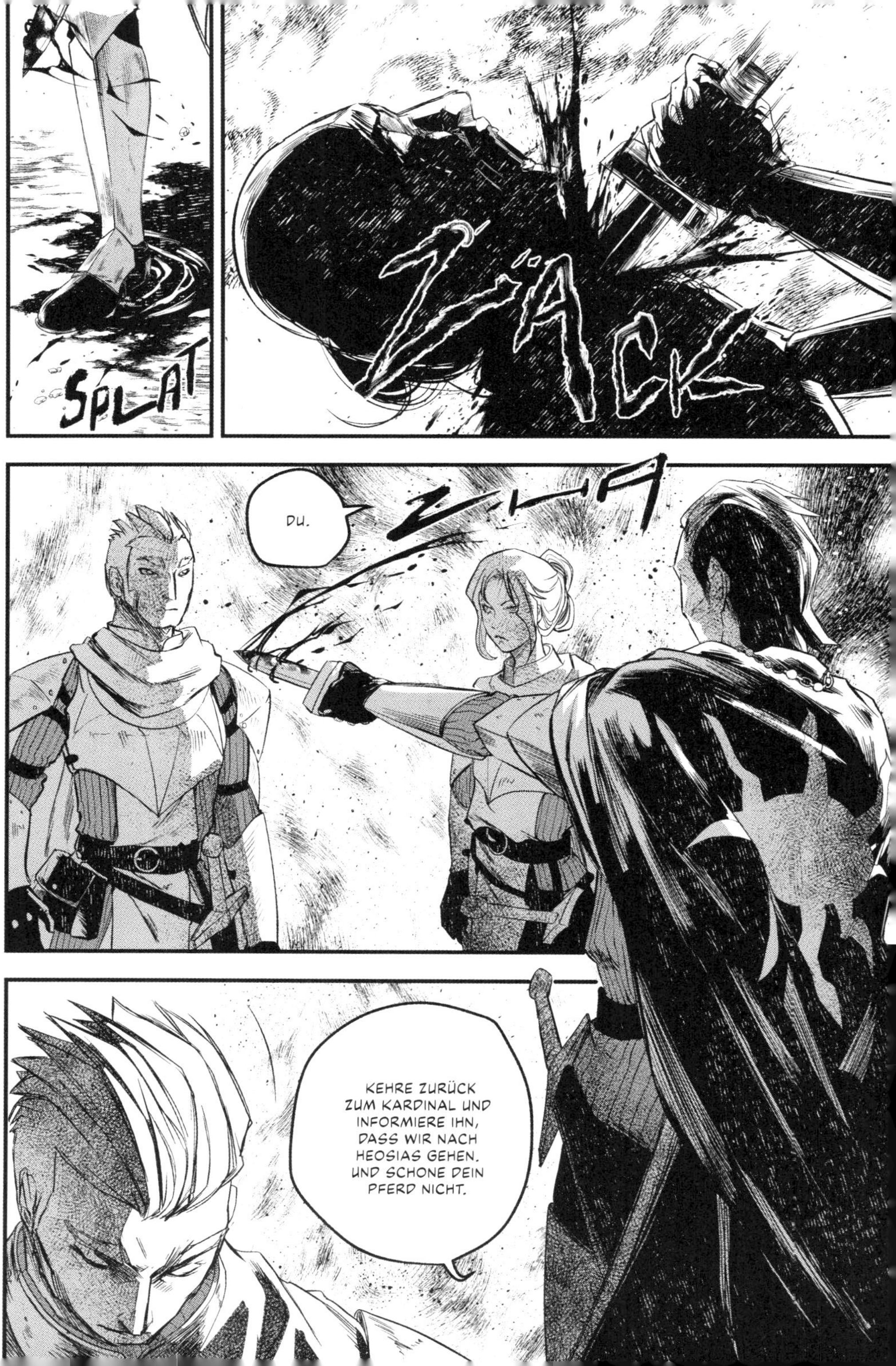

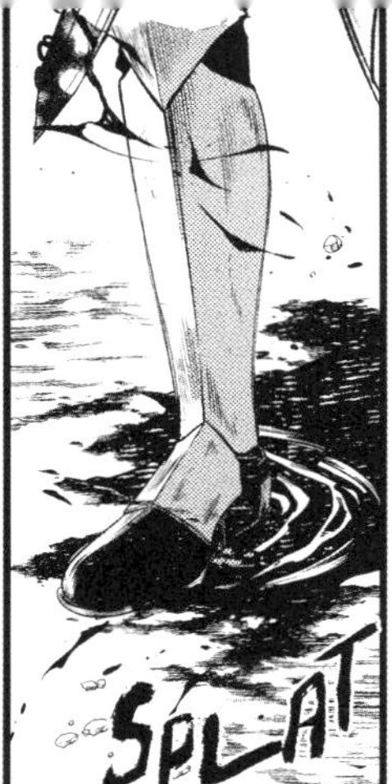
SPLAT

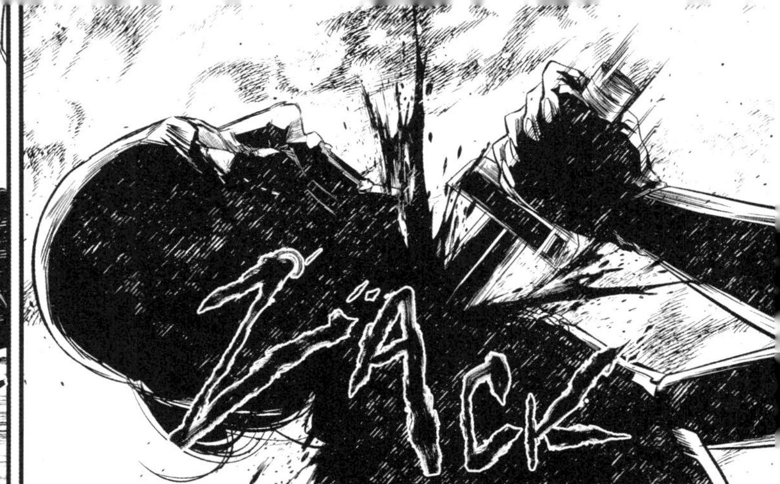
ZÄCK

ZUUA
DU.
KEHRE ZURÜCK ZUM KARDINAL UND INFORMIERE IHN, DASS WIR NACH HEOSIAS GEHEN. UND SCHONE DEIN PFERD NICHT.

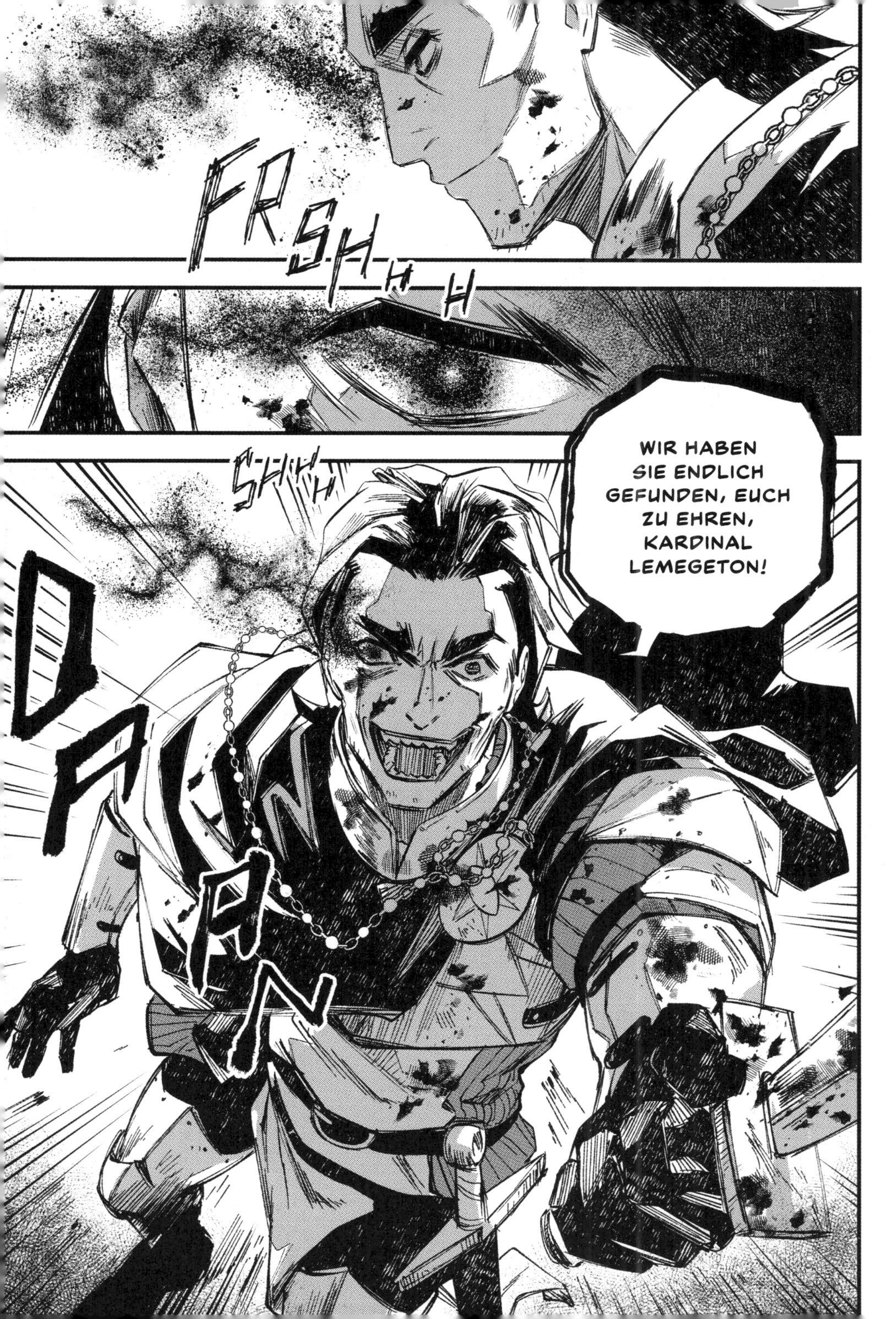
FRSHHHH
SHHHH
WIR HABEN SIE ENDLICH GEFUNDEN, EUCH ZU EHREN, KARDINAL LEMEGETON!
DAPAN

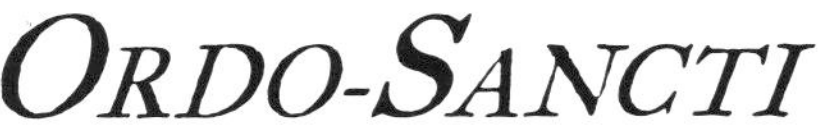

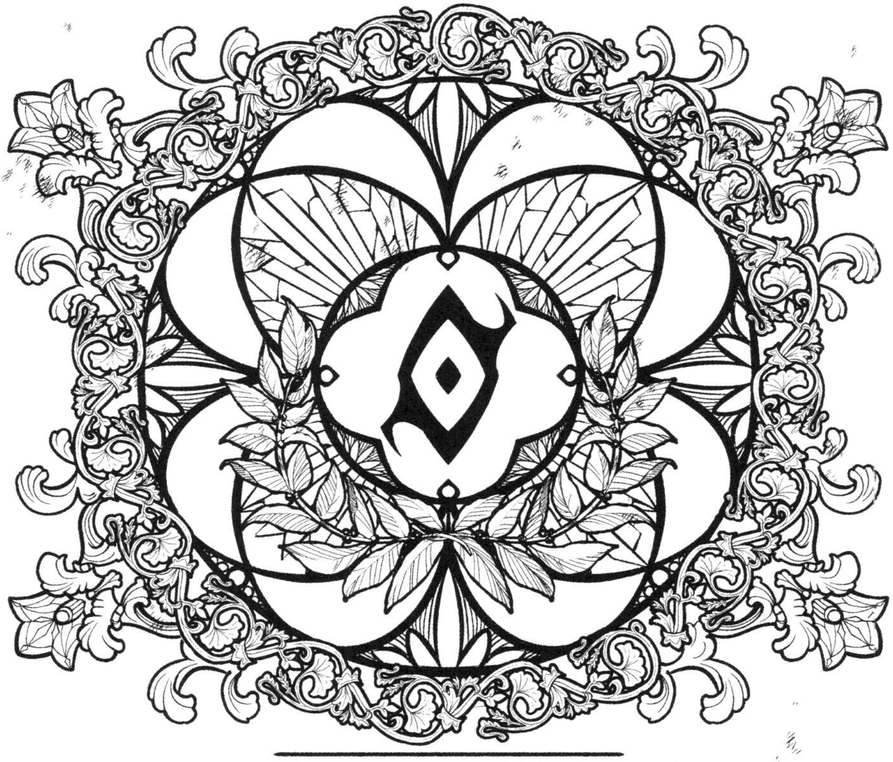

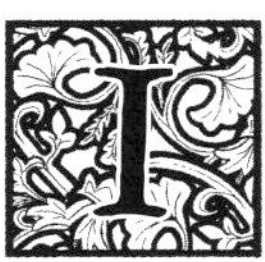

In seinem Innern arbeiten die glühenden Verteidiger des Gleichgewichts, angeführt von Seiner Majestät, um das Chaos zu bekämpfen, zu dem die Albträume wurden. Was wie ein endloser Krieg schien, der bereits mehrere Jahrzehnte tobte, ist nun zu einer Hoffnung geworden, ein erlösendes Licht am Ende eines steinigen Weges.
Der Orden, geleitet durch die wunderbare Hand des Decano und seiner Diener, der Kardinäle, ist für uns alle das Bollwerk angesichts des Chaos und dessen Ausgeburten.

Gelobet ihm ewige und bedingungslose Treue.
Möge Er euch durch die Schatten führen bis in euren Schlaf.

SOMNIA IN PACE

Auszug aus „Preceptum Scholæ VI" von Juste d'Iskariot

CANVAS

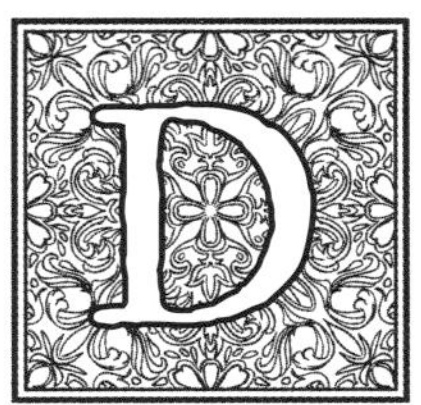

Das Canvas ist eine Fähigkeit, die sich nach dem jeweiligen Wirt richtet.
Meist stammt es aus der Zeit, in der die Vorstellung entstand, die den Albtraum hervorbrachte.

Jedes Canvas hat eigene Regeln, Spiegelseiten, die von seinem Besitzer definiert werden.

Je komplexer die Macht, desto anspruchsvoller sind offensichtlich ihre Gegenüber.

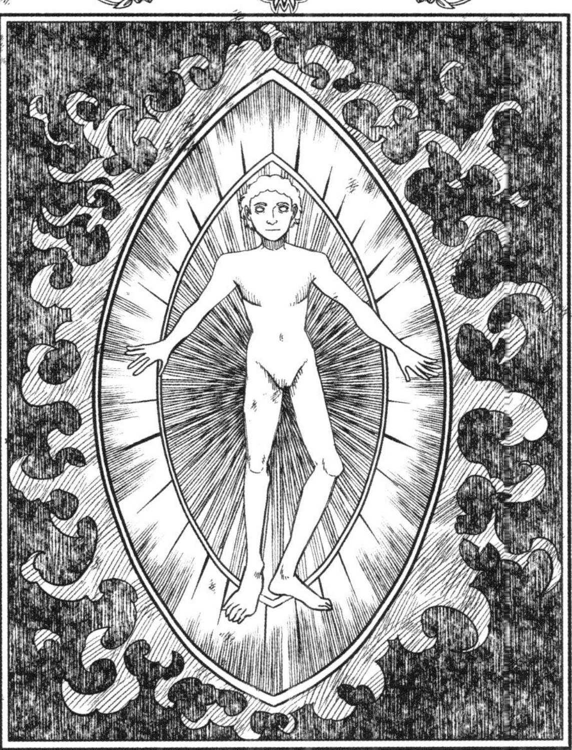

Für diese erste Annäherung könnte man es so zusammenfassen:
Unser Canvas ähnelt einem Tuch, dessen Materialien, Instrumente, Texturen und Farben wir wählen.
Es drückt eine Intention aus, eine Wiedergabe, in dieser Form von dem gewünscht, der es besitzt. Dabei kann es extrem einfach, aber auch von einer tiefen Komplexität sein.

Es ist wichtig, zu erwähnen, dass nicht alle Albträume per se fähig sind, ein Canvas zu entwickeln. Dies gilt auch für ihre Wirte.

Zum Beispiel:
Sowohl Musen als auch Cherubine besitzen schlichtweg keines.

Klappern, Phantasmen und Inkuben entwickeln ihr Canvas erst nach dem „Cor Liberum", also mit dem Tod des Träumers oder im Falle des „pacte Concentio".

Veneris und Bellicus schließlich werden mit einem Canvas geboren, das sich parallel zu ihrem Wirt entwickelt.

„Somnia in Pace und mantische Träume" von Hugeia Epia
Einleitung über die mantischen Künste Kapitel I

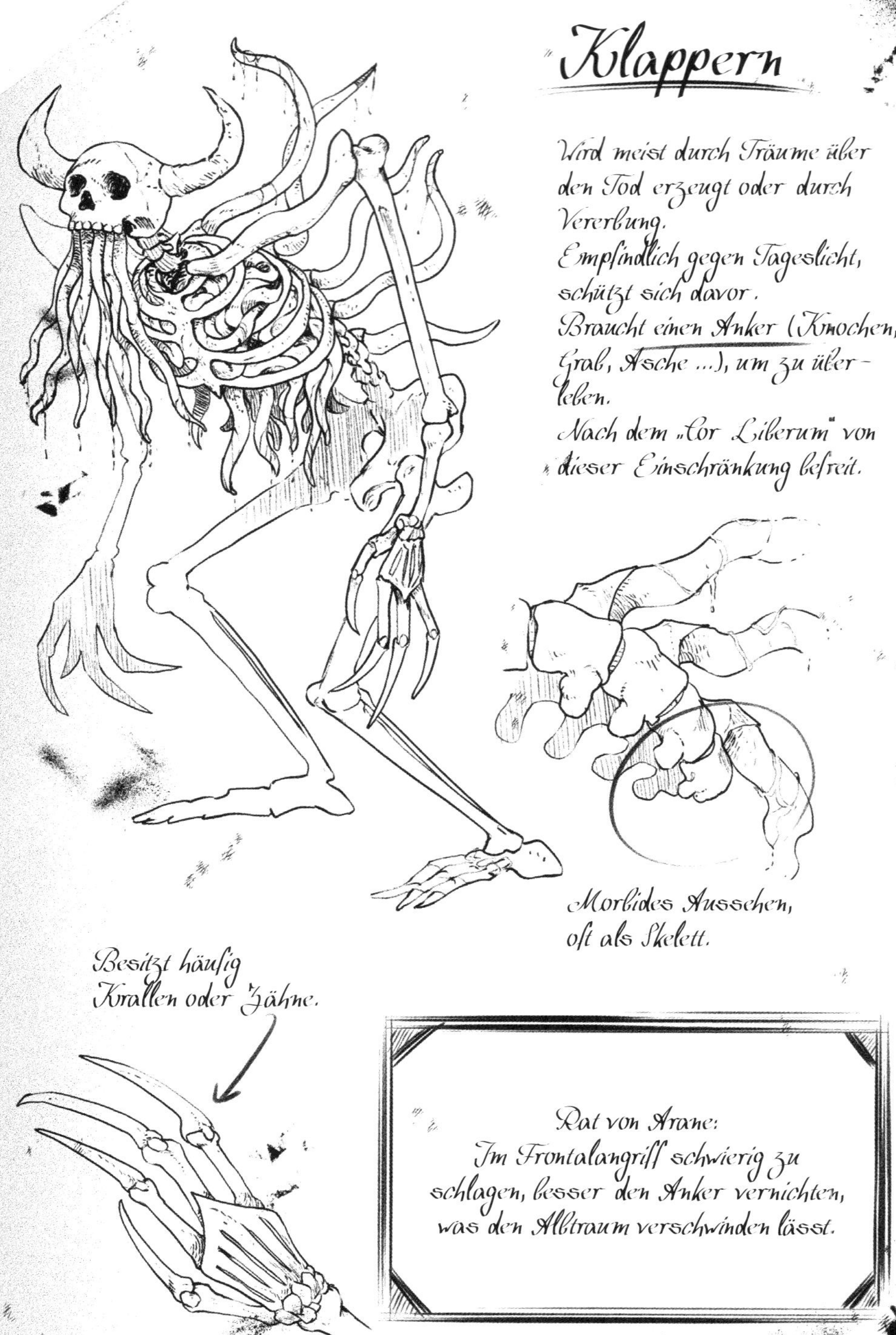
Klappern
Wird meist durch Träume über den Tod erzeugt oder durch Vererbung.
Empfindlich gegen Tageslicht, schützt sich davor.
Braucht einen Anker (Knochen, Grab, Asche ...), um zu über-leben.
Nach dem „Cor Liberum“ von dieser Einschränkung befreit.
Morbides Aussehen, oft als Skelett.
Besitzt häufig Krallen oder Zähne.
Rat von Arane:
Im Frontalangriff schwierig zu schlagen, besser den Anker vernichten, was den Albtraum verschwinden lässt.

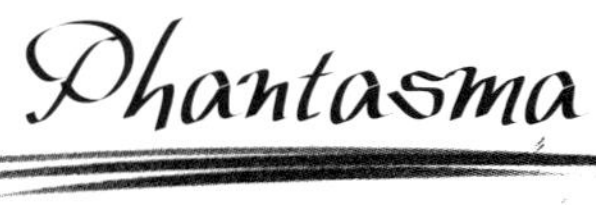

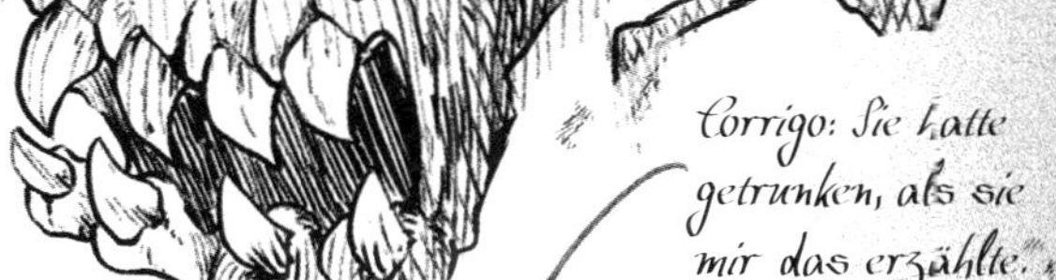

Entsteht aus einer tiefen Ambition (laut der Enzyklopädie von Hugeia Epia) Perfider und widerlicher als die des Bellicus.

Corrigo: Sie hatte getrunken, als sie mir das erzählte.

Gestaltlose Erscheinung
oft gasförmig oder wässrig.
Arane sagt, sie habe einst eines bekämpft, das nach ihrer Aussage „schlammig" gewesen sei??

Um seine körperliche Schwäche zu kompensieren, erschafft das Phantasma einen Golem und hüllt sich darin ein, mitunter sogar in einem Objekt.

Es besitzt keinen Verstand und begnügt sich damit, die ursprüngliche Ambition des Träumers wachsen zu lassen.

Sofort nach Eintritt des „Cor Liberum" und auch nach dem Tod des Wirtes lebt das Phantasma nur noch für die Ambition, aus der es geboren wurde.

Kern

Es kann sehr gefährlich sein, denn ist es einmal befreit, besitzt es die Fähigkeit, in einen anderen Wirt einzudringen und auf ihn überzugehen.

Es besteht aus einem (greifbaren) Kern, der unbedingt zerstört werden muss, um es loszuwerden.

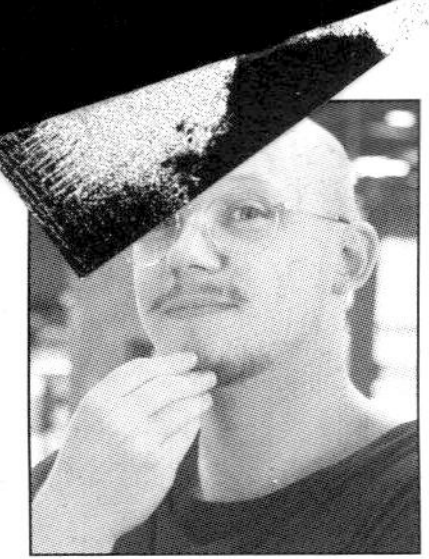

© Aude Boyer

Cab wurde 1992 in Paris geboren. Nach dem Studium der Fremdsprachen und Literatur begann er sich für die Schriftstellerei zu interessieren. Dabei ließ er sich von seinen Lieblingsbüchern wie den „Discworld"-Romanen oder „Der Herr der Ringe" leiten. Mit der Lektüre von „Fullmetal Alchemist" von Hiromu Arakawa entdeckte er die Welt des Mangas und dies weckte den Wunsch, selbst für dieses Medium zu schreiben.
Inspiriert von düsteren Fantasy-Manga wie „Berserk", „Claymore" und den „Elric of Melniboné"-Romanen von Michael Moorcock begann er mit Federica Di Meo an „Oneira" zu arbeiten, von denen der erste Teil im Juni 2022 bei Kana veröffentlicht wurde.

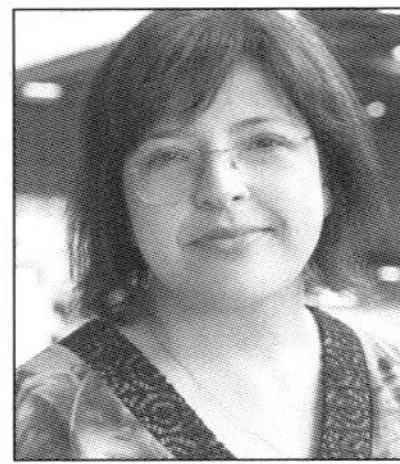

© Aude Boyer

Federica begann Mitte der 90er Jahre, Fan-Art ihrer Lieblings-Manga-Figuren zu erstellen. Ihre Leidenschaft begann mit Ranma 1/2 und Takahashi, aber sie genoss es auch, zwischen vielen verschiedenen Stilen zu wechseln, darunter Berserk, Full Metal Panic!, Slam Dunk, Monster, Witch Hat Atelier, Spy x Family und viele andere.
Sie war eine der ersten Zeichnerinnen in Italien, die sich ab 2005 mit der Manga-Technik beschäftigte. Nach dem Studium und einer Reise nach Japan wurde ihre Serie „Somnia" bei Planet Manga veröffentlicht.
Der vierteilige erste Zyklus von „Oneira", eine von Cab geschriebenen Dark-Fantasy-Serie, wurde 2022 veröffentlicht.

Text: Cab
Zeichnung: Federica Di Meo
1. Auflage 2024
Verlag Bunte Dimensionen, Augsburg

Chefredaktion: Thierry Zeller
Aus dem Französischen von Swantje Baumgart
Lettering: Kai-Uwe Wallner
Lektorat: Christian Zeller, Valentin Erhardt
Internetgestaltung: Arndt Teinert

Originalausgabe:
Oneira: 1. Mère de Sang

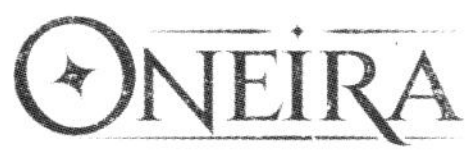

Vertrieb in Deutschland, Österreich und Schweiz:
PPM Vertrieb, Industriestraße 18, 32694 Dörentrup

ISBN: 978-3-949144-43-1

www.bunte-dimensionen.de

Bereits erschienen:

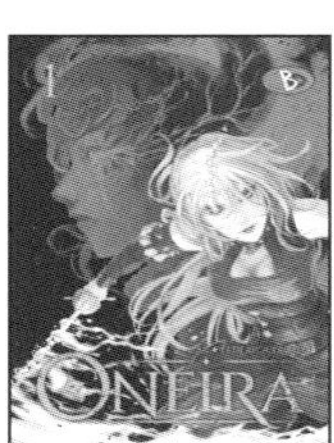

Band 1:
„Blutmutter"

Used fonts:
P188-189 - "IM FELL TYPES" digitally reproduced by Igino Marini - http://www.igonimarini.com
P190-191 - "WOLGAST SCRYPT" designed by peter Wiegel - http://www.peter-wiegel.de

12 Mächtige Tipps fürs Leben 2024

Erik Erfolgius

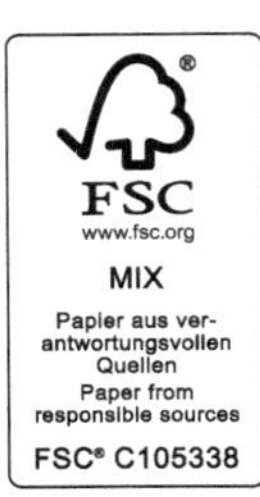

Bibliografische Information der Deutschen Nationalbibliothek:

Die Deutsche Nationalbibliothek verzeichnet diese Publikation in der Deutschen Nationalbibliografie; detaillierte bibliografische Daten sind im Internet über http://dnb.d-nb.de abrufbar.

Herstellung und Verlag:

BoD – Books on Demand,

Norderstedt

ISBN: 978-3-7597-0294-4

Hinweis

1. Die hier dargestellten Ansichten sind Meinungen des Autors und sollten nicht als professionelle Beratung verstanden werden. Wenden Sie sich bei Bedarf an einen Fachmann oder Experten.

2. Diese Geschichte ist fiktiv. Ähnlichkeiten mit realen Personen oder Ereignissen sind rein zufällig.

3. Alle im Buch enthaltenen Verlinkungen führen zu externen Inhalten, für die der Autor keine Verantwortung übernimmt.

4. Alle Empfehlungen oder Hinweise auf Produkte und Dienstleistungen sind unbezahlte Werbung und basieren auf der persönlichen Meinung des Autors.

Inhalt

Der Kaffeeautomat arbeitete wie ein Uhrwerk. Ich machte mir meinen beliebten Nusskaffee, den ich nur auf der Arbeit fand. Ein französischer Name stand darauf. Als würde man eine Nuss trinken zusammen mit dem Kaffee Geschmack. Einfach herrlich. Das half mir die härtesten Tage im Büro durchzustehen. Ich arbeitete bei einer Versicherungsfirma. Ein Kollege Leo gesellte sich zu mir. Wir redeten über die neue junge hübsche Kollegin, kamen zu der Übereinstimmung, dass Beziehungen auf der Arbeit nur zu Problemen führen würden. Ich hatte eh zurzeit andere Dinge zu tun. Ich war froh meine Arbeit ohne große Fehler und ohne viel Ablenkung zu erledigen. Leo wunderte sich wann ich mal eine Gehaltserhöhung verlange. Ich antwortete, dass ich mir noch unsicher sei. Mein Gehalt war gut. Zudem war ich Single. In der wilden Jugend, wenn ich Frauen kennen lernte, waren es nur eine Nacht Bekanntschaften und nichts Ernstes. Zudem wusste ich nicht wie mein Leben weiterverläuft.

Ich wollte mal Pilot werden. Wegen den hohen Ausbildungskosten entschied ich mich dagegen. Leo schwärmte noch von Rente.

Wir guckten auf die Uhr. Die Pause war vorbei. Wir gingen schnell an unsere Bürotische. Ich arbeitete noch zu Ende und fuhr nach Hause. Zu Hause kochte ich mir schnell was und setzte mich aufs Sofa. Ich sah, dass ich Nachrichten auf dem Handy hatte. Ein paar Rechnungen, einige Spam-Emails und eine Nachricht vom Jugendfreund Beni.

Er schickte ein Bild von einem Mann auf der Yacht bei einem schönen Wetter. Darunter die Nachricht:

"Kennst du den?". Das Gesicht kam mir vertraut vor. „Nein! Ist es Luka?“ Fragte ich zurück. Ich sah mehr Fotos von ihm. Man kennt es. Diese Instagramm Storys von reichen Leuten. Ein paar von dem Yacht Ausflug und ein paar von der Villa mit Pool. Luka war ein guter Schulfreund aus der Realschule. Er wurde damals gemobbt wegen seiner Brille und seine leicht rundliche Figur. Da ich immer ein Gerechtigkeitsgefühl hatte, habe ich ihn, wenn ich da war, geschützt. Vor mir hatte man Respekt, da ich Charakter zeigte. So entstand eine Freundschaft zwischen uns und wir haben uns für die Schule gegenseitig geholfen.

Irgendwann verloren wir uns nach der Realschule Abschlussprüfung aus den Augen, weil wir in verschiedenen Orten wohnten. Nur in der Schule oder nach der Schule bei ihm haben wir uns getroffen.

„Wow“, dachte ich mir. Der hat echt was aus sich gemacht. Ich habe nicht lange überlegt und ihn angeschrieben.

"Hey, Luka altes Haus. Ich bin es Finn. Du hast es anscheinend geschafft. Würde mich über einen Rückruf freuen und vielleicht verrätst du mir dein Erfolgsgeheimnis. Vielleicht ist es das Frühaufstehen? [Zwinkeremoji]"

Richtig Kontakt mit Reichen habe ich nie gehabt. Es gab paar flüchtige Momente mit den Kunden meines Vaters.

Ich dachte, das ist die Chance mal was anderes kennen zu lernen. Ich hoffte nur, dass er mir tatsächlich zurückschreibt und nicht eingeschüchtert ist.

Ich habe mit Beni noch ein bisschen geschrieben, mir einen Tee gemacht und mich für den Schlaf vorbereitet.

Der Wecker klingelte und ich wachte auf. Weil es Freitag war, war ich gut gelaunt und verbrachte normal meinen Arbeitstag. Als ich zu Hause war, wieder nach dem Essen, machte ich mein Handy an.

Diesmal war es keine Nachricht vom Beni, sondern von Luka. Voller Neugier las ich seine Nachricht.

"Finn bist du es? Ich möchte nicht alles schreiben. Hier meine Nummer. Ruf mich jederzeit an."

Ich tat dies direkt und hörte eine bekannte Stimme. Ich stellte mich vor:

Finn: "Hier ist Finn. Wie geht es dir. Was machst du so?"

Luka: "Ich kenn dich doch." Scherzte er.

"Wie du vielleicht gesehen hast, machte ich mein Geld im Internet. Ich fand gute Partner und dann lief es."

Finn: "Dein Glück hätte ich gern. Ich arbeite bei einer Versicherungsfirma. Man kann nicht klagen."

Luka: "So schwer ist es nicht. Wenn du willst, kann ich dir alles zeigen."

Und jetzt sagte er einen Satz, der mir in damaliger Lage aus der Seele sprach.

"Man muss nur bereit sein, sein Leben zu ändern und für Neues offen zu sein."

Ich antwortete gewitzt: "Ich bin sowas von bereit."

Wir einigten uns darauf, dass er mir über Discord sein Wissen schickt und ich es nach und nach mir aneigne.

Wir redeten noch über alte Zeiten, lachten viel und beendeten schließlich das Gespräch.

Mein Gott, dachte ich mir. Luka war ein interessanter Mensch. Er war schon immer neugieriger als Ich. Ich schaue mal sein Wissen an. Schadet nicht.

Ich hatte keine großen Pläne für Samstag und war froh als ich die erste Seite seiner Lektion in Discord las:

Luka:

1. Lebe leichter

Versuchen Sie mal was.

Versuchen Sie etwas ohne Anstrengung, Analyse und Überlegen zu leben.

Entspannen Sie sich und lassen Sie ihr Leben geschehen wie es kommt. Treffen Sie die Entscheidung, die man intuitiv am leichtesten treffen kann.

Haben Sie keinen großen Anteil an dem was passiert. Tun Sie das für zwei, vier, fünf Tage und sehen Sie selbst wieviel Ihre Analyse und Planung das Leben braucht. Je entspannter Sie sind und je weniger Sie überlegen, desto besser läuft Ihr Leben.

Ich:

Das machte Sinn. Wie oft sorgte ich mich viele Tage und am Ende kam es doch anders und ich habe mir unnötig die Nerven kaputt gemacht. Also sich besser keine unnötigen Sorgen machen und im Moment agieren, weil die Zukunft keiner kennt und es fast immer anders kommt.

Okay was haben wir noch?

Luka:

2. Körperliche und seelische Gesundheit

Bevor man irgendwas beginnt wie Beruf oder Beziehung ist es wichtig körperlich und geistig gesund zu werden. Also ab zum Gesundheitscheck des Körpers zum Arzt und für die Seele zum Hypnotherapeuten, da wir seelische Verletzungen Traumas, die uns meistens als Kind passiert sind, mit uns tragen und diese für vollkommenes Glück gelöst werden müssen. Aja und vergiss Psychologen, weil dafür muss man in das Unterbewusstsein. Ohne Hypnose unmöglich.

Hier empfehle ich als Einstieg zur Seelenheilung ihre Bücher und das Youtube Video:

[Stefanie Stahl | Das Kind in Dir muss Heimat finden | Interview]

https://www.youtube.com/watch?v=EGckpW_tk1w

QR-Code:

(Unbezahlte Werbung)

Ich:

Auch das machte Sinn und ich bestellte mir das Buch während ich das Video ansah. Das sollte lieber jeder selbst lesen/ansehen. Okay. Also Termin beim Hausarzt für eine Körper-Komplettüberprüfung gemacht und mir den nächstbesten Hypnotherapeuten mit guter Bewertung rausgesucht.

Nach der körperlichen Untersuchung fand man nichts Gravierendes, was mich erleichterte. Schließlich achtete Ich auf meine Gesundheit.

Der Termin beim Hypnotherapeuten wäre das Schwierigste meinte Luka.

Ich müsste in der Hypnose über seine schlechten Erfahrungen aus der Vergangenheit reden. Man muss es nicht machen, wenn es zu schwer für einen ist und zum nächsten Schritt gehen.

Wenn das, das Schwierigste ist, dann muss ich dadurch egal wie.

Ich kam zum Termin. Ich traf eine angenehme Therapeutin namens Lena, was meine Angst wegnahm. Ich gab ihr meine Zustimmung, dass ich ihr erlaube mich zu hypnotisieren und nicht blockieren werde. Danach setzte ich mich. Sie packte einen Talisman aus, schwenkte es hin und her und ihre ruhige Stimme versetzte mich in eine innere Reise.

Wir heilten mein inneres Kind über mehrere Termine und ich fühlte ein Wohlbefinden in der Brust. Meine seelischen Verletzungen von damals waren aufgelöst. Beim Abschied bedankte ich mich bei Lena unter Tränen mit einer Umarmung. Es hat zwar Geld gekostet, da die gesetzliche Krankenversicherung es meistens nicht übernimmt, aber Gesundheit, vorallem seelische sehr wichtig ist und soll das Fundament für mein neues Leben sein.

Der Mensch ist ein sensibles intelligentes zerbrechliches Wesen. Das unterscheidet uns von Tieren.

Am nächsten Tag startete ich fröhlich Discord und las das nächste Thema.

Luka:

3. Leben in der Energiegewinnung

Um nicht ständig im Energiemangel zu leben, achten wir auf unsere Energie und holen uns Energiegewinner.

Was oder wer entzieht uns im Alltag Energie?

Und beseitigen wir diese Ursachen.

-Sind es Taten? Dann hören wir damit auf.

-Sind es Dinge? Dann verschwinden diese.

-Sind es Menschen? Dann trennen wir uns von denen.

-Ist es der Ort? Dann ziehen wir um.

Gibt es Orte, Dinge, Taten die uns Energie bringen, dann besorgen wir uns diese und leben täglich mit voller Energie.

Ich:

Darauf habe ich überhaupt nicht geachtet. Da ich alleine lebte fiel es mir leicht keine Kontakte zu toxischen Menschen zu haben. Selbst in der Familie und Verwandte fand ich welche und machte klar, dass wir getrennte Wege gehen. Ich vermied Tätigkeiten, die mir Energie raubten. Arbeit zählte nicht dazu. Es machte mir ein bisschen Spaß und bezahlte meine Rechnungen. Ich hatte eh nichts Besseres und war noch nicht durch mit Lukas Wissen.

Ich kaufte mir für wenig Geld kleine Sachen, die mir Energie bringen. Bisschen Deko, schöne Raumdüfte und Plastikspielkarten mit schönem Muster.

Das ist bei jedem anders.

Mir gefiel Deutschland mit dem guten Wohlstand und technischen Möglichkeiten. Also bleib ich vorerst. Klar, wenn ich meinen Lieblingsort fände mit Arbeit würde ich dahinziehen. Ein Flug reicht und man kann sein wo man will.

Luka:

4. Schreiben

Schreiben macht aus deinem Gedankennebel eine klare Struktur.

Also schreib dir deine Lebensgeschichte auf.

Deine Ängste, Lösungen, Wünsche und realistische Ziele. Schreib dir alles von der Seele um zu erfahren wer du bist und wie du sein möchtest.

Noch eine Methode gegen schlechte Laune:

Schreibe alles auf wofür du dankbar bist.

Ich:

„Hmm, klingt interessant." Ich nahm ein Block und Stift und schrieb alles von mir. Das hat nicht lange gedauert und war sehr effektiv.

Die Ziele waren klar: Mehr Geld und eine Lebenspartnerin. Die Frage ist nur wie? Wenigstens hatte Ich jetzt ein besseres Bild von mir und wohin ich möchte.

Es gab tatsächlich vieles wofür Ich dankbar bin.

Gute Dinge werden schnell zu Gewohnheit und man beschwert sich über Kleinigkeiten.

So wird man sich wieder bewusst wie gut man es hat und man bekommt automatisch gute Laune.

Luka:

5. Ratschläge?
Nimm keine fremden Ratschläge!

<u>Da jeder Mensch und sein Weg einzigartig ist</u>, nehmen wir keine fremden Ratschläge an. Es sei denn wir bitten um welche. Heutzutage sagt dir jeder, Bücher (außer dieses) und Guru, was deine Berufung ist. Deinen eigenen Erfolgsweg weißt **<u>nur du</u>** und Gott. Halte dich an dein Gefühl/mächtiges Unterbewusstsein/Höheres Ich als auf Verstand.

Was würdest du am liebsten machen?

Du kannst in jedem Berufsbereich erfolgreich werden.

Wenn du deinen Wunsch-Weg kennst, dann suche dir einen guten Mentor, der diesen Weg schonmal gegangen ist. Keiner muss das Rad neu erfinden. Es ist längst alles bekannt wie und was in dem Bereich zu machen ist. Man setzt zum Schluss seine einzigartige Note ein.

Ich:

Wer kennt es nicht. Deine Mutter deine Tante oder dein Onkel „raten“ dir deinen Beruf und jeder sagt was anderes.

Sie meinen es gut, aber sehen es aus ihrer Ich - Sicht.

Nur du kennst dich gut genug.

Nur du weißt was für dich am besten ist.

Also möchte Ich beruflich nicht viel ändern.

Einfach für ähnliche Arbeit viel mehr bekommen.

Habe im Internet recherchiert und entschied mich als selbstständiger Steuerberater für Unternehmen/Reiche.

Das wird gut bezahlt und wird immer gebraucht.

„Okay Luka du hast echt was gut bei mir“, dachte Ich mir.

Luka schrieb demnächst:

Das Hauptprogramm hast du durch. Jetzt kommen interessante Nebenthemen.

6. Mediensucht verschwinden lassen.

Ein Satz der den übertriebenen Medien Konsum beendet und du mehr Zeit hast.

<u>Wenn man stark Medien nutzt, dann sieht man den anderen beim Leben zu.</u>

Einmal das verstanden, habe ich sofort damit aufgehört. Keiner möchte in seiner Lebensgeschichte der Nebencharakter sein. Man möchte selber der Hauptcharakter, der Held sein.

Hier kann man sein Ego nutzen um seine Sucht zu beenden.

Ich:

Es stimmt einfach. Habe diesen Text an die Leute geschickt, von denen ich weiß, dass die lange am Handy sitzen.

Gerade für Jugendliche sehr gesund zu wissen.

Andererseits sind alle Informationen heutzutage digital. Solange man nützliche Dinge konsumiert und seine Zeit nicht verschwendet ist es in Ordnung.

Man kann heutzutage im digitalen Bereich schnell Geld verdienen.

Ich las weiter…

Luka:

7. Beziehung

Zuerst musst du lernen dich selber zu lieben.

<u>Die größte Liebe bist du selber!</u>

Das verhindert Abhängigkeit und Eifersucht.

Beziehung ist ein netter Zusatz.

Per Definition einen Lebenspartner zu finden, der mit einem durch dick und dünn geht. Um einen Menschen kennen zu lernen braucht man keinen Aufreißer Abschluss.

Es reicht, wenn man sich zueinander angezogen fühlt.

Sich quasi riechen kann. Du und die/der Andere haben Lust aufeinander. Dann passiert alles von alleine.

Alle Zwang und Zwecks-Beziehungen machen nicht glücklich. Oft spiegeln wir unsere Probleme auf die des Partners.

<u>Deswegen ist die eigene seelische Gesundheit so wichtig bevor man eine Beziehung anfängt.</u>

<u>Erhöhe als Frau deine weibliche Energie um das andere Geschlecht anzuziehen.</u>

<u>Das Gegenteil gilt für den Mann.</u>

Ich:

Das bedeutet wohl sich in die Masse zu tummeln und zu fühlen bei welcher Frau man was spürt. Gerade die Frau spürt wortlos und empfindlich Interesse des Mannes.

So vermeidet man viele Absagen und sollte richtig liegen. Gut.

8. Gut gegen Erkältung, im Bereich Hals und vieles Anderes.

Salbei/Salbeitee

Titel: [Salbeitee: Herstellung, Anwendung und Wirkung]

https://www.mein-schoener-garten.de/lifestyle/gesund-leben/salbeitee-selber-machen-anwendung-und-wirkung-35876

QR Code:

(Unbezahlte Werbung. Ich weise lediglich darauf hin. Das ersetzt nicht eine Diagnose und Behandlung durch den Arzt.

Zu Risiken und Nebenwirkungen lesen Sie die Packungsbeilage und fragen Sie Ihren Arzt oder in Ihrer Apotheke.)

9. Wie soll ich mein Business aufbauen?

Vor dem Tun einen Plan schreiben. Das sorgt für sauberen und chaosfreien Ablauf.

So aufbauen, dass für jede benötigte Sache die nötige Fähigkeit abgedeckt ist. Da ein Einzelner nicht alles sehr gut machen kann, holt man sich Spezialisten/Mitarbeiter für jeden gebrauchten Bereich.

Alles nötige für die Arbeit ist vorhanden, bequem erreichbar und die Mitarbeiter können störenfrei ihre Arbeit erledigen. Dazu zählt Essen (Kantine), Duschen und Fortbewegungsmittel (Dienstauto).

-Automatisierung, Robotisierung und K.I. wird als Mittel bevorzugt.

-Lerne als Erstes Verkauf und Marketing.

-Kenne deine Zielgruppe.

-Löse deren Problem.

-Deine Motivation ist nicht das Geld, sondern den Menschen zu helfen in verschiedenster Art für Geld. Das bringt viel mehr Motivation.

Am Ende ist das Unternehmen ein harmonischer und gut laufender Mechanismus der Werte schafft, was der Markt benötigt.

<u>Als Zusatz:</u>

Lese die Bücher und buch ein Trainingsprogramm von den Besten und Einzigartigen Baulig Consulting GmbH.

<u>https://www.bauligconsulting.de/</u>

(Unbezahlte Werbung)

<u>Fehler</u>

Keine Scheu Fehler zu machen.

Es ist kein Meister vom Himmel gefallen.

Unsere Fehler trainieren uns zum Meister.

Aber vergiss nicht, wenn du oben bist;

10. Reichtum

Viele streben nach viel Geld. Es ist soweit in Ordnung um sich gut zu versorgen.

Sobald Haus, Auto, Nahrung und ein paar Spielzeuge gesichert sind, kann man mit seinem Geld wenig anfangen und man gerät in die Langeweile.

<u>Es ist also wichtiger seine Lebensmission zu finden um sein Leben spannend und sinnvoll zu leben!</u>

11. Wer bin Ich?

Welcher Menschentyp bin ich?

Titel: [GENIAL: Erkenne die 4 tierischen Menschentypen // Tobias Beck]

https://www.youtube.com/watch?v=-IOp9qrjLJU

QR Code:

Test

https://www.tobias-beck.com/persoenlichkeitstest/

(Unbezahlte Werbung)

Noch besser geht es mit dem genaueren Test:

https://www.16personalities.com/de

(Unbezahlte Werbung)

Ich:

Die Testergebnisse bestätigten meine Vermutung und deckten neue Erkenntnisse über mich auf, was mich zufrieden stellte.

Zu Hause sammelte Ich Informationen zu meinem Wunschjob. Den Steuerberater für Unternehmen/Reiche.

Eine Umschulung wäre nötig, was mich nicht abschreckte.

Ich war nun wieder auf meinem richtigen Lebensweg, was mich mit Glück erfüllte.

Ich schrieb kurz meinen Weg der Verwandlung Luka. Er freute sich und schickte mir seinen letzten philosophischen Ratschlag:

Luka:

12. Finde die …
Goldene Mitte

Yin und Yang.

Um in Perfektion zu leben, finde die richtige Balance zwischen den zwei Extremen. Das gilt für jeden Bereich. Im Kleinen sowie im Großen.

Ich:

Instinktiv war es für mich längst bekannt. Man möchte materialistisch gut versorgt sein und gleichzeitig spirituell entwickelt. Dass eine Frau mir im Leben fehlte war mir auch klar. Ich überdachte alle meine Lebensbereiche und plante mir mein Musterleben, wo alles in harmonischer Balance ist.

Freitag abends ging ich in die Stadt eine Frau kennen zu lernen. Ich fühlte tief in mich hinein und suchte eine wo ich eine Anziehung empfand und die ungestört alleine war. Plötzlich spürte ich deutlich was. Sie saß an der Bar. Ich stellte mich neben Sie und bestellte alkoholfreies Getränk. Wir spürten beide die starke Anziehung bereits. Ich sagte „Hi" und wir redeten als ob wir uns schon immer kannten.

Man Luka du hattest recht. Du bist echt ein Segen.

Wir tauschten die Nummern aus. Die Zeit ging schnell und wir vereinbarten ein zweites Date. So schnell kann es also gehen. Die nächsten Tage schrieben wir uns gegenseitig öfter.

Ich bedankte mich sehr tief beim Luka, was ihn ebenfalls freute.

Heute bin ich genau das was ich träumte und wollte. Habe ein üppiges Gehalt. Eine seelenverwandte Frau mit Kind und die lockere Einstellung zum Leben.

Ich wünsche jedem sein Traumleben. [Herzemoji]

Als ich dachte, dass ich alles im Leben erreicht habe, klingelte mein Telefon. -Luka- zeigte mein Bildschirm.

Luka: “Deine Erfolgsreise hat erst begonnen.“

Was hatte Luka mit mir vor? ...

Bonus:

Finanzen, Zukunftsvorhersage und persönliches Horoskop. Seit mehreren Jahren richtig gelegen.

Kann es mir nur so erklären, dass wenn man jeden Bereich gut kennt, man folgende Ereignisse gut vorhersagen kann.

Dr. Christof Niederwieser

https://astrologie.de/

https://www.youtube.com/@horoskop-astrologie

(Unbezahlte Werbung)

Empfehlen Sie dieses Büchlein bitte weiter oder verdienen Sie mit einem Affiliate Programm mit. (Gewerbe nötig)